Peloponnes

*Mykenische Paläste, antike Heiligtümer
und venezianische Kastelle in Griechenlands Süden*

Wichtige Orte auf einen Blick

Aigeira (F7) 99	Mykene ☆☆(G6) 155
Akrokorinth ☆(G6) 86	Mystrá ☆☆(F3) 293
Árgos ☆(G5) 173	Náfplio ☆☆(G5) 184
Bassai (D5) 236	Navaríno,
Chlemoútsi (B6) 113	Bucht von (D3) 253
Dimitsána (E5) 231	Nemea ☆(G6) 89
Epáno Englianó ☆(D5) 248	Olympia ☆☆(D5) 116
Epidauros ☆☆(H5) ... 192	- Ausgrabungsstätte ☆☆ 127
Figaleia (D4) 239	- Museum des Olympi-
Geráki (G3) 303	schen Sports ☆ 143
Gýthio (F2) 280	- Archäologisches Mu-
Ísthmia (H6) 71	seum ☆☆ 144
Kalávryta (E7) 102	Orchomenós (F6) 218
Korinth ☆☆(G6) 73	Patras (D8) 106
Koróni ☆(E2) 257	- Archäologisches Mu-
Kyllíni (B6) 112	seum ☆ 108
Kýthira (H1) 307	Póros (J5) 202
Lérna ☆(G5) 153	Pýlos (D6) 255
Loúsios-Tal ☆(E5) ... 228	Pýrgos (C5) 115
Lykosoura (E4) 226	Río/Brücke über den Golf
Máni ☆☆(F1/2) 269	von Korinth ☆(D8) ... 56
Mantínea (F5) 215	Sikyon (G6) 93
Megalopolis (E4) 222	Sparta ☆(F3) 283
Messene ☆☆(E4) ... 262	Tegea (F5) 219
Methóni (D2) 256	Tiryns ☆(G5) 167
Monemvasiá ☆☆(H2) .304	Trípoli (F5) 218
Moní Loukoús bei	Troizen (J5) 200
Ástros ☆ (G4) 208	Váthia (F1) 278
	Ýdra ☆(J4) 204

ohne Stern
sehenswert

☆
Umweg lohnt

☆☆
keinesfalls versäumen

Inhalt

Land und Geschichte

Griechenlands Süden –
Die Peloponnes als Reiseziel — 10

Lebens- und Wirtschaftsraum
Geografie und Klima — 11
Pflanzen- und Tierwelt — 13
Die heutige Bedeutung der Region innerhalb
Griechenlands und Europas — 15

Die Peloponnes in vorgeschichtlicher Zeit
Ackerbau, Viehzucht und erste feste
Siedlungen im Neolithikum — 18
Kreta, Troja und die früheste Hochkultur
auf dem europäischen Festland:
die Zivilisation der Mykener im 2. Jt. v. Chr. — 20
Produktion, Handel, Verwaltung und Religion
unter einem Dach – das mykenische Palastsystem — 23

Antike Geschichte und Kultur in Schlaglichtern
Dorische Einwanderung und griechische
Staatenbildung im frühen 1. Jt. v. Chr. — 26
Die Rolle der Heiligtümer in der griechischen
Gesellschaft — 28
Antike Athletik und moderne Olympia-Idee — 30
Für die antiken Zeitgenossen ein Weltkrieg –
der Peloponnesische Krieg — 34
Frieden und kulturelle Nachblüte in Hellenismus
und römischer Kaiserzeit — 35

Randprovinz des Byzantinischen Reichs
Frühes Christentum und Staatskirche — 40
Slaweneinwanderung und Rückeroberung
durch Konstantinopel — 41
Franken, Venezianer und Byzantiner teilen die
›Insel‹ als Beute unter sich auf — 43

Die Peloponnes in der Neuzeit
Das Osmanische Reich und seine Untertanen –
Orthodoxe Religion und griechische Kultur
unter türkischer Herrschaft — 46

Befreiungskriege und Etablierung des griechischen Nationalstaats: Die Peloponnes als Keimzelle des modernen Griechenland	50
Daten zur Geschichte des 19. und 20. Jahrhunderts	55
Tourismus, Archäologie und Denkmalpflege	57

Zeittafel 58

Galerie bedeutender Persönlichkeiten 60

Reisen auf der Peloponnes

Korinth und seine Umgebung

Landbrücke zwischen Nord und Süd, Seeweg zwischen West und Ost: Der Isthmos von Korinth	69
Ísthmia und seine panhellenischen Spiele	71
Korinth	73
Geschichte der antiken Metropole	73
Rundgang durch den Ausgrabungsbezirk	75
Museum	83
Areale außerhalb des eingezäunten Geländes	85
Akrokorinth	86
Altkorinths Häfen Lechaion und Kenchreai	88
Altgriechische Siedlungen und Heiligtümer im Hinterland von Korinth: Kleonai, Nemea, Flious, Titane und Sikyon	89
Im Kyllíni-Gebirge: Stýmfalos und Feneós	95

Im Nordwesten: Die Landschaften Achaia und Elis

Vom Korinthischen Golf ins Chelmós- und Erýmanthos-Gebirge: Égira und Égio	99
Durch die Vouraikó-Schlucht nach Megaspíleo und Kalávryta	100
In den Bergen des Chelmós und Erýmanthos: die antiken Stätten Lousoi, Kleitor, Psofis und Leontion	104
Patras und seine Umgebung	106
Stadt und Archäologisches Museum	106
Achaia Clauss, Platanóvrysi und Chalandrítsa	109
Byzantinische und fränkische Baureste in den Ausläufern des Panachaikó	109
Vom Kap Áraxos über die Kyllíni-Halbinsel nach Pýrgos	110
Áraxos und die Kalógria	110

Zwischen Byzanz und Frankreich – Kirchen
und Kastelle am Westkap der Peloponnes: 111
Manoláda, Andravída, Gastoúni, Kyllíni und
Chlemoútsi 111
Die antike Stadt Elis, Katákolo und Pýrgos 115
Olympia 116
  Lage und Bedeutung 116
  Wissenschaft und Politik: Geschichte und
  gegenwärtiger Stand der Ausgrabung 117
  Gründungsmythen und Kultpraxis 120
  Das panhellenische Heiligtum im
  Spannungsfeld griechischer Stadtstaaten
  und auswärtiger Mächte 123
  Wettkämpfer, Zuschauer und Funktionäre
  bei den Festveranstaltungen 125
  Die Architektur des Heiligtums 127
    Aschenaltar, Pelopeion, Hera-Tempel
    und Schatzhausterrasse 128
    Klassischer Zeus-Tempel und
    sog. Fidias-Werkstatt 132
    Spätklassische, hellenistische und
    römische Bauten 137
    Das Stadion 142
  Olympias Museen 143
    Museum der Geschichte des Olymp. Sports 143
    Archäologisches Museum 144

Die Árgolis

Von der Steinzeit bis zum 2. Jt. v. Chr.:
Die neolithische und frühbronzezeitliche
Siedlung Lérna 153
Mykene 155
  Heinrich Schliemann und die Wiederent-
  deckung der mykenischen Kultur 155
  Lage und geschichtlicher Überblick 157
  Rundgang durch das Ausgrabungsgelände 160
Tiryns 167
Prósymna, Midéa und Asíni/Toló 172
Árgos und seine Umgebung in antiker
und byzantinischer Zeit 173
  Stadt und Museum 173
  Die Pyramide von Kefalári und verwandte
  Wehrbauten 178
  Das Heraion von Árgos 179
  Byzantinische Kirchenbauten in Agía Triáda,
  Plataníki und Néo Iréo 182
Multikulturelle Tradition und lebendige Gegen-
wart: Griechenlands erste Hauptstadt Náfplio 184

Die Argolída-Halbinsel 190
Von Náfplio nach Ligourió 191
Das Asklepios-Heiligtum von Epidauros 192
Antike Medizin und religiöse Heilpraxis 192
Ausgrabungsgelände und Museum 194
Die Nordostküste der Argolída: Moní
Agnoúntos, Pálea Epídavros, Méthana,
Troízen und Póros 198
Portochéli, Ermióni und die Inseln Ýdra
und Spétses 203
Kiláda, Fránchthi-Höhle und die Dolinen
von Dídyma 205
Im Süden des Argolischen Golfs 207
Ástros und Moní Loukoús 207
Leonídio und die Klöster Moní Agíou,
Nikoláou und Elónis 210

Arkadien
Hirtenidyllik und raue Lebenswirklichkeit –
Arkadien als antike und moderne Utopie 213
Bauernbefreiung – Arkadische Städtegründungen
als Bollwerk gegen Sparta 215
Mantíneia und Orchomenós 215
Trípoli und der Athena-Tempel von Tegea 218
Megalopolis und Leontári 222
Die Bergheiligtümer Lykosoura und Lykeon 226
Im Tal des Loúsios 228
Dörfliche Tradition: Die Gebirgsorte Karítena,
Stemnítsa und Dimitsána 229
Die Klöster Moní Emiálous, Filosófou,
Prodrómou und die antike Stadt Gortys 232
Von Vytína über Langádia nach Ákova 235
Der Apollon-Tempel von Bassai und die antike
Siedlung Figaleia 236
Durch das Álfios-Tal an die Westküste 239
Andrítsena 240
Alífira, Platiána und Moní Ísovas 240
Skillountía, Krestená und Makrísia 241
Der Golf von Kyparissía 243
Samikón, Kakóvatos und Lépreon 243
Kyparissía und Christiáni 245

Messenien
Mykener an der Westküste der Peloponnes 247
Rachés und Málthi 247
Der sagenhafte Nestor-Palast von Pylos 248
Das archäologische Museum von Chóra 252
Pýlos und die Bucht von Navaríno 253

Venezianische Festungen am westlichen Finger der Peloponnes: Methóni und Koróni	256
Von Kalamáta nach Messene	259
Kalamáta: Stadt und Museum	259
Im Tal des Pámisos: Thouría, Androúsa, Ellenoekklisía, Andriomonástiri und Meligalá	260
Die antike Riesenstadt Messene	262

Wehrtürme und Kirchen der Máni

Landschaft und Geschichte	269
Turmkonkurrenz – die Architektursprache patriarchalischer Clans	271
Von Kámbos zum Kap Ténaro – die westliche Máni	273
Gýthio und die östliche Máni	280

Lakonien

Sparta	283
Askese und Aggression – Spartas Kriegsideologie in Antike und Neuzeit	283
Ekstatische und sadistische Kulte	285
Politische und kulturelle Geschichte Spartas	286
Die spärlichen Ruinenreste eines der mächtigsten Staaten der Antike	287
Archäologisches Museum und Koumántaros-Galerie	289
Menelaion, Amyklaion, Kuppelgrab von Váfio	292
Chrysafá	292
Mystrá	293
Lage und Bedeutung	293
Rundgang	296
Geráki	303
Monemvasiá	304
Neápoli, Kap Maléas und die Insel Kýthira	307
Erläuterung der Fachbegriffe	308
Literaturauswahl	313
Verzeichnis der Citypläne und Karten	320

Tipps und Adressen

Hinweise für die Reiseplanung	323
Informationen für unterwegs – Von Ort zu Ort	325
Die griechische Küche	335
Reiseinformationen von A bis Z	336
Kleiner Sprachführer	341
Abbildungs- und Quellennachweis	344
Register	345

Messenische Bauern in ihrer typischen Tracht. Stahlstich aus: Armand Freiherr von Schweiger Lerchenfeld, Griechenland in Wort und Bild, 1887 ▷

Land und Geschichte

Land und Geschichte

Griechenlands Süden – Die Peloponnes als Reiseziel

Vielen Mitteleuropäern sind die Inseln der Ägäis Inbegriff Griechenlands, Griechenland erscheint ihnen als ›Inselland‹ schlechthin. Tatsächlich jedoch bieten Festland und Peloponnes mit ihren Gebirgen und ihren reich gegliederten Küsten und mit der Fülle ihrer Kunstdenkmäler das gesamte natürliche und kulturelle Spektrum dessen, was man mit Griechenland verbindet. Speziell die Peloponnes – Kernland des vorgeschichtlichen, antiken und dann wieder neuzeitlichen Griechenland – wird jeden Reisenden wegen ihrer großartigen Landschaft, der hier lebenden Menschen und zweifellos wegen der hier konzentrierten Jahrtausende zurückreichenden Kultur- und Kunstgeschichte faszinieren.

Literaturtipp: Nikos Kazantzakis, Im Zauber der griechischen Landschaft; Giannis Ritsos, Gedichte; Christa Wolf, Kassandra

Bei aller Vielfalt, ja geradezu historischen Vollständigkeit der kulturellen Zeugnisse setzt eine Peloponnesreise doch dezidierte Akzente: Da ist zunächst die jeden Reisenden beeindruckende ›mykenische‹ Kultur des 2. Jt. v. Chr., die hier ihr geografisches Zentrum hatte und, vom Nationalmuseum in Athen abgesehen, nirgendwo so sichtbar präsent ist wie in der Argolis und in Messenien. Auch bedeutende archaische und klassisch griechische Kunst des 7. bis 5. Jh. v. Chr. ist, namentlich in Korinth und Olympia, zu besichtigen. Einen besonderen Schwerpunkt bildet auf der Peloponnes das 4. vorchristliche Jahrhundert mit vorzüglich erhaltenen Stadt- und Heiligtumsarchitekturen, während die folgende Epoche des Hellenismus, im Vergleich etwa zu Nordgriechenland oder den Inseln Delos, Rhodos und Kos, eher dürftig vertreten ist. Auch republikanisch-römische und frühkaiserzeitliche Relikte sind rar. Mit dem späten 1. Jh. n. Chr. aber setzt eine neue Ära der Prosperität ein, die bis zur Spätantike andauert und sich in zahlreichen Zeugnissen niedergeschlagen hat. Reizvolle – allerdings zumeist kleine und provinzielle – byzantinische freskengeschmückte Kirchen stammen aus dem 12., fränkisch-venezianische Burgen und in Ruinen liegende gotische Hallenkirchen aus dem 13. Jh. Aus der Epoche der Türkenherrschaft ist dagegen, von einigen Brücken, Aquädukten und Moscheentrümmern abgesehen, nur Weniges erhalten. Markanter tritt dann wieder die Epoche der Staatswerdung des modernen Griechenland nach den Befreiungskriegen im frühen 19. Jh. architektonisch in Erscheinung. Nur aus dem 20. Jh. lässt sich, außer einigen eher kurios anmutenden künstlerischen Versuchen wie einem Kirchlein in Mantínea oder einer postmodern-neoklassizistischen Villa bei Koróni, kaum etwas nennen, was Erwähnung verdient: ein Charakteristikum, das allerdings für Griechenland insgesamt gilt. So bietet die Peloponnes als Reisedestination herausragende kulturgeschichtliche Zeugnisse und kunsthistorische Sehenswürdigkeiten: fast immer eingebettet in eine großartige Naturlandschaft, die schon um ihrer selbst willen eine Reise lohnt.

Lebens- und Wirtschaftsraum

Geografie und Klima

Wie eine vierfingerige Hand streckt sich die Peloponnes ins Mittelmeer vor, den ›Daumen‹ – die Argolída-Halbinsel – nach Südosten in die Ägäis hinein gerichtet, die drei übrigen ›Finger‹ – Messenien, Máni und Parnón – in Richtung Libyen bis fast zum 36. Breitengrad, d. h. ähnlich weit nach Süden wie Sizilien. Auch die Binnengliederung ähnelt einer Hand. Gebirgsmassive akzentuieren den Norden, den ›Handballen‹: Kyllíni, Chelmós, Erýmanthos und Panachaikós. Den ›Handteller‹ bildet das arkadische Hochland mit ausgedehnten Ebenen und einzelnen Erhebungen wie dem Ménalo, während die südlichen ›Finger‹ jeweils in Längsrichtung von einem Gebirgsgrat durchzogen sind: am markantesten Lakonien und die Máni durch den 2400 m hoch aufragenden Taygetos.

Geophysikalisch ist die Peloponnes Teil eines im Tertiär vor 3 Mio. Jahren entstandenen Gebirgsbogens aus Kalkmassiven, der von Albanien kommend über Píndos- und Parnass-Massiv zur Peloponnes verläuft und von hier, teilweise unter dem Meeresspiegel, in einem Halbkreis nach Kleinasien hinüberschwingt, wobei nur die Spitzen

Kilometerlange einsame Sandstrände, oft von Dünen und Kiefernwäldern hinterfangen, findet man an der Westküste sowie im Osten bei Ástros. An den Steilküsten laden kleinere malerische Buchten, zumeist mit Kiesstrand, zum Baden ein.

Blick über die fruchtbare Evrótas-Ebene bei Sparta auf das Taýgetos-Gebirge

Land und Geschichte

Árgolis-Küste bei Ástros

als Inseln aus dem Meer herausragen: Kýthira und Antikýthira, dann Kreta und schließlich Kásos, Kárpathos und Rhódos. Entsprechend ihrem Relief weist die Peloponnes drei charakteristische Landschaftstypen auf: die zwischen 1500 und 2400 m hohen **alpinen Gebirgszonen,** sodann **Hochebenen,** die häufig auf allen Seiten von Bergzügen umschlossen sind und nur durch unterirdische Abflüsse entwässert werden (sog. Katavothren, S. 95-97), und schließlich flache **Fluss-**

Lebens- und Wirtschaftsraum

täler und **Schwemmebenen** wie im Westen die von Áraxos, Kyllíni und Pýrgos, im Süden Kalamáta-Ebene und Evrótas-Mündung und im Osten die Ebene von Árgos. Von den genannten Schwemmebenen abgesehen, fällt das Gebirge zumeist recht schroff zu den reich gegliederten Küsten ab. Nur an der Westflanke sowie im Süden der Argolída-Halbinsel und schließlich um Korinth findet man ausgedehnteres Hügelland. So ist die Peloponnes fast überall in einzelne **Landschaftskammern** untergliedert, die durch steile Bergzüge separiert sind. Nur auf Eselspfaden konnten in älteren Zeiten die Bewohner der verschiedenen Kleinregionen einander besuchen, während die Küstenorte vor allem zu Schiff miteinander kommunizierten: ein Umstand, der wesentlich zur kulturellen Vielfalt und selbstständigen Entwicklung der einzelnen Landstriche beigetragen hat, ganz besonders im Zeitalter der antiken Stadtstaaten (S. 26).

Milde Winter und heiße Sommer kennzeichnen das südmediterrane **Klima** der Peloponnes. November bis Februar sind Regenmonate, auch im März muss man als Reisender noch mit Schlechtwetter-Perioden rechnen, von April bis in den Oktober hinein aber fallen, außer im Hochgebirge, kaum noch Niederschläge, und die Tageshöchsttemperaturen klettern in den Niederungen bis über 30°. Verzögert erwärmt sich das Meer, das erst im Mai 20 °C erreicht, dann aber bis in den November hinein angenehme Badetemperaturen bietet. Vom Atlantik über das westliche Mittelmeer heranziehende Wolken regnen sich in den zentralen Gebirgen der Peloponnes ab. Deshalb zählen die Árgolis und Ostlakonien zu den trockensten Gebieten Griechenlands, während Arkadien und die westliche Peloponnes mit gut der doppelten Niederschlagsmenge versorgt werden und eine wesentlich üppigere Vegetation besitzen. Im Vergleich zum griechischen Festland oder zu Kreta sind Arkadien und die Westpeloponnes reich an Bächen und kleineren Flüssen, die das ganze Jahr über Wasser führen.

Ein arkadischer Hirte mit seiner Schafherde in der im Sommer ausgetrockneten Takka-Ebene bei Tripoli

Pflanzen- und Tierwelt

Aufgrund der geographischen Gliederung und der daraus resultierenden unterschiedlichen Niederschlagsmengen sind die Vegetationszonen von starken Kontrasten gekennzeichnet, was zum besonderen Reiz dieser Region beiträgt. Noch am ehesten entspricht der Osten mit seinen erodierten, nur von **Macchia** und **Phrygana** bewachsenen Bergen den Erwartungen an eine typisch mediterrane Vegetation; geradezu abweisend streng präsentieren sich in ihrer fast gänzlichen Vegetationslosigkeit die felsigen Höhenzüge der Máni, die auf weite Strecken unvermittelt ins Meer abfallen und nur hier und da Kies- und Sandstrände freilassen.

Südalpin dagegen wirkt die **Bergwelt Zentralarkadiens** und der **Nordpeloponnes** mit ihren von grünen Matten, Steineichen- und Tannenwäldern bedeckten Höhenzügen und von Laubwald und

Macchia ist ein auch in anderen Mittelmeerregionen verbreitetes Buschwerk aus Hartlaubgewächsen, Gewürzsträuchern wie Thymian, Rosmarin, Salbei und Oregano, dazu Orchideenarten und Wolfsmilchgewächsen. Die noch kahlere Form dieses Bewuchses ist die Phrygana, die aus einzelnen Dornpolstern, Zwergsträuchern, Meerzwiebeln und Disteln besteht.

Land und Geschichte

Lagunenlandschaft der Kalógria an der Westküste südlich von Áraxos

üppigen Blumenwiesen gesäumten Bächen, die in tiefen Cañons dahinsprudeln. Besonderen Reiz haben die im Frühjahr überfluteten und im Sommer teils sumpfigen und von Schilf bestandenen, teils trocken liegenden und landwirtschaftlich genutzten Hochebenen von Stýmfalos und Feneós (S. 95-97). Italienisches Gepräge verleihen schließlich **Zypressenhaine und Wälder von Schirmpinien** der flachen Küstenregion der **Westpeloponnes.**

Im April und Mai verwandeln sich weite Teile des Landes in ein berauschendes Blütenmeer aus Anemonen, Margeriten, Mohn, wilden Tulpen- und Lilienarten; auch der ganze Hänge überziehende Ginster und sogar die stacheligen Hartlaubgewächse von Macchia und Phrygana geben im Frühling ein farbenprächtiges Bild ab. An Wegen und Bachbetten stehen bis in den Sommer hinein Oleander und Bougainvillea in Blüte. Obwohl keine endemisch griechischen Baumarten, zum typischen Erscheinungsbild gehören sie doch: die auf feuchtem Boden bei Ortschaften angepflanzten Eukalyptusbäume und – Mittelpunkt eines jeden Dorfes – die sorgsam gehegten uralten Platanen, die der Platia mit Taverne und Brunnen Kühlung und Schatten spenden.

Während die Flora trotz jahrhundertelangen Kahlschlags und Überweidung durch Schaf- und Ziegenherden sowie (teilweise absichtlich gelegte) Brände immer noch eine große Artenvielfalt aufweist, ist es um die **Tierwelt** schlecht bestellt. Wildtiere wie Steinbock, Reh und Wildschwein sind nur in wenigen Rückzugsgebieten anzutreffen, auch Hasen und Füchse sind, dank der ungebremsten

Jagdleidenschaft der Griechen, rar. Gleiches gilt für die ehemals zahlreichen Zugvögel, die auf ihrem Weg nach Afrika in der Südpeloponnes Halt machen und gnadenlos in Netzen gefangen oder abgeschossen werden, um allesamt als ›Wachteln‹ auf den Restauranttischen zu landen. In den Schilfgürteln der Evrótas-Mündung sowie bei Ástros (S. 207) und in den Lagunen der Kalógria (S. 110) allerdings kann man, bedingt durch strenge Schutzbestimmungen, noch Populationen von Wasser- und Sumpfvögeln wie Störche, Entenarten, Kormorane und sogar Flamingos beobachten. Häufig begegnet man auf Straßen und Feldwegen Schildkröten, Geckos und Schlangen und sollte deshalb, besonders im Sommer, sein Fahrverhalten auf diese schwächeren Verkehrsteilnehmer einstellen. Die häufige Warnung vor Skorpionen ist zwar nicht völlig unberechtigt, doch keinesfalls Grund zu übertriebener Vorsicht, nur sollte man sich davon überzeugen, ob ein solches Tier es sich in einem Schuh oder Schlafsack bequem gemacht hat.

Drastisch verschlechtert haben sich in den letzten Jahrzehnten die Lebensbedinungen für **Pflanzen und Tiere im Meer.** Verschmutzung durch Öl und Abwässer haben das Mittelmeer zu einer fast pflanzen- und korallenlosen See gemacht, die in dieser Hinsicht bald den Titel ›Totes Meer‹ verdient. Auch die Krebs- und Schneckenbestände sind stark dezimiert, ganz im Kontrast zur Quallenpopulation, die von Schmutz und Algen profitiert und deshalb zugenommen hat (zumeist allerdings nicht die für Badende gefährliche rote Spezies, sondern harmlose andere Varianten). Jahrzehntelange Raubfischerei und Wasserverschmutzung durch Ölverklappung der Tanker haben dem Fischfang – eine der traditionellen Grundlagen griechischer Kleinwirtschaft – den Nachschub entzogen. Aquakulturen an den Steilküsten sorgen heute für Muscheln, Austern, Schalentiere und zahlreiche Fischsorten auf den Restauranttischen.

Die heutige Bedeutung der Region innerhalb Griechenlands und Europas

Was Touristen an der Peloponnes – außer den alten Kulturdenkmälern – heute so bezaubert, nämlich ihre archaischen Traditionen, die urwüchsig-einfache Lebensweise und die raue Naturlandschaft, ist für die Bewohner keineswegs nur Anlass zur Freude, sondern bildet als Strukturschwäche bis heute ein ernstes Problem. Von der im Tagebau geschürften und zur Stromerzeugung genutzten Braunkohle bei Megalópoli (S. 222) abgesehen, besitzt die Peloponnes keine nennenswerten Bodenschätze; auch verarbeitende Industrie ist noch gänzlich unterentwickelt und auf einige wenige Orte beschränkt: Papier, Gummi und Lederindustrie in Patras, die Zigarettenfabrik Karelia in Kalamáta und eine Raffinerie sowie kleinere Metall verarbeitende Fabriken in Korinth; einzige wirtschaftlich bedeutende und expandierende Stadt ist Patras mit seinem Fährhafen. Der Großteil

Land und Geschichte

Die Olive zählt zu den uralten Kulturpflanzen des östlichen Mittelmeergebiets. Immer wieder gepfropft, können die Bäume ein Alter von mehr als Tausend Jahren erreichen.

»Nur drei Dinge könnte ich nennen, die ich an diesem Lande in gleichem Maße liebe: den Ölbaum, die Granatapfelblüte und die Zikaden. Es hat sich in mir die Überzeugung gefestigt, daß man nur dort wirklich lebt, wo Zikadengeschrill die Mittage füllt und wo Ölbäume stehn. Der Ölbaum ist der Baum aller Bäume, ich liebe ihn. Er hat den Segen, die Stille.«

Erhart Kästner

der gut 1 Mio. Menschen zählenden Bevölkerung der Peloponnes lebt noch von der Landwirtschaft. Die Peloponnes zählt seit Jahrzehnten zu den armen und rückständigen Regionen Griechenlands. Kein Wunder also, dass trotz Subventionierung von Infrastrukturmaßnahmen durch Athener Regierung und EU – auf dem Agrarsektor und durch bessere Verkehrsanbindung an das Festland (Autobahn Korinth–Kalamáta; Brückenbau Río-Antírrio) – viele Bewohner in die Metropole Athen oder ins Ausland abgewandert sind und weiter abwandern.

Landwirtschaftliches Haupterzeugnis sind, mit Abstand, die **Oliven**: vielfach noch auf kleinen Feldern hauptsächlich für den (und wie die griechische Küche zeigt, pro Kopf wahrhaft gewaltigen) Eigenbedarf bestimmt, in breiteren Flusstälern wie dem Pámisos (S. 260) nördlich von Kalamáta aber auch großflächig angebaut, von Kooperativen bewirtschaftet und für den internationalen Handel vermarktet. Wenn die Touristen im Spätherbst das Land verlassen haben, beginnt eine neue ›Schlacht‹: die Ernte und Pressung der Oliven im November und Dezember, an der sich auch viele während der Sommermonate in anderen Erwerbszweigen Beschäftigte beteiligen.

Lebens- und Wirtschaftsraum

Weitere agrarische Exportartikel sind **Wein,** vor allem aus Achaia (S. 109) und der Gegend um Neméa (S. 89), sowie **Zitrusfrüchte,** die in den Ebenen von Sparta und Árgos mittels intensiver Bewässerung angebaut werden; darüber hinaus **Tafeltrauben** und in Gewächshäusern gezogenes **Frühgemüse.**

Zweiter, allerdings nur bedingt lukrativer Sektor der Landwirtschaft ist die **Viehhaltung.** Abertausende von Schafen und vor allem Ziegen weiden auf den Hängen der die größte Fläche der Peloponnes bedeckenden Gebirge und tragen zur weiteren Verkarstung des Bodens bei. Doch während Wolle und Fleisch dieser Tiere zumeist in der Region verbleiben, stammt manches Stück des berühmten griechischen Feta (Schafskäse), ebenso wie häufig die Milch des wohlschmeckenden griechischen Joghurts, keineswegs aus Griechenland selbst, sondern aus Bulgarien, ja sogar Dänemark und Deutschland! So ist die Weidewirtschaft auf der Peloponnes weitgehend Subsistenzwirtschaft geblieben und kann insofern nur einer geringen Zahl von Menschen Lebensunterhalt gewähren.

Vielen Einwohnern bietet inzwischen der **Tourismus** eine neue Lebensgrundlage. Regionen wie die Máni (S. 268ff.) oder die Parnón-Halbinsel mit Monemvasiá (S. 304) wurden überhaupt erst im Zuge des Tourismus wieder bevölkert und mit neuem Leben erfüllt. Dabei sind es nicht so sehr gettohafte Hotelburgen – solche findet man nur auf der Argolída-Halbinsel, am Korinthischen Golf und an der Westküste bei Olympia –, sondern kleine Hotels, Pensionen und Tavernen, die von kunst- und badehungrigen Individualtouristen, darunter viele Wanderer und Radler, frequentiert werden. Auch die zahlreichen organisierten Kunst- und Kulturreisen per Bus konzentrieren sich keineswegs allein auf Highlights wie Korinth, Epidauros, Mykene und Olympia, sondern beziehen abgelegenere Plätze wie Messene oder Lykósoura in ihr Programm ein: eine für die Region wirtschaftlich und sozial positive Entwicklung. Während

Die Zahl der Ziegen und Schafe übersteigt, besonders in den Bergregionen Arkadiens, die der Menschen um ein Mehrfaches.

Land und Geschichte

Während Frauen in Griechenland mittlerweile in vielen Bereichen wichtige Positionen einnehmen, ist das traditionelle Kafenion Männerdomäne geblieben.

Restaurant-, Pensions- und Hotelbesitzer dieser Diversifizierung und Regionalisierung Rechnung tragen, war die griechische Denkmalverwaltung lange Zeit auf den ›dummen Touristen‹ als eine Art Störenfried fixiert, dessen Anwesenheit auf einige wenige Orte zu kanalisieren ist und vor dem man die historischen Relikte lediglich schützen muss. Die in der Summe nicht unerheblichen Eintrittsgelder kamen der ästhetischen, inhaltlichen und didaktischen Präsentation der historischen Zeugnisse nicht zugute (vgl. S. 57). Inzwischen hat sich das deutlich zum Besseren gewandelt. Museen sind renoviert und Ausgrabungsplätze besser beschildert und zugänglich gemacht worden. Dennoch ist hier noch viel zu tun, um den Stand eines Landes wie Italien zu erreichen. Nachdenklichen und interessierten Reisenden werden solche Mängel zwar immer wieder auffallen, den Erlebniswert und Genuss eines Peloponnesaufenthalts aber werden sie letztlich nicht mindern.

Die Peloponnes in vorgeschichtlicher Zeit

Im Neolithikum entwickelte sich die Keramikherstellung aus luftgetrockneten Lehmgefäßen und im Holzfeuer gebackenen Töpfen zu regelrecht gebrannter und farbig mit Zickzackmustern versehener Keramik.

Ackerbau, Viehzucht und erste feste Siedlungen im Neolithikum

Spuren menschlicher Besiedlung auf der Peloponnes gehen bis in die Altsteinzeit (Paläolithikum) zurück. Höhlen in Meeresnähe dienten Fischer- und Jägerpopulationen jahrtausendelang als Wohnstätte: die Fránchthi-Höhle auf der Argolída (S. 205) bereits vor etwa 30 000

Die Peloponnes in vorgeschichtlicher Zeit

Jahren, die Höhle von Pýrgos Dyroú auf der Máni (S. 275) seit dem 25. Jt. Die in Syrien, Palästina, dem Zweistromland und der Südtürkei initiierte und dort bereits im 7. Jt. v. Chr. abgeschlossene ›neolithische Revolution‹ mit Getreideanbau, der Domestikation von Tieren und, damit verbunden, dörflichen und sogar städtischen Siedlungsstrukturen erreicht Südgriechenland mit erheblicher Verzögerung; erst im 5. und 4. Jt. v. Chr. finden sich auf der Peloponnes dörfliche Ansiedlungen mit diversifiziertem Handwerk, Keramikherstellung und entwickelter Seeschifffahrt, namentlich für den Obsidianhandel.

Monumentales Tongefäß aus Lerna, 5. Jt. v. Chr. Árgos, Archäologisches Museum

Wie nicht anders zu erwarten, liegen die Hauptfundplätze in der Árgolis (Lérna, S. 153) mit ihrer geographischen und kulturellen Orientierung auf die Ägäis und den Vorderen Orient hin. Kleine Idole und als Menschengestalt geformte Keramikgefäße zeigen, dass in jener Zeit vor allem weibliche Gottheiten verehrt wurden; den physischen wie gesellschaftlichen Fortbestand der Gemeinschaft sah man durch das weibliche Geschlecht gewährleistet, entsprechend hoch dürfte die soziale Position der Frauen gewesen sein. Im 3. Jt., d. h. im Spätneolithikum und in der frühen Bronzezeit, wurde auch Messenien dichter besiedelt.

Seit ca. 2800 v. Chr. wandern vor-indogermanische Völkerstämme aus Anatolien auf die Peloponnes ein. Sie bringen außer verbesserten Seefahrtkenntnissen vor allem die neue Technologie der Bronzegewinnung und -verarbeitung mit. Aus Bronze werden nun Ackergerät und Kochtöpfe, Jagd- und Kriegswaffen hergestellt; ein Innovationsschub größten Ausmaßes. Alles muss sich ums Metall gedreht haben: Kenntnis und Zugriff auf Erzlagerstätten, Verfeinerung der handwerklichen Verarbeitung und Vertrieb der Fertigprodukte und schließlich die Verteidigung des neuen Reichtums gegenüber Rivalen und rückständigeren Bevölkerungen. Das zur Bronzeherstellung benötigte Zinn musste aus Anatolien über Zypern und die ägäischen Inseln importiert werden, was zu einem permanenten und durch feste Stützpunkte abgesicherten Fernhandel führte.

Die Kulturperiode der Bronzezeit wird auf dem griechischen Festland als Helladikum bezeichnet und unterteilt in frühhelladisch (3. Jt.), mittel- (frühes 2. Jt.) und späthelladisch (= mykenisch: 17.–12. Jh. v. Chr.).

Die gesellschaftlichen Strukturen sind nun, im Gegensatz zur vorangegangenen Epoche, patriarchalisch geprägt. Man lebt als hierarchisch geordnete Großsippe in befestigten Dörfern. Bis zum späten 3. Jt. sind verbesserte Lebensbedingungen und ein stetiger Bevölkerungszuwachs zu verzeichnen. Um 2000 v. Chr. jedoch erleidet diese Blüte einen jähen Einbruch durch Zuwanderung indogermanischer Völkerstämme aus dem Norden: der späteren Mykener bzw. Ionier. Diese Griechisch sprechenden, armen, aber ausgesprochen kriegerischen Bauern und Viehzüchter standen noch auf einer erheblich tieferen Zivilisationsstufe, als sie die Siedlungen der ansässigen Bevölkerung übernahmen und dort ihre charakteristischen Apsidenhäuser erbauten, wie man sie u. a. in Lérna (S. 153) und Olympia (S. 116) gefunden hat. Fast ein halbes Jahrtausend sollte es dauern, bis jene Neuankömmlinge durch Kontakt zu anderen Zivilisationen eine eigene Hochkultur hervorbrachten.

Bronze ist eine durch Schmelzprozess hergestellte Legierung aus mindestens 60 % Kupfer mit weiteren Metallen wie Zinn, Blei, Arsen und Eisen. Durch ihre gegenüber reinem Kupfer größere Festigkeit und Korrosionsbeständigkeit eignete sie sich zur Herstellung von Waffen ebenso wie von Haushaltsgerät und diente vor Einführung des Münzgeldes im 6. Jh. v. Chr. auch als Zahlungsmittel.

Land und Geschichte

Kreta, Troja und die früheste Hochkultur auf dem europäischen Festland: Die Zivilisation der Mykener im 2. Jt. v. Chr.

Die Eroberung Südgriechenlands durch indogermanische Zuwanderer am Beginn des 2. Jt. wie auch die anschließende Herausbildung der mykenischen Kultur sind keine isolierten Phänomene, sondern stehen im Kontext weiterer Wanderbewegungen und Herrschaftsbildungen an den Küsten des Ostmittelmeers und im Vorderen Orient. Etwa zeitgleich dringen die kriegerischen Bergvölker der Mitanni und Churriter vom iranischen Hochland nach Mesopotamien und Syrien ein und errichten dort feudal geprägte Stadtkönigtümer; ähnlich die indogermanischen Hethiter, die die in Anatolien die alteingesessene Bevölkerung unterjochen und hier für Jahrhunderte ein ebenfalls feudal geprägtes Großreich etablieren. Allen diesen Gesellschaften gemeinsam ist eine ritterliche Aristokratie, die in einem Vasallenstatus zum Königshaus steht. Hervorstechendes Kulturmerkmal der neuen ethnischen und sozialen Schicht ist die Einführung des von Pferden gezogenen einachsigen Rennwagens für Jagd, Krieg und Sport. Nicht ohne Grund spricht man deshalb von Streitwagen-Kulturen.

Eben eine solche feudal geprägte kriegerische Gesellschaft mit einer Aristokratenschicht von Streitwagenfahrern waren auch die Mykener: in den späteren homerischen Epen als Achäer bezeichnet, in hethitischen zeitgenössischen Schriftdokumenten als Achiawi. Verbindungen zum Hethiterreich bestanden nicht nur in gemeinsamen Wurzeln, auch nach Etablierung der eigenen Staatlichkeit unterhielt man Kontakte, wie hethitische Dokumente, aber auch Architekturmerkmale belegen; einzig in den Mauern der Hethiterhauptstadt

Ausschnitt eines Freskos aus Mykene mit der Darstellung einer Göttin oder Priesterin, 13. Jh. v. Chr. Mykene, Archäologisches Museum (s. S. 167)

Die Peloponnes in vorgeschichtlicher Zeit

Bronzedolche mit figürlichen und ornamentalen Gold- und Silbereinlagen aus dem Schachtgräberrund A von Mykene, 16. Jh. v. Chr. Athen, Nationalmuseum

Hattusa finden die Burgmauern von Mykene mit ihrem Löwentor eine zeitlich vorangehende Analogie.

Die beiden wichtigsten Kontakte, die die Herausbildung der mykenischen Kultur maßgeblich beeinflussten, bestanden aber zum minoischen Kreta und zu Ägypten. Nicht nur die Architektur ihrer Paläste haben die Mykener weitgehend von den älteren kretischen Palästen übernommen, auch das Palastsystem als sozialen Organismus haben sie den Minoern abgesehen. Zu diesem System gehörten schriftliche Bestandsarchive auf Tontäfelchen: bei den Minoern in der bis heute noch nicht entzifferten Linear-A-Schrift, bei den Mykenern in der hiervon abgeleiteten einfacheren und von John Chadwick und Michael Ventris als frühes Griechisch dekodierten Silbenschrift Linear-B.

Unübersehbar ist der Einfluss Altkretas auf die Religion der Mykener sowie auf Formen und Sujets ihrer bildenden Kunst. Neben minoischen Importen von Keramik und von Luxusobjekten aus Edelmetall und Elfenbein stehen Nachahmungen, die sich von kretischen Erzeugnissen zuweilen kaum unterscheiden. Kontakten zu Ägypten ist der Brauch der Einbalsamierung vornehmer Toter – wenngleich mit unvollkommeneren Mitteln – zuzuschreiben; auch für den Goldreichtum der frühen mykenischen Grabinventare dürfte Ägypten Vorbild und Herkunftsland gewesen sein.

Wie ist es zu dieser Akkumulation derart enormer Reichtümer und über praktische Lebensbedürfnisse weit hinausreichender Repräsentation gekommen? Dank ihrer waffentechnischen Überlegenheit waren die Achäer in der Lage, die eingesessene Bevölkerung Südgriechenlands zu unterjochen und sich als leibeigene Bauern und Viehzüchter dienstbar zu machen. Darüber hinaus profitierten sie mittels ihrer hochseetüchtigen Flotten von einem weit verzweigten Netz von

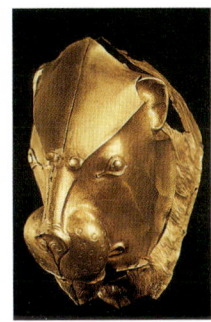

Goldenes Rhyton (Gießgefäß) für Wein in Form eines Löwenkopfs. Aus dem Schachtgräberrund A von Mykene, 16. Jh. v. Chr. Athen, Nationalmuseum

Land und Geschichte

Mykenisches Kuppelgrab: das ›Atreus-Grab‹ von Mykene, Grund- und Aufriss (s. S. 166f.)

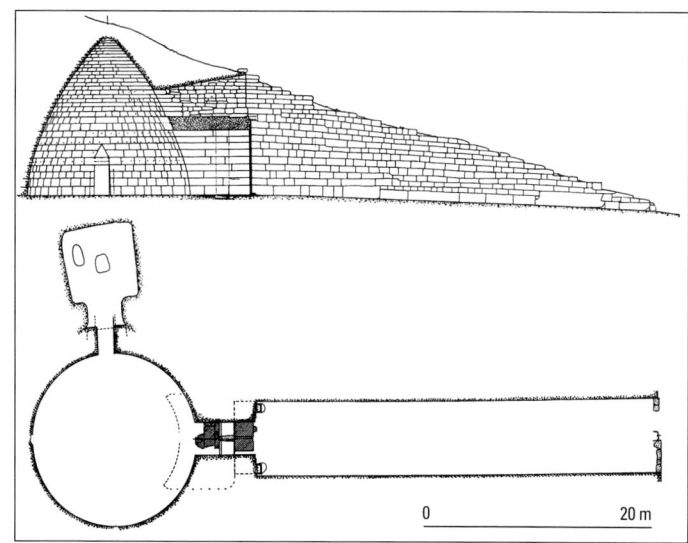

In den mykenischen Grabbauten drückt sich das Bedürfnis nach ›memoria‹, nach Festschreibung eines kulturellen Gedächtnisses seitens der Herrenschicht aus. Der Generationen lang ausgeübte Totenkult wurde nicht nur aus religiöser Scheu vollzogen, sondern diente der Verherrlichung dauerhafter Machtansprüche. Den Typus des überkuppelten Grabbaus mit falschem Gewölbe übernahmen die Mykener aus Kreta; während die minoischen Tholoi jedoch frei stehende Bauten waren, tieften die Mykener ihre Kuppelgräber in Hänge ein und überdeckten sie mit Erde. Frei blieb der – typisch mykenische – Dromos; hier und im Kuppelraum selbst fanden die Zeremonien statt.

Fernhandelsbeziehungen und Raubzügen, wobei besonders der Sklavenhandel ein einträgliches Geschäft bot. So konnte die Oberschicht es sich leisten, nicht nur prächtige Paläste zu errichten, sondern auch einen Teil ihrer Luxusgüter den adeligen Verstorbenen mit ins Grab zu geben und die Gegenstände auf diese Weise dem unmittelbaren Tausch- und Handelsverkehr zu entziehen. Seit der Mitte des 2. Jt. v. Chr. kontrollierten die Mykener die Ägäis, hatten Handelsniederlassungen an der türkischen Westküste und der Levante und übernahmen auf Kreta sogar gänzlich die Herrschaft.

Was wir ›mykenische Kultur‹ nennen, erweist sich somit weniger als Hervorbringung eines Volkes – eben der Ethnie der Achäer und späteren Ionier – als vielmehr als Produkt einer besonderen sozialen und machtpolitischen Konstellation. Eine eng begrenzte Oberschicht war es, die jene Kulturhervorbringungen initiierte bzw. auch gewaltsam erzwang, und folgerichtig verschwanden mit der Auflösung jener Eliten auch alle Merkmale dieser spezifischen Kultur ein für alle Mal. Der Untergang Mykenes spiegelt sich literarisch in der Jahrhunderte später entstandenen Ilias, die einen gemeinsamen Kriegszug der achäischen Könige gegen Troja schildert. Wo jenes Troja allerdings lag, ist aufgrund neuer Hypothesen wieder offen. Bei Hissarlik an der türkischen Westküste wie bislang angenommen, oder geografisch und kulturell weiter östlich im anatolischen Kara Tepe, wofür viele Gründe sprechen? Ein gewaltsames Ende fand jene Stadt jedenfalls. Archäologische Befunde sowie ägyptische Aufzeichnungen deuten darauf hin, dass damals das gesamte Fernhandelssystem und die von ihm profitierenden Eliten um 1200 v. Chr. von räuberischen ›Seevölkern‹ – darunter möglicherweise die Mykener selbst – empfindlich gestört wurde.

Sowohl das Reich der Hethiter als auch das der Mykener werden zerschlagen, die mykenischen Residenzen ein Jahrhundert später endgültig aufgegeben. Weder Soldaten noch gewaltige Mauern haben den Untergang dieser empfindlichen, weil auf den geschilderten störanfälligen Konstellationen beruhenden Gesellschaftsformationen verhindern können.

Produktion, Handel, Verwaltung und Religion unter einem Dach – das mykenische Palastsystem

Es ist kaum übertrieben, die mykenische Zivilisation insgesamt als Palastkultur zu bezeichnen. Nahezu alles, was jene Zivilisation auszeichnet und wovon archäologische Funde Zeugnis ablegen, scheint auf den Palast als soziales System bezogen: die Entwicklung der Linear-B-Schrift (S. 21) ebenso wie figürlich und ornamental dekorierte Edelkeramik, Freskomalerei, dem Kult dienende Ritualgefäße, Gold-, Elfenbein- und Steinsiegel, Edelmetallschmuck und Elfenbeinobjekte, gar nicht zu reden von Wohn- und Befestigungsarchitektur, aber auch von Straßen, Brücken und Gutsbetrieben auf dem Lande. Selbst der Totenkult mit seinen charakteristischen Grabbauten und dem aufwändigen Beigabeninventar steht in mittelbarer Beziehung zum Leben im Palast. So erscheint im archäologischen Befund die mykenische Kultur in eminenter Weise an die oben beschriebene gesellschaftliche Elitebildung geknüpft und auf ihr Funktionieren angewiesen.

Mykenische Paläste waren weit mehr als aufwändige Architekturkomplexe mit der Funktion einer Herrscherresidenz. Sie dienten nicht nur als luxuriöse Wohnstätten und Orte höfischer Repräsentation, sondern bildeten zugleich das Wirtschafts- und Verwaltungszentrum der jeweils umliegenden Region. Der Palast war zentrales Vorratslager und Ausgabestelle von Gütern. Rohstoffe, landwirtschaftliche Erzeugnisse und Handelswaren wurden hier verwahrt und über die Bestände Buch geführt. Auch die Produktion, besonders die Metallverarbeitung, unterstand der Kontrolle des Palastes; schließlich dienten die Burgen auch als Waffenkammern. Darüber hinaus war der Palast religiöses Zentrum. Kulthandlungen und Opfer fanden im Megaron selbst und im Umkreis des Palastes statt. So liefen alle Fäden im Palast zusammen und gingen ebenso von hier aus. Nicht zuletzt auf der Grundlage dieses Informationsmonopols wurden aus dem Palast heraus Wirtschaft, Handel, Politik und Kult gelenkt.

In vielen ihrer Bautechniken und -formen sind die mykenischen Paläste Imitate der ungleich größeren minoischen Anlagen auf Kreta. Mit ihrer Mehrgeschossigkeit, ihren Treppenhäusern, Säulenhöfen, Propyla, den schmalen Korridoren, vor allem aber den charakteristischen, sich nach unten verjüngenden Säulen und nicht zuletzt in ihrer Farbigkeit müssen sie einen ähnlichen Eindruck vermittelt haben wie ihre kretischen Vorbilder. Anders als bei den minoischen Palästen ist jedoch hier – der strengen gesellschaftlichen und politi-

Land und Geschichte

Das Megaron – Zentrum aller mykenischen Paläste. Rekonstruktion der Anlage von Epáno Englianó (s. S. 248ff.)

Wie aus Fresken und Siegeldarstellungen hervorgeht, spielten Frauen als Priesterinnen eine wichtige Rolle. Wie in der minoischen Kultur, galt der Kult vor allem weiblichen Naturgottheiten, die man nicht in Tempeln, sondern im Freien und in Räumen innerhalb der Häuser verehrte. Aufzeichnungen auf Tontäfelchen belegen, dass zum mykenischen Pantheon schon Götter der späteren Griechen gehörten: etwa Atana (Athena), Era (Hera) und Posedao (Poseidon).

schen Hierarchie entsprechend – der Kernbereich gänzlich auf das Megaron ausgerichtet, das die Spitze der Macht inkorporiert. Symmetrie und hierarchische Staffelung bestimmen in diesem Bereich die Architektur: Auf den Vorhof folgt die äußere Vorhalle, auf diese das innere Vestibül und darauf der große Herdraum mit dem Thronsitz an der Seite: alles Merkmale, die sich in der älteren minoischen Architektur nicht finden, sondern erst zu einer Zeit, als Kreta bereits von Mykenern beherrscht wurde. Auf dem Thron saß der ›Wanax‹ (griech.: Herrscher) als politisches, richterliches und wohl auch religiöses Oberhaupt; jedenfalls wurden in den Megara Trank- und wahrscheinlich auch Brandopfer vollzogen.

Ähnliche Strukturen finden sich in den syrischen Palästen von Mari und Qatna. Anders als in den Königreichen an der Levante, wurden die mykenischen Herrscher aber nicht als Götter verehrt. Kleinere Neben-Megara hat man als Repräsentationsräume der Gattinnen jener Herrscher gedeutet, doch bleibt deren politische und gesellschaftliche Rolle undeutlich. Um das zentrale Megaron gruppieren sich Wohn- und Servicetrakte, des Weiteren Werkstätten, in denen hochwertige Produkte in Palastregie produziert wurden: außer Bronzewaffen vor allem Luxustextilien und Objekte aus Edelmetall, Elfenbein und Halbedelsteinen, wie die berühmten mykenischen Siegel. Die für den Palast tätigen Handwerker und Priesterschaften haben, zumindest in Mykene, innerhalb der Burg gewohnt, ebenso Soldaten. Rohstoffe und landwirtschaftliche Erträge wie Öl, Wein und Getreide wurden in Vorratslagern des Palastes zentral gesammelt und von hier für erwiesene Dienste wieder redistribuiert.

Die Peloponnes in vorgeschichtlicher Zeit

Auch die Siedlungen unterhalb der Burgen waren auf den Palast ausgerichtet, nicht anders das agrarische Umland, das in Lehensgüter aufgeteilt war, wie aus Linear-B-Täfelchen ersichtlich wird, die im Palast von Epáno Englianó (S. 248ff.) gefunden wurden. Wie Fernstraßen, Brücken und größere Wasserbauprojekte (S. 95) vermuten lassen, dürften verschiedene Residenzen von Fall zu Fall miteinander kooperiert haben, etwa bei Kriegszügen wie dem in der Homerischen Ilias beschriebenen legendären Feldzug gegen Troja (S. 155), generell aber waren sie wirtschaftlich und politisch autark. Zukünftige Ausgrabungen mögen noch weitere Paläste zu Tage fördern, namentlich im Nordwesten der Peloponnes sowie auf dem griechischen Festland. Groß kann ihre Zahl jedoch nicht gewesen sein, fungierten sie doch als absolute Zentren der jeweiligen Region: dicht gedrängt nur in der Árgolis mit Mykene, Tiryns und möglicherweise Midéa. Der Palast von Epáno Englianó ist durch Linear-B-Täfelchen zweifelsfrei als Zentrum ganz Messeniens belegt, einen analogen Palast muss man sich östlich des Taýgetos-Gebirges bei Sparta vorstellen.

Mykenische Residenzen auf dem Festland lagen auf der Akropolis von Athen, in Theben, Gla(?) und Orchomenós in Böotien sowie in Iólkos am Golf von Vólos. Dass manche dieser Machtzentren ohne Befestigungen auskamen, wie auf der Peloponnes Epáno Englianós, während die argivischen Paläste von riesigen Mauern umgeben waren, konnte bis heute nicht schlüssig erklärt werden; der Hinweis auf Einflüsse Kretas mit seinen stets unbefestigten Palästen sowie eine überragende Flottendominanz als ausreichende Sicherung ist nur bedingt stichhaltig, da minoische Einflüsse auch in Mykene erkennbar sind und Mykene ebenfalls eine starke Flotte besaß.

Die Tontäfelchen mit den eingekratzten Archivtexten waren ursprünglich nicht gebrannt und haben sich nur dort erhalten, wo sie bei Feuersbrünsten zufällig gehärtet wurden.

Goldener Siegelring mit Darstellung des für die mykenische Religion charakteristischen Baumkultes. Aus einem Kammergrab unterhalb der Burg von Mykene, um 1500 v. Chr. Athen, Nationalmuseum

Land und Geschichte

Antike Geschichte und Kultur in Schlaglichtern

Dorische Einwanderung und griechische Staatenbildung im frühen 1. Jt. v. Chr.

Auch Revolutionen seitens der abhängigen Landbevölkerung können eine Ursache für den Untergang der mykenischen Zivilisation gewesen sein. Jedenfalls trafen die Dorer auf ihrem Zug nach Süden auf eine bereits in Auflösung begriffene mykenische Palastkultur.

Schon zu Beginn des 2. Jt. v. Chr. war Südgriechenland Ziel von Einwanderungswellen aus dem Norden gewesen, wobei durch Kontakte zum minoischen Kreta, zu Ägypten und zum Vorderen Orient die mykenische Kultur entstanden war. Dass jene Einwanderer bereits ein urtümliches Griechisch sprachen, steht heute außer Frage; sie deshalb allerdings im kulturellen Sinne als Urgriechen und somit gewissermaßen als Ur-Abendländer zu etikettieren, wird durch eine Vielzahl historisch-archäologischer Daten widerlegt. Denn gegen 1200 v. Chr. aus dem Norden nachrückende Stämme – darunter die Dorer, die sich v. a. auf der Peloponnes niederließen – bereiteten jener frühen Hochkultur ein gewaltsames Ende, und zwar so gründlich, dass man sich den zivilisatorischen Bruch kaum katastrophal genug vorstellen kann: Die mykenischen Burgen und Paläste werden geplündert und niedergebrannt; das gesamte ›mykenische System‹ bricht zusammen und mit ihm Errungenschaften wie eine hoch differenzierte Arbeitsteilung, komplexe soziale Organisationsformen, avancierte Technologie und Bewässerungswirtschaft, Schrift- und Archivwesen sowie die politische und wirtschaftliche Vernetzung mit den anderen Hochkulturen Ägyptens, Anatoliens und des Vorderen Orients.

Zeichen des Kulturbruchs im archäologischen Befund ist, neben Brandschichten als Spuren von Zerstörungen, ein Wechsel von der bis dahin vorherrschenden Körper- zur Brandbestattung. Außerdem wird die bisherige Verehrung weiblicher Erd- und Vegetationsgottheiten nun überlagert von der männlicher Himmels- bzw. Sonnengötter. Zeitlich parallel zur Dorischen Wanderung vollzieht sich in Hellas der Übergang von der Bronze- zur Eisenzeit.

Offenbar hatten die nun Südgriechenland beherrschenden Stämme bzw. Bevölkerungsschichten weder die Fähigkeit noch das Bedürfnis, auch nur einen Teil jener Strukturen zu übernehmen. Griechenland schließt sich für Jahrhunderte weitgehend vom Ausland ab, wie die geringe Zahl und Qualität der Importe beweist. Schrift verschwindet, für sie ist kein Bedarf, ebenso Steinschneidekunst und andere Palastkünste wie Freskenmalerei, nicht anders die Fähigkeit zur Errichtung aufwändiger Steinarchitekturen. Selbst die Keramikherstellung fällt auf ein äußerst primitives Niveau zurück, sogar die Töpferscheibe gerät mancherorts zeitweise in Vergessenheit! Dass unter solchen Umständen an ein Städtewesen gar nicht zu denken ist, versteht sich von selbst. Der heute zuweilen kritisierte Begriff der ›dunklen Jahrhunderte‹ besteht also durchaus zu Recht. Dies – und nicht eine ungebrochene Tradition aus glanzvoller Vorzeit – ist der Beginn des viel beschworenen Griechentums als »Wiege des Abendlandes«.

War Griechenland im 2. Jt. v. Chr. Teil einer ostmediterranen gemeinsamen Kultur gewesen, so ist es nun nicht nur vergleichsweise isoliert, sondern auch in eine Vielzahl kleiner und kleinster politischer Einheiten zersplittert. Zunächst siedeln Familien und Clans in

Einzelgehöften und Weilern in den fruchtbaren Schwemmebenen der Flüsse. Man ist selbstständig, es bestehen keine übergreifenden Organisations- oder Herrschaftsstrukturen. Ionien – d. h. die ostägäischen Inseln und die kleinasiatische Küste – hatte den zivilisatorischen Rückfall noch am glimpflichsten überstanden, auch waren dort die Handelskontakte zum Vorderen Orient nie gänzlich abgerissen. So verwundert es nicht, dass in Ionien im 9. Jh. v. Chr. auch wieder die ersten stadtartigen Siedlungen entstehen: offenbar durch regelrechte Gründungsaktionen, bei denen mehrere Dörfer und Weiler sich zu einem Gemeinwesen zusammentaten. Synoikismos, Zusammensiedlung, haben die Griechen diesen Vorgang genannt.

Mit diesem im Prinzip freiwilligen Zusammenschluss hängen viele für die späteren griechischen Städte charakteristische Merkmale zusammen. Stadt ist nicht Siedlung im Bannkreis einer Herrscherresidenz, überhaupt nicht Teil irgendeines Territorialreiches, sondern sie ist eine politisch und wirtschaftlich autarke Einheit: ein Stadtstaat (Polis) mit befestigter Siedlung als Kern und ausreichender Ackerfläche als Umland (Chora). Zentrum jeder Polis ist die Agora: der freie Platz im Stadtzentrum, der nicht nur Marktfunktion hat, sondern auf dem man sich auch zu Festen und Sportverantaltungen trifft, vor allem aber als Bürger am politischen Geschehen teilnimmt. Wichtigstes Charakteristikum der griechischen Polis ist ihre selbstbewusste Bürgerschaft, ob unter der Regierung von Adeligen, Königen oder später Tyrannen. Dieser geschichtlich neue Bürgersinn führt bereits im 8. Jh. v. Chr. zu einer unerhörten wirtschaftlichen und kulturellen Dynamik. Griechen treten mit phönizischen Händlern in Konkurrenz, gründen Handelsstützpunkte an den Küsten Syriens und Palästinas und siedeln sich in neu gegründeten Städten in Unteritalien und Sizilien, bald darauf auch in Nordafrika, Südfrankreich, Spanien und der Schwarzmeerküste an.

Im Verlaufe von weniger als zwei Jahrhunderten wird das Mittelmeer zum Verkehrsraum griechischer Händler und zum Absatzplatz griechischer Waren. Öl und Wein werden, von den Griechen verbreitet, zu prägenden Kulturpflanzen der Mittelmeerküsten. Architektur und Bildende Kunst nehmen seit dem 7. Jh. v. Chr. einen ungeheuren Aufschwung, wobei man sich im hochkulturellen Ausland genau umsieht: in Ägypten und Syrien etwa für die nun auch in Griechenland wieder neu entwickelte monumentale Steinarchitektur und -skulptur. Zahlreiche Darstellungsformen und Sujets der griechischen Kunst sind keineswegs genuin griechisch, sondern aus dem Vorderen Orient und Ägypten entlehnt. Auch die später für die Griechen so charakteristische Sitte des Festbanketts im Liegen ist ein aus dem Orient übernommener Luxusbrauch.

Weltgeschichtliche Bedeutung erlangt die politische Organisationsform, zu der diese Dynamik hinführt: die Demokratie. Bürgerschaften, deren Mitglieder sich als konkurrierende Individuen begreifen, drängen bereits im 8. und 7. Jh. v. Chr. die Macht von Adelsclans und Königsgeschlechtern zurück und suchen sich in gesellschaftli-

Erinnerungen an die zivilisatorischen Hochleistungen der Vorzeit durch mündliche Tradierung sowie in der Landschaft noch aufragende gewaltige Ruinen ließen in den ›dunklen Jahrhunderten‹ Mythen von Heroen mit übermenschlichen Fähigkeiten und Taten entstehen. Solche Erzählungen wurden im 8. Jh. v. Chr. zu den ›Homerischen Epen‹ zusammengefasst. Gleichzeitig wurden an mykenischen Monumentalgräbern Heroenkulte installiert.

Bei Neugründung von Siedlungen, besonders den Koloniestädten, kam für Straßen und Bebauungsflächen ein rechtwinkliges Rastersystem zur Anwendung.

chen Konflikten Schlichter, deren Autorität einzig auf Gerechtigkeitssinn, Klugheit und einem auf weiten Reisen gesammelten Erfahrungsschatz beruht. Auch die im 7. und 6. Jh. verbreitete Regierungsform der Tyrannis, bei der ein prominenter Adeliger die Herrschaft an sich reißt, erweist sich historisch als Etappe auf dem Weg zur Demokratie, denn die Tyrannen waren in hohem Maße auf die Unterstützung breiter Bevölkerungsschichten angewiesen und hatten auf deren Bedürfnisse und Ziele Rücksicht zu nehmen. Global betrachtet, war die schließlich im 5. Jh. v. Chr. in Athen entwickelte Demokratie als Staatsform, bei der nicht Delegierte, sondern sämtliche Vollbürger über jegliche Angelegenheit von Bedeutung entschieden, nur ein Intermezzo. Der beschriebene spezifisch griechische Bürgersinn und die daraus resultierende Politik aber haben auch unter anderen Staatsformen in der Antike weitergewirkt und sind in der Neuzeit wieder aufgegriffen und zur parlamentarischen Demokratie umgeformt worden.

Individualismus und Konkurrenzprinzip auf zwischenmenschlicher wie zwischenstaatlicher Ebene, die als Motor diese Entwicklung vorantrieben, hatten auch ihre Schattenseite. Sie lag in der Herausbildung egoistischer Ideale und einem hohen Maß an Aggressionsbereitschaft, mit der Folge fast ständiger Kleinkriege zwischen einzelnen Stadtstaaten. Hinzu kam ein weiteres Problem: Bei der überregionalen Verflechtung der Adelsfamilien und der Mobilität von Handwerkern und Händlern hatte zwar jeder seine – wenigstens momentane – Heimatstadt, war aber zugleich durch Freunde, Handelspartner oder Familienangehörige mit der eventuell verfeindeten Nachbarstadt verbunden, was zu Loyalitätskonflikten und nicht selten sogar bürgerkriegsähnlichen Zuständen führte. Umso notwendiger war die Herausbildung von anerkannten Orten, wo die Waffen zu schweigen hatten und der Wettstreit um Ehre und Ansehen sowohl zwischen Individuen als auch zwischen den Kleinstaaten in ritualisierter Form friedlich ausgetragen werden konnte. Diese Funktion übernahmen die im Folgenden dargestellten Heiligtümer.

Die Rolle der Heiligtümer in der griechischen Gesellschaft

Mit ihren glanzvollen Bauten und der Fülle künstlerisch hochrangiger Statuen aus Marmor und Bronze bilden Heiligtümer für uns geradezu ein Markenzeichen altgriechischer Kultur. Griechische Kunst – das ist die weltberühmte Akropolis von Athen, das sind Delphi, Delos, das Heraion von Samos und auf der Peloponnes natürlich Olympia und Epidauros. Wie selbstverständlich setzen wir dabei griechische Kunst, ja sogar griechische Kultur mit den Heiligtümern der Griechen in eins. Tatsächlich jedoch waren es sehr spezifische Umstände, die zu dieser erstaunlichen Akkumulation materieller und ästhetischer Werte in den Heiligtümern geführt haben, während Dörfer und

Städte lange Zeit ein recht bescheidenes Aussehen besaßen und auch die Totenbeigaben sich bei den archaischen und klassischen Griechen geradezu ärmlich ausnehmen im Vergleich zum ausgeprägten Jenseitskult anderer antiker Völker wie den Ägyptern, Skythen oder Etruskern.

Es war nicht Frömmigkeit an sich – auch andere Kulturen haben bedeutende Werte aus dem materiellen Kreislauf für die Sphäre der Religion abgezweigt –, sondern es waren besondere Gesellschaftsstrukturen und Wertvorstellungen, denen die griechischen Heiligtümer ihre herausragende Funktion verdanken. Das Erstaunliche vieler Heiligtümer ist zunächst ihre Lage. Gewiss, einige waren inmitten von Städten platziert, so etwa der Bezirk des Apollon mit seinem monumentalen Peripteraltempel in Korinth: gewissermaßen das Wahrzeichen der Stadt in archaischer Zeit. Doch war dies eher die Ausnahme, in diesem Falle bedingt durch die Machtmittel und Repräsentationsansprüche einer Tyrannendynastie. Die meisten bedeutenden Heiligtümer hingegen sind außerhalb der Städte angesiedelt: manche noch in Sichtweite der Siedlung, wie etwa Perachóra an der Landzunge gegenüber Korinth oder das Heraion (S. 179) auf der anderen Seite der Ebene von Árgos oder Menelaion und Amyklaion nahe Sparta (S. 292). Die größten Heiligtümer liegen sogar weitab von großen Städten: so Olympia (S. 116), Epidauros (S. 192) und Nemea (S. 89).

Dennoch ist die Entwicklung der Heiligtümer, gleich ob inner- oder außerstädtisch, untrennbar mit der griechischen Stadtwerdung und dem ausgeprägten Individualismus der Polisbürger verknüpft. Es gab in der archaischen und klassischen griechischen Kultur keine mächtigen Könige mit glanzvollen Palästen und der Potenz, Religion territorial an eine Residenz zu binden; es war die Vielzahl individueller Stadtstaaten (S. 26) und innerhalb dieser autonome Bürgerschaften, die das gesellschaftliche und somit auch das sakrale Leben bestimmten. Kriegerische wie friedliche Konkurrenz, ein ständiges gegenseitiges Sich-Messen, war innerhalb dieses Gesellschaftsmodells Prinzip: auf staatlicher wie zwischenmenschlicher Ebene.

Während dieses Gesellschaftsmodell bei aller Leistungssteigerung immer wieder zu erbitterten Auseinandersetzungen innerhalb der einzelnen Städte sowie zwischen den Stadtstaaten führte, boten die Heiligtümer ein sakrosanktes, aufgrund religiöser Scheu unantastbares Territorium für das friedliche Zusammenkommen der Menschen. Insofern war es wichtig, nicht nur von den jeweiligen Städten kontrollierte Heiligtümer zu haben, sondern auch solche, die dem ausschließlichen Zugriff einer einzelnen Polis entzogen waren und den Bewohnern verschiedener und sogar verfeindeter Städte offen standen. Hier war der Ort für Versöhnung, für politische und wirtschaftliche Abmachungen und für die Dokumentation solcher Vereinbarungen durch Inschriften und bildliche Darstellungen. Sogar Asyl gewährten die Heiligtümer verfolgten Einzelpersonen und Gruppen;

wer sich in Bürgerkriegen oder privaten Fehden hierhin flüchtete, konnte mit einiger Wahrscheinlichkeit auf den Schutz der Stätte rechnen, was wiederum zum Ansehen der Heiligtümer beitrug. Voraussetzung hierfür war natürlich eine in der Gesellschaft fest verankerte Anerkennung dieser Tabuzone, was durch entsprechende Sanktionen seitens der Priesterschaften wie Ausschluss vom Opfer, Strafgelder etc. unterstützt wurde. So gehört zu den wichtigsten Eigenschaften eines griechischen Heiligtums sein Temenos (von altgr. temnein: schneiden): sein aus dem profanen Leben ausgegrenztes sakrosanktes Terrain, das im Allgemeinen nicht durch eine Wehrmauer, sondern eine nur geheiligte Grenzlinie abgesteckt sein musste.

Kultisches Zentrum eines griechischen Heiligtums ist nicht der Tempel – dieser konnte sogar fehlen –, sondern der Opferaltar. Mehr noch als Gebet ist Opfer *die* Ausdrucksform griechischer Religiosität, wichtigste Verbindung zwischen Mensch und Gottheit. Zugleich waren die von Prozessionen, Gesängen und Tänzen begleiteten Opfer Zeichen der Gemeinschaft der beteiligten Menschen untereinander. Geopfert wurden hauptsächlich Herdentiere, die man feierlich herbeibrachte, schlachtete und Innereien sowie Fett und Haut verbrannte, das Übrige aber beim gemeinsamen Mahl verzehrte; Fleischkonsum in größeren Mengen war wesentlich an die Opferfeste in Heiligtümern gebunden. Außerdem waren Bankette fester Bestandteil der Götterfeste: rituelle Trinkgelage, zunächst im Freien sowie in Zelten und Laubhütten, später in fest gebauten Bankettäumen mit an den Wänden aufgereihten Klinen.

Antike Athletik und moderne Olympia-Idee

Bereits ein kursorischer Vergleich zwischen antiken und modernen Olympischen Spielen zeitigt verblüffende Resultate. Wo man Ähnlichkeiten vermutet, finden sich oft krasse Gegensätze, während umgekehrt modern geglaubte Erscheinungen wie der Profisport, materieller Gewinn und Funktionärs- und Honoratiorenwesen sich als bereits antike Praktiken erweisen; gerade archaisch Wirkendes wie etwa die rituelle Entzündung eines olympischen Feuers entpuppt sich als moderne Kreierung in pseudoantiker Aufmachung. Dabei sollte man weder die moderne noch die antike Sportpraxis idealisieren. Natürlich gab es in der Antike keine über Massenmedien transportierte Werbung, mit Politik aber waren die Spiele auch in Altgriechenland von vornherein verbunden (S. 125). Überhaupt erscheint der antike olympische Sport keineswegs edler als der heutige. Im Gegenteil, die Brutalität etwa des antiken Pankration (Faustkampf) überbietet an Härte alles, was heutige Olympiateilnehmer auf sich nehmen müssen; und während wir uns heute über Hochleistungsdarbietungen von Kindern bei Olympischen Spielen ebenso empören würden wie über gesellschaftliche, sexuelle und rassische Ausgrenzung, war dies in Altgriechenland gängige Praxis:

Berufsathletentum, materielle Gewinnsucht, Wettkampfbetrug, Sensationslust der Zuschauer und Funktionärswesen sind nicht erst neuzeitliche Erscheinungen, sondern bereits in archaisch-griechischer Zeit bezeugt.

Antike Geschichte und Kultur in Schlaglichtern

Von Aulosspiel (Doppel-Oboe) begleitete Sportübungen in der Palaistra: Speer- und Diskuswurf sowie Weitsprung mit Hanteln. Darstellung auf attischem tönernen Mischgefäß für Wein und Wasser, 5. Jh. v. Chr. Kopenhagen, Nationalmuseum

Auf der einen Seite traten Kinder zu Boxkampf und sogar Pankration an, auf der anderen Seite blieben Unfreie, Frauen, Ausländer im Sinne von Nichtgriechen und erst recht Farbige von den Olympien ausgeschlossen.

Der Begriff Sport hat kein antikes Äquivalent. Das entsprechende altgriechische Wort ›agon‹ bedeutet Wettstreit jeglicher Art, also auch im Singen oder Verfassen eines Theaterstücks. Körperliche Wettkämpfe bildeten lediglich einen, allerdings wichtigen Ausschnitt aus dem Spektrum praktizierter Agone. Auch fanden die antiken Wettkämpfe grundsätzlich in Heiligtümern statt, waren mit Opfern und sonstigen Kultritualen verknüpft, während diesbezügliche Versuche in der Moderne sich allenfalls auf ästhetisierendes und folkloristisches Beiprogramm beschränkt haben und nicht selten kitschige und sogar lächerliche Züge tragen. Doch viele der einst in Olympia oder Nemea ausgeübten Aktivitäten entsprechen unserem heutigen Sport: Es sind Wettkämpfe in körperlicher Kraft, Schnelligkeit und Geschicklichkeit.

Nicht allein einzelne Sportdisziplinen, auch manche gesellschaftliche Aspekte antiker Athletik lassen sich im modernen Sport wieder finden: so die Überzeugung vom erzieherischen Wert athletischer Übungen. Deren lustvolle und spielerische Seite fördere Gesundheit und physisches Wohlbefinden, Wachheit und geistige Klarheit; die Härten des Trainings und die Anspannung des Wettkampfs dagegen seien eine Einübung in Leistungsbereitschaft durch Selbstüberwindung. Auch die Doppelrolle des Sieges im heutigen Wettkampf hat ihre Parallelen in der Antike. Es geht zum einen um individuelles Ringen um Ruhm, zum andern wird der persönliche Sieg zum Sieg der Gemeinschaft symbolisiert: in der Antike die jeweilige Polis, der

Land und Geschichte

Stadtstaat; in der Moderne Korporationen, Vereine, Betriebe, Städte und schließlich Nationen.

Wie ist es zur Neukreierung der Olympischen Spiele gekommen? Als 1894 in einem denkwürdigen Akt in der Pariser Sorbonne auf Initiative von Baron Pierre de Coubertin die modernen Olympischen Spiele gegründet wurden, war dies keine isolierte Tat, sondern Endpunkt einer Kette von Bemühungen, sportliche Aktivitäten im Rückgriff auf die Antike als ›Olympien‹ zyklisch zu organisieren. Bereits 1604 waren unter der Ägide König Jakobs I. von England von einem begüterten Rechtsanwalt in der Grafschaft Warwickshire ›Olympian games‹, übrigens unter aktiver Beteiligung von Frauen, veranstaltet worden. Ähnliche Unternehmungen des 18. Jh. sind aus Schweden und Deutschland (z. B. Wörlitz bei Dessau und Görlitz) bekannt. Dabei tritt neben die vom Mittelalter her tradierte Funktion des Sports als Prestigebeschäftigung des Adels nun der Gedanke des pädagogischen Nutzens athletischen Trainings und sportlicher Wettkämpfe für breite Bevölkerungsschichten. Ob in Jean-Jacques Rousseaus oder Friedrich Schillers Schriften, Athletik erscheint als Erziehungsinstrument und Bildungswert einer bürgerlichen Gesellschaft, wobei man sich in Abkehr von christlich-mittelalterlicher Leibfeindlichkeit ausdrücklich auf antike Körperbejahung, auf demokratischen Gemeinsinn und schließlich auf die mit den einstigen Olympischen Spielen verbundene Friedensidee (vgl. S. 125) beruft.

Auch im neu gegründeten Nationalstaat Griechenland regte sich, initiiert vom internationalen Philhellenentum und gefördert durch die sich auf Alt-Hellas berufende Regierung, olympische Begeisterung. 1838 projektierte ein Komiteee in einem elischen Dorf Olympische Spiele, die dann allerdings nicht zur Ausführung kamen, und

Pseudoantikes Ritual: Antikisch gekleidete Griechinnen entzünden in den Ruinen der Altis das olympische Feuer, das anschließend zu den Austragungsorten der Spiele getragen wird.

1858 wurde in Athen eine ›Königliche Olympische Ordnung‹ erlassen. 1859 war es dann soweit: Nachdem der Athener Privatmann Evangelis Zappas auf eigene Kosten einen noblen klassizistischen Bau, das heute so genannte Zappion, zur Abhaltung von handwerklichen, musischen und sportlichen Wettkämpfen errichtet hatte, fand hier die erste regelrechte Olympiade der Neuzeit statt, bei der König Otto die Siegespreise verlieh; es folgten Spiele 1870 und 1875. Jene Wiederbelebungsversuche blieben indessen ohne sonderliche internationale Resonanz; zu sehr lag Griechenland am Rande des damaligen kulturellen und politischen Geschehens. Es waren vielmehr Mitteleuropa und die USA, die die moderne olympische Idee erst wirksam propagiert und sie für ihre gesellschaftlichen und nationalen Interessen eingesetzt haben. Zwar fanden die ersten internationalen Olympischen Spiele 1896, in Reverenz an Alt-Hellas, in Athen statt, dessen antikes Stadion von dem deutschen klassizistischen Architekten Ernst Ziller ausgegraben, aufgemessen und in der Folgezeit wieder komplett aufgebaut worden war. Doch es sollte mehr als ein Jahrhundert dauern, bis Griechenland, nunmehr integratives Mitglied der EU, die Spiele für die Olympiade 2004 wieder einmal ins eigene Land holen konnte.

Auch wenn viele der olympischen Sportarten, wie etwa Bogenschießen, antik wirken, die meisten sind es nicht. Manche entstammen dem englischen Mannschaftssport und den seit der Renaissance auf dem Kontinent verbreiteten Turnieren und Regatten; Gerätedisziplinen gehen auf die von ›Turnvater‹ Friedrich Ludwig Jahn in der ersten Hälfte des 19. Jh. in Deutschland initiierten und militärischer Jugenderziehung dienenden Leibesübungen zurück. Ebenfalls in der Antike unbekannt war Wassersport als Wettkampfdisziplin, ganz zu schweigen von den seit 1924 in die Olympiaden aufgenommenen Winterdisziplinen. Lediglich Laufen, Weitsprung, Speer- und Diskuswurf (bzw., in starker Veränderung, Hammerwurf) sowie Reiten, sind Sportarten, die, wenn auch mit Änderungen des Reglements, aus der Antike herrühren. Der eigentliche Unterschied zwischen modernen und antiken Olympiaden aber besteht in ihrem gesellschaftlichen Stellenwert. Olympische Spiele sind in der modernen Massengesellschaft ein letztlich entbehrliches Surplus, eine – inzwischen auch vielfach kritisierte – Pseudoveredelung beruflichen Extremsports sowie gewinnträchtiges Medienspektakel. Vielleicht werden auch heute diese oder jene politischen Bande am Rande von Olympiaden geknüpft, kultureller Austausch und politische Gespräche finden jedoch gewöhnlich anderswo und im Rahmen anderer Rituale statt. Alt-Olympia hingegen war Orakel und Beratungsort, politische, künstlerische und literarische Bühne, Museum und so etwas wie eine ›Expo‹, vor allem aber kultisch geheiligter und sakrosankter Treffpunkt für Griechen aus allen Regionen und mit unterschiedlichen und nicht selten gegensätzlichen, ja feindlichen Interessen. Diese umfassende gesellschaftliche Funktion können und müssen die modernen Olympischen Spiele nicht mehr haben.

Für die antiken Zeitgenossen ein Weltkrieg – der Peloponnesische Krieg

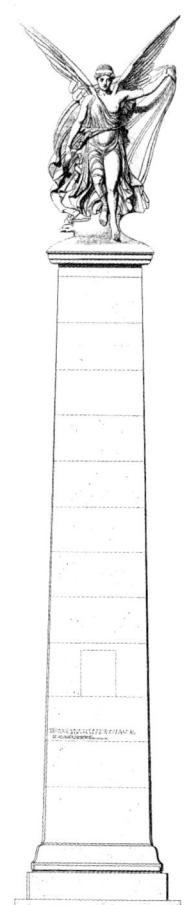

Nike-Statue des Paionios: Siegesdenkmal der Messenier und Nafpaktier nach der Schlacht von Sfakteria, 425 v. Chr. Rekonstruktion. Olympia, Archäologisches Museum (s. S. 146).

Nach den erfolgreichen Abwehrschlachten der Griechen gegen die ins Land eingefallenen Perser 480 und 479 v. Chr. zerfällt mit der ausbrechenden Rivalität unter den Siegern die griechische Staatenwelt in zwei Lager, die sich bald feindlich gegenüberstehen: den von Athen dominierten Delisch-Attischen Seebund und den Peloponnesischen Bund unter Führung Spartas. Der Unterschied zwischen den beiden Protagonisten hätte nicht größer sein können: Athen – eine hoch dynamische, auf Fernhandel mit Ägypten und dem Schwarzen Meer ausgerichtete Seemacht, demokratisch verfasst und mit einer Bürgerschaft, in der die arbeitenden Schichten wesentlich das politische Geschehen bestimmten. Sparta dagegen eine ausgesprochene Landmacht, oligarchisch verfasst mit Königen an der Spitze und einer zahlenmäßig kleinen staatstragenden Kriegerkaste (den Spartiaten), traditionalistisch und alles andere als weltoffen (vgl. S. 283ff.).

Anlass für Feindseligkeit gab in erster Linie Athen, das die Mitglieder seiner gegen Persien gerichteten Militärallianz, die bald die gesamte Ägäis und viele Städte des griechischen Festlands umfasste, zu unterdrücken begann und im Laufe der Zeit mit militärischen Mitteln ausbeutete; aus ursprünglich autonomen und gleichberechtigten Mitgliedern eines Bündnisses gegen den äußeren Feind im Osten wurden binnen einer Generation abhängige, von athenischen Parteigängern und Siedlern kontrollierte Satelliten der neuen Supermacht. Städte, denen dies nicht passte, hatten kaum eine andere Wahl als die einzige Gegenmacht Sparta zu Hilfe zu rufen, von der man wusste, dass sie – bei aller inneren Rigidität – mit den eigenen Bundesgenossen vergleichsweise liberal umging und deren politische Autonomie im Allgemeinen nicht antastete.

So begann 431 v. Chr. ein für antike Verhältnisse regelrechter Weltkrieg, in den immer mehr Stadtstaaten hineingezogen wurden und dessen Austragungsorte vom Bosporus bis nach Nordafrika und von Zypern über die Adria bis nach Sizilien reichten: mit erbarmungslosen Land- und Seeschlachten, mit gezielter politischer Destabilisierung des jeweiligen Gegners, mit Geiselnahmen, Terror und Wirtschaftssabotage. Die Athener suchten mit ihren überlegenen Flotten die Küsten der Peloponnes heim und verwüsteten die Hafenstädte, die Spartaner zogen mit ihren Heeren nach Attika und brannten im Gegenzug Weinberge, Olivenbäume und Getreidefelder der Athener ab, und nicht besser verfuhr man mit den gegnerischen Bundesgenossen. Es gab kaum einen Flecken, um den nicht erbittert gekämpft wurde: oft ohne kriegsentscheidende Wirkung wie im Falle des Felseneilands Sfakteria vor der westpeloponnesischen Küste (S. 254) 425 v. Chr. An Grausamkeit und – auch nach damaligen Normen – Ehrlosigkeit ließ keiner der Großmächte zu wünschen übrig, Hauptkriegstreiber aber blieb Athen. Nach einer sechsjährigen Pause 421–415 v. Chr. flammen die Kämpfe erneut auf. Inzwischen ist auch

Sparta zur Flottenmacht avanciert. Athen erleidet eine desaströse Niederlage vor Syrakus auf Sizilien und verliert den Krieg endgültig 405 in einer Seeschlacht vor der nordgriechischen Küste (Aigospotamoi). 404 v. Chr. wird Athen von spartanischen Truppen besetzt und in der ›Wiege der Demokratie‹, wenn auch nur für ein Jahr, ein oligarchisches Regime (sog. 30 Tyrannen) etabliert.

Ausgeblutet aber sind beide einstigen Großmächte, die im Übrigen ihre Kriegshandlungen nach 404 noch nicht völlig einstellen, sondern sich weiterhin mit wirtschaftlichen und militärischen Mitteln behindern. Athen gelingt 377 sogar noch einmal die Gründung eines Seebundes, doch nicht diese Allianz, sondern ausgerechnet die von Athen generationenlang gedemütigten Böotier unter der Führung Thebens sind es, die mit einer neuen Schlachttaktik ihres Heeres die legendäre Phalanx der Spartiaten 371 v. Chr. vernichtend schlagen und Arkadien und Messenien der drückenden Oberhoheit Spartas entreißen (S. 262). Nur eine Generation später sind alle alten Kriegsgegner ihres militärischen und politischen Potenzials beraubt. Der Makedonenkönig Philipp II. übernimmt mittels Diplomatie und am Ende auch durch eine offene Feldschlacht (338 v. Chr. bei Chaironeia) die Macht über ganz Griechenland. In Korinth wird eine Friedensordnung unter makedonischer Führung verabschiedet, die den einzelnen Städten ihre interne Souveränität belässt.

Der athenische Historiker Thukydides hat Ursachen und Verlauf des Peloponnesischen Krieges mit größtmöglicher Objektivität und mit Verständnis für beide Seiten beschrieben. Als Zeitgenosse und Beteiligter begann er sofort bei Ausbruch der Kriegshandlungen mit seinen Recherchen, »in Erwartung, dass dieser Krieg groß sein würde und bedeutender als alle früheren« (I.1). Das Werk ist komplett erhalten und liegt in Übersetzungen vor.

Frieden und kulturelle Nachblüte in Hellenismus und römischer Kaiserzeit

Städte in unserem modernen Wortsinn mit einer Urbanität ausdrückenden Architektur, mit ansehnlichen Wohnhäusern und repräsentativen öffentlichen Gebäuden hat es auf der Peloponnes, wie überhaupt in Griechenland, vor dem Ende des 5. Jh. v. Chr. kaum gegeben. Sparta und die von ihm beherrschten Landstriche Arkadien und Messenien waren ohnehin dezidiert antistädtisch orientiert, und selbst ausgesprochen städtisch organisierte Gemeinwesen wie Árgos und das mächtige Korinth kamen während ihrer politisch und kulturell vitalsten Phase des 6. und 5. Jh. v. Chr. erstaunlicherweise noch weitgehend ohne aufwändige Stadtarchitektur aus. Die privaten Wohnbauten jener Epoche waren bescheiden und zumeist aus Lehmziegeln und Holz errichtet, weshalb von ihnen kaum etwas erhalten ist.

Das Leben war gemeinschaftlich ausgerichtet; man traf sich auf der Agora zu Festen, sportlichen Veranstaltungen und vor allem zu politischen Debatten und Abstimmungen, doch diese Aktivitäten fanden unter freiem Himmel statt und entbehrten weitgehend architektonischer Rahmung. Amtsgebäude waren rar, Säulenhallen zum Verweilen in den Stadtzentren noch die Ausnahme; für größere Zuschauermengen bei Festen, Theateraufführungen und politischen Debatten genügten als Tribünen Böschungen oder hölzerne Sitzbänke, zuweilen auch, wie in Árgos, in den Fels gehauene Stufen (S. 175). Die auf-

Im 4. Jh. v. Chr. entstanden wahre Schmuckstücke griechischer Architektur auf der Peloponnes wie die Tholoi in Epidauros und Olympia und der Athena-Tempel in Tegea. War klassische Architektur bis dahin vorwiegend als von außen zu betrachtender Baukörper konzipiert, so findet man jetzt auch raffiniert entworfene und luxuriös ausgestattete Innenräume.

fallendsten Nutzgebäude waren Brunnenhäuser, doch auch sie blieben bis zum Hellenismus relativ schmucklos. Prächtig waren nur die Heiligtümer ausgestaltet, von denen einige in den Städten selbst lagen, die meisten und bedeutendsten aber außerhalb und z. T. sogar in großer Distanz. ›Stadt‹ war somit weniger ein Gebilde aus Stein als vielmehr städtisches Leben: dichtes Beisammenwohnen, Handel und Wandel und vor allem das Zusammenwirken einer politisch motivierten, autarken und sich gegenüber anderen Gemeinwesen abgrenzenden Bürgerschaft.

Vom 4. Jh. an geraten die meisten Poleis in den Sog einiger weniger Großmächte – erst von Theben, dann von Makedonien und schließlich den Diadochenreichen – und müssen ihre staatliche Souveränität weitgehend aufgeben. Damit wird das politische Handeln ihrer Bürger zunehmend auf kommunale Angelegenheiten beschränkt. Ausgerechnet in jener Phase des Machtverlustes nun werden die Städte mit einem Mal architektonisch ansehnlich und gewinnen echtes urbanes Flair. Man baut, während die berühmten frühklassischen Dramen nostalgisch wieder aufgeführt werden, auf einmal monumentale steinerne Theater; Amtsgebäude mit repräsentativen Säulenfronten werden zum architektonischen Symbol funktionierender Bürokratie, Stadtgeschichte wird in Archivgebäuden konserviert, und Säulenhallen dienen neben ihrer Basarfunktion als Treffpunkte semiprivater Zirkel wie z. B. Philosophenschulen. Auch die Wohnarchitektur zu Seiten systematisch ausgelegter Straßenzüge dokumentiert vorher ungekannte Gebrauchs- und Repräsentationsansprüche. Stadt wird zum luxuriösen und ästhetisch genussvollen Ambiente. Während die wirklichen Zentren der Macht sich vom alten Griechenland weg verlagert haben, gewinnen dessen Städte ihr ›klassisches‹ Aussehen.

Grundlage dieser allenthalben um sich greifenden ›Stadtmöblierung‹ sind der enorm gewachsene private Wohlstand breiter Schichten und damit verbundene Wünsche nach Komfort und individueller Selbstdarstellung. Sie drücken sich nicht nur in Gebäudestiftungen aus, sondern darüber hinaus in einer Unzahl öffentlich aufgestellter Honoratiorenstatuen aus Bronze und Stein sowie Sitzbänken und anderen Ehrenmonumenten mit Stifterinschriften. Doch es sind nicht nur Stadtbürger und die öffentliche Hand, die als Finanziers all der schönen Bauten und Einrichtungen auftreten, es sind vor allem auch auswärtige Potentaten, die durch Sponsoring großer Bauvorhaben ihre faktische Macht demonstrieren und sich zugleich als Wohltäter der Städte feiern lassen: auf der Peloponnes allen voran König Philipp von Makedonien, der Vater Alexanders des Großen.

Die neue Eleganz, an der auch die Heiligtümer teilhaben, wirkt ausgesprochen standardisiert. Wo man hinkommt, die gleichen Bautypen, Proportionen und Schmuckformen: in Städten wie Heiligtümern die allseits bekannten halbrunden Theater, an Marktplätzen und in Heiligtümern monumentale lang gestreckte Säulenhallen

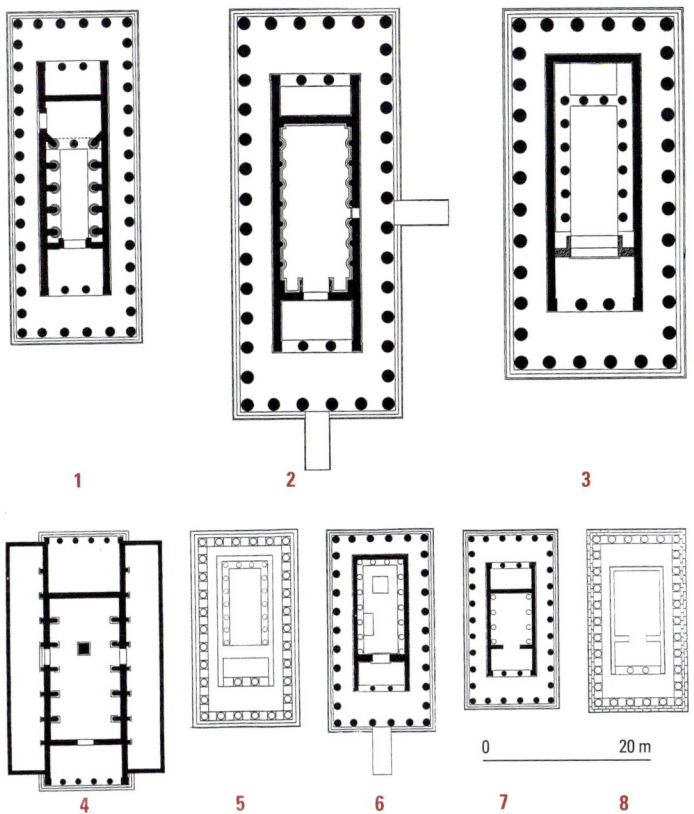

Grundrissdispositionen dorischer Tempel auf der Peloponnes vom späten 5. Jh. v. Chr. bis zum Hellenismus. Charakteristische Merkmale sind die Anwendung eines gleichförmigen Rasters bei der Planung, außerdem eine Gliederung der Innenwände der Cella durch Halbsäulen o. ä. sowie zuweilen zusätzliche Seiteneingänge:
1 Bassai (spätes 5. Jh.)
2 Tegea (360/50)
3 Nemea (330/20)
4 Lousoi (um 300)
5 Gortys (ca. 360)
6 Epidauros, Asklepios-Tempel (ca. 380)
7 Olympia, Demeter-Tempel (ca. 380)
8 Lepreon (380/70)

(Stoai) sowie Hypostylbauten, d. h. gedeckte rechteckige Hallen für Versammlungen. Beliebt für unterschiedlichste Funktionen waren seit dem 4. Jh. v. Chr. Peristylgebäude, d. h. Komplexe, die sich um einen säulenumstandenen Innenhof gruppieren; man findet sie als Trainingsstätten für Sportler und als Kulturzentren (Palästren; Gymnasien), als Herbergen sowie – ausgestattet mit Bankettraumen – als Vereinshäuser und als Heilstätten in Kultbezirken des Gottes Asklepios. Ganze Agorai, die zentralen Plätze der Städte, nehmen mit ihren rahmenden Säulenhallen den Charakter von fast privat anmutenden Peristylhöfen an. Umgekehrt erhält die Sphäre des Wohnhauses öffentlichen Repräsentationsanspruch. Auch der Schmuck der Gebäude gleicht sich an. Metallisch scharf gemeißelte marmorne Traufsimen mit Löwenkopfwasserspeiern und geschwungenen Blattranken etwa findet man an Tempeln und Stoen ebenso wie in privater Hausarchitektur.

Dorische, ionische und korinthische Bauordnung werden als künstlerische Variation begriffen und allenthalben kombiniert eingesetzt: dorische Säulen und Kapitelle mehr außen, ionische und korinthische häufiger innen sowie in Obergeschossen. Zugleich wird die dorische Bauordnung als typisch peloponnesisch aufgefasst: als ein auf stammesmäßige Tradition verweisendes Lokalkolorit. Während im übrigen Griechenland ionische und korinthische Architektur aktuelles Design repräsentiert, werden auf der Peloponnes bewusst weiterhin dorische Tempel gebaut, allerdings mit Konzessionen an den neuen Trend. Im 4. Jh. waren durchrationalisierte Entwurfsverfahren und elegante Architekturproportionen in Mode gekommen, die sich sehr viel leichter in der ionischen bzw. korinthischen Bauordnung realisieren ließen als in der dorischen. So gleichen sich die dorischen Tempel der Peloponnes ionischen Maß- und Proportionssystemen an und komplettieren darüber hinaus in ihrem Innern die dorische Bauordnung durch ionische und korinthische Säulenstellungen. Die übliche Grundrissdimensionierung ist nun zumeist gedrungen (6 × 11 bis 12 Säulen) und bereits durch die Auslegung des Stufenbaus exakt vordefiniert. Die weiträumig und in gleichem Abstand gestellten Säulen sind sehr schlank, das Gebälk flach. Beispiele solcher Bauten sind der Asklepios-Tempel von Epidauros und die Tempel von Tegea, Nemea, Lepreon und Gortys. In welche Stadt und in welches Heiligtum oder Gebäude man als Reisender im 4. und 3. Jh. v. Chr. auch kam, man fand ein vertrautes Bild vor: eine variationsreiche, aber in ihrem Formen- und Typenkanon sich wiederholende Architekturlandschaft, die man auf Anhieb korrekt interpretierte, in der man sich zu Hause fühlte und mühelos zurechtfand.

281 v. Chr. schließt sich ein großer Teil der peloponnesischen Städte unter Führung des Politikers und Generals Aratos von Sikyon zum sog. Achäischen Bund zusammen, der für ein Jahrhundert zum Hauptmachtfaktor Südgriechenlands wird und bereits früh ausgezeichnete Beziehungen zu Rom unterhält. Im Krieg zwischen Makedonien und Rom schlägt man sich auf die Seite Roms, und nach der vernichtenden Niederlage der Makedonen in der Schlacht von Pydna 168 v. Chr., die das Ende griechischer Selbstständigkeit besiegelt, sind die Vorteile für den Bund zunächst beträchtlich. Doch viele Städte des Achäischen Bundes stehen am Rand eines Bürgerkriegs, gespalten in pro- und antirömische Parteien. Ein Aufstand gegen Rom führt 146 v. Chr. zum Einmarsch der Legionen: Im gleichen Jahr wie Karthago wird Korinth durch den Konsul und Feldherrn Lucius Mummius auf Befehl des römischen Senats erobert und dem Erdboden gleich gemacht; wer dem Massaker entgeht, wird als Sklave verkauft. Mit Ausnahme von Sparta, Messenien und Sikyon wird die Peloponnes der nun römischen Provinz Macedonia zugeschlagen.

Die römische Eroberung brachte Griechenland zunächst ökonomische und kulturelle Ausbeutung größten Ausmaßes. Ganze Regionen wurden entvölkert, Städte wie Korinth und Patras nach ihrer Zerstörung generationenlang am Wiederaufbau gehindert. Abertausende von Kunstwerken wanderten als Beute nach Rom; auch griechische Philosophen und Wissenschaftler waren, als

Hauslehrer, gefragte Ware auf den römischen Sklavenmärkten. Im römischen Bürgerkrieg, der mit dem Sieg Octavians (des späteren Kaisers Augustus) über Antonius und Kleopatra in der Seeschlacht von Actium 31 v. Chr. endete, litt Griechenland schwer, hatten sich doch die meisten Städte auf die Seite der späteren Verlierer geschlagen. Erst unter Augustus lockerten sich die Restriktionen nachhaltig.

Während Rom griechische Kultur aufsog und sie durch tausendfaches Kopieren von Statuen, Architekturelementen und literarischen Texten reproduzierte und über ganz Europa verbreitete, blühte nun auch Griechenland selbst wieder auf: zwar zwangsweise unter römischer Administration, dafür aber im Schutz der Pax Romana, dem römischen Frieden, der den andauernden Kleinkriegen zwischen den griechischen Stadtstaaten ein Ende setzte. Zum ersten Mal in ihrer Geschichte konnte sich die Peloponnes über einen Zeitraum von vier Jahrhunderten unbehelligt von kriegerischen Auseinandersetzungen entwickeln. Stadtzentren und Heiligtümer wurden von Kaisern wie Nero und Hadrian prachtvoll ausgestattet, alte Gebäude restauriert; römische Amtsträger und Freunde der Kaiser betätigten sich als Sponsoren von Bauvorhaben oder sportlichen Veranstaltungen. Die griechische Bevölkerung muss diese Maßnahmen begrüßt haben, denn die ihr seit dem Hellenismus vertrauten Architekturambientes wurden im Zuge dieser Entwicklung nur eleganter und luxuriöser, keineswegs aber radikal verändert oder gar über Bord geworfen. So wie die römische Administration die in Griechenland angestammten Verwaltungsstrukturen im Wesentlichen beließ, so achtete sie auch auf Kontinuität im visuellen Erscheinungsbild von Städten und Heiligtümern. Typisch römische und von Griechen als fremd empfundene Fora oder auch Amphitheater sind auf der Peloponnes nicht anzutreffen. Monumentale Thermenanlagen und Aquädukte – etwa in Korinth und Árgos – müssen zunächst als Exotika gewirkt haben, dürften jedoch als Verbesserung des Lebensstandards von breiten Bevölkerungsschichten begeistert aufgenommen worden sein.

Dabei vollzieht sich im Laufe der Zeit eine Umschichtung, die auch sonst im römischen Reich zu beobachten ist: Großstädte wie Korinth avancieren zu Riesenmetropolen, kleinere Orte hingegen werden funktionslos und veröden. Gegenpol zu den wenigen Großstädten werden die privaten wie staatlichen Domänen auf dem Lande. Sie formieren sich im 3. und 4. Jh. zu autarken Zentren mit z. T. riesigen, von Leibeigenen bewirtschafteten Ländereien eigener Handwerksproduktion und sogar quasi-staatlicher Repräsentation ihrer in palastartigen Villen residierenden Besitzer. Waren es einst die vielen konkurrierenden Poleis, die Griechenlands Leben ausgemacht hatten, so sind am Ende der Antike ländliche Großdomänen tonangebend und daneben nur wenige, in ihrer Vitalität bereits geschwächte Städte: eine Entwicklung, die auf die Feudalstruktur im Mittelalter mit Naturalwirtschaft und weitgehender Verdörflichung hinführt.

Land und Geschichte

Randprovinz des Byzantinischen Reichs

Frühes Christentum und Staatskirche

Bis zum Ende des 3. Jh. war für jeden Griechen Rom unbezweifelbares Machtzentrum und Sitz der obersten Administration. Latein war Amtssprache; wer aufsteigen wollte, musste Latein beherrschen, ebenso wie gebildete Römer griechische Texte lasen und Griechisch sprachen. Mit der Etablierung von Konstantinopel als zweiter Hauptstadt im Jahre 330 und der Teilung des römischen Reiches in eine westliche und östliche Hälfte (395) wird Griechisch auf dem südlichen Balkan zwar wieder offizielle Amtssprache, am provinziellen Status der Region aber ändert dies nichts. Im Gegenteil, die neue Zentralmacht in Konstantinopel hat andere Interessen und Sorgen, die sehr viel mehr auf den Osten als auf Zentralgriechenland, die Peloponnes und Kreta gerichtet waren. Südgriechenland degradiert zur Provinz im Wortsinne.

Auch für das kirchliche Leben hatte dies Folgen. Zwar gab es seit Paulus' Missionsreisen um die Mitte des 1. Jh. kleine christliche Gemeinden in Philippi, Thessaloniki, Athen und Korinth, auch breitete sich das Christentum in den folgenden Jahrhunderten trotz administrativer Behinderungen und zuweilen Pogromen in ganz Griechenland aus. Kaiserlich geförderte Kirchenbauten jedoch wie in Rom und Mailand, Konstantinopel oder auch Palästina fehlen in Griechenland zunächst, als im 4. Jh. das Christentum zur Staatsreligion wird. Erst im 5. und 6. Jh. entwickelt sich eine rege Bautätigkeit: Basiliken, Baptisterien und Gebäude für Kleriker schießen nun förmlich wie Pilze aus dem Boden. Auf der Peloponnes sind es vor allem Korinth und sein Hafen Lechaion sowie Patras, wo solche Bauten bezeugt sind: in Korinth dank Paulus' Wirken an diesem Ort, in Patras wegen des dort als Nationalheiligen verehrten Apostels Andreas, der unter Kaiser Nero hier den Märtyrertod erlitten hatte.

Griechenlands größte frühchristliche Basilika wurde in Korinths Hafen Lechaion im 5. Jh. erbaut, Grundriss
1 *Atrium*
2 *Propylon*
3 *Wasserbecken*
4 *Vorhalle mit Wasserbassin*
5 *Exonarthex*
6 *Narthex*
7 *Schiff*
8 *Bema*
9 *Altar*
10 *Apsis mit umlaufender Priesterbank*
11 *Martyrion (?)*
12 *Baptisterium*

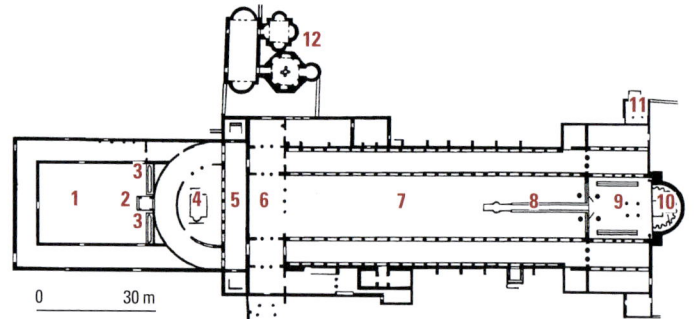

Bischofssitze mit entsprechenden Kirchenbauten sind nun in allen bedeutsameren Orten zu finden. Von der riesigen Basilika in Lechaion (S. 88) abgesehen, handelt es sich allerdings im Vergleich zu Nordgriechenland und erst recht zu anderen Regionen des byzantinischen Reiches um relativ bescheidene und architektonisch konventionelle Bauten; aufwändige Gewölbekonstruktionen fehlen auf der Peloponnes. Der Erhaltungszustand dieser Kirchen ist durchweg beklagenswert, sodass man vor Ort lediglich unscheinbare Spuren antrifft und nur durch Rekonstruktionen eine Vorstellung von jener Kirchenbautätigkeit gewinnen kann.

Das Verhältnis von Kirche und Staat gestaltete sich im byzantinischen Reich anders als im Westen. Dort war schon bald nach der Reichsteilung die profane Zentralgewalt in kleinere Mächte zerfallen, und dem Papsttum – zunächst nichts weiter als die bischöfliche Diözese Rom – gelang es, Ansprüche einer geistlichen und nicht selten auch weltlichen Oberhoheit über die Christenheit durchzusetzen: daher der Name ›katholisch‹, d. h. der gesamten Christenheit vorstehend. Eine solche Entwicklung hat es in den Ostkirchen, die sich als ›orthodox‹, d. h. rechtgläubig bezeichnen, nie gegeben. Metropoliten (die höchsten Bischöfe der Orthodoxie) vertraten keine Alleinansprüche und waren deshalb auch nie bereit, einen solchen des Papstes anzuerkennen. Oberste Instanz waren die Konzilien, Bischofsversammlungen, und nicht eine einzelne Person. Enger gestaltete sich dagegen das Verhältnis zum Staat, vertreten durch das Kaisertum. Die byzantinischen Kaiser verstanden sich als oberste Hirten der Orthodoxie, hatte sich doch bereits Konstantin im 4. Jh., nicht unbescheiden, als dreizehnter Apostel Jesu titulieren lassen.

Von Anfang an hat das Bild eine andere Rolle in der orthodoxen Kirche gespielt als im Westen. Während das Messopfer am Altar durch Vorhänge und Bilderwände (Ikonostasis) den Blicken der Gläubigen weitgehend entzogen bleibt, fokussiert sich deren Andacht vor allem auf die Ikonen, die als unmittelbare Stellvertreter des in ihnen Dargestellten gelten und im Gebet inbrünstig berührt und geküsst werden.

Slaweneinwanderung und Rückeroberung durch Konstantinopel

Mit dem 6. Jh. bricht für Griechenland und namentlich die Peloponnes eine dunkle Epoche an. Während Konstantinopel und die östlichen Provinzen des byzantinischen Reiches unter Kaiser Justinian eine neue Blüte erleben, wird Griechenland zum permanenten Krisengebiet. Es beginnt mit Invasionen einzelner Stämme aus dem Norden im Zuge der Völkerwanderung: ein verheerender Goteneinfall 395/96, in der Folge Kriegszüge von Ostgoten und Hunnen (5. und 6. Jh.); hinzu kommen Erdbeben und Pestepidemien, die die Bevölkerung dezimieren. Man lebt ärmlich auf dem Lande oder zurückgezogen in befestigten ›Kastra‹. Die Zentralmacht Byzanz hat Griechenland administrativ und militärisch aufgegeben, nur Thessaloniki und Korinth können gehalten werden. Während Goten und Hunnen die Peloponnes lediglich ausraubten und dann auf Beutesuche weiterzogen, sodass sich die Region nach solchen Desastern teilweise wieder erholen konnte, war die darauf folgende Landnahme durch eindringende Slawen im 6. und frühen 7. Jh. von Dauer und verheerender Wirkung.

Land und Geschichte

Von byzantinischer Zeit bis ins 19. Jh. hieß die Peloponnes Morea. Der Name leitet sich aus dem slawischen more, d. h. Meer, ab oder von mora, dem Maulbeerbaum, der für die Seidenraupenzucht auf der Peloponnes wirtschaftliche Bedeutung besaß. Erst westliche Philhellenen besannen sich auf die antike Bezeichnung ›Pelops-Insel‹ und tauften bei Gründung des modernen griechischen Staates den Landstrich wieder in Peloponnes um.

Diese damals noch nicht christianisierten, armen und unzivilisierten Einwanderer besetzten das gesamte fruchtbare Land, während die einheimische griechische Bevölkerung in karge Rückzugsgebiete wie das Parnón-Gebirge, die Máni und das Felsmassiv von Monemvasiá ausweichen musste. Den Eroberern fehlte offenbar jegliches Interesse oder auch die Fähigkeit, vorgefundene hochkulturelle Strukturen zu übernehmen. Der daraus resultierende Zivilisationsrückschritt, mit dem das Land auf prähistorisches Niveau zurückfällt, lässt sich in seiner Radikalität nur mit dem Kollaps der mykenischen Kultur am Ende des 2. Jt. v. Chr. vergleichen. Praktisch alles, was das christliche Byzanz an antiken Errungenschaften tradiert hatte – eine funktionierende Verwaltung, ausgeprägte Handels- und Geldwirtschaft, Urbanität sowie vielfältige Literatur-, Architektur- und Kunstformen –, erlischt für lange Zeit. Entsprechend dürftig sind die historischen und archäologischen Spuren der in Gutshöfen und winzigen Dörfern lebenden Eroberer. Lediglich Orts- und Flurnamen geben noch Zeugnis von der jahrhundertelangen slawischen Besiedlung Griechenlands. Die meisten dieser Namen findet man allerdings nur auf älteren Landkarten, denn im Zuge nationalistischer Hellenisierungskampagnen, die bis heute andauern, sind slawische Ortsbezeichnungen durch Namen antiker Stätten oder auch ad hoc erfundener neugriechischer ersetzt worden: Die heutige Stadt Égio etwa hieß Vostitsa, Mantíneia hieß Goritsa, Megalópoli Dropolitsa und Ámykles bei Spárti Slavochori. So hat das moderne Griechenland die Tatsache aus dem Bewusstsein zu tilgen versucht, dass das Land jahrhundertelang weitgehend slawisch-sprachig war und eine kontinuierliche kulturelle Tradition zurück zur Antike fehlt.

Erst im 9. Jh. beginnt Byzanz auf der Peloponnes wieder militärisch Fuß zu fassen. Im Zuge einer groß angelegten Bevölkerungspolitik siedelt die Zentralregierung in Konstantinopel griechisch sprechende Reichsbewohner aus dem Osten als Kolonisten in Mittel- und Südgriechenland an und versucht auf diese Weise, die Region zu regräzisieren. Doch es sollte noch eine ganze Weile dauern, bis die Peloponnes wieder als Teil des byzantinischen Reiches zu Wohlstand und kultureller Blüte gelangte. Denn neben bulgarischen Machtansprüchen, die dem im Wege standen, waren es mittlerweile auch arabische Piraten, die die Ägäis mit ihren Flotten heimsuchten. Auch blieb Südgriechenland mit seiner kleinflächigen Landwirtschaft ein nur bescheidenes Steuerpotenzial und war somit für die Zentralmacht Konstantinopel von begrenztem Interesse.

Erst gegen 1100 setzt auf der Peloponnes wieder intensiver Kirchenbau ein: nicht prunkvolle, kaiserlich geförderte Projekte, sondern gewöhnlich Stiftungen wohlhabender Landbesitzer sowie Gemeindekirchen von Ortschaften, die im Zuge einer Gebietsreform neu gegründet wurden (vgl. S. 182). Dabei ist ein neues Interesse an den Bautrümmern der Antike unverkennbar: Man schmückt Kirchen mit klassischen Reliefs und Ornamentfriesen, funktioniert aber auch Quader aus heidnischen Heiligtümern zu dekorativen Kreuzen in

Im 11. und 12. Jh. war die Peloponnes Großproduzent von hochwertigen Wollstoffen, glasierter Keramik und Glas, vor allem aber von Seide; Plantagen von Maulbeerbäumen für die Seidenraupen wurden hierzu eigens angelegt: Grund für den Normannenkönig Roger II. von Sizilien, Korinth zu überfallen und alle Seidenweberinnen nach Palermo zu verschleppen, um dort eine neue Textilindustrie aufzubauen.

Randprovinz des Byzantinischen Reichs

den Kirchenwänden um: verwertende Wiederaufnahme der Antike und Symbol ihrer Überwindung zugleich. Die meisten der heute erhaltenen byzantinischen Kirchenbauten auf der Peloponnes stammen aus dieser Periode. Doch nur ein gutes Jahrhundert lang dauert die neue Blütezeit, denn mit der fränkisch-venezianischen Eroberung Konstantinopels im Vierten Kreuzzug im Jahre 1204 setzt für Griechenland eine neue Periode ausbeuterischer Fremdherrschaft ein: nun der lateinischen ›Westler‹.

Franken, Venezianer und Byzantiner teilen die ›Insel‹ als Beute unter sich auf

Im 11. und 12. Jh. steht das Byzantinische Reich und innerhalb dessen die Peloponnes in voller Blüte, und es muss ein Schock gewesen sein, als 1204 im Vierten Kreuzzug nicht die heiligen Stätten in Palästina zurückerobert und aus den Händen der ›Ungläubigen‹ befreit wurden, sondern stattdessen das christliche Konstantinopel von westlichen Ritterheeren erstürmt wird. Die Bevölkerung der Hauptstadt wird von der plündernden Soldateska niedergemetzelt, Bibliotheken verbrannt, alles greifbare Edelmetall eingeschmolzen. Was an Kunstschätzen nicht der Zerstörungswut zum Opfer fällt, wird nach Westeuropa abtransportiert, darunter die berühmten Bronzepferde, die heute die Front von San Marco in Venedig zieren.

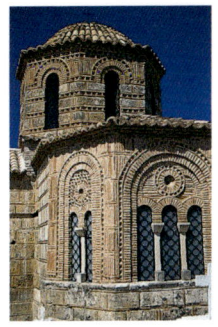

Byzantinische Kirche von Manoláda mit typischem Ziegeldekor (s. S. 111)

Das Interesse an dieser Umlenkung des Kreuzzuges ging zum einen von Papst Innozenz III. aus, der sich davon die Suprematie über die Ostkirche versprach, was für kurze Zeit ja auch gelang. Hauptdrahtzieher, Organisator und Finanzier der Aktion aber war die Seemacht Venedig, die sich bereits 1082 in einem Vertrag mit Byzanz weitgehende Handelsrechte und sogar befestigte Stützpunkte im Ostmittelmeer (auf der Peloponnes etwa Náfplio und Koróni) gesichert hatte. Nun aber war Venedigs Ziel das absolute Monopol im lukrativen Orienthandel, an dem Byzanz jahrhundertelang partizipiert hatte. Die westlichen Eroberer setzen in Konstantinopel einen Flamen auf den Kaiserthron, während eine schwache byzantinische Exilregierung sich nach Kleinasien zurückzieht. Griechenland aber wird Beute der ›fränkischen‹, d. h. vorwiegend französischsprachigen Raubritter. 1205 landen Geoffroy de Villehardouin und Guillaume de Champlitte aus der Champagne mit einer Flotte an der Westküste der Peloponnes bei Kyllíni (S. 111) und erobern von hier aus das Hinterland. Binnen kurzem ist die Peloponnes, von wenigen byzantinischen Stützpunkten abgesehen, unterjocht. Allerdings hatten viele der beutegierigen Adeligen im Verlaufe des Kreuzzuges bei der Republik Venedig hohe Kredite aufgenommen, die sie nun trotz Plünderung der Hauptstadt nicht zurückzahlen, sondern nur durch Abtretung des eroberten Landes einlösen konnten. So erhält bereits im darauf folgenden Jahr 1206 die ›Serenissima‹ alle militär- und handelsstrategisch wichtigen Plätze auf der Peloponnes. Dabei entwickelt sich eine Art Arbeitsteilung: Die

Land und Geschichte

Venezianer kontrollieren mit ihren befestigten Flottenstützpunkten auf der Peloponnes und den griechischen Inseln das östliche Mittelmeer und sichern so ihre Handelsrouten, während die französischen Ritter sich in Burgen festsetzen und ihr in zwölf Baronien aufgeteiltes Land an adelige Lehensträger verteilen.

Bereits in der byzantinischen Ära hatten sich auf der Peloponnes feudale Strukturen herausgebildet, wobei eine leibeigene Landbevölkerung für den Adelsstand arbeitete und auch die Klöster als Eigentümer von Ländereien an dieser Wirtschaftsform partizipierten. Mit der fränkisch-venezianischen Okkupation wurde dieses Abhängigkeitssystem ausgebaut, nun in Form einer extrem ausbeuterischen und zudem religiös intoleranten Fremdherrschaft. Damit stand einer gedemütigten und ihrer Werte beraubten griechischen Bevölkerung eine zahlenmäßig winzige, an byzantinischer Kultur und orthodoxer Religion zumeist nicht interessierte Herrenkaste gegenüber: päpstlich katholisch, lateinisch schreibend und französisch sprechend, in Lebensstil und Wertvorstellungen gänzlich auf Westeuropa ausgerichtet, Münzen mit dem Bild der Kirche von Tours prägend, sich in Ritterspielen ergehend.

Schutzlos ist die Bevölkerung der Kriegswut und Abenteuerlust des fahrenden Adels Europas ausgeliefert. »Wenn die fränkischen Rosse wiehern, werden die griechischen Frauen schwanger«, sagt ein zeitgenössisches Sprichwort (zitiert bei M. W. Weithmann, Griechenland) und charakterisiert damit das Verhältnis der Ritter zu den Einheimischen; auch der byzantinische Geistliche Niketas schildert die eisengepanzerten Fremden als wahre Barbaren: »Jede Grazie und Muse ist ihnen fremd; Rohheit ist ihre Natur, und Jähzorn übermannt ihre Vernunft« (urbs capta 791).

Tatsächlich bedeutete die ›lateinische‹ Fremdherrschaft nicht ausschließlich wirtschaftliche Ausbeutung und kulturellen Niedergang, ob nun unter fränkischer oder venezianischer Ägide. Zwar brachten die Eroberer nichts hervor, was sich mit der sakralen Baukunst Frankreichs oder auch einer oberitalienischen Stadt, geschweige denn mit Venedig vergleichen ließe; fern der Heimat und den dortigen sozialen Kontrollen entzogen, gingen sie vor allem der Befriedigung ihrer leiblichen Bedürfnisse und ihrem momentanen Gewinnstreben nach.

Dennoch ist, eben durch den nun engen Kontakt mit dem Westen, ein Modernitätsschub unverkennbar: Von Brindisi und Otranto übersetzende Händler und Agenten unterhalten Geschäftshäuser, es gibt auf einmal Kontore und Banken auf der Peloponnes. Mit den Geschäftsleuten kommen Geistliche wie ein Wilhelm von Moerbecke, der altgriechische philosophische und medizinische Schriften ins Lateinische übersetzt und diese so der westlichen Welt zugänglich macht (S. 65). Höfisches Leben mit Turnieren und Minnesang entfaltet sich in den nach westlichem Vorbild erbauten Burgen, namentlich auf Château Clairmont (Chlemoútsi) und seinem Hafen Clairence, dem heutigen Kyllíni (S. 112). Von solcher Wohn- und Repräsentationsarchitektur ist allerdings außer prähistorisch anmutenden Erdwällen und einigen geisterhaft aufragenden Mauerbruchstücken nichts erhalten, denn der Hass der Einheimischen gegen die fremde Herrenkaste war so groß, dass nach deren Abzug alles typisch ›Fränkische‹ zerstört und nie wieder benutzt wurde; Gleiches widerfährt am Ende bezeichnenderweise den Kirchenbauten der westlichen Herren.

Gotik in Griechenland: Klosterkirche Panagía Vlachérna bei Kyllíni, 13. Jh. (s. S. 112)

Der Zisterzienserorden hielt sich auf dem flachen Lande an den vorhandenen Kirchen und Klöstern schadlos, konfiszierte deren Vermögen, vertrieb die angestammte orthodoxe Geistlichkeit und widmete die Bauten für den katholischen Ritus um. In den fränkischen Zentren aber wurden neue päpstliche Kirchen errichtet: nun im kargen, schmuckarmen Stil der Zisterziensergotik. Ruinen solcher gotischer Hallenkirchen sieht man noch in Andravída (französisch: Andréville, S. 112), Kyllíni (Clairence, S. 112) und Moní Ísovas (S. 241). Die einzigen noch heute aufrecht stehenden und das Landschaftsbild prägenden Zeugen aus der fränkischen Epoche sind, wie nicht anders zu erwarten, Militärarchitekturen, denn sie wurden in der Folgezeit z. T. weiter benutzt, in Stand gehalten und bei Bedarf ausgebaut: allen voran die grandiose Burg Chlemoútsi, das ehemalige Château Clairmont (S. 113).

Bereits nach zwei Generationen gerieten die fränkischen Ritter in die Defensive, ihr Fürst Guillaume II. Villehardouin kommt 1259 in byzantinische Kriegsgefangenschaft und kann nur durch die Abtretung von Mystrá und seinem Hafen Monemvasiá sowie der Máni an die Byzantiner freigekauft werden. So ist es für kurze Zeit noch einmal Byzanz, das in Teilen der Peloponnes seine Macht entfaltet; Mystrá (S. 293ff.) wird im 13. und 14. Jh. zu einem Zentrum spätbyzantinischer Kultur und Kunst. Auf der anderen Seite erobert die Supermacht Venedig immer neue Stellungen hinzu und baut sie gegen die im gesamten östlichen Mittelmeer vordringenden Osmanen strategisch aus: Navaríno, Methóni und Koróni im Westen, Náfplio, Árgos und Monemvasiá im Osten.

Außerhalb dieser isolierten Machtzentren ist das tägliche Leben beschwerlich und wirtschaftliche Prosperität kaum noch möglich, denn zunehmend werden die Küsten nun von Piratenflotten heimgesucht, darunter nicht selten Räuber, die in den Buchten der Máni ihre Stützpunkte haben. Die kleinen Küstenorte werden verlassen, man zieht in die sicheren, aber abgelegenen Berge; auch Klöster nisten sich in einsamen Schluchten in Rücksprüngen steiler Felswände ein: etwa Méga Spíleo in der Vouraikó-Schlucht (S. 101), Moní Emiálous, Filosófou und Prodrómou im Loúsios-Tal (S. 228) und Moní Nikoláou Síntzas und Elónis bei Leonídio (S. 211). Die fruchtbaren Ebenen aber werden, ganz ohne Krieg, von eingewanderten Albanern ›erobert‹, die bald sogar die Bevölkerungsmehrheit bilden. So ist die Peloponnes, als im 15. Jh. die Osmanen die Macht übernehmen, längst kein rein hellenisch-byzantinisches, sondern ein von vielen Ethnien bewohntes Land, in dem Albanisch die meistgesprochene, Griechisch allerdings die Verkehrs- und Handelssprache bildet.

Die Peloponnes in der Neuzeit

Das Osmanische Reich und seine Untertanen – Orthodoxe Religion und griechische Kultur unter der türkischen Herrschaft

Kaum ein Kloster oder griechisches Lokalmuseum, in dem der Tourist nicht mit ausführlichen und scheinbar beglaubigten Geschichten über die besondere Grausamkeit, entwicklungshemmende Rückständigkeit und religiöse Intoleranz des ›Türkenjochs‹ konfrontiert würde. Selbst für gebildete und sonst aufgeschlossene Griechen ist die Epoche der Tourkokratia, die doch nur eine von vielen Fremdherrschaften darstellt, ein Trauma geblieben, das dämonisiert und in seinen tatsächlichen Folgen für die Gegenwart gewöhnlich verdrängt wird. Jenes verbreitete und nur selten angefochtene Ressentiment kann sich allerdings keineswegs auf eine nüchterne Auswertung der historischen Dokumente stützen, sondern ist gespeist aus nationalgriechischen Klischees und einem kohärenten Geflecht aus Geschichtsmythen: Jeder Weinkeller wird zur ›orthodoxen Geheimschule‹ für griechische Kinder, denen die türkische Obrigkeit Bildung versagt habe (S. 232); Kirchenbauten, Freskenmalerei und prächtiges liturgisches Edelmetallgerät aus der Zeit der Türkenherrschaft werden mit der besonderen Abgelegenheit des jeweiligen Klosters erklärt oder aber schlicht als Ausnahme deklariert. Stattdessen verbreitet man, namentlich in Klöstern, unzählige Anekdoten über Willkürakte blutrünstiger Paschas und die Vergewaltigung griechischer Frauen durch türkische Soldaten. Volkstümliche Gedichte und Bilder – jedoch allesamt nicht zeitgenössisch, sondern aus späteren Jahrzehnten – wirken als pseudohistorische Beglaubigung des Klischees osmanischer Herrschaft als Inbegriff von Fanatismus und administrativer Inkompetenz. So wird es, trotz ernst gemeinter Versöhnungsgesten seitens der Regierung Simitis, wohl noch eine Weile dauern, bis das so lange gepflegte und verfestigte Feindbild von realistischeren Sichtweisen überlagert wird.

Tatsächlich lässt sich das geschilderte Stereotyp allenfalls für das Ende der osmanischen Epoche und die damit einhergehenden Aufstände und kriegerischen Verwicklungen aufrecht erhalten und selbst dies nur mit erheblichen Einschränkungen. Wenn überhaupt je von einer historischen Wahrheit gesprochen werden kann, so sieht diese, mindestens für das 15. bis 17. Jh., erheblich anders aus. Nicht Muslime, sondern westliche Ritterheere und die venezianische Flotte haben dem oströmischen Reich den Todesstoß versetzt und die byzantinische Kultur in Griechenland zerstört; auch die kurze ›nachlateinische‹ Phase byzantinischer Herrschaften auf der Peloponnes konnte am ökonomischen und gesellschaftlichen Niedergang der Region nichts mehr ändern. So fanden die Türken, als sie Südgrie-

Die Peloponnes in der Neuzeit

chenland in Besitz nahmen, einen administrativ chaotischen, von Kleinkriegen mitgenommenen und verarmten Landstrich vor.

Seit Beginn des 14. Jh. waren die muslimischen Türken unter der Dynastie der Osmanen zur beherrschenden Macht im Ostmittelmeerraum aufgestiegen. 1517 werden unter Sultan Süleyman Syrien und Ägypten besetzt und damit Venedigs Monopolstellung im Orienthandel ausgehebelt. Bereits in den Jahrzehnten zuvor kommt Griechenland Schritt für Schritt unter türkische Kontrolle. Zuerst wird eins ums andere Fürstentum zum tributpflichtigen Vasallen der neuen Großmacht, dann müssen befestigte Stützpunkte abgegeben werden, und in einem dritten Schritt, der 1560 abgeschlossen ist, wird das gesamte Territorium – mit Ausnahme weniger Enklaven – osmanische Provinz. Gegenschläge der Venezianer haben zwar kurzfristigen Erfolg und einzelne Orte wie Náfplio werden noch einmal für knapp eine Generation venezianisch, seit 1715 aber steht die gesamte Peloponnes unter türkischer Administration. Von den Westmächten wird dieser Prozess keineswegs nur beargwöhnt. Dort waren es namentlich die papstergebenen Habsburger, die im osmanischen Reich eine Bedrohung sahen, während etwa Frankreich positive Beziehungen zur neuen Großmacht im Osten unterhielt.

Nur in Ausnahmefällen ließ sich die griechisch-orthodoxe Bevölkerung zur Gegenwehr gegen die Türken bewegen, denn die neue Herrschaft unterschied sich eher wohltuend von der vorangegangenen der ›Westler‹ und der byzantinischen Regionaldespoten. Das osmanische Reich sicherte Frieden und Rechtssicherheit. Landwirtschaft, Handel und Gewerbe blühen auf, die Bevölkerungszahl nimmt wieder zu. Das von Byzantinern und Venezianern her vertraute feudale Agrarsystem wird beibehalten, die Abgaben aber sind jetzt für alle Untertanen deutlich niedriger, obwohl Nicht-Muslime,

Türkischer Aquädukt in Pýlos

Seidenherstellung wurde nicht nur in Manufakturen, sondern auch von den einzelnen Bauernfamilien betrieben. Das Bild zeigt eine Familie aus Trypi beim Abhaspeln der Kokons. Aus: A. Freiherr Schweiger von Lerchenfeld, Griechenland in Wort und Bild, 1887

Die Intensivierung der Seidenraupenzucht und der Seidenherstellung wurde von der osmanischen Administration gefördert. Noch heute sieht man in Ortschaften der Peloponnes viele Maulbeerbäume, allerdings als Zierbäume. Weitere Handelsprodukte waren Öl, Wein und Rosinen, Wachs, Honig, Seife, Felle und Käse. Auf Maßnahmen der türkischen Verwaltung zurückzuführen ist auch der Anbau von Baumwolle, Mais und Tabak.

d. h. Juden und Christen, eine gesonderte Pro-Kopf-Steuer zu zahlen haben. Von einer flächendeckenden Zwangsislamisierung kann also keine Rede sein, denn – von Toleranzgedanken einmal abgesehen – hätte dies eine Minderung von Steuereinnahmen nach sich gezogen. Insgesamt gerierte sich die von Istanbul aus zentral gesteuerte osmanische Herrschaft als Tributsystem, während man sich in die inneren Angelegenheiten der okkupierten Völker kaum einmischte. Im Gegenteil, dem orthodoxen Klerus werden seine angestammten Rechte (samt ausgedehnten Ländereien) zurückgegeben, was zu zahlreichen Kirchen- und Klosterneubauten führt. In den Dörfern und Städten sind Griechen für Verwaltung und Zivilrecht zuständig, auch rücken griechische Aristokraten in wichtige Stellungen im Serail an der Hohen Pforte auf, bis hin zu erblichen Posten, die denen regelrechter Fürsten ähneln.

Vom 16. bis 18. Jh. lebt die türkische Minderheit, weitgehend von den Griechen getrennt, als Militär- und Beamtenkaste in den städtischen Zentren, während der Agrarsektor überwiegend in der Hand der Griechen und die Viehwirtschaft, besonders im Hochland Arkadiens, in der Hand der schon seit langem eingewanderten Albaner bleiben. Jüdische, griechische und armenische Kaufleute unterhalten Handelskontore und kooperieren mit der neuen Herrschaftszentrale, die ihnen weiten Bewegungsspielraum lässt; griechische Reeder auf Spétses und Ýdra (S. 203) erwirtschaften hohe Gewinne und erwirken für ihre Heimathäfen faktische Autonomie. So bildet sich eine weltanschaulich tolerante, an Profit orientierte großbürgerliche Schicht heraus mit einem kulturellen Habitus, der keineswegs als spezifisch griechisch, sondern ebenso als albanisch, sephardisch-jüdisch und, last but not least, auch als türkisch bezeichnet werden kann. Dies, und nicht eine ungebrochene hellenistisch-nationale Tradition, bildet die Grundlage moderner griechischer Kultur, ob in Hausarchitektur, Kleidung, Küche oder Spielregeln des menschlichen Miteinander.

Die später romantisch zu nationalen Freiheitskämpfern verklärten Kleften (wörtlich: Diebe) waren zunächst nichts weiter als Räuberbanden: Feinde der Türken, weil sie keine Steuern zahlten, nicht aus nationaler Gesinnung. Entlegene Landesteile wie die Máni und Gebirgsregionen Zentralarkadiens wurden von kriegerischen Familienclans beherrscht, die sich der türkischen Kontrolle, trotz wiederholter Entsendung osmanischer Truppen, entzogen. Nur selten eskalierten solche Auseinandersetzungen allerdings zu echten Revolten, so seitens der Albaner in Arkadien 1647 und der Manioten 1659 und 1670, wobei westeuropäische Osmanengegner wie Spanien und Venedig den Konflikt schürten. Namentlich der Sklavenhandel bot griechischen Räubern eine lukrative Einnahmequelle, wobei man durchaus unideologisch agierte: Gefangene Muslime wurden an die Venezianer oder Spanier verkauft, gefangene Christen an die Türken.

Türkisch-muslimisch war vor allem das Bild der Städte geprägt: mit Moscheen (teilweise aus christlichen Kirchen umgewandelt), Koranschulen, Armenhäusern, Badeanlagen und Aquädukten. Mangels Funktion verfielen diese Bauten jedoch nach Gründung des griechischen Nationalstaates, anderes wurde Opfer des Fanatismus der griechischen Bevölkerung nach dem Befreiungskrieg. Lediglich Náfplio (S. 184) hat noch einen sehenswerten Bestand seiner osmanischen Architektur bewahrt.

Im 18. Jh. wird Südgriechenland Reiseziel zahlreicher westeuropäischer, vor allem wohlhabender englischer Touristen, die sich hier – ausgestattet mit Empfehlungsschreiben ihrer Regierungen sowie Erlaubnisschreiben des Sultans – fast wie Diplomaten frei bewegen können. Ihnen sind detaillierte Berichte über das Land und seine Bewohner zu verdanken. Vor allem aber ging es diesen Reisenden um die antiken Relikte Griechenlands, für die damals weder die türkische Obrigkeit noch die ansässige Bevölkerung irgendein Interesse zeigte; im Gegenteil, Marmorskulpturen und Architekturglieder wanderten en masse in die Kalköfen zur Herstellung des – von heutigen Touristen als typisch griechisch geschätzten – weißen Verputzes der Häuser. Manche dieser Reisen waren nicht nur als Bildungstour konzipiert, sondern hatten von vornherein die Mitnahme von Antiken zum Ziel; prominentestes Beispiel auf der Peloponnes ist der Abtransport des Frieses und weiterer Architekturteile des Apollon-Tempels von Bassai (S. 236) nach London zu Beginn des 19. Jh. Es ist allerdings ein zwiespältiges Argument, wenn heutige griechische Regierungen in diesem Zusammenhang von Raub und Plünderung nationalen Erbes sprechen und daraus Rückgabeansprüche ableiten, denn es gab damals keine griechische Nation oder auch nur eine griechische Bevölkerungsgruppe, die diese heidnisch-hellenistischen Relikte als ihr kulturelles Erbe betrachtete.

»Für das streng orthodoxe Kirchenvolk blieb der Name Hellenen bis ins 19. Jh. gleichbedeutend mit ›Heiden‹. In den nackten Statuen, die in den überwucherten Heidentempeln standen und die man hin und wieder aus der griechischen Erde grub und sogleich zu Kalk verbrannte, erkannten die rechtgläubigen Pappades (Popen) keinerlei Verwandtschaft zu ihren christlich-orthodoxen Schäfchen.«

(M. W. Weithmann, Griechenland, 1994)

Befreiungskriege und Etablierung des griechischen Nationalstaats: Die Peloponnes als Keimzelle des modernen Griechenland

Was der Prosperität und multikulturellen gesellschaftlichen Entwicklung Griechenlands im 17. und 18. Jh. so zugute kam, nämlich das weitgehende Desinteresse der osmanischen Zentralmacht an den inneren Angelegenheiten ihrer fernen Untertanen, wurde diesem System der Tributerhebung am Ende zum Verhängnis. Reiche Kaufleute und – zunächst von den Türken eingesetzte – griechische Aufsichtsbeamte und regionale Clanchefs, etwa auf der Máni, entzogen sich zunehmend der fiskalischen Kontrolle der Obrigkeit, setzten sich militärisch gegen die Eintreibung von Steuern zur Wehr und etablierten quasi staatsfreie Zonen, was in den Augen des Sultanats nichts anderes als Separatismus und Revolution bedeuten konnte.

Die westlichen Großmächte und Russland zeigten an dieser Entwicklung ein zwiespältiges Interesse. Auf der einen Seite wurden Aufstände – besonders vonseiten Russlands, das sich als Rechtsnachfolger des untergegangenen byzantinischen Reiches und somit auch des orthodoxen Griechenland sah – propagandistisch geschürt und zuweilen militärisch gestützt; auch viele Griechen träumten von einem neuen Byzanz mit Hauptstadt Konstantinopel, unter russisch-griechischer Führung: eine revanchistische Illusion, die im 20. Jh. noch einmal fatale Folgen zeitigen sollte. Dass die übrigen Großmächte am Ende des 18. Jh. eine solche neue Machtkonzentration an Stelle des mittlerweile als marode angesehenen osmanischen Reiches gar nicht erst entstehen lassen wollten, versteht sich von selbst. Vor allem aber stand man – gleich ob in Russland oder im Westen – jedweder Autonomiebestrebung von ›Minderheiten‹ grundsätzlich feindlich gegenüber, sahen doch obrigkeitsstaatliche Politiker wie ein Fürst Metternich in solchen Bestrebungen stets Revolution, die es mit allen Mitteln zu bekämpfen galt. So fanden sich die freiheitsdurstigen, auf Selbstständigkeit bedachten Griechen am Ende immer wieder allein gelassen. Alle regionalen Aufstände wurden blutig niedergeschlagen, zumeist von albanischen Söldnertruppen, wobei die osmanische Administration zuweilen sogar schlimmste Massaker verhinderte. Es ist diese Situation, nicht die vorangegangene lange eher friedvolle Epoche, aus der das geschilderte und bis heute andauernde ›türkische Trauma‹ vieler Griechen herrührt.

Während die zynisch-pragmatische Politik der Regierungen der Großmächte somit allen Autonomiebestrebungen der Griechen im Wege stand, gab eine gänzlich idealistische Idee neues Futter für das Projekt eines neugriechischen Staates: die schwärmerische Begeisterung westeuropäischer Intellektueller für Altgriechenlands Demokratie, Kunst und Literatur. Dieser romantische Traum verdichtete sich im 18. und 19. Jh. zu einer regelrechten Bewegung: dem **Philhellenismus**. Eine Neuverwirklichung von Alt-Hellas, das man »mit der Seele sucht« (Goethe, Iphigenie auf Tauris, I 1), wurde zum utopischen Fluchtpunkt modern gesinnter, d. h. gegen die alten Autoritäten wie Papst- und Königtum gerichteter Geister, die für solche Pläne im eigenen Land zumeist eingesperrt worden wären. Idealtypisch kann man jene Stimmung in Hölderlins 1797–99 verfassten Briefroman ›Hyperion‹ nachlesen, in dem dem deutschen Elend der Duodezfürstentümer das Traumbild eines idealen Griechenland gegenübergestellt wird. Utopien ähnlicher Art bewegten in Deutschland Schiller, Goethe und Wilhelm von Humboldt, in Frankreich z. B. den Maler Eugène Delacroix und den Dichter Victor Hugo und nicht zuletzt Engländer, allen voran Lord Byron, dessen viel gelesene Versepen ›The Siege of Corinth‹ (1816) und ›Child Harold's Pilgrimage‹ (1819) beredt auf das traurige Schicksal der gegenwärtigen Griechen aufmerksam machten.

Dass die tatsächliche orientalische Provinz Griechenland keineswegs jenem Traumbild von Alt-Hellas entsprach, störte kaum; hier sollte später durch entsprechende Pädagogik nachgeholfen und die Bevölkerung zu ›echten Hellenen‹ umgeformt werden. In Russland, Westeuropa und den USA sammelten, unterstützt von Auslandsgriechen, einzelne Intellektuelle – keinesfalls die jeweiligen Regierungen! – Gelder zur Unterstützung der griechischen Freiheitsbewegung. Jede regionale Fehde galt nun als national-hellenischer Aufstand, jede Kleftenbande als Freiheits-Corps. Fördervereine – etwa in London, Paris und Genf, in Stuttgart und München sowie in Odessa – gaben Zeitschriften heraus, die für die hellenische Sache warben, und schufen binnen kurzer Zeit eine breite pro-griechische Stimmung. Dieser Wechsel von dem von den Griechen selbst gehegten Traum eines neuen byzantinischen Großreiches hin zu einer nicht an Byzanz, sondern an Altgriechenland orientierten territorial ›kleinen‹ Lösung war wesentliche Voraussetzung für das Gelingen einer griechischen Staatsgründung. Militärisch bewirkt haben die Philhellenen praktisch nichts, wohl aber haben sie in der Folgezeit die Re-Hellenisierung der bis dahin multikulturellen Bevölkerung Griechenlands initiiert. Heutiges griechisches Identitätsgefühl ist wesentlich ein Kunstprodukt ausländischen Philhellenismus.

Während sich die Philhellenen für ein nationales Griechenland begeistern, bleibt die Haltung der Regierungen der Großmächte zögerlich bis ablehnend. Ein von Griechen geschürter Aufstand in der damals osmanischen Provinz Moldawien wird von der Istanbuler Zentrale niedergeschlagen, ohne dass westliche Regierungen eingreifen. Auch eine Revolte auf Chíos 1822, bei deren Unterdrückung durch türkische Truppen viele tausend Chioten den Tod finden oder in die Sklaverei verschleppt werden, findet nur in der westlichen Presse, nicht aber bei den Regierungen Aufmerksamkeit. Militärisch erfolgreich ist dagegen ein – nationaler Legende zufolge von Bischof Germanos von Patras (S. 103) ausgerufener – Aufstand auf der Peloponnes im März 1821. Kriegserprobte Manioten unter ihrem Führer Bey Petros Mavromichalis und Kleftentruppen unter General Theodoros Kolokotronis gelingt es dank der Abwesenheit größerer türki-

Ein alle Griechen vereinendes Band ist seit dem späten 19. Jh. ihre Literatur und Musik. Werke von Giorgios Seferis, Elias Venesis, Odysseas Elytis, Giannis Ritsos (S. 65) und Nikos Kazantzakis haben identitätsstiftend gewirkt und Griechenlands Profil nach außen hin unverwechselbar gemacht. Nicht anders die Musik eines Mikis Theodorakis, die mit ihrer Orientierung an Volkstradition und zugleich Modernität zum Signet Griechenlands in der ganzen Welt geworden ist.

Land und Geschichte

scher Truppenkontingente, binnen weniger Monate die gesamte Peloponnes zu erobern, wobei die türkische Zivilbevölkerung vielerorts niedergemetzelt wird; zu Hilfe kommt den Landtruppen dabei die zur Kriegsmarine umgerüstete Handelsflotte der Reeder von Ýdra und Spétses (S. 204).

Eine erste Nationalversammlung mit dem Ziel einer Verfassungsbildung tagt Ende 1821 in Epídavros, eine zweite 1822 in Ástros (S. 207). Doch soziale und ideologische Interessengegensätze führen noch während der Kriegshandlungen zu einem regelrechten Bürgerkrieg, wobei die um ihre Privilegien fürchtende höhere Orthodoxie mit dem Sultanat paktiert. Außerdem holt sich Sultan Mehmet II. – nicht nur auf dem Balkan, sondern auch durch innere Aufstände bedroht – einen mächtigen Alliierten zu Hilfe: Ägyptens Herrscher Ibraim Pascha. Dieser verfügt über modern ausgebildete Truppen, die zunächst Kreta (1824), dann weite Teile der Peloponnes (1825) und schließlich Athen und Missolóngi (1826) zurückerobern und dabei Gräueltaten in großem Maßstab verüben.

Doch inzwischen haben sich die Interessen der Großmächte ein Stück verschoben: Nationale Autonomie will man den Griechen zwar weiterhin nicht gewähren, wohl aber ›vereinbart‹ man in einer Art Diktat mit dem Sultanat (Londoner Vertrag, 1827) die faktische Unterstellung Südgriechenlands unter die konsularische Gewalt Russlands, Frankreichs und Englands, wobei das Land nominell Fürstentum der Hohen Pforte bleiben soll. Eine von den drei Großmächten nach Navaríno (S. 255b) entsandte Flotte, wo auch die Schiffe der Gegenseite unter Ibraim Pascha ihren Hauptstützpunkt hat, soll die

Die Seeschlacht von Navarino am 20. Oktober 1827. Ölgemälde von Louis Ambroise Garneray. Versailles, Musée National des Chateaux de Versailles et de Trianon

Die Peloponnes in der Neuzeit

Durchführung der Vereinbarung sichern: ohne Kampfauftrag! Hier kommt den Griechen nun ein marginaler äußerer Umstand zu Hilfe: Ein unbeabsichtigter Schuss löst eines der größten Seegefechte der Neuzeit aus (das letzte mit Segelschiffen durchgeführte), wobei die türkisch-ägyptische Flotte versenkt wird. Damit sind alle bisherigen diplomatischen Rücksichten gegenüber der Türkei durch die militärischen Fakten über den Haufen geworfen, und folgerichtig wird das befreite Griechenland in zwei Londoner Protokollen 1829 und 1830 formell als souveräner Staat anerkannt: mit Peloponnes und südlichem Festland sowie Euböa und den Kykladen als Territorium.

Einzug König Ottos von Griechenland in Náfplio am 6. Februar 1835. In seiner Begleitung die Regierungsmitglieder Staatsrat Georg Ludwig von Maurer (hinter dem König), Graf von Armansperg (mit blauer Schärpe) und Generalmajor Karl von Heideck (auf weißem Pferd). Ölgemälde von Peter von Hess (Ausschnitt), 1835. München, Neue Pinakothek

Die zerstrittenen und einander mit Waffengewalt bekämpfenden griechischen ›Parteien‹ hatten zwar bereits 1827 einen Präsidenten erkoren: Graf Kapodistrias, der in der neuen Hauptstadt Náfplio auch tatsächlich das Heft in die Hand nimmt, jedoch bereits 1831 einem Attentat durch den maniotischen Mavromichali-Clan zum Opfer fällt (S. 61). Mit einer Republik hatten die Siegermächte ohnehin nichts im Sinn und so wird ein Monarch gesucht: natürlich (!) kein Grieche, sondern ein Angehöriger eines westeuropäischen regierenden Hauses, das nicht zu den Signatarstaaten zählt. Man einigt sich auf den zweiten, noch minderjährigen Sohn Otto des als wahren Hellenomanen bekannten Bayernkönigs Ludwig I. Mit Ottos Einzug in Náfplio 1832 und seiner Thronbesteigung 1835 endet Griechenlands erster kurzer Demokratieversuch und beginnt eine letzte Fremdherrschaft: die der Bavaresi.

Nach anfänglichem Enthusiasmus – Otto wird bei seiner Ankunft in Náfplio 1832 aufs Herzlichste empfangen – stellt sich schnell gegenseitige Enttäuschung ein: Das neue Regime sieht sich nicht den erträumten Hellenen gegenüber, sondern einer aus westlicher Sicht orientalischen Bevölkerung, die größtenteils in archaischen Clan- und Klientelverhältnissen lebt, während sich die Bourgeoisie der Reeder und Kaufleute – Griechenlands tragende Schicht im 18. Jh. – in andere Regionen wie Thessalien und die Ostägäis abgesetzt hat; das Territorium des neuen Staates Hellas ist das ärmste und rückständigste Gebiet Griechenlands. Auf der anderen Seite sieht sich die Bevölkerung nach ihrem verlustreichen Befreiungskampf gegen die Türken und ersten republikanisch-demokratischen Erfahrungen einer neuen autoritären Fremdherrschaft ausgesetzt, denn die nun installierte bayerisch-wittelsbachische Regierung ist keine durch ein Parlament gezügelte konstitutionelle, sondern eine absolute Monarchie. Dem auf sein Amt unvorbereiteten jungen König war ein durchaus fähiger Bürokratenstab mitgegeben worden, der das heruntergekommene Land nach westlichem Muster reorganisieren soll – ein Unternehmen, das in seiner Problematik Analogien zur heutigen Situation auf dem Balkan aufweist. Bar jeden Verständnisses für die gewachsenen sozialen und kulturellen Verhältnisse, wird nun alles von oben herab strikt nach bayerischem Muster organisiert, was bei der Bevölkerung nicht nur auf Unverständnis, sondern auch Widerstand stößt. Trotz bis heute wirksamer Leistungen im Straßenbau

Land und Geschichte

Die Entwicklung des griechischen Staatsgebiets seit 1832

sowie im Gesundheits-, Rechts- und Bildungswesen sind Revolten an der Tagesordnung. 1843 muss Otto nach revolutionären Unruhen eine erste Verfassung zulassen, 1862 dankt er nach weiteren Aufständen ab und geht ins Exil nach Bamberg.

Hatte die Peloponnes unter venezianischer und türkischer Ägide, aber auch im Befreiungskrieg und den Jahren der Staatsbildung das Zentrum Griechenlands gebildet, so ändert sich dies schlagartig mit der Verlegung des Regierungssitzes von Náfplio nach Athen 1834. So gefährlich erschien der neuen Regierung die aufmüpfige Bevölkerung dieses Landstrichs, und so fundamental wich die vorgefundene ›orientalische‹ Wirklichkeit vom westeuropäisch klassizistischen Hellenentraum ab, dass man das damalige Provinznest Athen mit seiner glorreichen Vergangenheit dem immerhin städtisch strukturierten Náfplio vorzog und zur neuen Metropole ausbaute. Im Vergleich zum klassizistisch geprägten Athen legen auf der Peloponnes nur noch wenige Architekturen Zeugnis vom Neubeginn Griechenlands im 19. Jh. ab: so einzelne Bürgerhäuser und Denkmäler auf Ýdra und Spétses (S. 203) sowie in Náfplio (S. 184) und Pýrgos (S. 115) und schließlich die rasterförmig durchkonstruierten Stadtanlagen von Patras (S. 107) und Sparta (S. 288).

Daten zur Geschichte des 19. und 20. Jahrhunderts

1835–1862
Otto regiert – zunächst als absoluter Monarch, seit 1843 eingeschränkt durch eine Verfassung – in der neuen Hauptstadt Athen. Die orthodoxe Kirche Griechenlands spaltet sich von der übrigen ›Ostkirche‹ ab und wird nationale selbstregierte Staatskirche; oberste Instanz sind der Erzbischof von Athen und die ihm beigeordnete Synode. Zur politischen Programmatik des neuen Griechenland gehört eine an der klassischen Antike orientierte gezielte Re-Hellenisierung der Bevölkerung.

1863–1913
Unter Georg I. aus dänischem Hause wird Griechenland zur konstitutionellen Monarchie nach britischem Vorbild (1864); Athen wird prachtvoll ausgebaut. Auf Druck der Großmächte tritt die Türkei 1881 Thessalien und das Gebiet um Arta an Griechenland ab. In einem ersten Krieg gegen die Türken aber muss Griechenland schwere Verluste hinnehmen, doch werden auf diplomatischem Wege Kreta (1898 und endgültig 1913), die Inseln Sámos, Chíos und Lésvos sowie vor allem Makedonien Griechenland zugeschlagen.

1913–1924
Griechenlands Politik wird wesentlich durch den Ministerpräsidenten Eleftherios Venizelos geprägt. Den Ersten Weltkrieg übersteht das Land weitgehend unbeschadet. Weitere – zunächst erfolgreiche – Gebietsforderungen (Thrakien) und ein zweiter Krieg gegen die unter Kemal Atatürk inzwischen zum modernen Nationalstaat gewandelte Türkei führen aber 1922 in die ›Kleinasiatische Katastrophe‹; tausende von an der türkischen Westküste lebenden Griechen fallen türkischen Pogromen zum Opfer (allein in Smyrna/Izmir 30 000), andere flüchten in das Staatsgebiet Griechenlands. ›Enosis‹ (die staatliche Vereinigung aller Griechen) und ›Megali Idea‹ (große Idee) sind als politisch-militärische Konzepte endgültig gescheitert.

1924–1949
In den 30er-Jahren wird Griechenlands Politik von dem am spanischen und italienischen Faschismus orientierten General Ioannis Metaxas bestimmt. Als Italien 1940 das Land jedoch zur bedingungslosen Kapitulation auffordert, antworten die Griechen am 28. Oktober mit ›Nein‹ (griech.: ochi; seither begeht man am 28. 10. den ›ochi‹-Tag). An der Seite der Alliierten tritt Griechenland in den Zweiten Weltkrieg ein. Die italienische Offensive wird zurückgeschlagen, nicht jedoch der Angriff der Deutschen Wehrmacht, die 1941 das griechische Festland von Norden her besetzt. Es folgt eine 5-jährige deutsche Terrorherrschaft, während der Griechenland schwer unter den Repressalien der Wehrmacht und des SD (geheimer Sicherheitsdienst) sowie der mit Deutschland alliierten ebenfalls einmarschierten Bulgaren, in geringe-

Die Re-Hellenisierung bedeutete: Umgangs- und Hochsprache (Demotiki; Kathareousa) werden künstlich neu gefasst; slawische, albanische und türkische Ortsnamen in immer neuen Schüben durch althellenische ersetzt (vgl. S. 42); auch Schul- und Universitätsbildung folgen den Vorstellungen der ausländischen Philhellenen.

Land und Geschichte

rem Umfang auch der Italiener, zu leiden hat. 40 000 Menschen werden hingerichtet, über 700 000, d. h. ein Zehntel der Bevölkerung, sterben an Hunger. Mit dem Ende des Zweiten Weltkriegs und dem stürmisch gefeierten Einmarsch englischer Truppen ist Griechenlands Leidenszeit noch nicht vorbei. Das Land versinkt in einem Bürgerkrieg zwischen Monarchisten und Kommunisten, der 1949 mit dem Sieg der ›Rechten‹ endet, die von England und den USA unterstützt werden.

1950 bis heute
Im Zeichen des ›Kalten Krieges‹ gewinnen Griechenland und die Türkei strategische Bedeutung für den Westen. Griechenland tritt, teilweise gegen erheblichen Widerstand seiner Bevölkerung, 1952 der NATO bei und wird 1962 assoziiertes Mitglied der EWG (später EU). Kurz vor den Wahlen von 1967, die einen Linksruck des Landes ankündigen, putschen Obristen mit Billigung des CIA und amerikanischer Militärkreise und etablieren eine repressive Militärjunta (Internierung, Folterung und Ermordung zahlreicher ›Linker‹ und Intellektueller; Austritt aus Europarat und Menschenrechtskonvention), die nach Studentenrevolten, vor allem aber aufgrund des Zypernkonflikts 1974 zusammenbricht. Seitdem garantiert eine bürgerliche Verfassung umfangreiche Grundrechte und macht Griechenland zu einer stabilen Demokratie mit zwei großen Parteien: der konservativen Nea Demokratia und der sozialistischen PASOK. Jahrzehntelang waren territoriale Ansprüche Griechenlands an seiner Nordgrenze und im Ägäisraum Anlass zu Konflikten, vor allem mit der Türkei, doch konnten diese mittlerweile weitgehend entschärft werden; geblieben aber ist als Krisenherd Zypern seit seiner Zerschlagung 1974 in einen griechischen und einen türkischen Teil. Seit 1979 ist das Land Vollmitglied der EU, seit 1999 der Währungsunion. 2010 steht Griechenland am Rande eines Staatsbankrotts. Die notwendige Folge sind eine strikte Sparpolitik, Reformen in der Verwaltung und Besteuerung in den kommenden Jahren.

Seit 2004 verbindet bei Rio eine von einem französisch-griechischen Konsortium errichtete elegante Hängebrücke die Peloponnes mit dem Festland: am Tag ebenso wie nachts durch geradezu märchenhafte Beleuchtung in den Farben Gold und Türkis ein neues Wahrzeichen der Region. Mit ihren 2252 m ist dies die bislang längste Schrägseilbrücke der Welt; die Höhe ihrer Pylone beträgt 225 m, davon 160 m über dem Wasser.

Tourismus, Archäologie und Denkmalpflege

Früher als die meisten Mittelmeerländer hat Griechenland die Erforschung und Sammlung seiner Altertümer in die eigene Hand genommen. Bereits 1837 wird Archäologie als Lehrfach an der Athener Universität etabliert und eine Archäologische Gesellschaft zur Durchführung von Ausgrabungsprojekten und deren Publikation ins Leben gerufen. Es folgt die Einrichtung des Athener Nationalmuseums und bald darauf von Regionalmuseen. Auch verabschiedet bereits die wittelsbachische Regierung ein strenges – und zumeist auch befolgtes – Gesetz, das den Verbleib der historischen Relikte im Land sichert.

Seit Staatsgründung gilt in Griechenland Archäologie nicht als eine unter vielen Wissenschaften, sondern als Aufgabe von nationaler Bedeutung. Heute wirken Archäologie und Denkmalpflege zudem als Grundlage eines der wichtigsten Erwerbszweige Griechenlands, des Fremdenverkehrs. Dennoch haben Archäologie, Denkmalpflege und Tourismus, namentlich auf der Peloponnes, bis heute noch kaum zueinander gefunden; eine positive Verschränkung dieser Sektoren steht jedenfalls noch aus. Viele Stätten verkommen, da die Ausgräber sich für die Erhaltung des Freigelegten kaum interessieren, sondern ihr Prestige in immer neuen Ausgrabungen sehen. Die für die Denkmalpflege zuständige Behörde (TAPA) ist ein zentralistisch organisierter Behördenapparat, der offensichtlich mit einem nicht versiegenden Strom von Touristen rechnet, die keinen Anstoß nehmen an liebloser Präsentation, mangelnden Informationstafeln, der Absperrung interessanter Areale und dem gänzlichen Fehlen beleuchteter Museumsvitrinen. Um Ausgrabungsstätten abseits der großen Touristenströme hat man Zäune gezogen, auch adrette Wärterhäuschen an den Eingang gesetzt, doch ist selbst während der Sommermonate oft niemand da, der Einlass gewähren könnte!

Hinzu kommt ein inhaltlich oft problematischer Umgang mit den Relikten der langen und wechselhaften Geschichte des Landes. Zwei in gleichem Maße unkritische Vorgehensweisen herrschen vor, die beide aus dem griechischen Nationalgefühl resultieren. Vor-, Nach- und Nicht-Hellenisches wird in einem großen Akt der Inklusion wie selbstverständlich als genuin hellenisch erklärt: Mykenisches, Archaisch-Orientalisches, vor allem aber alles Byzantinische und sogar Brücken, Bürgerhäuser, Kleidung und Schmuck aus der ›Türkenzeit‹. Mit den altrömischen Überresten war dies nicht möglich, und so bedient man sich hier der ›exklusiven Methode‹: Bedeutende Baureste dieser ›Okkupatoren‹ werden in vielen Fällen schlicht links liegen gelassen, die Areale abgesperrt und der Überwucherung durch die Natur preisgegeben (S. 119, 127), während man griechische Säulen, deren die Touristen eines Tages überdrüssig sein könnten, in gedankenloser Monotonie wieder aufrichtet und komplettiert (S. 90).

Zeittafel

30.–5. Jt. v. Chr.	Steinzeitliche Besiedlung (Sammler, Jäger, Fischer).
4. Jt.–17. Jh. v. Chr.	Neolithikum und Beginn der Bronzezeit: Erste Bauern und Viehzüchter auf der Peloponnes (Dörfer; Keramikherstellung).
17.–12. Jh. v. Chr.	Mykenische Kultur (Bronzezeit).
11.–9. Jh. v. Chr.	Einwanderung dorischer Stämme, damit verbunden zivilisatorischer Rückschlag: ›dunkle Jahrhunderte‹ (Eisenzeit).
8. Jh. v. Chr.	›Geometrische Epoche‹ (benannt nach Stil von Ornamentik und figürlichen Darstellungen). Entstehung der griech. Polis (Stadtstaat) und Besiedlung der Küsten Unteritaliens und Siziliens. Homerische Epen Ilias und Odyssee.
7.–6. Jh. v. Chr.	Archaische Epoche. Griechenland ökonomisch und kulturell Vormacht im östlichen Mittelmeer. Wichtigste Staatsform: Tyrannis.
5.–4. Jh. v. Chr.	Klassische Epoche. Demokratische Verfassungen in vielen griechischen Stadtstaaten.
431–403 v. Chr.	Peloponnesischer Krieg zwischen Athen und Sparta mit ihren Bundesgenossen, endet mit dem Sieg Spartas.
371 v. Chr.	In der Schlacht von Leuktra wird Spartas Macht gebrochen, in der Folge Unabhängigkeit der Westpeloponnes von Sparta. Prachtvoller Ausbau vieler Städte und Heiligtümer.
338 v. Chr.	In der Schlacht von Chaironeia wird der Makedonenkönig Philipp II. (Vater Alexanders d. Gr.) zum faktischen Herrscher über Griechenland.
328–2. Jh. v. Chr.	Hellenismus. Weiterer Ausbau der Städte bei Verlust ihrer politischen Autonomie.
167 v. Chr.	3. Makedonischer Krieg; Griechenland wird von Rom abhängig.
146 v. Chr.	Die Peloponnes wird von römischen Truppen erobert und ist fortan Römische Provinz.
51 n. Chr.	Aufenthalt des Apostels Paulus in Korinth; erste christliche Gemeinden.
3.–6. Jh.	Plünderungen und Verwüstungen durch ›barbarische‹ Stämme im Zuge der Völkerwanderung.
330	Konstantinopel Hauptstadt des Römischen Reiches.
379–395	Unter Kaiser Theodosius II. Christentum Staatskirche und Verfolgung des Heidentums.
Spätes 4.–6. Jh.	Frühbyzantinische Epoche. Erste Kirchenbauten (Basiliken) auf der Peloponnes.

Zeittafel

6.–9. Jh.	Slawische Besiedlung; kultureller Rückgang auf ärmliches Leben in dörflichen Siedlungen.
10.–12. Jh.	Wiedererstarken der byzantinischen Zentralgewalt, bringt zahlreiche Kirchenneubauten.
13.–14. Jh.	Im 4. Kreuzzug (Eroberung Konstantinopels 1204) fällt Griechenland in die Hand westlicher (›fränkischer‹) Ritter und der Seemacht Venedig.
16. Jh.–1821	Griechenland Teil des Osmanischen Reiches. 1687 Rückeroberungen durch Venedig, seit 1715 aber wieder überall türkische Herrschaft auf der Peloponnes. Blühender Handel und Entstehen einer neugriechischen Bourgeoisie.
1821	Beginn des Unabhängigkeitskrieges.
1827	In der Seeschlacht von Navaríno wird die osmanische Flotte von englischen, französischen und russischen Einheiten versenkt und damit die türkische Vormachtstellung im Ostmittelmeer gebrochen.
1831	Bildung der Neugriechischen Republik.
1833	Einsetzung des noch minderjährigen Otto von Wittelsbach zum ersten griechischen König.
1834	Verlegung der Hauptstadt von Náfplio nach Athen.
1835	Thronbesteigung Ottos.
1864	Unter König Georg Einführung der konstitutionellen Monarchie.
1881–1923	Territoriale Zugewinne Griechenlands nahezu auf sein heutiges Staatsgebiet, trotz militärischer Niederlage im Krieg gegen die Türkei 1922.
1940	Italiens Kapitulationsaufforderung an Griechenland wird in einem Referendum von der Bevölkerung abgelehnt.
1941–1945	Nach Eroberung Griechenlands durch deutsche Truppen Terrorherrschaft (wirtschaftl. Ausblutung des Landes; Massaker an der Zivilbevölkerung).
1944–1949	Ein Bürgerkrieg zwischen Royalisten und Kommunisten endet mit dem Sieg der ›Rechten‹. Griechenland wird konstitutionelle Monarchie mit autoritären Tendenzen.
1967–1974	Nach Putsch Obristendiktatur, die erst mit der Zypernkrise (Konflikt mit der Türkei) endet.
1975 bis heute	Stabile Demokratie, zumeist mit sozialistischen Regierungen (PASOK); 1979 Beitritt zur EWG (heutige EU), 1999 zur Währungsunion.
2004	Brücke über den Golf von Korinth (s. S. 56). Olympische Spiele in Athen.
2010	Griechenland steht am Rande eines Staatsbankrotts. Der Flughafen von Kalamata wird aus ganz Europa direkt angeflogen.

Galerie bedeutender Persönlichkeiten

Alkman (7. Jh. v. Chr.)
Der in Sparta lebende frühgriechische Lyriker verfasste Lieder, die bei Festen in den Heiligtümern von Mädchenchören deklamiert wurden. Metaphern und der Rhythmus seiner Sprache sind von großer Poesie. Gut 100 Fragmente seines Œuvres sind durch Zitierung bei anderen antiken Autoren sowie durch Papyrusfunde überliefert. Deutsche Übersetzungen liegen vor.

Augustus (63 v. Chr.–14 n. Chr.)
Seit 27 v. Chr. Ehrentitel des Octavian, Großneffe des Caesar, römischer Politiker und erster Kaiser. Er besiegte die Caesarmörder 42 v. Chr. in der Schlacht bei Philippi und beendete den römischen Bürgerkrieg 31 v. Chr. mit der Seeschlacht bei Actium gegen Antonius und Kleopatra (vgl. S. 39). Formte die römische Republik zur Monarchie um.

Laskarina Bouboulina (12. 5. 1771–1825)
Heldin des griechischen Befreiungskampfes gegen die Türken. Als Tochter eines Hydrioter Befreiungskämpfers in Istanbul geboren, kam sie über Ydra nach Spétses. Die gebildete und für ihre Zeit ungewöhnlich emanzipierte Frau war mit einem Kapitän, dann mit einem Reeder verheiratet, die beide im Kampf gegen algerische Piraten ums Leben kamen. Als 50-jährige Witwe und Mutter von sieben Kindern setzte sie ihr Vermögen für den Freiheitskampf ein und befehligte bei der Hafenblockade von Náfplio im März 1821 ihr eigenes Schiff ›Agamemnon‹, während ihre drei Söhne ebenfalls auf eigenen Schiffen das Kommando führten. Nach dem griechischen Sieg 1822 lebte sie in Náfplio, dann wieder auf Spétses, wo sie einer Familienrache zum Opfer fiel. Ein kleines Museum in ihrem ehemaligen Wohnhaus in Spétses (S. 205) bewahrt biografische Dokumente auf und vermittelt ein Bild vom Leben der griechischen Bourgeoisie in jener Zeit.

Laskarina Bouboulina. Aquarell, um 1830

Maria Callas (4. 12. 1923–16. 9. 1977)
Eigentlich Maria Anna Cecilia Sofia Kalogeropoulos. Die aus einer Familie in Neochóri bei Meligalá (S. 261) stammende Sängerin erhielt ihre Ausbildung am Athener Konservatorium und debütierte als Fünfzehnjährige 1938 an der Athener Oper. Internationalen Durchbruch erlangte sie 1947 mit der Titelpartie aus La Gioconda von A. Ponchielli in Verona; danach Engagements an der Mailänder Scala und der Metropolitan Opera in New York. Die ›Callas‹ überzeugte nicht nur durch die Qualität ihrer Stimme, sondern auch durch ihre mitreißende musikalische und schauspielerische Darstellung tragischer Rollen. Zahlreiche Schallplattenaufnahmen; Titelrolle als Schauspielerin in P. P. Pasolinis Film ›Medea‹ (S. 77).

Galerie bedeutender Persönlichkeiten

Gustav Clauss (1825–1908)
Bayerischer Firmengründer der bei Patras ansässigen Großkellerei Achaia Clauss. Zur Biografie s. S. 109.

Pierre Baron de Coubertin (1. 1. 1863–2. 9. 1937)
Popularhistoriker, Pädagoge und Verfasser zahlreicher Bücher zu Geschichte und Bedeutung des Sports. Er begründete die Olympischen Spiele der Neuzeit und eröffnete 1896 die erste moderne Olympiade im dafür rekonstruierten Panathenäischen Stadion in Athen (s. S. 32, 120).

Wilhelm Dörpfeld (6. 12. 1853–25. 4. 1940)
Seit 1882 als Architekt am Deutschen Archäologischen Institut in Athen tätig, später Professor für Archäologie in Jena. Er unternahm Ausgrabungen in Troja, Olympia, Athen, Tiryns und Leukas.

Epameinondas (gegen 400 v. Chr.–362 v. Chr.)
Der thebanische General und Politiker erlangte Bedeutung in den Auseinandersetzungen zwischen den Hegemonialmächten Sparta und Theben während der 80er und 70er-Jahre des 4. Jh. v. Chr. Auf der Peloponnes agierte er erfolgreich bei Aufständen der Arkader und Messenier gegen Sparta und errang in den Schlachten von Leuktra 371 und Mantineia 362 v. Chr. nachhaltige Siege über Sparta, das bis dahin Arkadien und Messenien in Abhängigkeit gehalten hatte. Mantineia (S. 215) und Messene (S. 262) wurden auf seine Veranlassung gegründet, auch Tegea (S. 219) erhielt nach seinen Siegen neuen Aufschwung. Epameinondas fiel in der für seine Partei siegreichen Schlacht von Mantineia.

Hadrian (reg. 117–138 n. Chr., röm. Kaiser)
Als begeisterter Philhellene förderte er zahlreiche griechische Städte und Heiligtümer durch Bereitstellung von Geldmitteln und durch umfangreiche Bauvorhaben (s. S. 82, 141).

Herodes Atticus (101–178 n. Chr.)
Reichster Mann seiner Zeit. Er finanzierte u. a. Bauten in Korinth (S. 82) und Olympia (S. 141) sowie das nach ihm benannte Odeion und das Stadion in Athen. Freund → Hadrians und Erzieher der späteren Kaiser Marcus Aurelius u. Lucius Verus.

Homer (um 700 v. Chr.)
Ältester Dichter des Abendlandes. Verfasser der Epen ›Ilias‹ (Kampf um Troja) und ›Odyssee‹ (Heimkehr des Odysseus nach Ithaka). (s. S. 27, 248f.): beide mit Verarbeitung vorderorientalischer Epen.

Joannis Antonios Kapodistrias (11. 2. 1776–9. 10. 1831)
Aus Kérkyra stammender Graf, ab 1800 als Diplomat in russischen Diensten (Beteiligung Wiener Kongress, 1815). 1827 von der Dritten

Joannis Antonios Kapodistrias, Lithografie, 19. Jh.

Nationalversammlung von Trizína zum Regierungschef Griechenlands gewählt, kam er 1828 nach Náfplio, der ersten Hauptstadt des neu gebildeten griechischen Staates, und reorganisierte Wirtschaft und Schulwesen. Gründete die erste griechische Kadettenschule im Gebäude des heutigen Kriegsmuseums von Náfplio (S. 189). Seine demokratische Regierung scheiterte am Widerstand monarchischer Kräfte. 1831 fiel er in Náfplio einem Bombenattentat durch Mitglieder des Mavromichali-Clans von der Máni zum Opfer (S. 189).

Konstantinos Karamanlis (*23. 2. 1907–23. 6. 1998)
Konservativer Politiker, 1955–63 Ministerpräsident. Nach der Militärdiktatur aus dem Exil in Paris 1974 zurückgekehrt, gründete er die Nea Demokratia als konservative Partei; er plädierte für den Eintritt Griechenlands in die EU; Staatspräsident 1980–85 und 1990–95.

Theodoros Kolokotronis (1770–1843)
Militärischer Organisator des Unabhängigkeitskrieges und erfolgreicher General in Gefechten gegen türkische Truppen. Als Anhänger der demokratischen Fraktion um → Kapodistrias stellte er sich gegen König → Otto, wurde der Verschwörung gegen die Monarchie beschuldigt und 1834 zum Tode verurteilt, dann zu 20-jähriger Haft begnadigt und schließlich 1835 freigelassen.

Konstantin I. (2. 8. 1868–11. 1. 1923)
Sohn König → Georgs. Griechischer König von 1913–1917 und von 1920–1922 Oberbefehlshaber der griech. Armee im Balkankrieg (1912/13); im Ersten Weltkrieg bemühte er sich um Neutralität Griechenlands. Von Venizelos zur Abdankung gezwungen, wurde er im Dezember 1920 durch Volksentscheid wieder eingesetzt. Nach dem verlorenen Krieg gegen die Türkei dankte er 1922 vom Thron ab.

Konstantin II. (*2. 6. 1940)
Griechischer König von 1964 bis 1967. Er begünstigte durch seine zögerliche Politik den Militärputsch von 1967; ein schließlich von ihm initiierter Gegenputsch scheiterte am 13. 12. 1967 und führte zu seiner Emigration nach Rom.

Lykourgos (7. Jh. v. Chr.?)
Die Existenz des sagenhaften Gesetzgebers Spartas ist historisch ungesichert. Früheste Erwähnung bei Herodot I 65 (d. h. in der zweiten Hälfte des 5. Jh. v. Chr.). Vgl. S. 283, 286.

Moerbeke s. Wilhelm von Moerbecke

Otto I. (1. 6. 1815–26. 7. 1876)
Griech. König, Sohn Ludwigs I. von Bayern. Am 8. 8. 1832 wurde der Siebzehnjährige von der griechischen Nationalversammlung zum ersten Regenten ›gewählt‹; verheiratet mit Amalie von Oldenburg

(22. 11. 1836). Er versuchte im Krimkrieg, Thessalien und Epiros für Griechenland zurückzugewinnen. Wenig erfolgreich waren auch seine zaghaften Bemühungen um wirtschaftliche und soziale Verbesserungen im Land. Erst auf Druck eines Militärputsches 1844 war er bereit, eine Verfassung zuzulassen. Durch die Revolution von 1862 vertrieben, dankte er vom Thron ab und ging ins Exil nach Bamberg.

Andreas Papandreou (5. 2. 1919–23. 6. 1996)
Sohn von → G. Papandreou. Sozialdemokratischer Politiker. 1965 Minister im Kabinett seines Vaters. Während der Militärdiktatur in Haft und dann im Exil in den USA. Plädierte lange Zeit für den Austritt Griechenlands aus der NATO und stellte sich gegen den EG-Beitritt des Landes. 1974 maßgeblich an der Gründung der PASOK (Panhellenische Soziale Union) beteiligt. Seiner Ministerpräsidentschaft von 1981–1989 sind eine Verbesserung des Genossenschaftswesens und der Alterssicherung sowie die Einführung der Zivilehe zu verdanken. Private Skandale und Bestechungsvorwürfe zwangen ihn 1989 zum Rücktritt. 1994–1996 erneut Ministerpräsident.

Otto I., zeitgenössisches Porträt von J. Stieler. Neue Pinakothek, München

George A. Papandreou (13. 2. 1888–1. 11. 1968)
Demokratischer Politiker und Vorkämpfer für bürgerliche Freiheit in Griechenland. Nach sozialwissenschaftlichen Studien in Athen, Berlin und Paris war er zwischen 1923 und 1933 mehrfach Ministerpräsident; er gründete im Zweiten Weltkrieg in Ägypten ein Exilkabinett, mit dem er nach Kriegsende nach Athen zurückkehrte. 1963–1965 erneut Ministerpräsident. Seine Forderung nach Demokratisierung der Armee und ein bevorstehender erneuter Wahlsieg seiner ›Zentrumsunion‹ wurde durch den Putsch der Obristen 1967 gewaltsam verhindert, P. eingekerkert, dann unter Hausarrest gestellt. Wenige Wochen nach Aufhebung des Hausarrestes starb P. in einem Athener Krankenhaus. Seine Beerdigung wurde zur ersten großen Demonstration gegen die Obristendiktatur.

Paulus (gest. 67 n. Chr.)
Der römische Bürger jüdischer Abstammung gründete erste Gemeinden u. a. in Athen, Korinth (S. 79), Thessaloniki, Philippi und Ephesos und wurde durch seine Missionstätigkeit und seine Schriften Wegbereiter des Christentums (Apostelgeschichte, Paulusbriefe).

Pausanias (2. Jh. n. Chr.)
Der griechische Reiseschriftsteller verfasste eine ›Beschreibung Griechenlands‹ in zehn Bänden: eine der wichtigsten Quellen zu den historischen, kulturellen und religiösen Verhältnissen Griechenlands; selbst kleine Städte und Heiligtümer auf der Peloponnes sind darin ausführlich beschrieben. Das Werk liegt in deutschen Übersetzungen vor.

Periandros (7./6. Jh. v. Chr.)
Jahrzehntelang regierender ›Tyrann‹ in Korinth, Sohn und Nachfol-

ger des Kypselos. Widerstand gegen sein Regime warf er blutig nieder, Landreformen, die gezielte Förderung von Handwerk und Handel sowie eine weitsichtige Außenpolitik machten ihn aber in den Augen der Nachwelt zu einem der ›Sieben Weisen‹. Vgl. S. 74.

Philipp II. (*382, reg. 359–336 v. Chr., König von Makedonien)
Vater Alexanders d. Gr. Er eroberte Epirus und Thessalien. Der Sieg von Chaironeia 338 v. Chr. sicherte ihm die Vorherrschaft über Griechenland. Sein Plan eines Feldzuges gegen Persien wurde durch seine Ermordung vereitelt, dann aber von seinem Sohn Alexander in die Tat umgesetzt.

Platon (427–347 v. Chr.)
Athenischer Philosoph, Schüler und durch seine Schriften Bewahrer der Gedanken des Sokrates. Er gründete 387 die berühmte Athener Akademie; in seinen Schriften formulierte Platon ein von der athenischen Demokratie seiner Zeit und den dort herrschenden Lebensauffassungen abweichendes, an Sparta orientiertes Idealbild der Gemeinschaft und des Staates. Werke: Dialoge; Verteidigungsrede des Sokrates; Der Staat; Die Gesetze; Briefe.

Plethon (ca. 1360–1452)
Am osmanischen Sultanshof in Edirne und Bursa aufgewachsen, kam der Gelehrte zunächst nach Konstantinopel, wo er Erzieher des Kaisersohnes und späteren Despoten Theodoros II. von Mystrá wurde. Mit ihm ging er nach Mystrá (S. 296) und gründete dort eine neuplatonische Akademie, in der antike Staatstheoretiker studiert wurden. 1438/39 nahm er an den Konzilien von Ferrara und Florenz teil und wirkte als Philosoph am Hof Cosimo de Medicis in Florenz, was zu einer nachhaltigen Rezeption altgriechischer Texte in der Renaissance beitrug. Seine Gebeine wurden bei einem Überfall des venezianischen Generals Sigismondo Malatesta auf Mystrá geraubt und nach Rimini gebracht, wo sie in der von Leon Battista Alberti umgebauten Kirche des hl. Franziskus, dem Tempio Malatestiano, beigesetzt sind.

Giannis Ritsos, Büste vor dem Geburtshaus in Monemvasiá

Polybios (ca. 210–125 v. Chr.)
Der aus Arkadien stammende Historiker kam 167 v. Chr. als Geisel nach Rom und erlebte als Beobachter den Untergang Karthagos wie auch Korinths 146 v. Chr. Sein Werk, das den Aufstieg Roms zur Weltmacht beschreibt, zeichnet sich durch fundierte Recherchen und einen überparteilichen Blick aus (s. S. 222).

Giannis Ritsos (1. 5. 1909–11. 11. 1990)
Der in Monemvasiá geborene R. wurde zum populärsten Lyriker des modernen Griechenland. Er verstand sich als politischer Dichter, dessen Verse bei aller Märchenhaftigkeit und Mythenzitierung das gegenwärtige Lebensgefühl der für soziale Gerechtigkeit und Freiheit

kämpfenden Menschen ausdrücken. Während des Bürgerkrieges nach 1945 schloss er sich der kommunistischen Bewegung an, woraufhin ihn das Metaxas-Regime 1948–1952 in die Verbannung schickte. 1967 wurde er unter der Militärjunta erneut verhaftet und in einem Konzentrationslager auf der Insel Léros eingesperrt. Seine Gedichte wurden von Mikis Theodorakis vertont und sind in fast alle Sprachen übersetzt. R. wurde in seinem Geburtsort Monemvasiá begraben; eine Bronzebüste vor dem Geburtshaus erinnert an den berühmtesten Sohn dieser Stadt.

Heinrich Schliemann (6. 1. 1822–26. 12. 1890)
Kaufmann und Archäologe. 1870/72 Grabungen in Hissarlik (Troja), 1874 in Mykene (S. 155), später Orchomenós und Tiryns (S. 167), seit 1882 zusammen mit → Dörpfeld tätig. Sein Verdienst ist außer der Wiederfindung Trojas die Entdeckung der mykenischen Kultur des bronzezeitlichen Griechenland. Hauptwerke: Ithaka, der Peloponnes und Troja (1869); Trojanische Alterthümer (1874); Mykene (1878); Tiryns (1886).

Heinrich Schliemann, Foto um 1870

Tyrtaios (7. Jh. v. Chr.)
Der wohl aus Milet stammende frühgriechische Lyriker verbrachte die meiste Zeit seines Lebens in Sparta, wo er vor allem Kampfgesänge verfasste mit Ermahnungen an die Jugend, den Tod in der Schlacht nicht zu scheuen; auch die Auseinandersetzungen mit der von Sparta unterdrückten messenischen Bevölkerung werden in den Gesängen angesprochen. Nur zehn Passagen aus seinem Œuvre sind durch Zitate bei anderen Autoren überliefert.

Wilhelm von Moerbecke (um 1215–1286?)
Der flämische Dominikanermönch erhielt nach seinem Studium (in Köln oder Paris) eine Geistlichenstelle am Hof Urbans IV. und Clemens' IV. in Viterbo, von wo aus er Kontakte zu Thomas von Aquin unterhielt und dessen wissenschaftlicher Mitarbeiter wurde. Von den fränkischen Eroberern nach Griechenland geholt, wurde er 1277 erster römisch-katholischer Bischof von Korinth. Als Kommentator und Übersetzer von Aristoteles, aber auch medizinischer Schriften des Hippokrates sowie des neuplatonischen Philosophen Proklos ins Lateinische machte er diese Werke der westlichen Welt zugänglich und wurde so zu einem bedeutenden Wegbereiter des Humanismus. Der kleine Ort Merbeka (heute Agía Triáda, S. 182) in der Árgolis wurde nach ihm benannt.

Ernst Ziller (22. 6. 1837–4. 11. 1923)
Der klassizistische Architekt – Schüler Theophil Hansens – erhielt ab 1868 zahlreiche Bauaufträge in Griechenland: Akademie, Nationalbibliothek, Stadion und Zappion in Athen; 1882 ehemaliges Museum in Olympia (S. 143) und weitere Bauten in Pyrgos (S. 115).

Das Innere des Apollon-Tempels von Bassai nach der Ausgrabung. Stich von W. I. Gmelin aus Otto Magnus von Stackelberg: Der Apollotempel zu Bassae in Arcadien, 1826, Taf. III ▷

Reisen auf der Peloponnes

Korinth und seine Umgebung

Landbrücke zwischen Nord und Süd, Seeweg zwischen West und Ost: Der Isthmos von Korinth

Tor zur Peloponnes ist für fast alle Reisenden die Landzunge (griech. Isthmos), die Attika mit der ›Pelops-Insel‹ verbindet. Seit prähistorischer Zeit besaß der an seiner schmalsten Stelle nur gut 6 km breite Isthmos strategische Bedeutung. Alle Einwanderer aus dem Norden hatten diese Landenge zu passieren, wenn sie nicht mit dem Boot den Golf von Korinth überqueren wollten: die Dorer bei ihrer Landnahme im frühen 1. Jt. v. Chr. ebenso wie später im Mittelalter Awaren und Slawen. Zwei Städte kontrollierten seit frühgriechischer Zeit den Isthmos: im Norden Megara, im Süden Korinth. Nicht zufällig gingen im 8. Jh. v. Chr. von diesen beiden Orten entscheidende Impulse für die griechische Kolonisation des westlichen Mittelmeerraumes aus, hatte man doch hier offenbar die besten Informationen über fremde Länder und Kontakte zu dortigen Handelspartnern; auch lebte in diesen Städten eine an Gewinn orientierte, wagemutige Bevölkerung, die bereit war, sich in der Ferne eine neue Heimat zu suchen. Korinthische Gründungen zogen sich von Kérkyra nordwärts die albanische und kroatische Adriaküste hinauf, von megarischen und korinthischen Kolonisten angelegte Städte auf Sizilien waren Syrakus, Megara Hyblaia und Selinunt.

Zugleich war der Isthmos Verkehrsknotenpunkt für den Seehandel in Ost-West-Richtung: mit Ägäis und Orient und mit den griechischen Stadtstaaten in Italien und Sizilien. Denn für die küstengebundene antike Schifffahrt bedeutete der Weg südlich um die Peloponnes herum nicht nur einen Zeitverlust, sondern brachte bei stürmischer See auch erhebliche Gefahren mit sich. Deshalb versuchte bereits im frühen 6. Jh. v. Chr. der korinthische Tyrann Periandros, einen Kanal durch den Isthmos anzulegen, musste das Projekt jedoch wegen dessen gigantischer Dimensionen wieder fallen lassen. Auch der zweite Versuch unter dem hellenistischen Herrscher Demetrios Poliorketes um 300 v. Chr. wurde wieder aufgegeben, diesmal u. a. deshalb, weil man aufgrund irriger Berechnungen von einem unterschiedlichen Wasserspiegel in Ägäis und Adria ausging und eine Flutkatastrophe befürchtete. Schließlich setzte Kaiser Nero 67 n. Chr. 6000 jüdische Kriegsgefangene als Zwangsarbeiter zum Graben ein, wurde aber an der Fortsetzung des Unternehmens durch politische Umstände gehindert. Die notwendige Alternative bestand also im Landweg, und hier wusste man sich auf erstaunliche Weise zu helfen: Schon im 6. Jh. v. Chr. wurde zum Überqueren der Landenge ein Weg aus Steinquadern mit Fahrrinnen von 1,5 m Spurbreite angelegt – der sog. **Diolkos**, d. h. Schleppweg –, auf dem Güter auf Ochsenkarren, aber auch kleinere Schiffe auf Tiefladern über die Landenge gezogen wurden. Ein 500 m langes Teilstück des Diolkos ist bei

Besonders sehenswert:
Korinth ☆☆
Akrokorinth ☆
Nemea ☆

◁ *Der Zeus-Tempel von Nemea (S. 89) mit seinen drei noch seit der Antike aufrecht stehenden Säulen*

Korinth und seine Umgebung

Der Kanal von Korinth markiert die Grenze zwischen dem griechischen Festland und der Peloponnes. Eine Eisenbahn und zwei Straßenbrücken queren ihn in seiner Mitte.

Am östlichen Ausgang des Kanals zum Saronischen Golf hin verbindet eine noch aus dem 19. Jh. stammende kleine Eisenbrücke das Festland mit der Peloponnes; immer wenn dort ein Schiff die Wasserstraße passiert, wird die Brücke tief ins Wasser versenkt: eine beschauliche Einstimmung auf die Peloponnes für Reisende, die in einem der Cafes sitzend die altertümlich anmutende technische Prozedur beobachten (Abzweig von der Hauptstraße Richtung Isthmia).

Posidonía am Nordwestausgang des modernen Kanals zu sehen (Hinweisschild unmittelbar südlich der Ziehbrücke).

Der 5,6 km lange **moderne Kanal** wurde 1881–93 von französischen und griechischen Ingenieuren angelegt. Da seine Breite an der Wasseroberfläche nur 24 m, darunter sogar nur 21 m beträgt, können Schiffe lediglich bis zu 10 000 t die Wasserstraße passieren. Nicht nur die Fahrt mit dem Schiff zwischen den bis zu 76 m hohen Wänden, auch der Blick von den Brücken ist beeindruckend.

In Krisenzeiten versuchte man, den Zugang zur Peloponnes durch Sperrmauern zu erschweren: so 480 v. Chr. gegen die Perser, ein zweites Mal 369 gegen die Thebaner, dann 279 v. Chr. gegen die nach Griechenland eingefallenen Kelten und schließlich mehrmals in der Spätantike. Noch heute sind Abschnitte des **Hexamilion,** d. h.

der 6 Meilen langen Sperrmauer, die unter Kaiser Marcian im 5. Jh. errichtet und unter Justinian im 6. Jh. noch einmal ausgebaut wurde, bei Ísthmia zu sehen.

Ísthmia und seine panhellenischen Spiele

»Zum Kampf der Wagen und Gesänge,
Der auf Korinthus' Landesenge
Der Griechen Stämme froh vereint,
Zog Ibykus, der Götterfreund.«

Mit diesen Versen beginnt Friedrich Schillers berühmte Ballade ›Die Kraniche des Ibykus‹, die von der Mordtat an einem aus Süditalien angereisten Dichter und ihrer Rächung durch das Erscheinen eines Kranichschwarms bei den Festspielen erzählt. »Wer zählt die Völker, nennt die Namen, die gastlich hier zusammenkamen?«, dichtet Schiller weiter, und tatsächlich war das Poseidonheiligtum von **Ísthmia**, am Südostausgang des heutigen Kanals gelegen, einer der Austragungsorte für panhellenische Wettkämpfe, zu denen sich Teilnehmer aus der ganzen griechischen Welt gemeinsam mit tausenden von Zuschauern einfanden (vgl. S. 30, 89 und 125).

Ausgrabungsbezirk und Museum liegen im Ortsteil südlich des Kanals (dort ausgeschildert). Schon bei der Anfahrt sieht man Reste der im 5. und 6. Jh. errichteten Hexamilion-Mauer (S. 70); weitere Teile dieses spätantiken Befestigungssystems liegen an der Straße Ísthmia-Epídavros am Ortsausgang von Ísthmia. Das **Poseidon-Heiligtum** mit seinem dorischen Ringhallentempel aus der Zeit um 450 v. Chr. (über den Fundamenten eines früharchaischen Vorgängerbaus) erschließt sich nur noch durch Grundmauern. Auch von dem kleinen Theater ist heute wenig zu sehen. Lediglich das Wasserabfluss-System des Heiligtums ist dank dessen tieferen Niveaus relativ intakt erhalten geblieben, außerdem die Startvorrichtung des klassischen Stadions. Östlich des Poseidonheiligtums wurden Teile der einstigen Siedlung freigelegt. Das imposanteste Gebäude Isthmias ist ein römisches Bad mit stuckverkleideten Wänden, gut erhaltenen Hypokausten und einem riesigen schwarz-weißen Mosaikboden des 4. Jh. n. Chr., der, zur Funktion des Gebäudes passend, auf den Wogen eines fischreichen Meeres das dionysische Treiben von Seekentauren, nackten Nereiden und auf Delfinen reitenden Putten zeigt.

Ísthmia, römisches Mosaik mit Darstellung von dionysischen Fantasiewesen auf Meereswogen (Ausschnitt), aus Thermenanlage, 4. Jh.

Die Exponate des **Museums** stammen aus Ísthmia und dem benachbarten Kenchreai (S. 88). Zahlreich sind Votivgaben an den isthmischen Poseidon: aus dem 8. Jh. v. Chr. bronzene Dreifußkessel, aus dem 7. Jh. u. a. eine Kourosfigur sowie ein tönernes und ein steinernes Wasserbecken, letzteres getragen von drei Frauenfiguren, die

Korinth und seine Umgebung

Isthmos und Korinth

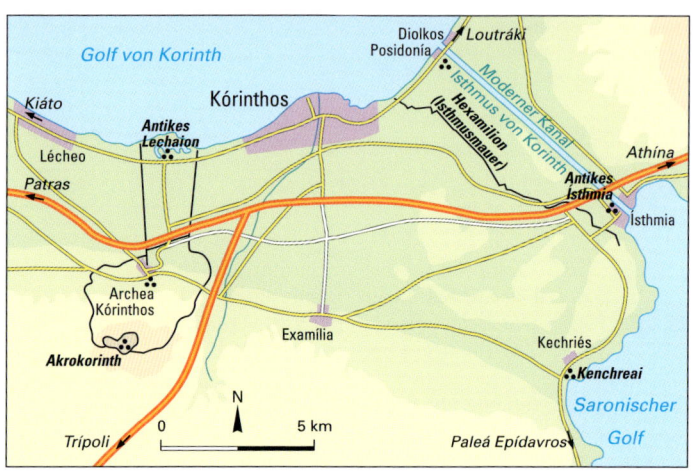

auf Löwen stehen und diese an Schwanz und Halsband festhalten – Zeichen ihrer Bändigung und Unterwerfung. Auch Bronzestatuetten von Pferden waren Poseidon geweiht, denn dieser galt nicht nur als Gott des Meeres, sondern auch der Pferdezucht; die übrigen Tiervotive sind als Opfergaben zu verstehen. Ísthmias Bedeutung als Austragungsort von Wettkämpfen entsprechend, finden sich unter den Votiven zahlreiche Sportgeräte: Sprunghanteln, Strigiles (Schabeisen) und Lanzenspitzen. Gemeinsam mit Poseidon wurde in Isthmia seine Gemahlin Amphitrite verehrt. Ihr dreifach überlebensgroßes marmornes Kultbild auf einer reliefverzierten Basis, die die Kalydonische Eberjagd und die Tötung der Niobekinder durch Artemis und Apollon darstellt, hat sich teilweise erhalten; das Werk stammt aus dem 2. Jh. n. Chr., zitiert aber klassische Vorbilder des 5. Jh. v. Chr. Besondere Aufmerksamkeit verdienen die Unterwasserfunde aus dem römischen Hafen Kenchreai, darunter Holz- und Elfenbeinschnitzereien, vor allem aber figürliche Glasintarsien (opus sectile) aus dem 4. Jh. n. Chr., die für einen Fußboden bestimmt waren und gestapelt in einem Nebenraum des Isis-Heiligtums gefunden wurden.

Römische Glasintarsie aus Kenchreai (Rekonstruktion), 4. Jh. Isthmia, Archäologisches Museum

Ihr Thema ist *otium* – die Muße des begüterten Römers in seiner Landvilla inmitten einer idyllischen, von Tempelchen und Kultstatuen durchsetzten Landschaft, die als äthetische Kulisse für literarische und philosophische Gespräche diente (vgl. Mosaiken im Museum von Korinth, Abb. S. 1, S. 84).

Reste einer *mykenischen Befestigungsanlage* liegen 1 km östlich des Ortes am Fuß eines Hügels (Abzweig von der Hauptstraße Epídavros-Korinth).

Korinth

Neu-Korinth (Kórinthos) ist eine gesichtslose Stadt (28 000 Ew.), die man als Tourist am besten links liegen lässt. Man stolpert oder fährt über aufgerissenes Pflaster auf der vergeblichen Suche nach einem Zentrum. Nur der kleine Hafen mit seinen Hotels, Cafés und eher ungemütlichen Tavernen bietet einen Hauch von Urbanität.

Alt-Korinth (Paleá bzw. Archéa Kórinthos), neben dessen Ausgrabungsbezirk sich ebenfalls ein kleiner und sehr viel angenehmerer moderner Ort entwickelt hat, liegt auf einem Plateau an der Nordflanke des 575 m hohen Berges, der die Landzunge kontrolliert. Darunter breitet sich die fruchtbare Küstenebene aus, in der heute Orangen und Gemüse angebaut werden.

Geschichte der antiken Metropole

Die handelsstrategisch günstige Lage am Isthmos und der militärische Vorteil, den der durch seine Schroffheit fast uneinnehmbare Hausberg im Süden bot, machten Korinth nach bescheidenen Anfängen um 1000 v. Chr. bereits im 8. Jh. zu einem der mächtigsten Stadtstaaten Griechenlands. Durch ihren Handel mit Ionien wirkte die Stadt als Drehscheibe bei der Aufnahme und Verbreitung orientalischer Kunstformen und -motive in Griechenland, ebenso wie bei der Übernahme orientalischer gesellschaftlicher Institutionen und sozialer Bräuche wie etwa des Symposions. Korinthisches Geld und korinthische Gewichtsstandards waren weit über den Herrschaftsbereich der Stadt hinaus verbreitet. Korinthische bemalte Keramik und Bronzegerät, namentlich Waffen, aber auch Luxusartikel wie Parfüm wurden in der gcsamten Mittelmeerwelt abgesetzt. Eine militärische Innovation von größter Tragweite war die ›Erfindung‹ der korinthischen Phalanx im 7. Jh. v. Chr.: der geordneten Schlachtreihe aus schwer bewaffneten Fußkämpfern, die als Verband gleichrangiger und aufeinander angewiesener Polisbürger auftrat – Zeichen, aber auch Motor eines neuen Gemeinschaftsverständnisses, das später zur Demokratie führen sollte. Regierungsform war, nach Ablösung von

Korinth und seine Umgebung

Königs- und Adelsherrschaft, seit der Mitte des 7. Jh. v. Chr. die Tyrannis, bei der adelige Usurpatoren jeweils für eine Weile die Macht an sich rissen, dabei aber auf die Unterstützung breiter Bevölkerungsschichten angewiesen waren. Herrscher von geradezu legendärem Ruf waren Korinths erste Tyrannen Kypselos und sein Sohn Periandros, der als einer der ›Sieben Weisen‹ Griechenlands galt.

Während des 7. und frühen 6. Jh. v. Chr. war Korinth **die** Stadt der Kultur und Kunst, in der nicht nur exzellentes Handwerk gefördert wurde, sondern in der auch innovative Literatur und Musik ihr Publikum fanden. Später selbstverständliche Bautechniken und -typen wie Dächer aus Tonziegeln oder der dorische Ringhallentempel gelten als korinthische Erfindungen. Bereits im 5. Jh. aber hatte die Stadt – nun regiert von einem Kollegium aus Aristokraten – ihre einstige Vormachtstellung eingebüßt und wurde im Peloponnesischen Krieg und in den darauf folgenden, ebenfalls von Auseinandersetzungen geprägten Jahrzehnten weiter geschwächt. Dennoch blieb Korinth mit seinen an die 100 000 Einwohnern auch in der Folgezeit eine der bedeutendsten Handelsmetropolen des Mittelmeers.

Selbstständigkeitsbestrebungen und Handelskonkurrenz zu Rom aber führten die Stadt in die Katastrophe. Die Zerstörung Korinths durch die römischen Truppen unter ihrem Feldherrn Mummius 146 v. Chr. glich der Auslöschung Karthagos im gleichen Jahr. Das Blut muss, wie antike Quellen berichten, förmlich in Strömen durch die Straßen geflossen sein. Fast alle Einwohner wurden ermordet oder in die Sklaverei verkauft, die Metropole dem Erdboden gleichgemacht. Nur der altehrwürdige Apollon-Tempel und einige wenige weitere Bauten des Zentrums überdauerten die Katastrophe. Erst ein Jahr-

Abbau von Ton für die Töpferei. Korinthisches Votiv-Täfelchen des 6. Jh. v. Chr. Berlin, Staatliche Museen

hundert danach, als unter Caesar 44 v. Chr. der Ort zur Bürgerkolonie erklärt wurde, konnte mit dem Wiederaufbau und einer Neubesiedlung begonnen werden. Aufgrund seiner Lage entwickelte sich Korinth nun wieder zu einer der glanzvollsten Städte des östlichen Mittelmeers. Eine jüdische und eine Christengemeinde sind durch den Apostel Paulus bezeugt. Kaiserliche Stiftungen – namentlich durch Hadrian, der u. a. einen Aquädukt von Stymphalos bis nach Korinth anlegen ließ – trugen zum weltstädtischen Flair Korinths bei. Bis ins 5. Jh. blieb der Ort kontinuierlich besiedelt und war, wie Konzilslisten bezeugen, wichtigster Bischofssitz Südgriechenlands. Vom 4. Jh. an aber wurde die Stadt von Erdbeben, Seuchen und Invasionen (Alarich 375, Awaren und Slawen im 6. Jh.) heimgesucht und schließlich gegen 600 fast gänzlich entvölkert. Die Rückeroberung Griechenlands durch die Byzantiner im 10. Jh. brachte für Korinth noch einmal einen bescheidenen Aufschwung durch Keramik- und Glasmanufakturen sowie Seidenweberei. Unter der türkischen Administration war der Ort ein Provinznest, bekannt lediglich als Produktionsstätte besonders süßer Rosinen: eben die nach Korinth benannten Korinthen.

Seit 1896 wird Korinth von der American School of Classical Studies in Athen systematisch ausgegraben und die Ergebnisse in einer vielbändigen Publikation veröffentlicht.

Rundgang durch den Ausgrabungsbezirk

Stolz und übersichtlich präsentiert sich vor allem die Ruine des archaischen Apollon-Tempels. Die übrige Ausgrabungslandschaft wirkt zerklüftet; die wechselnden Niveaus erschweren beim ersten Besuch die Orientierung. Viele Touristen sind hauptsächlich damit beschäftigt, die vorgefundene Wirklichkeit mit einem Plan in ihrer Hand abzugleichen. Wir beschränken uns deshalb darauf, nur solche Gebäude zu beschreiben, die durch ihre Erhaltung noch ein Bild von ihrem ursprünglichen Zustand vermitteln oder die für die Geschichte des Ortes von herausragender Bedeutung sind. Das Erscheinungsbild der archäologischen Stätte beruht auf den geschilderten dramatischen historischen Ereignissen: Einzelfunde aus archaischer, klassischer und hellenistischer Zeit sind zwar zahlreich und historisch informativ, an Gebäuden aber blieb bei der römischen Eroberung außer dem Apollon-Tempel kaum etwas stehen; was man heute sieht, stammt im Wesentlichen aus der römischen Kaiserzeit und der Spätantike. Nur die teilweise aus dem Fels gehauenen Theater- und Brunnenbauten – letztere meist weit unter dem späteren Laufniveau in Schächten gelegen – gehen auf die griechische Epoche der Stadt zurück.

Der eingezäunte Bezirk gliedert sich in drei gestufte Areale: Glauke-Brunnen und Apollon-Tempel auf dem Felsplateau, dann die in sich noch einmal geteilte Agora mit ihrer erhöhten Südflanke und schließlich der am tiefsten gelegene Bereich der Lechaion-Straße mit den angrenzenden Gebäuden.

Schon von der Straße sieht man die Terrassen und Läden des im 1. Jh. angelegten **Nordmarktes (1)**, von dem bisher nur der südliche

Tipp: Da ab 10.30 Uhr regelmäßig Scharen von Touristen per Reisebus anrollen, empfiehlt es sich, einen ersten Rundgang bereits zu diesem Zeitpunkt zu beenden oder auf den späten Nachmittag zu warten, wenn die meisten Besucher den Platz wieder verlassen haben.

Korinth und seine Umgebung

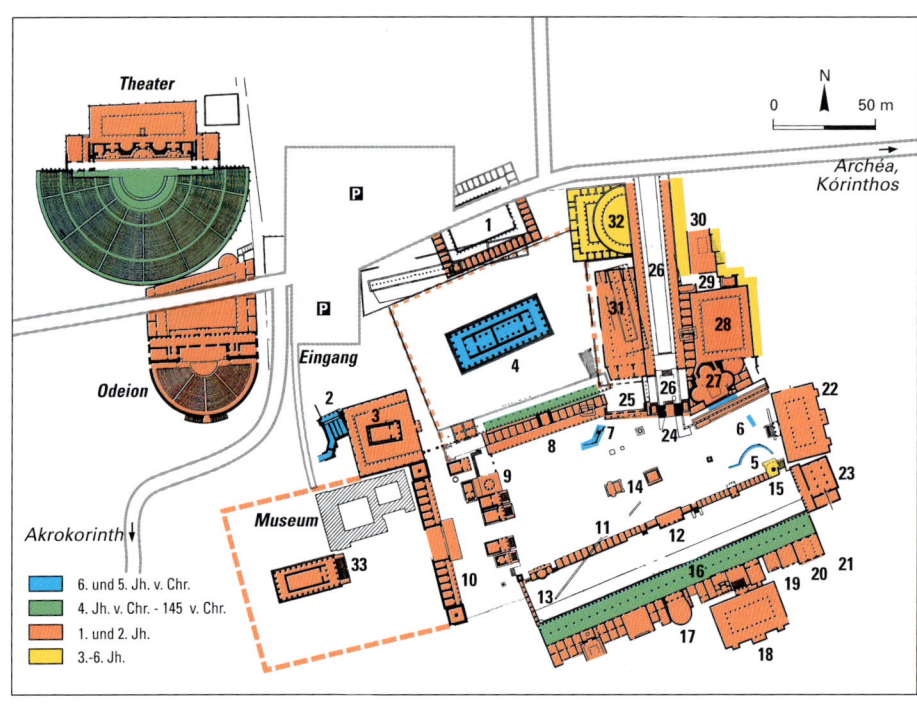

Korinth, Plan des Ausgrabungsbezirks 1 Nordmarkt 2 Glauke-Quelle 3 Tempel der Hera Akraia (d. h. der Hera vom Vorgebirge), der um Christi Geburt von Perachora nach Korinth verlegt wurde 4 Apollon-Tempel 5 Halbrunde Terrasse: Orchestra (6. Jh. v. Chr.) 6 Startlinie des Stadions 7 Orakelheiligtum mit Quelle (5. Jh. v. Chr.) 8 Ladengalerie (1. Jh.), dahinter hellenistische Stoa (3. Jh. v. Chr.) 9 Reihe von sechs kleinen Podiumtempeln (1.–2. Jh.) 10 Ladenzeile und Monumentaltreppe zur Plattform des Octavia-Tempels (1. Jh.) 11 Ladenzeile 12 Rednertribüne 13 Römischer Portikus, dahinter wiederverwendete archaisch-dorische Säulen 14 Altar 15 Runder Sockel für Säulenmonument 16 Süd-Stoa (hellenistisch, in römischer Zeit erneuert) 17 Mauern eines apsidialen Baus (Bouleuterion, d. h. Versammlungsraum für die Stadtverordneten?), davor eine spätantike Männerstatue im Mantel 18 sog. Süd-Basilika: säulenumstandene Hofanlage, unter Kaiser Claudius im 1. Jh. errichtet und von Hadrian im 2. Jh. renoviert 19 Verwaltungssitz des römischen Statthalters 20 Mosaikboden mit Athletendarstellungen (überdacht) 21 Mosaikböden mit dionysischen Szenen (schlecht erhalten, überdacht) 22 Basilica Iulia 23 Archiv? 24 Straßenbogen (1. Jh.) 25 ›Gefangenen-Fassade‹ (ca. 160 n. Chr.) 26 Lechaion-Straße 27 Peirene-Brunnen 28 Bezirk des Apollon (4. Jh. v. und 1. Jh. n. Chr.) 29 Latrine 30 Bad 31 Basilika 32 Marktgebäude (2. und 4. Jh.) 33 sog. Octavia-Tempel, um 40 n. Chr.

Rand freigelegt wurde. Hier wurden Fußbodenmosaike mit geometrischem Dekor gefunden.

Gleich unterhalb des Eingangs neben dem Museum ragt ein mächtiger viereckiger Felsklotz auf, in den vier Kammern sowie Wasserrinnen und Treppenstufen geschlagen wurden: die **Glauke-Quelle (2),** deren Name an eine monströse Eifersuchtstat erinnert. Die korinthische Königstochter Glauke, so die griechische Sage, verliebte sich in Jason, den Gatten der thessalischen Königstochter und Zauberin Medea. Als dieser Medea verstößt, um Glauke zu heiraten, schickt die Gedemütigte durch ihre Kinder der neuen Braut ein verzaubertes Hochzeitskleid, das beim Anlegen in Feuer aufgeht. Um sich vor den Flammen zu retten, soll sich die verzweifelte Glauke in diesen Brunnen gestürzt haben. – Nur minimale Spuren zeugen noch vom **Tempel der Hera (3),** deren Kult aus Perachóra auf der gegenüberliegenden Landzunge (deshalb der Beiname ›Akraia‹, d. h. ›von der Landspitze‹) hierher verlegt wurde.

Frömmigkeits- und Machtdemonstration in einem: Korinths monumentaler Apollon-Tempel aus dem mittleren 6. Jh. v. Chr. Die über 6 m hohen monolithen dorischen Säulen tragen wuchtig ausladende Kapitele – Zeichen souveräner Beherrschung der Steinbauweise, von den Arbeiten im Steinbruch bis hin zur Kanellierung der Säulen.

»Wer hat auf der Götter Tempel den König der Vögel (den Adler mit ausgebreiteten Schwingen) doppelt gesetzt, den Giebel?« Mit diesen Worten preist der Dichter Pindar in seiner 13. olympischen Ode die Stadt Korinth und deutet an, dass es hier gewesen sei, wo der kanonische Ringhallentempel mit identischem Aufriss an Front und Rückseite entstand. Tatsächlich besaßen Korinth und das benachbarte Ísthmia schon in der ersten Hälfte des 7. Jh. v. Chr. monumentale dorische Ringhallentempel, von denen jedoch nur minimale Spuren erhalten blieben. Der steinerne **Apollon-Tempel (4)** (Abb. Umschlagvorderseite), von dem sieben Säulen der Ringhalle noch aufrecht stehen, stammt aus der Zeit nach 550 v. Chr.: ein in seinen Dimensionen stolzer Bau – die massigen Säulenschäfte sind jeweils aus einem einzigen Steinblock gefertigt! –, aber auch herausgehoben durch seine Position auf einem Felsplateau und durch seinen Unterbau aus vier, an Stelle der damals üblichen ein oder zwei Stufen. Die Cella, deren Fundamentgräben sich im Fels abzeichnen, war durch eine doppelte Innensäulenstellung untergliedert und besaß, ähnlich dem späteren Parthenon in Athen, einen gesonderten rückwärtigen Raum, der als Schatzkammer des Stadtstaates Korinth gedient haben

Glauke-Quelle mit aus dem Felsen geschlagenen Stufen an der Front, im Hintergrund der Apollon-Tempel

Korinth und seine Umgebung

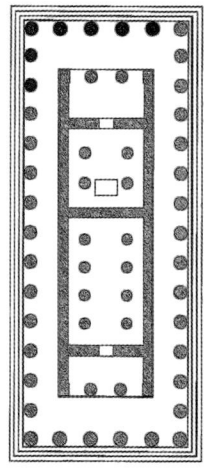

Korinth, Apollon-Tempel, Grundrisss (teilweise rekonstruiert)

Der Dichter Euripides hat die Erzählung von Jason, Medea und Glauke in einem Drama verarbeitet, das 431 v. Chr. in Athen zur Aufführung kam. Auch in der Neuzeit war die Sage Stoff für Theaterstücke u. a. von Pierre Corneille, Franz Grillparzer und Jean Anouilh. Die packendste moderne Bearbeitung des Themas ist Pier Paolo Pasolinis Film ›Medea‹ (1969) mit Maria Callas in der Hauptrolle – hier nicht als Sängerin, sondern als Schauspielerin.

dürfte. Vor- und Rückhalle sind gleich dimensioniert. Exakt war die Cella auf den umlaufenden Kranz von 6 × 15 Säulen ausgerichtet: Die Außenkanten ihrer Seitenwände fluchten mit der Achse der jeweils zweiten Säule der Schmalseiten, Vorder- und Rückkante der Cella mit der Mitte des Jochs zwischen 2. und 3. Seitensäule. Als erster Bau der griechischen Architekturgeschichte weist dieser Tempel eine leichte Kurvatur seines Stylobats auf. Der Kalksteinbau war mit einer feinen Stuckschicht überzogen, die ihm das Aussehen von Marmorarchitektur verlieh, Kapitelle und Gebälk zudem farbig bemalt. Die Stuckierung wurde in der römischen Kaiserzeit erneuert. Vom Kultbild und etwaigen Giebelfiguren ebenso wie vom Altar fehlt jegliche Spur.

Südlich des Tempelplateaus erstreckt sich in einer Mulde die allseits von Gebäuden umschlossene **Agora**, auf die man auch in der Antike nur durch schmale Durchlässe zu Fuß gelangte. Nur Weniges ist aus der griechischen Epoche erhalten, in der der Platz noch ein offenes, kaum von Architektur gesäumtes Areal war, das keineswegs allein politischen, sondern ebenso kultischen und sportlichen Veranstaltungen diente. Davon zeugen noch drei Relikte: eine unregelmäßig halbrunde **Terrasse (5)**, die als Orchestra, d. h. Tanzplatz für die Darbietung von Chorliedern und kultischen Dramen vor der versammelten Bürgerschaft gedeutet wird; die in Spuren erkennbare Startlinie eines **Stadions (6)** – Beleg für Wettläufe auf der Agora in alter Zeit.

Bei der dritten altgriechischen Reminiszenz handelt es sich um ein mit einer Quelle verbundenes **Orakelheiligtum (7)**; es wird von einer Mauer begrenzt, die ein dorisches Gebälk des 5. Jh. v. Chr. trägt, dessen Triglyphen und Metopen man unter dem heutigen Laufniveau sieht. Auf dieser Mauer standen, wie Zapflöcher und Inschriften zeigen, Dreifüße: die Insignien des Orakelgottes Apollon. In der Triglyphenmauer führt eine Treppe hinunter zur Brunnenkammer, wo aus zwei bronzenen Löwenköpfen das Wasser in ein Becken floss. Eigentliches Zentrum der Anlage dürfte ein kleiner apsidialer Bau mit einem Rundaltar gewesen sein, dessen Spuren man wenige Schritte weiter nördlich entdeckt hat. Von hier wurden Trankopferspenden in Rinnen bis zur Triglyphenmauer geleitet. In einem Geheimgang, der durch eine bewegliche Metope verschließbar war, konnten die Priester die Trankopfer an Stelle der Gottheit in Empfang nehmen und als geheimnisvolle ›Stimme Apollos‹ mit den Ratsuchenden kommunizieren.

Mit der römischen Neubebauung des Platzes nach hundertjähriger zwangsweiser Zäsur wurde aus der griechischen Agora ein *römisches Forum* mit Basilika, Amtsgebäuden und Läden: wie ein Innenhof von Säulenhallen und Fassadenarchitekturen umschlossen und als Gesamtensemble erst nach Betreten des Platzes erlebbar. Als versöhnliche Geste der Siegermacht gegenüber den Unterworfenen ist es zu deuten, dass man auf die Errichtung eines monumentalen, den Capitolinischen Göttern Iupiter, Iuno und Minerva (griech. Zeus, Hera, Athena) geweihten und die Zentralmacht Rom verkörpernden

Tempels auf der Agora selbst verzichtete und sich mit dem Bau kleiner Tempel an deren westlicher Schauseite begnügte. Allerdings wurde die römische Präsenz in einigem Abstand durch einen typisch römischen Großtempel mit Podium und Freitreppe doch imposant in Szene gesetzt: Der **Octavia-Tempel (33)** im Westen hinter dem heutigen Museumsbau dominierte durch seine Monumentalität und herausgehobene Lage. Durch diesen Kompromiss war beiden Seiten gedient: Die griechischen Bewohner konnten das Zentrum ihrer Stadt weiterhin als Agora verstehen, während die römische Administration und Besucher aus dem Westen des Reiches alles vorfanden, was für sie zu einem römischen Stadtzentrum gehörte.

Von den römischen Gebäuden, die den 200 m langen und bis zu 100 m breiten Platz umschlossen, ist in seiner heutigen Erhaltung die **Ladengalerie (8)** im Norden das imposanteste. 14 Gewerberäume reihen sich symmetrisch zuseiten eines breiten überwölbten Mittelgangs; der Weg davor war durch einen Portikus mit korinthischen Säulen überdacht. Hinter dieser im 1. Jh. entstandenen Anlage liegen am Fuß des Felsplateaus die Grundmauern einer hellenistischen **Stoa**.

Auf der Böschung der westlichen Schmalseite des Platzes standen, wie auf einer Schaubühne, sechs kleine **Podiumtempel (9)**, jeweils mit einer Säulenfront und einer Freitreppe zur Agora hin. Die Widmung dieser zwischen 35 und 190 n. Chr. entstandenen Bauten ist zumeist unklar. Sicher wurde hier Herakles verehrt, wahrscheinlich auch Aphrodite bzw. Venus und die für das Wohlergehen der Städte zuständige Tyche Agathe (röm. Fortuna). Bei dem korinthischen Rundtempelchen im Norden fand sich eine Dedikationsinschrift, die einen gewissen Babbius Philinus – ein reicher Privatier, der diverse Ehrenämter in Korinth bekleidete – als Stifter des Baus nennt. Weitere Inschriftenblöcke mit Widmungen der Kaiser Trajan und Antoninus Pius sind vor der Gebäudereihe im Gelände aufgebaut. Oberhalb der Tempel liegen zuseiten einer breiten *Freitreppe*, die zum Plateau des Octavia-Tempels hinaufführt, die Grundmauern einer weiteren **Ladenzeile (10)**, ähnlich der, die die Nordseite der Agora begrenzt.

Die Südflanke des Platzes wird von einer Reihe gleichförmiger **Läden (11)** eingenommen, die zugleich die Terrassierung für den höher gelegenen Südtrakt der Agora bildet. In der Mitte dieser Ladenzeile ragt wie ein Balkon die **Rednertribüne (12)** (gr. bema, röm. rostra) hervor. Reste der Marmorverkleidung und eines sorgfältig ornamentierten Sockelprofils zeigen den architektonischen Anspruch dieser Anlage an. Von hier wandte sich der römische Statthalter in Reden an die Bevölkerung und gab Verordnungen bekannt. Dass auch der Apostel Paulus, der als Zeltmacher anderthalb Jahre lang in der jüdischen Gemeinde Korinths lebte, von dieser Plattform aus zu den Korinthern gesprochen haben soll, ist mehr als zweifelhaft. Vielmehr dürfte er, als seine jüdischen Mitbürger ihn wegen seiner Missionstätigkeit im Jahre 52 anklagten (Apostelgesch. 18), auf dem Platz vor der Tribüne gestanden haben, während der römische Statthalter Gallio oben zu Gericht saß, die Streitenden anhörte und den Fall schließlich als interne Angelegenheit der jüdischen Gemeinde abtat, was für Paulus auf einen Freispruch hinauslief. Doch Legende ist stärker als historische Recherche: Schon im 10. Jh. wurde auf der Tribüne eine kleine *Gedenkkapelle* errichtet, von der noch Spuren erkennbar sind, und auch heute sieht man hier außer Touristen Pilger, die den Ort als heilige Stätte früher Christenmission aufsuchen und hier an einem Gottesdienst im Freien teilnehmen.

Die Westflanke der Ladenzeile wird von einem kleinen **Portikus (13)** eingenommen, hinter dem man unerwartet auf eine Reihe monolither dorischer Säulen stößt, die von einem archaischen Bauwerk stammen müssen und hier in römischer Zeit wieder aufgestellt wurden. Von einem einst großen **Altar (14)** in der Platzmitte sind lediglich geringe Spuren erhalten. Den Ostrand der Ladenreihe markiert ein weithin sichtbarer und für den Besucher als Orientierung nützlicher runder **Sockel (15),** der eine einzelne Säule mit einer Statue trug.

Der oberhalb von Ladenzeile und Bema auf einer Terrasse platzierte schmale Trakt der Agora wird im Süden durch eine 165 m lange **Stoa (16)** mit doppelter dorischer und ionischer Säulenstellung begrenzt, an deren Rückseite **Amtslokale** und **Läden** sowie **kleine Heiligtümer** und **Versammlungsräume (17–21)** angebaut sind. Der gesamte Bezirk ist von teils offenen, teils überdeckten Wasserkanälen durchzogen.

An der östlichen Schmalseite der Agora lag, mit dem Platz wirkungsvoll durch eine Freitreppe verbunden, die unter Kaiser Augustus zu Beginn des 1. Jh. errichtete **Basilica Iulia (22)**: ein Gerichts- und Bankgebäude. In ihm standen die Porträtstatuen der iulischen Kaiserfamilie, die heute im Museum zu sehen sind. Der schlecht erhaltene Bau daneben wird als **Archiv (23)** (röm. tabularium) gedeutet.

Drei Gebäude akzentuierten die Platzseite zur Lechaion-Straße hin: rechts die Nordwand der *Peirene-Quelle,* in der Mitte ein mit korinthischen Halbsäulen geschmückter **Straßenbogen (24),** durch den man von der Lechaion-Prachtstraße her über eine große Freitreppe die Agora betrat und der, wie antike Schriftquellen berichten, als triumphale Geste die vergoldeten Bronzestatuen des Sonnengottes Helios und seines Sohnes Phaeton in einem zum Himmel aufsteigenden Viergespann trug. Die optisch wirkungsvollste Architektur aber war hier eine bühnenartig mit Ädikulen, Pilastern, Halbsäulen und Ornamentfriesen versehene **Fassade (25),** die als plastischen Schmuck gefesselte Orientalen, d. h. Besiegte, nach einem Feldzug zeigte, wie man es von Triumphbogen her kannte; zwei dieser überlebensgroßen Statuen sind im Museum ausgestellt. Die nach diesen Figuren ›Barbarenfassade‹ genannte Architektur, eigentlich Eingang zu einer dahinter liegenden **Basilika (30),** wurde unter Verwendung älterer Werkstücke um 160 errichtet.

Einen großartigen Eindruck von der Pracht römisch-kaiserzeitlicher Städte vermittelt noch heute die von der Agora zum *Lechaion-*

Die zum Lechaion-Hafen führende antike Prachtstraße Korinths, im Hintergrund der Felsen von Akrokorinth

Hafen führende marmorgepflasterte, von Säulengängen flankierte **Straße (26):** wie geschaffen für Staatsakte und sonstige repräsentative Festzüge. Doch nicht nur Offizielles spielte sich hier ab. Die Säulenhallen seitlich der Bürgersteige öffnen sich zu Läden, einer Marktbasilika, diversen Heiligtümern und schließlich zum Peirene-Brunnen, sodass die Straße zum platzartigen Zentrum eines Stadtensembles mit Basarfunktion, Kult und öffentlicher Brunnenanlage wurde.

Eine der großen Sehenswürdigkeiten Altkorinths ist der von der Lechaion-Straße her zugängliche **Peirene-Brunnen (27).** Jahrtausendelang war diese aus dem Felsen sprudelnde Quelle im Zentrum Korinths in Benutzung und wurde mehrfach umgebaut und verschönert. Die bis zu 20 m langen tunnelartigen Kammern, aus denen das Wasser aus dem Felsen floss, dürften bereits aus archaischer Zeit stammen. Im frühen Hellenismus schmückte man die Quellausgänge mit einer ebenfalls teilweise aus dem Felsen gehauenen zierlichen Pfeiler- und Halbsäulenarchitektur, an deren Wänden sich Freskenreste mit äußerst realistischen Fischdarstellungen (wohl des 2. Jh. n. Chr.) erhalten haben; weitere Umbauten wurden unter Caesar vorgenommen. Der repräsentative Gebäudekomplex aber, der herzblattförmig den Brunnenhof umfängt, entstammt der römischen Kaiserzeit des 2. Jh. n. Chr. und ist in seiner komplexen Struktur und seinem abwechslungsreichen Erscheinungsbild ein vorzügliches Beispiel hadrianischer Baukunst, wie man sie vom Pantheon in Rom

Bei Redaktion dieser Auflage war der Peirene-Brunnen für Besucher gesperrt. Es ist dringend zu hoffen, dass dieser Missstand beseitigt wird.

oder der Villa Hadriana in Tivoli her kennt. In den drei überwölbten Apsiden sind große Nischen in der Wand angebracht, in denen einst Marmorstatuen standen. Die jetzt sichtbaren Wände aus Kalkquadern waren mit farbigen Marmorplatten verkleidet, die Fußböden mit Mosaiken geschmückt.

Herodes Atticus (S. 61), dem auch die Neuausstattung des Odeions von Korinth (S. 85) ebenso wie das große Nympheion in Olympia (S. 141) zu verdanken ist und dessen einstige Sommerresidenz man bei Moní Loukoús (S. 209) besichtigen kann, hat diesen prächtigen Neubau finanziert. Noch in Spätantike und frühem Mittelalter wurde die Peirene benutzt, wie u. a. eine Wasserrinne aus wieder verwendeten Architraven eines älteren Gebäudes zeigt. Beim Eingang zum Peirene-Brunnen liegt ein enormes Gebälkstück, dessen Reliefdekor in einem Fruchtkranz ein Handelsschiff zeigt – treffendes Sinnbild der blühenden Hafenmetropole Korinth.

An die Peirene grenzt im Norden ein **Heiligtum des Apollon (28)**, von dessen römischem Peristylhof einige Säulen wieder aufgestellt wurden; durch Löcher im Boden blickt man auf die sorgfältig gemauerten Abflusskanäle der Peirene. Verwirrend durch jahrhundertelange Umbauten sind die Mauerzüge einer **Badeanlage (29)** und einer **Latrine (30);** deren in Reihe angeordnete Sitzklos mit Fließwasserrinne allerdings sind vorzüglich erhalten und demonstrieren anschaulich, wie wenig schamhaft man in der Antike in dieser Hinsicht war: Man saß, Schenkel an Schenkel, nebeneinander und unterhielt sich zwanglos miteinander. Wenig ansehnlich wirken in ihrer jetzigen Erhaltung die Komplexe links der Lechaion-Straße: eine **Marktbasilika (31)** und ein weiteres halbkreisförmiges **Marktgebäude (32).**

Sponsor der luxuriösen Ausstattung des Peirene-Brunnens war Herodes Atticus: steinreicher Mäzen und Freund der Kaiser Hadrian und Antoninus Pius, der auch in Athen und Olympia Bauwerke stiftete und dessen einstige Sommerresidenz bei Moní Loukoús (S. 208) zu besichtigen ist.

Oberhalb des Museums trifft man auf den bereits erwähnten **Octavia-Tempel (33)**, von seinen Ausgräbern hypothetisch so benannt nach der Schwester des Augustus und zeitweiligen Ehefrau des Marc Anton. Sie verbrachte die späten 40er-Jahre v. Chr. in Griechenland und starb 11 v. Chr. in Rom, wo sie im Mausoleum des Augustus beigesetzt wurde. Möglicherweise war der um 40 n. Chr. errichtete Tempel ihr postum gewidmet. Anders als die meisten römischen Tempel war dieser Bau rundum – d. h. nach griechischer Manier – von einem Säulenkranz umgeben. Sein hohes Podium und die Positionierung am Ende einer Platzanlage erweisen ihn jedoch im Übrigen als typisch römischen Tempelbau.

Anziehungspunkt für Jung und Alt und beliebte Kulisse für Andenkenfotos sind die wieder aufgebauten Säulentrommeln und sorgfältig gemeißelten korinthischen Kapitele des Octavia-Tempels aus der Zeit um 40 n. Chr.

Museum

Das nur durch Seitenfenster spärlich erleuchtete altmodische Museum birgt, dem Status und den Ressourcen der antiken Metropole Korinth entsprechend, herausragende Funde. Im **linken Saal** sind vor allem Kleinfunde von prähistorischer Zeit bis in die römische Epoche präsentiert. Besonders reich ist die Sammlung korinthischer Keramik mit ihren Tierfriesen und ihrer ornamentalen Dekoration vom späten 8. bis zum 6. Jh. v. Chr. Ebenfalls aus gebranntem Ton ist eine vielfarbig verzierte Sphinx (um 540 v. Chr.), die als Dachbekrönung eines kleinen Tempels oder eines Schatzhauses diente. Auch archaische Marmorplastik ist hier ausgestellt, so eine um 550 v. Chr. entstandene Grab-Sphinx von einem Friedhof bei Korinth. Aus dem Asklepieion (S. 85) stammen tönerne und steinerne Gliedmaße (4.–2. Jh. v. Chr.): Füße, Brüste, Ohren und eine Hand mit einer Beule; wie noch in orthodoxen Kirchen heute zu beobachten, schenkten die Gläubigen als Bitte oder Dank für Heilung ein sichtbares Andenken ihres Leidens dem Heiligtum.

Im Eingangsbereich des **rechten Saals** trifft man zunächst auf Porträtstatuen der iulisch-claudischen Dynastie, die in der Basilica Iulia (S. 80) aufgestellt waren: darunter Gaius Iulius Caesar und Kaiser Augustus – teils in Toga oder Panzer, d. h. in zeitgenössischer Tracht, teils unrealistisch nackt, nämlich im Habitus griechischer Athleten und Heroen. Von herausragender bildhauerischer Qualität ist ein idealisiertes Porträt, das zu Unrecht als Nero bezeichnet wird und wohl ein Prinzenbildnis der Augustusfamilie mit über den Kopf gezogener Toga (capite velato, d. h. beim Opfer) darstellt.

Zu den Höhepunkten der Besichtigung zählen die Fragmente des *farbigen Mosaikschmucks* (linke Wand) aus einer römischen Villa westlich der Agora mit Motiven ›arkadischen Wohllebens‹, wie sie besonders für Speiseräume üblich waren: Fruchtkörbe und Blüten, an Trauben pickende Hähne, eine Ziege unter einem Baum; in der die Bildmedaillons rahmenden Rankenbordüre verfolgen Kentauren spielerisch einen Panther. Schönheit und Üppigkeit der Natur als Ambiente für alle Arten von Lebensgenuss, aber auch für philoso-

Korinth und seine Umgebung

Mit welcher Brillanz archaische Töpfer und Zeichner auch im Miniaturformat arbeiteten, zeigt eine korinthische Kugelflasche für Hautöl aus der Zeit um 600 v. Chr.: Ein nackter Tänzer vollführt einen Luftsprung zwischen einem Flötenspieler und einem Chor von Jünglingen. »Pyrvias war Chorführer«, sagt die sich um die Figuren herumschlängelnde Inschrift. Korinth, Museum

phische und literarische Gespräche, gehörten vom Hellenismus bis in die Spätantike für die Oberschicht zu den tragenden Werten. Der Gott Dionysos war es, der dieses Lebensgefühl verkörperte, und so sieht man sein mit Blüten und Früchten bekränztes Haupt (Abb. S. 1) im Zentrum eines prächtigen Rundmosaiks des gleichen Ensembles; weitere pastorale Szenen reihen sich an, so ein nackter Hirt mit Stieren und einer Kuh. Die wie ein Entwurf flott dahingepinselten *Fresken* an der gegenüberliegenden Wand stammen aus einem Grab des 1. Jh. nördlich von Korinth; sie zeigen ›alexandrinische Motive‹: eine Bootsfahrt von Putten und dickbäuchigen Pygmäen im Nildelta – wie die vorher beschriebenen Mosaike, Ausdruck einer Sehnsucht nach idyllischem Wohlleben fern der Stadt und fern der harten Realität von Ökonomie und Politik.

Vor den Mosaiken steht *römische Idealplastik* des 1. Jh. n. Chr., darunter Kopien nach griechischen Originalen des 5. Jh. v. Chr., wie sie in Villen, aber auch in Theatern, Gymnasien und Quellbezirken aufgestellt waren: u. a. Demeter und Artemis sowie ein Relief mit tanzenden Mänaden. Die weit überlebensgroßen Figuren an der Rückwand stellen gefangene Orientalen dar: drastisches Sinnbild kaiserlicher Gewalt über den Orient. Sie dienten als Stützen der Fassade aus der Zeit um 160 n. Chr., die die Agora nach Norden hin abschloss (S. 80). Die Vitrinen dieses Saals enthalten exzellente Beispiele *römischer Glas- und Tonindustrie,* darunter einen grün glasierten Becher des 1. Jh. aus Kenchreai (letzte Vitrine vor dem Fenster). Bemerkenswert ist auch die Sammlung bildverzierter *byzantinischer Keramik* des 12. und 13. Jh.

Im **Innenhof des Museums** sind weitere römische, spätantike und frühbyzantinische Skulpturen aufgestellt, darunter zwei Figuralkapi-

Hirtenidyllik auf einem römischen Mosaik aus einer Stadtvilla von Korinth (vgl. Abb. S. 1)

telle mit gefesselten ›Barbaren‹, d. h. Gefangenen nach einem Feldzug, sowie (im überdachten Umgang) ein langer Fries vom Bühnengebäude des Theaters aus dem 2. Jh. mit Darstellungen des Kampfs zwischen olympischen Göttern und Giganten, Griechen und Amazonen und schließlich den Taten des Herakles.

Areale außerhalb des eingezäunten Geländes

Rechts des Eingangs zu Ausgrabungsbezirk und Museum, dem Parkplatz gegenüber, liegt frei zugänglich das im 1. Jh. erbaute und im Jahre 175 von Herodes Atticus mit Marmorplatten und Mosaiken ausgeschmückte **Odeion**: ein einst überdachter halbkreisförmiger Saal mit 3000 Sitzplätzen für Konzertveranstaltungen und Vorträge. Stufen und gewölbte Zugänge zum Zuschauerraum und sogar das Bühnengebäude sind teilweise aus dem Fels gehauen. Nach einem Brand 220 n. Chr. wurde das Odeion restauriert und dabei Cavea und Bühnengebäude für Gladiatorenspiele umgebaut.

Weit weniger gut erhalten ist das **griechische Theater** Korinths, unterhalb des Odeion und nördlich der Landstraße. Seine Ursprünge reichen ins 5. Jh. v. Chr. zurück, die jetzt sichtbaren Reste aber stammen aus dem 4. Jh. In ihren Dimensionen kommt die 18 000 Zuschauer fassende Anlage den Theatern von Epidauros und Árgos nahe. Auch dieser Bau wurde im 3. Jh. n. Chr. in eine Arena für Gladiatorenspiele und Tierhatzen umfunktioniert, wovon 3 m hohe steinerne Schrankenplatten vor dem Zuschauerraum zeugen, die die Besucher vor einem Überbranden der Gewalttätigkeiten gegen Mensch und Tier auf der ›Spielfläche‹ schützten. Vom späteren Bühnengebäude dieses Theaters stammt der im Hof des Museums ausgestellte Marmorfries mit mythologischen Darstellungen.

Die architektonisch interessante Anlage des **Asklepios-Heiligtums** mit dem Lerna-Brunnen ist für Touristen wenig übersichtlich und sollte, der Schlangengefahr wegen, nur mit festem Schuhwerk betreten werden. Der Bezirk des Heilgottes liegt auf einem in die Ebene vorspringenden Felssporn ca. 600 m nördlich des eingezäunten Grabungsareals (Straße im Ort talabwärts nach Norden, an der ersten Kreuzung links, dann gleich halbrechts). Man gelangt zunächst auf ein künstlich abgearbeitetes Felsplateau, das, den Spuren zufolge, einen kleinen *Tempel* des 4. Jh. v. Chr. mit vier Frontsäulen trug, der in die Mitte eines Säulenhofs platziert war. Im Westen dieses Trakts befanden sich auf tieferem Niveau *Banketträume;* die steinernen Klinen sind noch erhalten. Die aus dem Felsen sprudelnde *Lerna-Quelle* ist ähnlich der Peirene gestaltet: als Brunnenhaus mit tunnelartigen Einschnitten in den Fels und einer Architekturfassade davor.

Die übrigen archäologischen Stätten Korinths haben zwar wichtige historische Befunde erbracht, sind in ihrem jetzigen Zustand aber für Besucher wenig informativ: so die *römische Aussichtsvilla von*

Korinth und seine Umgebung

Anaploga 600 m westlich des Hauptbezirks und zwei *christliche Basiliken* des 5./6. Jh., die eine neben der Autobahnausfahrt Paleá Kórinthos, die andere ca. 1 km nordöstlich der antiken Agora.

Akrokorinth

Tipp: Der Temperatur und des Lichts wegen sollte man Akrokorinth am späten Nachmittag besuchen. Für den Rundgang ist eine gute Stunde zu veranschlagen.

Die Straße nach **Akrokorinth** passiert zunächst einen türkischen Brunnen. Am Hang darüber liegt (von einer Straßenkehre weiter oben aus zu erreichen), auf drei Terrassen gestuft, Korinths Heiligtum für Demeter und ihre Tochter Persephone. Auf der unteren Terrasse konnten aus archaischer Zeit 14 Banketträume für über 100 Festteilnehmer, aus klassischer Zeit sogar zur Bewirtung von 200 Kultanhängern nachgewiesen werden: angesichts der verehrten Gottheiten sicherlich vor allem Frauen, die hier zu mehrtägigen und – wie Lampenfunde nahe legen – auch nächtlichen Riten zusammenkamen. Die mittlere Terrasse war Opferhandlungen und dem Aufstellen von Votiven vorbehalten, ein kleines Felstheater darüber dürfte der Initiation der Kultteilnehmerinnen gedient haben. Davon sind jedoch außer einzelnen Trümmern nur noch in den Fels gehauene Stufen und der Rest eines ornamentalen römisch-kaiserzeitlichen Mosaikfußbodens zu sehen.

Akrokorinth ist, auch für jeden heutigen Betrachter, eine wahrhaft unerhörte Festung, mit Abstand die gewaltigste Griechenlands: im Sturm früher praktisch uneinnehmbar durch die schroffen Felsen, auf deren Kante die Mauern entlanggeführt sind, beeindruckend aber auch durch das riesige Innengelände, das einer großen Zahl von Menschen und Vieh in Krisenzeiten Schutz bot. Von hier aus konnten Späher die gesamte Umgebung überblicken und jede Heeresbewegung zu Land oder die Annäherung feindlicher Flotten rechtzeitig

Akrokorinth
1 venezianischer Graben
2 erster Befestigungsring
3 zweiter Befestigungsring
4 dritter Befestigungsring mit antikem Mauerwerk
5 Kirchenruine
6 Nordbastion
7 Moschee
8 Zisterne
9 Minarett
10 fränkische Burg
11 türkisches Militärgebäude und antiker Brunnen
12 Aphrodite-Heiligtum

Korinth

Blick auf das gewaltige Festungswerk von Akrokorinth

melden. Schon im 7. Jh. v. Chr. dürfte der Platz befestigt worden sein. Die ältesten erhaltenen Mauern aber gehen auf das 4. Jh. v. Chr. zurück, so auch der gewaltige Turm oberhalb des heutigen Eingangs. Weiter ausgebaut wurde das Befestigungssystem im 6. Jh. unter Kaiser Justinian, dann im 11. und 12. Jh. von den Byzantinern, im 13. Jh. von den Franken, nach 1458 von den Türken und schließlich ein weiteres Mal 1687 von den Venezianern, bis es, zusammen mit der ganzen Peloponnes, 1822 unter griechische Kontrolle kam.

Die antiken Mauertrakte sind durch ihre charakteristischen großen Buckelquader aus grauem Kalkstein leicht erkennbar, die venezianischen und türkischen durch häufige Anschrägung der Wände im unteren Mauerbereich, während byzantinische und fränkische Festungsteile kaum auseinander zu halten sind. Die Reste der Hangbebauung im Innern stammen im Wesentlichen aus venezianischer und türkischer Zeit. Auf dem Gipfel lag das für seine Tempelprostitution in der ganzen griechischen Welt berühmte *Aphrodite-Heiligtum*, dessen Praxis auf vorderorientalische Astarte-Kulte zurückgeht; bis zu 1000 Dienerinnen der Göttin sollen hier ihrem Gewerbe nachgegangen sein – eine willkommene Einnahmequelle für die Stadt! Nach Schließung und Zerstörung der heidnischen Heiligtümer durch Kaiser Theodosius im 4. Jh. wurde in der Ruine des Tempels eine kleine Basilika errichtet, von der aber heute nicht einmal Spuren zu erkennen sind und die später von einem Turm überbaut wurde. Von den Steinen des einstigen Aphrodite-Tempels bietet sich eine atemberaubende Aussicht auf

Die Tempelprostitution im Aphrodite-Heiligtum auf Akrokorinth, wie überhaupt das Luxusleben in der Hafenmetropole, muss dem Apostel Paulus als einziger Sündenpfuhl erschienen sein. Mehrfach geißelt er die Korinther für ihre Lasterhaftigkeit (z. B. 1 Korinther 5 und 9).

den Saronischen Golf mit der Insel Égina, auf Korinth und die gegenüberliegende Megarís sowie im Westen auf den Korinthischen Golf; nur nach Süden hin versperren Berge den Blick auf die Árgolis.

Altkorinths Häfen Lechaion und Kenchreai

Am Strand, westlich einer weithin sichtbaren Sanddüne (ausgeschildert von der alten Landstraße Korinth – Patras), findet man die Grundmauern und im Gelände liegende Marmorsäulen und Kapitelle einer riesigen christlichen Basilika (Plan S. 40). Sie gehörte zu Korinths Hafen **Lechaion,** der in der Spätantike für den gesamten Westhandel zuständig war, von dem sich sonst aber außer einer Mole nur minimale Spuren erhalten haben. Die unter Kaiser Marcian 450–57 errichtete und unter Justinian im 6. Jh. noch einmal umgebaute Kirche war Bischof Leonides von Korinth und sieben Jungfrauen geweiht, die bei den Christenverfolgungen unter Kaiser Decius Mitte des 3. Jh. den Märtyrertod gefunden hatten. Mit 180 m Länge war der Bau die größte Basilika Griechenlands. Das von einer halbrunden Apsis abgeschlossene dreischiffige Langhaus mit umlaufenden Emporen erweitert sich im Osten durch zwei weitere Schiffe zu einem seitlich vorspringenden Querhaus. Die Seitenwände waren innen durch Pilaster mit Blendarkaden gegliedert, außen an den entsprechenden Stellen durch Strebepfeiler. Vor dem Narthex im Westen liegt ein halbrunder Hof mit Wasserbecken, davor ein weiterer rechteckiger Hof. Zwei Baptisterien komplettierten das Ensemble.

Korinths Osthafen war **Kenchreai** (heute Kechriés), 4 km südlich von Ísthmia am Saronischen Golf. Man findet den Platz leicht unterhalb der Straße Isthmia – Epídavros. Der kleine Hafen bestand schon in der klassischen Epoche, gewann aber erst während der römischen Kaiserzeit an Bedeutung, als er zum Warenumschlagplatz für den Orienthandel avancierte. Der Apostel Paulus begründete in Kenchreai eine Gemeinde und schiffte sich von hier nach Ephesos ein (Römerbrief 16,1; Apostelgesch. 18). Erdbeben haben im 7. Jh. den Ort zerstört, und eine Küstensenkung um 2 m ließ weite Teile der Hafensiedlung allmählich im Wasser versinken. Auf zwei vom Meeresboden bis zu 30 m hoch künstlich aufgeschütteten Molen standen einst, wie der kaiserzeitliche Reiseschriftsteller Pausanias berichtet, ein Aphrodite-Heiligtum und eine bronzene Poseidon-Statue. Heute sind im Norden ein Wachturm und die Ziegelmauern einer villenartigen Anlage zu sehen, im Süden bei einem verfallenen Haus eine Halle mit Marmorpflasterung, vor allem aber im flachen Wasser die Grundmauern langer Reihen von Lagerhäusern und dazwischen die Reste einer christlichen Basilika des 6. Jh. über einem Isis-Heiligtum. Von hier stammen die spektakulären Bilder aus farbigem Glas im Museum von Ísthmia (Abb. S. 72). Amerikanische Archäologen haben die antiken Überreste an Land und unter Wasser untersucht.

Altgriechische Siedlungen und Heiligtümer im Hinterland von Korinth: Kleonai, Nemea, Flious, Titane und Sikyon

Der schnellste Weg von Korinth in die Argolis führt über die Autobahn Richtung Trípoli. Wer jedoch genügend Zeit hat, sollte die landschaftlich reizvollere alte Nationalstraße über Chiliomódi nehmen. Sie führt durch ein weites, von Oliven, Wein und Zypressen bestandenes Tal nach Süden. Bei Ágios Vassílios thront auf einem steilen Felsen über einer Schlucht die Ruine einer fränkischen Burg. Kurz nach Ágios Vassílios zweigt eine Nebenstraße nach Westen ab und erreicht nach Überquerung der Autobahn das Gebiet des antiken **Kleonai**. Ein Schild weist zum *Herakles-Heiligtum*, das außerhalb des Sieglungsareals lag; erhalten sind Fundament, Stufenbau und profilierte Orthostaten eines einfachen Antentempels des 2. Jh. v. Chr. mit viersäuliger dorischer Front, außerdem sein Quaderfußboden und die große Kultbildbasis im Innern. Reste der Stadtmauer sowie eines archaischen Heiligtums und einer christlichen Basilika liegen auf einem von Oliven und Zypressen bestandenen Hügel weiter nördlich.

Ausgrabungen der Universität Marburg haben die Heiligtumsanlage von Kleonai deutlich werden lassen. So wird der Ort in Zukunft auch für Touristen an Interesse gewinnen.

Weitaus lohnender ist ein Besuch des (von der Straße ausgeschilderten) antiken **Nemea**: berühmt als Stätte, an der Herakles, der griechischen Mythologie zufolge, den Löwen erwürgte, sein Fell abzog und es fortan als Umhang trug. Der von Archäologen der University of California (Berkeley) sorgfältig ausgegrabene und für den Besu-

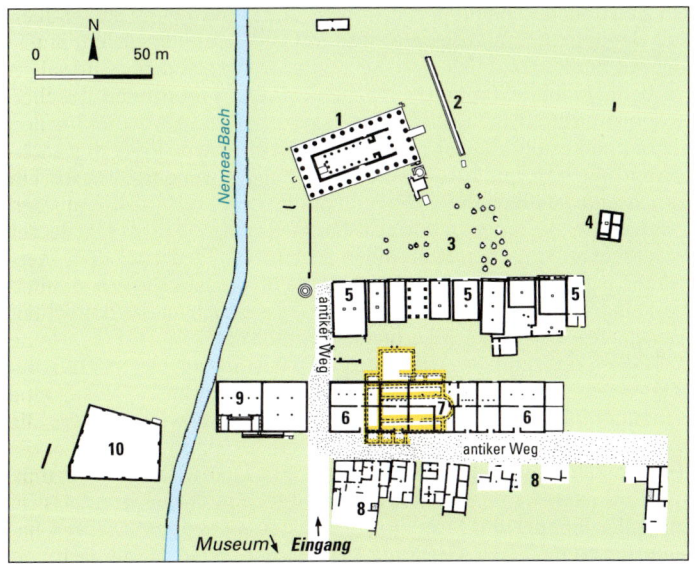

Nemea
1 Zeus-Tempel
2 Zeus-Altar
3 Zypressenhain
4 Banketträume
5 Oikoi
6 Gästehäuser
7 christliche Basilika
8 Wohnhäuser
9 Bad
10 Heroon für Opheltes

Korinth und seine Umgebung

Nicht die amerikanischen Ausgräber, sondern der griechische Antikendienst ist für die Wiederaufrichtung weiterer Säulen des Tempels verantwortlich: eine Maßnahme die die historisch gewachsene und ästhetisch reizvolle Ruine eher beeinträchtigt als aufwertet.

cherverkehr vorbildlich hergerichtete Tempelbezirk liegt in einer Talsenke, umgeben von Zypressenhainen und Obstplantagen.

Eindrucksvoll, schon seiner Größe und Erhaltung wegen, ist der in den Jahren 330–28 v. Chr. über einem zerstörten Vorgängerbau errichtete **Zeus-Tempel (1)** (Abb. S. 68). Drei seiner aufrecht stehenden Säulen wurden nicht etwa von den Archäologen wieder aufgestellt, sondern haben allen Erdbeben und sonstigen Zerstörungen von der Antike bis heute getrotzt. Weit im Gelände verstreut liegen weitere Säulentrommeln und sonstige Bauglieder dieses Tempels, dessen gesamter Stufenbau samt Orthostatenzone der Cella ebenso erhalten ist wie der zugehörige über 40 m lange **Altar (2)** im Osten, an dem die Athleten opferten, bevor sie im Stadion antraten. Es ist dies einer der seltenen Fälle, wo man noch ungehindert in einem antiken Tempel herumgehen und die baulichen Einzelheiten in Augenschein nehmen kann: etwa die Zapflöcher im Fußboden für die innere Säulenstellung oder das Adyton – den vertieften rückwärtigen Kultraum, zu dem eine Treppe herunterführt und der möglicherweise als Orakelstätte diente.

Es handelt sich um einen für das 4. Jh. v. Chr. typischen dorischen Tempel von gedrungenem Grundriss mit 6 × 12 Außensäulen (Plan S. 37, Nr. 3). Durchgehend gleiche Säulenabstände und eine exakte lineare Beziehung zwischen Säulenkranz und Cella lassen das Bauwerk wie auf dem Reißbrett entworfen wirken. Genau dies war es wohl auch: An drei Seiten fluchten die Cella-Außenwände mit der Achse der zweiten Säule, an der Front mit der Kante der dritten Säule. Auf ein Opisthodom wurde verzichtet, stattdessen die Eingangsseite besonders weiträumig gestaltet und damit die Bedeutung des Innenraumes hervorgehoben. Die Außensäulen sind, in dieser Zeit üblich, schlank proportioniert und nahezu ohne Schwellung, die Kapitelle kaum ausladend und mit fast geradlinigem Profil. Mit diesem Baukonzept fügt sich der Tempel in die seit dem 4. Jh. v. Chr. zu beobachtende Tendenz ein, die dorische Bauordnung der ionischen strukturell anzugleichen und sie so mathematisch durchkalkulierbar und exakt planbar zu machen, was eine neue Rolle des Architekten mit sich brachte, die der des heutigen vergleichbar ist. Die Innensäulenstellung der Cella – dicht an der Wand verlaufend – war zweigeschossig: unten in korinthischer Ordnung, oben als Pilaster mit vorgesetzten ionischen Halbsäulen. Mit dieser Gliederung der Innenwände hat der Architekt dem Bau ein peloponnesisches Lokalkolorit verliehen (vgl. S. 37); antike Besucher müssen sich an die Tempel von Bassai, Tegea oder Lousoi erinnert gefühlt haben.

Südlich des Tempels befand sich ein künstlich angelegter **Hain aus Zypressen (3)**, die in einzelnen Tonkübeln standen; zur Veranschaulichung wurden hier von den Ausgräbern wieder Zypressen angepflanzt. Ein kleines **Haus (4)** östlich des Zypressenhains diente Festbanketten im Rahmen des Zeus-Kults. Drei Reihen von parallel angeordneten Baukomplexen zeichnen sich in ihren Grundmauern zwischen Tempel und Museum ab: vom Tempel aus gesehen zunächst eine Reihe einzelner **Gebäude (5)** aus der ersten Hälfte des 5. Jh.

v. Chr., die in Grundriss und Anordnung an die Schatzhäuser von Olympia und Delphi erinnern. Ob sie allerdings wie jene durchweg mit Säulenfronten ausgestattet waren, ist unsicher; stattdessen weisen sie Innenstützen und Herdstellen auf und sind im Verhältnis zu ihrer Größe nur schlecht fundamentiert, was auf Lehmziegelwände im oberen Bereich hindeutet. Vielleicht handelt es sich um Aufenthalts- und Repräsentationsräume für die Delegationen auswärtiger Stadtstaaten. Ein aufwändiger fundamentierter zweiter Komplex wird als **Gästehäuser (6)** für Athleten und Preisrichter gedeutet. In ihn wurde später eine kleine christliche **Basilika (7)** hineingebaut; davor sieht man in einer Vitrine ein *Frauengrab* des 6. Jh., das hier gefunden wurde. Weiter südlich schließt sich eine Zeile von **Wohnhäusern (8)**, wohl für die Priester des Heiligtums, an. Sehenswert ist die durch ein modernes Dach geschützte **Badeanlage (9)** aus der Zeit um 300 v. Chr. mit gut erhaltenen Becken und steinernen Waschtrögen. Das von einer Temenosmauer umschlossene Geviert jenseits des Nemea-Bachs war ein **Heiligtum (10)** für den als Heros verehrten mythischen Gründer Nemeas, **Opheltes**. Weitere Bereiche des Heiligtums werden durch systematische Grabungen freigelegt, sodass Nemea noch an Attraktion gewinnen wird.

Das von amerikanischen Archäologen geschaffene und geleitete **Museum** ist vorbildlich: statt effektvoller Inszenierung ernsthafte Information. Sachlich fundiert und didaktisch überzeugend wie die Exponate präsentiert und durch Texte, Pläne und Rekonstruktionen in ihren einstigen Kontext gerückt; Stiche und Aquarelle veranschaulichen Erhaltung und Wiederentdeckung des Platzes seit dem 18. Jh. Breite Fenster geben den Blick von den Museumsexponaten frei auf die dahinter liegende Ausgrabungslandschaft und schaffen so eine visuelle Verknüpfung zwischen Ausstellungsobjekten und ihrem einstigen räumlichen und funktionalen Zusammenhang. Hier greifen Forschung, Ruinenpräsentation und Museumsdidaktik Hand in Hand: Nemeas Ausgrabung, Erforschung und Präsentation für den Besucher sind Teil eines in der Archäologie sonst keineswegs selbstverständlichen, sondern ungewöhnlich offenen und bemerkenswert demokratischen Gesamtkonzepts, bei dem fragender Laienverstand und antwortende Fachwissenschaft als gleichermaßen notwendige und aufeinander bezogene Faktoren gelten. Offenbar nicht Statusdenken und Hierarchie standen hierbei Pate, sondern Teamgeist. Marmortafeln listen erwartungsgemäß die privaten Geldgeber auf, daneben aber stehen Tafeln mit den Namen sämtlicher wissenschaftlicher Mitarbeiter – d. h. auch der studentischen Hilfskräfte! – in alphabetischer Reihenfolge sowie schließlich die Namen aller griechischen Grabungsarbeiter, jeweils in lateinischen und in griechischen Lettern: ein Dokument des Dankes und der Wertschätzung der Arbeit aller Beteiligten und zugleich wirkungsvoller Appell, sich mit dem ›Nemeaprojekt‹ zu identifizieren und es weiter zu fördern.

Im Eingangsbereich steht ein Kapitell der Innensäulenstellung des Tempels; im ersten Raum wird eine Sammlung von in Nemea gefun-

Mykenischer Schmuck im Museum von Nemea stammt aus einer Nekropole beim Dorf Edoniá (13 km westlich von Nemea), die in den 1980er-Jahren freigelegt wurde, jedoch teilweise bereits von Raubgräbern geplündert worden war; als später ein Teil der hier gefundenen Schätze von einem Auktionshaus in den USA zum Verkauf angeboten wurde, intervenierte die griechische Regierung und erwirkte durch zweifelsfreie Herkunftsnachweise die Rückgabe der Objekte an Griechenland – hoffentlich ein abschreckendes Exempel für Kunsträuber, skrupellose Händler und private wie öffentliche Käufer.

Seit 1996 finden im Vierjahresrhythmus in Nemea wieder Spiele statt (s. S. 30): Internationale Prominenz engagierte sich durch Gründung der ›Society for the Revival of the Nemean Games‹, darunter der Regisseur Jules Dassin, der Komponist Mikis Theodorakis und der Schriftsteller Umberto Eco. An den Wettläufen über 100 und 200 m kann jeder ab 12 Jahren teilnehmen; gelaufen wird zwar nicht wie in der Antike nackt, aber barfuß und in Kleidung von antikem Zuschnitt. Es gibt keine Rekorde und keine Medaillen, die Sieger werden nach überlieferter Tradition mit wildem Sellerie bekränzt. So sind die Nemea-Games ein internationales Friedens-Volksfest mit Musik, Tanz und Picknick, ohne olympischen Rummel und Vermarktung.

denen und teilweise hier geprägten *Münzen* präsentiert, außerdem *Keramik* von der geometrischen Epoche bis in die römische Kaiserzeit – ergänzt durch Fotos der Ausgrabungs- und Restaurierungsarbeiten. Ein Steintisch mit wannenartiger Vertiefung war für Tieropfer bestimmt. Aus dem 6. Jh. v. Chr. stammen ein breit ausladendes dorisches Kapitell mit Inschrift, das ein Weihgeschenk trug, ebenso ein bronzenes Wassergefäß mit einem Frauenkopf als Henkelverzierung. Nicht nur prähistorische und klassische Perioden, auch die Spätantike und die folgende Slaweneinwanderung werden durch Funde und Kommentare gleichrangig dokumentiert. Drei *Modelle* veranschaulichen den Wandel des Heiligtums über die Jahrhunderte: Das eine bildet den Zustand im 4. Jh. v. Chr. ab, ein zweites denjenigen des 6. Jh. n. Chr., als der Tempel in Ruinen stand und sich daneben eine Basilika erhob, während die sonstigen klassischen Gebäude bereits unter der Erde lagen. Ein drittes Modell, das das nahe gelegene Stadion zeigt, wird durch Rekonstruktionen ergänzt, die die hier abgehaltenen Wettläufe und sonstigen sportlichen Veranstaltungen bis ins Detail anschaulich werden lassen. Sehenswert durch ihre Kombination mit entsprechenden Rekonstruktionszeichnungen sind auch die im Innenhof ausgestellten *Architekturglieder der* oben beschriebenen *Delegationshäuser* von Nemea.

Das in seiner erhaltenen Form in den Jahren 330/320 v. Chr. errichtete **Stadion** liegt 300 m südöstlich (ausgeschildert) am Hang oberhalb des Zeus-Heiligtums. Über einen Peristylhof mit dorischen Säulen – wohl der Platz zum Entkleiden und Einölen der Athleten – gelangt man durch einen in Keilsteintechnik gemauerten 36 m langen *Tunnel*, der durch die Böschung der Zuschauertribüne führt, ins Innere des ca. 40 000 Zuschauer fassenden Stadions. Die Wände des Tunnels sind mit Graffiti von Athleten bekritzelt, die hier auf ihren Einzug ins Stadion warteten. Die Begrenzung der Stadionsfläche von 180 × 26 m mit *Wasserkanal*, kleinen steinernen Wasserbecken und dahinter der ersten Sitzreihe ist vorzüglich erhalten, ebenso die *steinerne Startlinie* (ein Block davon im Museum) mit Spuren, die eine Rekonstruktion des Startvorgangs für die jeweils 13 Läufer ermöglichen. Holzbänke unter den schattigen Olivenbäumen auf der Zuschauertribüne laden zu einem Verweilen in dieser beeindruckenden Anlage ein. Seit dem frühen 6. Jh. war Nemea Austragungsort panhellenischer Spiele, die jeweils im Sommer vor den Olympischen Spielen stattfanden. Zu den Wettkampfarten gehörten Stadionlauf in voller Rüstung, Bogenschießen, Boxen, Ringen, Diskus- und Speerwurf, seit dem Hellenismus auch literarische und musikalische Darbietungen. Siegespreis war nicht, wie in Delphi und Olympia, ein Lorbeer- bzw. Eichen-, sondern ein Selleriekranz.

2 km nordwestlich des modernen Orts Nemea sieht man auf einem Hügelrücken eine kleine Kapelle, die auf dem Gelände der antiken Siedlung **Flious** steht (unbeschilderter Feldweg von Straßenkurve). Ein Terrassenfundament aus Quadern trug einst eine dorische Säulenhalle, dahinter entdeckt man ein kleines Theater; einzelne Stein-

Altgriechische Siedlungen und Heiligtümer im Hinterland

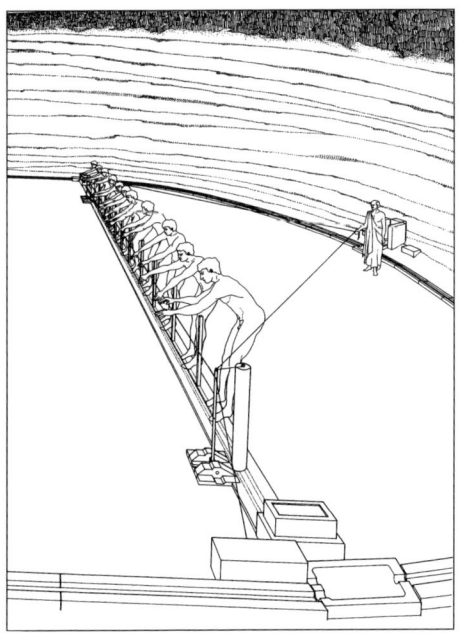

Start im Stadion von Nemea. Rekonstruktion St. Miller aufgrund des archäologischen Befunds. Die Sperrseile wurden durch einen raffinierten Mechanismus blitzschnell gegen den Boden geklappt, woraufhin die Läufer ohne zu stolpern starten konnten. Reste ähnlicher Startvorrichtungen sind in Ísthmia (S. 71) und Olympia (S. 142) erhalten.

sessel der vordersten Ehrenreihe wurden auf die Terrasse verbracht und, wie zum Picknick einladend, unter einem Baum aufgestellt. Ein zehnminütiger Fußpfad führt von hier zu den Resten der im Gestrüpp versteckten Befestigungsmauern von Flious. Auf dem Weg von Flious nach Sikyon liegen östlich der Landstraße (ausgeschildert, beim gleichnamigen modernen Dorf) die schlecht erhaltenen Akropolismauern der antiken Stadt **Titane**.

Sikyon war in archaischer Zeit nach Korinth die bedeutendste Stadt an der Nordküste der Peloponnes. Ihren Namen erhielt sie vom offenbar reichlichen Gemüseanbau, der hier in der fruchtbaren Schwemmlandebene des Asopós betrieben wurde: Sikyos heißt auf Altgriechisch Gurke. Das berühmte Tyrannengeschlecht der Orthagoriden regierte hier im 7. und 6. vorchristlichen Jahrhundert. Antike Schriftsteller berichten, dass die Aussicht auf Einheirat in diese Herrscherfamilie Scharen von Freiern aus ganz Griechenland anzog, die auf ihre Manieren getestet wurden und sich durch allerlei sportliche und musische Darbietungen qualifizieren mussten. Wie man sich dieses Treiben vorzustellen hat, wird aus einer Anekdote deutlich, die Herodot erzählt (VI 129): »Der Freier Hippokleides gefiel sich selbst beim Tanz zwar sehr, aber nach dem Sinne des zuschauenden Kleisthenes (dem Vater der Braut) war das alles durchaus nicht. Nach einer Pause ließ Hippokleides einen Tisch herbeibringen und tanzte nun darauf: zuerst auf lakonische Art, dann auf die attische, und schließlich machte er Kopfstand und gestikulierte mit den Beinen. Kleisthenes hielt bei den ersten beiden Tänzen noch an sich, obwohl ihm der Gedanke gar nicht mehr gefiel, dass dieser dreiste Tänzer sein Schwiegersohn werden sollte. Als er ihn aber mit den Beinen eine Pantomime aufführen sah, konnte er nicht mehr an sich halten und schrie: »Sohn des Teisandros, du hast deine Hochzeit vertanzt!«

Unter besagtem Kleisthenes – dem Vater des gleichnamigen athenischen Politikers, dessen Name mit der Einführung der Demokratie verknüpft ist – erreichte Sikyon den Höhepunkt seiner Macht. Die Tyrannis in Sikyon richtete sich gegen die Altaristokratie und war auf die Unterstützung durch Handwerker und bäuerliche Schichten angewiesen. So entwickelte sich der Ort zu einem bedeutenden Gewerbe- und Kunstzentrum, an dem sich überregional renommierte Schmiede, Bronzegießer, Bildhauer und Maler niederließen. Auch im panhellenischen Heiligtum von Delphi war Sikyon wirkungsvoll durch ein aufwändiges Schatzhaus repräsentiert. Bereits im späten 6. Jh. v. Chr. aber verlor Sikyon seine Autonomie, und 303 v. Chr. wurde die alte Hafenstadt schließlich von Demetrios Poliorketes zerstört und die Siedlung ins Landesinnere verlegt. Diese im 3. Jh. neu entstandene Stadt ist es, deren Ruinen man heute sieht.

Ausgrabungsgelände und Museum oberhalb des Dorfes *Vassilikó* sind vom Küstenort Kiáto aus ausgeschildert. Das *Museum*, das vor allem hellenistische und römische Mosaikfußböden enthält, ist in einer rekonstruierten römischen Thermenanlage des 3. Jh. untergebracht, leider jedoch auf unbestimmte Zeit geschlossen. Vom **Theater** des 3. Jh. v. Chr. sind – teilweise in den Fels gehauen – Sitzbänke und Prohedrie (die Ehrensessel der ersten Reihe) erhalten; Bogengänge führen durch den Felsen zu den Zuschauerrängen. Das in seinem Unterbau noch sichtbare *Szenengebäude* mit seinen Türen und dorischen Halbsäulen entstand um 150 v. Chr. Rechts hinter dem Theater erstreckte sich ein **Stadion,** dessen mächtige Stützmauer zum Tal hin erhalten ist, während Lauffläche und Zuschauerbankette nur noch als Mulde im Gelände auszumachen sind. Im grasbestandenen Areal links der Straße, das man, der Schlangengefahr wegen, nur mit festem Schuhwerk betreten sollte, trifft man zunächst auf das lang gestreckte Fundament und verstreute Säulentrommeln eines archaischen und in hellenistischer Zeit noch einmal erneuerten dorischen **Ringhallentempels,** in dessen Ruine später eine christliche Basilika eingebaut wurde. Wenige Schritte hangaufwärts kommt man zu einem weiträumigen **Gymnasion** aus dem frühen 3. Jh. v. Chr. mit zwei Höfen auf unterschiedlichen Niveaus. Den unteren umgaben auf drei Seiten ionische Säulenhallen, während an der hangseitigen Rückwand sich Wasser in zwei von dorischer Miniaturarchitektur gerahmte Brunnenbecken ergoss. Eine Treppe führt zum oberen, nun von dorischen Säulenhallen gesäumten Hof (zur Funktion von Gymnasien s. S. 37, 140). Weitere, südöstlich des Gymnasions seinerzeit freigelegte Bauten – ein Bouleuterion und eine 105 m lange Stoa – sind heute im hohen Gras kaum noch zu entdecken.

15 km westlich von Sikyon liegen bei einem weithin sichtbaren Leuchtturm auf einem Plateau in 700 m Höhe die spärlichen Reste der befestigten antiken Siedlung **Pellene** (von Xylókastro über Ríza und das moderne Pellíni, dort rechts und weiter auf Feldweg).

Im Kyllíni-Gebirge: Stýmfalos und Feneós

Ein Ausflug nach Stýmfalos und Feneós lohnt vor allem der beeindruckenden Landschaft wegen. Beide Hochtäler gehören zu den für die Peloponnes charakteristischen, rundum von Höhenzügen umschlossenen Gebirgssenken. Reißende Bäche haben im Laufe der Zeit von den steilen Hängen große Mengen von Sediment heruntergespült und auf den Talsohlen plane Ebenen entstehen lassen, die im Frühjahr nach der Schneeschmelze zu Seen werden, die nur langsam und unregelmäßig durch natürliche Gänge im Karstgestein (Katavothren) abfließen. So kann das an sich fruchtbare Land von Natur aus kaum für Ackerbau genutzt werden.

Bereits in prähistorischer Zeit begannen die Menschen damit, die für sie bedrohlichen Naturgewalten zu bändigen, wofür ein enormes Wissen über Generationen angesammelt und in praktische Ingenieurstaten umgesetzt werden musste. Den Mykenern gelang es dank ihrer fortgeschrittenen Technologie und sozialen Organisation, ganze *Systeme von Stauwehren, Wassergräben und Dämmen* anzulegen, die die Wasserfluten so weit kanalisierten, dass Polderflächen entstanden, auf denen Getreide und Gemüse angebaut werden konnten, während zugleich Mückenplage und Malaria abnahmen. Zu diesen Maßnahmen gehörten Bachumleitungen, Staudämme und Speicherseen, außerdem Entwässerungsgräben hinter den Talsperren und schließlich ausgebaute und gegen Verstopfung geschützte Vorfluter, die ein geregeltes Abfließen des Wassers in die Katavothren sicherten. Nur durch Kontakt mit den frühen ›Wasserbaukulturen‹ Indiens, Mesopotamiens und Ägyptens sind diese technologischen und organisatorischen Leistungen erklärbar. Nicht Archäologen, sondern Wasserbauingenieure waren es, die in den letzten Jahrzehnten jene Vorgänge rekonstruiert und erhaltene Spuren wieder entdeckt haben. Noch in der klassischen Antike waren Teile des Entwässerungssystems in Betrieb; Kaiser Hadrian ließ einen Stollen durch die Berge bohren und Wasser von Stýmfalos bis nach Korinth leiten. Danach aber verfielen die uralten Wasserbauten und die Gegend entvölkerte sich zusehends.

Das Becken von **Stýmfalos,** 600 m über dem Meer gelegen, misst in der Länge 20, in der Breite 9 km. Seine Katavothre liegt im Südosten. Westlich des modernen Dorfs ragen neben der Straße die bizarren Ruinen eines teilweise aus antiken Spolien gemauerten Gebäudes mit gotischen Kapitellen auf: zweifellos eine fränkische Architektur des 13. Jh.; tatsächlich handelt es sich um die Reste einer

Als Reflex jener ›Großtaten‹ der Mykener wird die griechische Sagenerzählung von Herakles gedeutet, der nach Stymfalos auszog, um Monstervögel mit einem Gefieder aus Metallpfeilen zu erlegen und so das Land von einer schrecklichen Plage (Malaria?) befreite. Darstellung auf attischer Amphora, 6. Jh. v. Chr. Paris, Louvre.

Korinth und seine Umgebung

Die Ebene von Stýmfalos im Frühjahr

Heutzutage ist Stýmfalida nicht mehr so einsam wie noch zu Zeiten, als sich Ernest Hemingway hier herumtrieb und, ganz in der Nachfolge des derb-draufgängerischen Herakles, Sumpfvögel schoss. Mittlerweile gibt es etliche Tavernen und immer mehr Touristen finden zu diesem, ehemals so abgeschiedenen, Ort.

Zisterzienserabtei mit großem Kapitelsaal, von deren Ummauerung noch ein aufragender Turm zeugt. – Die Ruinen der *antiken Siedlung* liegen 1 km weiter westlich auf einem Bergrücken zwischen Straße und See. Eine Bastion der Befestigung ist schon von weitem sichtbar (zu Fuß von der Straße aus in wenigen Minuten zu erreichen). Man genießt von hier den wundervollen Ausblick auf die von zahllosen Vögeln bewohnte Sumpf- und Seenlandschaft, aber auch auf einen unter der Bastion liegenden Heiligtumsbezirk.

Die Fahrt von Stýmfalos nach **Feneós** führt erst über grüne Matten, dann durch Tannenwälder nach Kartéri, von wo sich die Straße bis in 1100 m Höhe auf einen Pass hinaufwindet. Unmittelbar danach eröffnet sich ein überwältigender Ausblick auf die grüne, völlig platte Ebene des Feneós-Beckens mit den sie umschließenden, noch im Mai schneebedeckten Gebirgszügen des *Kyllíni* (Oros Kyllíni, 2376 m), *Chelmós* und *Saitás*. Das 28 km lange und 13 km breite *Feneós-Becken*, 740 m über dem Meer, liegt heute – dank Entwässerungsgräben – weitgehend trocken; nur der Südwesten ist im Frühjahr von Wasser bedeckt. In Nord-Süd-Richtung durchziehen ein auf mykenische Zeit zurückgehender und in späterer Mythologie wiederum dem Herakles zugeschriebenen Damm und ein Graben die Ebene. Die

Im Kyllini-Gebirge: Stýmfalos und Feneós

Katavothren des Beckens liegen im Süden (s. S. 12). – Das moderne Dorf Feneós bietet wenig. Ein stolz ausgeschildertes *Museum* ist mangels Wärter seit Jahren verschlossen. Im einzigen Kafenion gibt es nur griechischen Café und sonst nichts! Kurz vor dem Ortsschild Feneós zweigt ein Feldweg nach Süden ab und führt in einem Bogen zur Ostseite des Hügels, wo die Grundmauern eines kleinen *Asklepios-Heiligtums* mit drei nebeneinander liegenden Räumen und einer quer gelagerten ionischen Vorhalle zu sehen sind. Im Hauptraum ist die Kultbildbasis aus dunklem Kalkstein erhalten, in den angrenzenden Räumen weitere Statuenbasen.

Von Feneós gelangt man auf einer gut ausgebauten und landschaftlich reizvollen Straße über Lykouriá ins südlich angrenzende Arkadien; hier entspringt am Fuß des Saitás aus einer aus dem Feneós-Becken gespeisten Katavothre der *Ládonas-Fluss*. Auch die Fahrt nach Norden über Stenó und dann einen 1300 m hohen Pass zur Küste des Korinthischen Golfs ist – besonders im Frühjahr, wenn die Wiesen von Blumen in einer geradezu betörenden Farbenpracht bedeckt sind – ein unvergessliches Erlebnis. Man passiert cañonartige Felsabstürze, danach öffnet sich aus 1000 m Höhe der Blick auf den Korinthischen Golf und die Höhenzüge des Parnass.

**Im Nordwesten:
Die Landschaften
Achaia und Elis**

Vom Korinthischen Golf ins Chelmós- und Erýmanthos-Gebirge

Égira und Égio

Zwischen Xylókastro und Diakoftó bieten die erodierten Hänge und cañonartigen Schluchten der Steilküste ein bizarres Bild; nur mühsam erobert Vegetation aus Macchia und einzelnen Zypressen wieder das karge Erdreich.

Auf einem steilen Bergrücken über dem modernen Ort Égira und südlich der Autobahn (Abzweig westlich von **Égira** Richtung Monastíri, 5 km) thront in 350 m Höhe das antike **Aigeira**. ›Aigeira‹ bedeutet Ziege, und ein Ziegenbock bildet auch das Wappen hier geprägter Münzen. Der Ort erhielt diesen Namen nach einer kriegerischen Auseinandersetzung mit Sikyon im 7. Jh. v. Chr., bei der Artemis, zu deren geheiligten Tieren die Ziege zählt, den Einwohnern zu Hilfe kam.

Auf der Bergspitze, die einen weiten Ausblick auf den Golf von Korinth gewährt, sind Reste einer *mykenischen Zitadelle* (ausgeschildert) und darin das Fundament eines *frühharchaischen Tempels* zu entdecken. Ein Stück talabwärts (kurzer Fußpfad von der Straße, dort auch das Wärterhaus) findet man die Ruinen der *antiken Stadt,* die von österreichischen Archäologen sorgfältig ausgegraben, durch Schutzdächer konserviert und vorbildlich präsentiert werden. Gut erhalten ist das teilweise in den Felsen gehauene *hellenistische Theater* samt seinem Bühnengebäude; davor liegen Stufenbau und Grundmauern (Orthastaten) mehrerer *Tempel* des 3. und 2. Jh. v. Chr., jeweils mit Kultbildbasen im Innern und mit viersäuliger dorischer bzw. ionischer Vorhalle; der nördlichste Tempel (beim Grabungseingang) war Zeus gewidmet, der daneben liegende wahrscheinlich Artemis, die Bestimmung des dritten Baus auf der gegenüberliegenden Seite des Theaters ist ungeklärt. Im Nordosten des Areals wird durch systematische Rastergrabung ein Stück der Stadt mit weiteren Heiligtümern freigelegt. Hierzu gehören ein Kultbau für die Schicksals- und Glücksgöttin Tyche sowie eine Reihe von gemauerten Waschtrögen, die durch Rinnen miteinander verbunden sind und ebenfalls dem Kultbetrieb dienten.

Die lebhafte Küstenstadt **Égio** besitzt in ihrem oberen Ortsteil eine nach Plänen von Ernst Ziller erbaute *Kathedrale* aus den Jahren nach 1862: nicht, wie bei diesem Architekten eigentlich zu erwarten, in neoklassizistischem, sondern in neobyzantinischem Stil nach Vorbildern in Konstantinopel errichtet. Von dem gleichen Architekten stammt auch der Elemente aus Antike und Renaissance zitierende Bau, in dem das *Archäologische Museum* untergebracht ist. Es enthält Keramikfunde und Skulpturen aus Aigeira und seiner Umgebung. Südwestlich der Stadt Égio wurde ein *mykenischer Friedhof* freigelegt (ausgeschildert).

Besonders sehenswert:
Aigeira
Vouraikó-Schlucht
Megaspileo
Kalávryta
Rio/Brücke über den Korinthischen Golf ☆
Patras
Chlemoútsi
Pýrgos
Olympia ☆☆

Ein wenig abseits der Autobahn, am Korinthischen Golf zwischen Xylokastró und Ákrata gelegen, hat der kleine Fischerort Dervéni seine einstige Beschaulichkeit noch weitgehend bewahrt.

◁ *Italien zugewandt: das fränkische Kastell Chlemoútsi (S. 113) am westlichsten Punkt der Peloponnes*

Im Nordwesten: Die Landschaften Achaia und Elis

Durch die Vouraikó-Schlucht nach Méga Spíleo und Kalávryta

Zwei Schluchten führen vom Korinthischen Golf an den 2430 m hohen *Chelmós* heran: Eine erste führt zieht sich von Ákrata zum Styx-Wasserfall hinauf. Man passiert das *Kloster Agía Triás* mit seiner freskengeschmückten Kirche des 18. Jh., dann das Dorf *Agrídi* mit einem ebenfalls ausgemalten Kirchlein aus dem 13. Jh. und schließlich *Mesorroúgi,* das durch seine Forellenzucht viele Ausflügler anzieht. Die Straße endet in *Zaroúchla,* von wo man in einem dreistündigen Fußmarsch zum **Wasserfall des Styx** gelangt, der aus etwa 2000 m Höhe rund 200 m in einen Schuttkegel über der Talsohle stürzt. Mavroneri – ›Schwarzes Wasser‹ heißt der Styx heute. Als tödlich giftig galt sein Wasser schon in der Antike, und so wurde der »entsetzliche Styx«, wie ihn Homer in der Ilias nennt (VIII 369),

Karte Achaia und Elis

in antiker Religion und Mythologie zum Ort des Übergangs vom Diesseits in das Schattenreich der Toten.

Weitaus berühmter ist die zweite, die **Vouraikó-Schlucht**. Nicht nur für Eisenbahnfreaks, auch für jeden Naturliebhaber ist die Fahrt mit der *Schmalspurbahn* von Diakoftó nach Kalávryta, an Steilstrecken mit Zahnradantrieb bzw. -bremse, ein unvergessliches Erlebnis. 1895 wurde die Strecke angelegt, um das Kloster Agía Lávra – Nationalheiligtum des griechischen Befreiungskrieges – von der Küste aus für Besucher zu erschließen. Am Bahnhof von Diakoftó steht noch die 1891 in Paris gebaute Dampflok; seit den 1950er-Jahren verkehrt mehrmals täglich eine von Dieselmotoren angetriebene kuriose Triebwagenkombination im Schneckentempo auf dem krummen und holprigen Schienenstrang, der die Fahrt durch Felstunnel, an Abgründen vorbei und über geländerlose Brücken zu einer Rüttelkur werden lässt. Per Handzeichen geben die Zugführer und Schaffner die Signale zum Ausfahren der Zahnräder und steigen jedesmal aus, wenn eine Weiche an den Passierstellen der sonst einspurigen Strecke umzustellen ist.

Auch bei Wanderern ist die Schienenstrecke über dem von Buschwerk gesäumten, kristallklaren Wildwasserfluss beliebt, zumal die Züge sich so laut und so langsam nähern, dass man bei einiger Umsicht selbst an Brücken und in Tunneln genügend Zeit findet, ein Ausweichplätzchen zu suchen.

Auf halbem Weg nach Kalávryta liegt, als erster auch mit dem Auto wieder erreichbare Ort am Vouraikó, in der Nische einer senkrechten Felswand das **Kloster Méga Spíleo** (griech.: große Höhle). Eine Legende erzählt, dass die Mönche Simeon und Theodoros aus Thessaloniki im 4. Jh. bei ihrer Wanderung durch die Schlucht einer heiligen Hirtin begegneten, die ihnen den Weg zu einer Höhle wies, wo sie eine Ikone der Mutter Gottes fanden: nach ihrer Überzeugung das vom Apostel Lukas eigenhändig gemalte Bild Mariens. Auch wenn viele Ikonen beanspruchen, jenes legendäre Bild zu sein, für die Gründung des Klosters an diesem, durch eine Quelle hervorgehobenen Platz war das Marienbild Grund genug.

Die mittelalterlichen Klostergebäude mit der einst berühmten Bibliothek fielen Bränden zum Opfer; der jetzige Wohntrakt stammt aus dem 20. Jh. Sehenswert ist die *Kirche* mit ihrem in Silberrelief gefassten *wundertätigen Wachsbild der Madonna*, noch mehr aber die nur durch einen Deckenspalt erleuchtete *Grotte* mit liebevoll gehegten Pflanzen, einem Marmorbrunnen und einer *krippenartigen*, auf ausgeschnittenen Holzplatten *gemalten Szene der wunderbaren Auffindung der Marienikone*, die von einem Drachen bewacht wird. Das *Klostermuseum* enthält eine *Ikonensammlung* sowie *bebilderte Handschriften* von herausragender Qualität aus dem 9. bis 12. Jh. Ein Kupferstich des 18. Jh. setzt die Auffindung des Marienbildes an diesem Ort in Szene. In einem eigenen Raum sind silberne und goldene *Reliquienbehälter* ausgestellt, wie sie selten zu besichtigen sind: in Edelmetall eingehüllte Schädel, Arm- und Fußknochen von Heiligen angeblich aus der ersten Märtyrerzeit, womit in Mittelalter und früher Neuzeit bekanntlich ein schwunghafter Handel betrieben wurde. Im Zweiten Weltkrieg wurde das Kloster von deutschen Truppen in Brand gesteckt, 22 Mönche wegen Unterstützung der Partisanen von einem Fels zu Tode gestürzt.

Im Nordwesten: Die Landschaften Achaia und Elis

Kloster Méga Spíleo am Rande der Vouraikó-Schlucht

Oberhalb von Megaspíleo öffnet sich die Vouraikó-Schlucht zu einem weiten Wiesental. **Kalávryta,** 750 m hoch gelegen, ist von grünen Matten umgeben, auf denen tausende von Schafen und Ziegen weiden. Der mit seinen Läden, Hotels und Restaurants touristisch mehr als erschlossene Ort ist Zentrum des Ski- und Sommerfrischegebiets an der Westflanke des Chelmós. An nostalgischer Verkehrstechnik hat Kalávryta nicht nur seine Eisenbahn zu bieten, sondern auch ein kurioses Fluggerät: Ein großer Düsenjet steht am Ortseingang neben der Landstraße, aus Teilen hier wieder zusammengebaut und zum Music-Club umfunktioniert.

Im Dezember 1943 war Kalávryta Schauplatz eines der vielen Verbrechen der deutschen Wehrmacht auf dem Balkan. Zwei Monate zuvor waren Teile eines Feldjägerregiments in die Gefangenschaft von griechischen Partisanen geraten. Nachdem die Deutschen einen

Vom Korinthischen Golf ins Chelmós- und Erýmanthos-Gebirge

von den Partisanen angebotenen Gefangenenaustausch abgelehnt hatten, kam es zur Ermordung der deutschen Soldaten. Die Antwort der Wehrmacht bestand in der Auslöschung des gesamten Ortes, der mittlerweile längst von den Partisanenverbänden geräumt war. Am 13. Dezember befahl der Kommandant der 117. Jägerdivision der Zivilbevölkerung des in Brand gesetzten Ortes, sich vor der Schule zu versammeln. Dort ließ er Frauen und Kinder einsperren, alle Männer und Jungen über fünfzehn aber zum Friedhof oberhalb der Stadt treiben, wo sie – mehr als 700 an der Zahl – durch Maschinengewehrsalven exekutiert wurden. Auch Dörfer und Klöster in der Nachbarschaft wurden niedergebrannt und ihre Bewohner ermordet. An der Stelle des Verbrechens, einer amphitheatralischen Mulde vor der zauberhaften Kulisse des Chelmós und Erýmanthos, erinnert ein viel besuchtes *Denkmal* an die Tat. Auf Betonwänden stehen Namen und Alter der Jugendlichen, die hier umkamen: 14, 15, 16 und 17 Jahre. Im Gras die Inschrift »Ochi pia polemi« und »irini« – »Niemals wieder Kriege« und »Frieden«. Anders als solche Denkmäler sonst in Griechenland, ist dieses betont christlich ausgerichtet. Schon der Treppenweg, auf dem man zu Fuß von Kalávryta hierher gelangt, mutet wie eine Via Dolorosa an. Zentrum der Gedenkstätte selbst ist ein schlichtes, rohes Holzkreuz, umschlungen von Stacheldraht, der an die Dornenkrone Jesu erinnert. Über dem Ganzen steht am Hang ein weithin sichtbares monumentales Betonkreuz, daneben die griechische Nationalflagge.

Agía Lávra wurde 961 im Zuge der Rückeroberung Griechenlands durch die byzantinische Zentralgewalt gegründet. Von jenem ursprünglichen Wehrkloster ist aber nichts mehr erhalten. Seinen heutigen Ruhm verdankt Agía Lávra dem Metropoliten von Patras Germanos, der hier am 21. März 1821 zum Aufstand gegen die Türken aufrief. Vor dem Klostereingang steht die Platane, unter der der Bischof seine aufrührerische Rede gehalten haben soll. Später, am 14. Dezember 1943, wurden hier Mönche des Klosters von Deutschen ermordet, wie eine Inschrift festhält. Ein ständiges Kommen

Mahnmal für die im Zweiten Weltkrieg von der deutschen Wehrmacht ermordete griechische Zivilbevölkerung von Kalávryta

und Gehen herrscht im Innern der neobarocken Anlage, wenn Schulklassen zu diesem Nationalheiligtum geführt werden. Die Exponate des *Klostermuseums* – darunter die Fahne mit der Aufschrift »Elefteria i thanatos« – Freiheit oder Tod – ›dokumentieren‹ den nationalen Aufstand. Neben alten Handschriften und Kirchengerät findet man unerwartet auch eine kleine Sammlung antiker Gläser, Tonlampen, Vasen und Terrakotten; sie stammen von Gräbern der antiken Siedlung Kynaitha oberhalb von Kalávryta.

Unweit des Klosters erhebt sich auf einer Bergkuppe ein monströses *Freiheitsdenkmal*, das mit seinem Zypressenhain und seinem monumentalen zylindrischen Sockel an das Augustus-Mausoleum in Rom in seiner faschistischen Rekonstruktion erinnert, während der krematoriumsähnliche Aufbau auf der Spitze an stalinistische Monumente gemahnt. Widerstandskämpfer, Pope und die eine Kette zerreißende weibliche Personifikation der Freiheit in antikisch-revolutionärem Kostüm evozieren als pathetische Trias Türkenfeindschaft als nationalgriechische Identität, ergänzt und unterstützt durch Orthodoxie sowie Ideen der Französischen Revolution.

In den Bergen des Chelmós und Erýmanthos: Die antiken Stätten Lousoi, Kleitor, Psofis und Leontion

Die Erschließung des **Chelmós** zum Wintersportgebiet zeitigt schon jetzt ökologisch bedenkliche Folgen. Brutal wurden Schneisen in den Berg gegraben, ohne dass man sich um Befestigung oder gar Wiederbepflanzung gekümmert hätte. So sind die ohnehin kahlen Hänge dieses Massivs auf erschreckende Weise weiterer Erosion ausgesetzt. Von der Strecke zum Skizentrum zweigt eine Asphaltstraße nach Süden über einen Pass in ein weites Hochtal ab, an dessen Ostflanke das antike **Lousoi** mit seinem Artemis-Heiligtum liegt (ausgeschildert).

Man passiert zunächst die neuen österreichischen Ausgrabungen, bei denen die Grundmauern von *Wohnhäusern* und *öffentlichen Gebäuden* der kleinen Siedlung freigelegt werden und gelangt nach ca. 1 km zum *Heiligtum der Artemis Hemerasia*, d. h. der am Abend erscheinenden Artemis. Die Fundamente ihres *Tempels* aus der Zeit um 300 v. Chr. lassen dessen ungewöhnlichen Grundriss klar erkennen: Ein rechteckiger Cellabau mit innen und außen vorgelagerten dorischen Halbsäulen wird beiderseits flankiert von etwas kürzeren Seitenschiffen – eine Disposition, die eher an heidnische und christliche Basiliken erinnert als an griechische Tempel. Antike trapezoide Terrassenmauern stützen das Gelände ab. Weiterhin erkennbar sind Fundamente eines Propylon mit profilierter Statuenbasis davor sowie eine Zisterne und ein Odeion. Tiervotive und Tierknochen bezeugen u. a. Pferdeopfer. Vielleicht wurden hier in dieser alpinen Landschaft aber auch Rehe, Hirsche und Bären – die der Göttin heiligen Tiere – in Gehegen gehalten.

Spíleo ton limnón – Höhle der Seen heißt ein durch seine unterirdischen Bäche und bizarren Stalaktitenformationen berühmtes *Gängesystem im Karstgestein,* das in den 1960er-Jahren bei Kastriá entdeckt und inzwischen durch Stege für den Touristenverkehr zugänglich gemacht wurde. Von hier sind es nur noch wenige Kilometer nach **Planitéro** im platanenbestandenen Tal des *Ládonas,* dessen Wildlachse und Forellen als Spezialität der Region neben Käse, Kräutern und Honig angeboten werden.

Ein Besuch der weiter westlich gelegenen antiken Orte **Kleitor** und **Psofis** ist, trotz archäologischer Hinweisschilder, mehr etwas für Spurensucher als für Kunstinteressierte. Spärliche Reste der *Befestigungsmauer* und eines *Theaters* der antiken Stadt **Kleitor** liegen unweit westlich des modernen Orts *Klitoría,* von der Straße aus gut sichtbar, auf einem Kegelberg (Beschilderung ›Ancient Klitora‹ folgen). Auch vom antiken **Psofis** weiter westlich beim Dorf *Tripótama* ist außer zwei hohen Terrassenmauern kaum noch etwas zu sehen; vor Jahrzehnten ausgegrabene Tempel- und Stoenfundamente sind inzwischen von Gestrüpp überwuchert.

Das Bergdorf **Lámbia**, 13 km westlich von Tripótama am Südhang des Erýmanthos-Massivs gelegen, besitzt mehrere kleine *spätbyzantinische Kirchen.* Am westlichen Ortsausgang weist ein Schild zu **Agía Triás**, einer winzigen Kreuzkuppelkirche des 14. Jh. mit gemauerter Ikonostasis im Innern und recht gut erhaltenen Fresken aus der Erbauungszeit (Schlüssel im Nachbarhaus). **Káto Moní** im unteren Ortsteil birgt Malereien von Antonios von Nezera in byzantinisch-italienischem Mischstil aus dem Jahr 1786 (meist verschlossen).

Die Strecke Kalávryta – Patras schneidet 3 km westlich von Vlasía einen lang gestreckten Hügel. Hier lag am Nordhang des Erýmanthos die antike Stadt **Leontion**. Ein Spaziergang durch das Gelände lohnt mehr der alpinen Landschaft als der dürftigen Ruinen wegen. Man sieht acht Stufen eines *Theaters,* Reste der hellenistischen *Befestigungsmauern* und auf der höchsten Anhöhe einige Gebäudefundamente.

8 km nordöstlich von Patras, wo sich der Korinthische Golf bis auf 2 km verengt, errichteten die Venezianer um 1400 an beiden Ufern starke Forts, die von den Türken unter Sultan Beyzid II. 1499 noch einmal ausgebaut wurden: auf der Festlandseite *Kastro Rumilis,* heute **Antírrio** – auf der peloponnesischen Seite Kastro tis Moreas oder Kastelli, heute **Río.** Bastionen und Türme beider Kastelle sind noch zu sehen, vor dem Haupteingang der Anlage in Río auch die Reste eines türkischen Bades. Seit 2004 verbindet eine gigantische Hängebrücke von knapp 2,3 km Länge die West-Peloponnes mit dem griechischen Festland (Abb. S. 56). Bereits vor 100 Jahren geplant, konnte schließlich 2004 über diese ›Jahrhundert-Brücke‹ das Olympische Feuer auf seinem Weg nach Athen getragen werden.

In der einsamen Bergwelt des Panachaikó wurde beim Dorf Ano Mazaráki (wenige km östlich des modernen Dorfs Leóntio und von Rakita) eine noch aus dem 8. Jh. v. Chr. stammende Vorform des griechischen Ringhallentempels nachgewiesen: mit abgerundeter Front und Rückseite. Terrakottavotive in Tempelform von dieser Stätte sind im archäologischen Museum von Pátras ausgestellt.

Patras und seine Umgebung

Stadt und Archäologisches Museum

Patras, neugriech. Pátra, ist mit gut 150 000 Einwohnern Griechenlands drittgrößte Stadt, ihr Hafen – namentlich seit Blockierung der Landroute durch Jugoslawien – ein rasant anwachsender Umschlagplatz im Personen- und Güterverkehr zwischen Griechenland und Zentraleuropa; man hört an den Anlegestellen der Fährschiffe fast ebenso viel Italienisch wie Griechisch. Auch die ionischen Inseln Kérkyra (Korfu), Kefaloniá und Zákynthos werden von hier aus angelaufen. Als Hauptstadt der Provinz Achaia versorgt Patras die gesamte Westpeloponnes mit Industriegütern. Die Straßen sind durch den Autoverkehr völlig verstopft, Autostellplätze nur in Parkhäusern oder auf offen gelassenen Baugrundstücken gegen Bezahlung zu finden. Die Stadt ist lärmig, schmutzig und wirkt wie eine ständige Baustelle. Nur vom Schiff aus bietet sich ein freundlicher Anblick auf die den Hang emporkletternden Häuser der Innenstadt und das kleine **Kastro (6)** darüber.

Die altgriechische Epoche der Stadt ist lediglich durch Einzelfunde dokumentiert, denn Patras wurde immer wieder zerstört und im Zuge der Eroberung Griechenlands durch die Römer von den Einwohnern sogar fast gänzlich verlassen. Bedeutung gewann Patras aber nun unter römischer Herrschaft als Hafen für die Überfahrt nach Italien. Wichtigstes Ereignis in der antiken Geschichte des Ortes ist die Gründung der *römischen Veteranenkolonie* Colonia Augusta Aroe Patrensis 14 v. Chr. durch Kaiser Augustus, auf dessen Befehl hin die Bevölkerung aus zahlreichen umliegenden Ortschaften hierhin umgesiedelt wurde. Patras wurde Amtssitz eines Stadthalters und, neben Athen, Korinth und Thessaloniki, die bedeutendste Stadt Griechenlands. Christlicher Schutzpatron von Patras ist der Apostel Andreas, der einer Legende zufolge hier unter Kaiser Nero den Kreuzestod erlitt (S. 40). Im gesamten Mittelalter und der frühen Neuzeit blieb Patras eine florierende Stadt, bis es im griechischen Befreiungskrieg als Zentrum der Aufständischen von den Türken dem Erdboden gleichgemacht wurde. Die moderne schachbrettartig angelegte Stadt mit ihren zwei Hauptplätzen – Platía Georgíou und Platía Vassíleas Ólgas – ist Ergebnis einer Neuplanung von 1829.

An venezianischer und türkischer Architektur ist kaum etwas erhalten, nur in einigen Innenräumen – etwa einer Boutique in der Odós Rígas Feréos westlich der Platía Vassíleas Ólgas – ahnt man noch etwas vom bürgerlichen Wohlstand des Ortes im 18. und 19. Jahrhundert. Die **Platía Georgíou** zieren zwei hübsche *Bronzebrunnen*. Dort stehen auch das von Ernst Ziller 1872 in Anlehnung an die Mailänder Scala erbaute **Theater (1)** sowie ein klassizistisches

Patras und seine Umgebung

Patras
1 Stadttheater
2 Pantánassa-Kirche
3 römisches Odeion
4 Kathedrale Ágios Andréas
5 kleine Andreas-Kirche
6 Kastro
7 Archäologisches Museum

Gebäude, in dem heute die *griechische Nationalbank* ihre Büros hat. Ebenfalls streng klassizistisch – diesmal mit kuriosen dorischen Kapitellen – präsentiert sich die Front der **Pantánassa-Kirche (2)** aus den Jahren 1847/59, während der blau gestrichene Innenraum ganz in neobyzantinischem Stil gehalten ist. Oberhalb der in Treppenstufen ansteigenden Odós Gerokostokolíou mit ihren netten Cafés und Tavernen liegen die bereits in byzantinischer Zeit überbauten und dann noch einmal durch moderne Restaurierungen fast gänzlich zugedeckten Reste eines **römischen Odeion (3)**. Die gesamten Marmorsitze des Innern sind neu! Vor der Pseudoruine stehen einige römische Sarkophage.

An ihrer grünen Kuppel weithin erkennbar ist die dem Stadtpatron geweihte, erst 1973 fertig gestellte **Kathedrale Ágios Andréas (4)** nahe der Uferfront südlich des Hafens. Der der Hagia Sofia in Konstantinopel nachempfundene neobyzantinische Bau beeindruckt außen wie innen durch seine Monströsität, in der assoziative Zitate vom Petersdom über Bahnhofshallen bis zu mittelbyzantinischen Elementen Platz finden. In der rechten Seitenkapelle sind die ›Reste des Andreaskreuzes‹ untergebracht, davor unter einem Altarbaldachin in einem Silberreliquiar ›der Schädel des Heiligen‹. Rechts des

Im Nordwesten: Die Landschaften Achaia und Elis

›Byzanz‹ im 20. Jahrhundert: die Kathedrale Ágios Andréas in Patras

Das 2009 fertig gestellte Archäologische Museum von Pátras wurde vom griechischen Architekten Theophanis Bobotis entworfen: ein hoch moderner, architektonisch anspruchsvoller Bau von gewaltigen Dimensionen mit markanter Titankuppel (über dem Versorgungstrakt), einem künstlichen See und mit einem Hauptgebäude, das durch seine runden Außenstützen und die Verwendung von Granit und Elementen aus Naturholz distanziert auf Antike anspielt – mit 8000 m² Ausstellungsfläche das zweitgrößte Museum Griechenlands. Es liegt im nördlichen Stadtviertel, unweit vom Fährhafen (Amerikis & Nationalstraße Richtung Korinth). Das Museum, zu Redaktionsschluss erst teilweise geöffnet, gliedert sich in drei thematische Abteilungen: privates Leben, öffentliches Leben, Grab; der vierte Bereich ist Wechselausstellungen vorbehalten.

Vorplatzes steht neben einer Quelle, bei der das Grab des Andreas vermutet wird, die unscheinbare **alte Andreaskirche (5)** mit barockisierender Tapetenmalerei im Innern.

Großzügig und kontextbezogen wie in keinem anderen Museum Griechenlands, sind im neuen **Archäologischen Museum (7)** von Pátras die Funde der Region ausgestellt: von der neolithischen über die mykenische Periode bis zum Ende des Römischen Reiches. Vor allem der römischen Epoche ist hier – anders als gewöhnlich in griechischen Museen – breiter Raum gewidmet. Man wandert durch eine riesige Halle zwischen rekonstruierten Grundmauern römischer Gutsbetriebe (darunter ein ausgedehnter Villa-Rustica-Komplex von Pátras), Stadthäuser und Villen mit mosaikgeschmückten Fußböden wie in einer imaginären antiken Siedlung umher. Neben Vitrinen mit antikem Schmuck stehen Ehrenstauen von Stadthonoratioren.

Auf die weiteren, in Zukunft zu besichtigenden Exponate kann in dieser Auflage des Führers nur summarisch hingewiesen werden: spätklassische Weihreliefs, römische Porträts (u. a. ein Kopf des Kaisers Tiberius) sowie römische Marmorkopien verlorener griechischer Originalstatuen. Für Archäologen von besonderem Interesse ist, trotz ihres schlechten Erhaltungszustandes, die *Miniaturreplik* der im Original 12 m hohen *Gold-Elfenbeinstatue der Athena Parthenos aus dem Parthenon* samt Andeutung der berühmten Amazonenkampfreliefs auf dem Schild. Aus Kastrítsi bei Río stammen Fragmente von Giebelskulpturen eines kleinen Tempels aus der Zeit um 400 v. Chr. Ein eckig ausgeschnittenes Paneel stammt aus einem Haus des 1. Jh. aus Patras: wohl eine Wand- oder Möbelvertäfelung. Wahrscheinlich magische Bedeutung hatte ein Würfel aus Bergkristall mit Buchstaben auf seinen Facetten.

Achaia Clauss, Platanóvrysi und Chalandrítsa

Einziges viel besuchtes Touristenziel in der näheren Umgebung von Patras ist **Achaia Clauss,** Griechenlands älteste Weinfirma und mit einer jährlichen Produktion von 25 Mio. l inzwischen eine der größten der Welt. 7 km von Patras führt von der Strecke nach Trípoli ein ausgeschilderter Weg zur weithin sichtbaren burgartigen Anlage des Weinguts. 1861 gründete im Gefolge der bayerischen Präsenz in Griechenland der Früchteimporteur Gustav Clauss im fruchtbaren Hügelland am Fuß des Panachaikó ein Weingut, auf dem er neben griechischen Trauben auch in Mitteleuropa beliebte Rebsorten wie Riesling und Sylvaner anbaute. Derart reißenden Absatz fanden seine sorgfältig ausgebauten Weine im griechenland-begeisterten Mitteleuropa, wo – etwa im Neckartal bei Heidelberg – erste griechische Weinstuben entstanden, dass er bald durch den Ankauf riesiger Ländereien seinen Betrieb gewaltig erweitern konnte. Auch Politprominenz zählte zu seinen Kunden: die Kaiserin Elisabeth von Österreich ebenso wie Bismarck und Moltke, denen der gewitzte Kaufmann nicht ohne Hintersinn den Inhalt ganzer Fässer stiftete, die heute, neben anderen Dokumenten der Zeit, in den schön gemauerten Lagerhallen der Kellerei zu besichtigen sind. Die gesamte Region war bald ›Clauss‹-Land mit einem Heer von griechischen und deutschen Angestellten, mit eigener Schule und orthodoxer und katholischer Kirche. Seit 1920 ist die Firma in Besitz der Familie Antonopoullos, die den renommierten Betrieb traditionsbewusst, aber hauptsächlich mit schlichten Tafelweinen wie Demestica ökonomisch äußerst erfolgreich fortführt.

Mavrodafne (schwarze Dafne) nannte Gustav Klaus nach einem schönen griechischen Mädchen mit dunklen Augen und pechschwarzem Haar eine noch heute beliebte Rebsorte.

Byzantinische und fränkische Baureste in den Ausläufern des Panachaikó

Baugeschichtlich von Interesse, aber in seinem heutigen verkommenen Zustand wenig ansehnlich ist ein früher Kirchenbau bei **Platanóvrysi,** dem mittelalterlichen Mentzana (nahe der Hauptstrecke Patras – Kalávryta, 2,7 km nach dem Abzweig nach Osten). Die dreischiffige flach gedeckte Basilika mit runden Apsiden geht in ihren Außenwänden aus Cloisonné-Mauerwerk und Ziegeleinlagen auf das 10. Jh. zurück. Die vier monolithen Innensäulen mit ihren primitiven Palmettenkapitellen aber sind noch älter; sie stammen, ebenso wie eine zur Altarplatte umfunktionierte Chorschranke, aus einem zerstörten Bau des 5. Jh. und wurden hier wieder verwendet. Das Kirchlein steht in den Ruinen einer antiken Therme, deren Grundmauern freigelegt wurden; dazwischen sieht man Gräber aus frühbyzantinischer bis türkischer Zeit.

6 km weiter östlich an der Landstraße nach Kalávryta erreicht man das Dorf **Chalandrítsa,** das im 13. und 14. Jh. Sitz einer fränkischen Baronie war. Der alte Ortsteil unterhalb der Landstraße bewahrt

Im Nordwesten: Die Landschaften Achaia und Elis

noch viele *traditionelle Bauernhäuser* mit Außenkaminen. Ein Turm und einige einschiffige Kirchen mit gotischen Spitzbögen und seitlichen Arkaden zeigen den westlichen Baugeschmack der fränkischen Herren. Von Chalandrítsa führt die gut ausgebaute Landstraße weiter nach Leontion (S. 105) und Kalávryta (S. 104).

Im Hügelland südlich von Káto Achéa thront unterhalb des Dorfes **Árla** auf einem Felsklotz eine pittoreske *Burgruine aus fränkischer Zeit*. Bald danach erreicht man hinter Tzáilo das weiß getünchte Frauenkloster **Moní Marítza** mit seinem wohl im 13. Jh. erbauten Katholikon: ein Kreuzkuppelbau, bei dem auch die Seitenkapellen mit Flachkuppeln überwölbt sind. Die Ikonostasis mit einigen ihrer Bilder stammt aus dem 18. Jh.

Vom Kap Áraxos über die Kyllíni-Halbinsel nach Pýrgos

Áraxos und die Kalógria

Die weite Schwemmebene zwischen Káto Achéa und Pýrgos ist Ackerland: soweit das Auge reicht, riesige Felder, durchzogen von einem System von Be- und Entwässerungsgräben – Gewinn bringend für die hier lebende ländliche Bevölkerung, aber wenig verlockend für Touristen. Umso reizvoller präsentiert sich der Küstenstreifen selbst: **Kap Áraxos** und die südlich angrenzende **Kalógria** zählen zu den schönsten und noch immer weitgehend *unberührten Naturlandschaften* Griechenlands. Schon die Anfahrt, vorbei an einer

Fast zu allen Jahreszeiten ein Blütenteppich: die Lagune von Áraxos

fischreichen Lagune, ist ein besonderes Erlebnis, wenn das Wasser von Teppichen bunt blühender Pflanzen bedeckt ist, zwischen denen Reiher nach ihrer Beute suchen. Leider ist die äußerste Spitze des Kaps vom griechischen Militär besetzt und für Besucher gesperrt.

Die sanft geschwungene *Kalógria-Bucht* wird auf beiden Seiten von Felsvorsprüngen gerahmt: im Norden Dyme, im Süden die Spitze von Kounoupéli mit ihrem winzigen, fast verlassenen Fischerhafen. Die Akropolis der antiken Stadt **Dyme** liegt auf einem steilen Felsrücken, der sich zwischen dem Ort Áraxos und dem gleichnamigen Kap entlangzieht. Die bis in 8 m Höhe erhaltenen Mauertrakte bestehen aus roh zusammengehauenem und offenbar nach Kriegen mehrfach geflicktem Polygonalmauerwerk; mehrere Tore der Befestigungsanlage wurden in späterer Zeit mit Steinlagen zugesetzt. Von der Spitze des Akropolisfelsens überblickt man die einsame Lagunenlandschaft der Kalógria bis weit nach Süden hin. Nur bei dem winzigen Ort Kalógria gibt es zwei Hotels, der übrige Küstenabschnitt ist Naturreservat und lediglich durch einzelne Stichwege erschlossen. Kilometerlang zieht sich der schneeweiße Sandstrand dahin, hinterfangen von Dünen und schier endlosen Wäldern aus Eichen und Schirmpinien. Einst gab es hier zahlreiche Lagunen, von denen die meisten inzwischen trocken liegen. Drei Gewässer aber sind geblieben: zwei vom Meer abgeschnittene Sumpfseen im Norden und eine immer noch mit dem Meer verbundene Lagune südwestlich von Várda – mit ihren breiten Schilfgürteln idealer Lebensraum für Enten, Reiher und andere Wasservögel.

Zwischen Byzanz und Frankreich – Kirchen und Kastelle am Westkap der Peloponnes: Manoláda, Andravída, Gastoúni, Kyllíni und Chlemoútsi

Für die fränkischen Ritter, die im Zuge des Vierten Kreuzzugs nach dem Fall von Konstantinopel zu Beginn des 13. Jh. Griechenland unterjochten (S. 43), hatten die Häfen in diesem Küstenabschnitt und das dahinter liegende Ackerland strategische und ökonomische Bedeutung. Die aus der Champagne stammenden Grafen Guillaume de Champlitte und Geoffroy de Villehardouin landeten 1205 mit einer Flotte in Kyllíni, eroberten von hier aus die übrige Westpeloponnes und verteilten sie an ihre französischen, flandrischen und lombardischen adeligen Mitstreiter als Lehensland. Kirchenbauten, teils noch in byzantinischem Stil, teils bereits in westlich gotischer Bauweise und für den katholischen Ritus bestimmt, sowie das Kastell Chlemoútsi stammen aus dieser Epoche.

Ein wahres Juwel spätbyzantinischer Bau- und Dekorationskunst des 12. Jh. ist die der Kímisis Theotókou (dem Marientod) geweihte *Friedhofskirche* von **Manoláda** (Abb. S. 43), westlich des Orts neben der Landstraße (Schlüssel beim Papas in Manoláda). Ihr reicher Außenschmuck an Apsis und Tambour – gestaffelte Blendbögen,

Im Nordwesten: Die Landschaften Achaia und Elis

Rosetten, Sägezahnbänder und Mäanderfriese aus Ziegeln – wurde durch sorgfältige Restaurierung wieder sichtbar gemacht. Die Front schmücken eingemauerte Kreuze aus großen Steinblöcken: ein in dieser Region ungewöhnliches Motiv, das den Bau mit Kirchen in der Argolis verbindet. Sehenswert ist auch das Innere. Die vom Kuppelrund zum Quadrat der Vierung überleitenden Pendentifs sind hier kurioserweise als halbrunde Auskehlungen bis auf den Boden heruntergeführt. Aus der Entstehungszeit der Kirche stammende Fresken haben nach Entfernung der Rußschicht ihre alte Leuchtkraft zurückerhalten.

Französisch-zisterziensische Gotik mit massigen Gurtpfeilern und schweren Gewölberippen zeigt dagegen die *Ruine* einer 1220 erbauten Hallenkirche in **Andravída**, dem ehemaligen Andréville: einst Residenz der fränkischen Fürsten von Achaia. Geoffroy de Villehardouin berief hier seinen Heerbann ein, um das eroberte Land zu verteilen.

Auch das Städtchen **Gastoúni** hat den Namen seines einstigen französischen Lehenspatrons Gaston oder Gastogne bewahrt. Noch aus der Zeit vor der fränkischen Eroberung stammt seine der Theotókou (d. h. dem Marientod) geweihte *Kirche:* Man findet sie 1 km außerhalb des Orts bei einer Reihe von hohen Palmen. Die nobel proportionierte und durch Schmuckbänder gegliederte Architektur wird durch eingemauerte rhodische Keramikschalen zusätzlich farblich akzentuiert. Noch im späten 12. Jh. errichtet, folgt der Bau den unter der Komnenen-Dynastie in Konstantinopel üblichen Schemata, nur ein nachträglich in die Nordwand eingemauerter winziger gotischer Spitzbogen verrät den Geschmack der neuen Herrenschicht. Der flache Exonarthex ebenso wie der abseits stehende Campanile wurden in venezianischer Zeit hinzugefügt. Aus dem 18. Jh. stammen die von italienischer Barockmalerei beeinflussten Fresken im Innern; gleich beim Eingang erkennt man Jakobs Traum von der Himmelsleiter, auf der Engel auf- und absteigen (Altes Testament, Genesis 28). Sorgfältige Restaurierung einzelner Partien hat hier die Farben und Einzelformen der sonst stark verrußten Fresken wieder zur Geltung gebracht. Zu Elis, S. 115.

Der beschauliche kleine Hafenort **Kyllíni**, von dem regelmäßig Fähren nach Zákynthos und Kefaloniá auslaufen, lässt kaum noch etwas von seiner einstigen Bedeutung erahnen. Die Befestigungen des antiken Handels- und Kriegshafens sind verschwunden. Auch von der glanzvollsten Epoche Kyllínis, als hier in fränkischer Zeit eine Handelsmetropole mit Fernverbindungen nach Venedig, Genua und Frankreich blühte, der Ort – damals Glarentza (italienisch: Chiarenza) geheißen – eigene Münzen prägte und in einer zum Palast ausgebauten Burg sich höfisches Leben mit Empfängen, Bällen, Minnesang und Ritterturnieren entfaltete, zeugen nur noch prähistorisch anmutende Spuren südlich des Hafens. Ein bemerkenswerter Kirchenbau 2 km außerhalb des Ortes – **Panagía Vlachérna** (Abb. S. 45) (von der Hauptstraße ausgeschildert) – aber dokumen-

»Was für Lärm und Freuden und Geschäftigkeit herrschten hier – in dem jetzt abgestorbenen Hafen von Glarentza – vor sechs, sieben Jahrhunderten! Von hier aus fuhren die Schiffe ab, beladen mit Seide, Trauben, Eicheln, Feigen, Honig, Öl, Wachs ... Sie fuhren nach Venedig, nach Ancona, nach Durazzo, nach Alexandria. Hier, in dem nicht mehr vorhandenen Palast, versammelte sich der große Rat der Herren von Achaia und entschied über Frieden und Krieg und über Prinzenehen. Und in dieser verfallenen gotischen Kirche sangen die franziskanischen Mönche von Assisi die Vesperandacht, die Blicke durch die länglichen gotischen Fenster auf dieses frische, unverwüstliche Meer richtend.«

Nikos Kazantzakis

tiert anschaulich den Zusammenprall der französisch geprägten westlichen Repräsentationsformen mit der in Griechenland über die Jahrhunderte gewachsenen byzantinischen Kultur. Noch im späten 12. Jh. errichtet, stehen die drei Schiffe der Basilika mit ihrem Cloisonné-Mauerwerk und ihren gliedernden Ziegelbändern ganz in byzantinischer Tradition. Mit einer solchen Klosterkirche nicht zufrieden, setzten die neuen fränkischen Herren zu Beginn des 13. Jh. vor diesen Bau eine mächtige mehrgliedrige Vorhalle mit einer spätromanischen Säulenstellung an der Front. Dieser turmartige, an Westwerke deutscher Dome erinnernde Quertrakt mit gotischen Fenstern im Oberstock dominiert nun das gesamte Ensemble – nicht nur optisch, sondern auch funktional. Denn über eine von einem Spitzbogen gestützte Außentreppe gelangt man zu einem erhöhten Raum des inneren Narthex, der sich durch ein Fenster zum Kirchenraum hin öffnet. Von dieser Loge aus konnte der westliche Lehensherr dem – nun römisch-katholischen – Gottesdienst beiwohnen. Sowohl in den byzantinischen als auch in den fränkischen Bautrakt sind antike Kapitelle und fein gemeißelte ältere byzantinische Flechtbandfriese integriert; vom Obergeschoss des Narthex starren den Besucher in Stein gehauene abenteuerliche Fratzen an, auch dies untrügliches Zeichen des westlich gotischen Einflusses bei diesem Bau. Vor der Kirche steht eine byzantinische Schrankenplatte mit der Darstellung einer Kentaurin: Symbol des Sternzeichens Centauri.

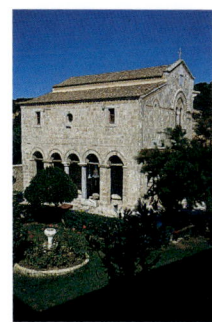

Panagía Vlachérna bei Kyllíni, 12.–13. Jh.

Die die Kirche umgebenden Klostergebäude sind jetzt Heimstätte für geistig Behinderte. Wenn einem auf Klingeln die Pforte geöffnet wird und man unvermittelt von zuweilen wild gestikulierenden Menschen umgeben ist, die konventionelle Distanzregeln nicht kennen, muss man als Besucher vielleicht zunächst einmal tief Luft holen. Tatsächlich sind die hier Betreuten nur neugierig und freuen sich über fremden Besuch. Die Station mit ihren ehemaligen Mönchszellen wirkt im Komfort dürftig. Dafür aber ist der liebevoll gepflegte Klosterhof mit seinen Bäumen und Blumen Treffpunkt und Kommunikationsort für die Menschen, die hier nicht isoliert vor sich hin vegetieren, sondern weitgehend gemeinschaftlich leben und von Nonnen und Laienschwestern beaufsichtigt und versorgt werden.

Das Kastell **Chlemoútsi** (Abb. S. 98) verdankt seine Entstehung einem Machtkampf zwischen dem ersten fränkischen Fürsten der Region, Geoffroy de Villehardouin, und dem lateinischen Klerus, der ein Drittel des Landes in Besitz hatte. Geoffrey versuchte, Kleriker und Ritterorden dazu zu bewegen, seinen Feldzug gegen das noch in griechischer Hand liegende Monemvasiá auf der anderen Seite der Peloponnes (S. 304ff.) mit Geld und Waffendienst zu unterstützen. Als Drohungen nichts ausrichteten, begann er kurzerhand mit der Enteignung der Kleriker, was ihm allerdings prompt die Exkommunikation seitens des Papstes eintrug. Das bereits requirierte Geld aber genügte für den Bau des eilig errichteten und im Jahre 1223 vollendeten stolzen Kastells. Hier konnte man erst einmal in Ruhe die eigene

Im Nordwesten: Die Landschaften Achaia und Elis

Kastell Chlemoútsi
1 Eingang
2 Vorburg
3 Kirche, später Moschee
4 Eingang zum Bergfried
5 Speisesaal
6 Palas?
7 Küche
8 Freitreppe
9 Kirche, später Pulvermagazin

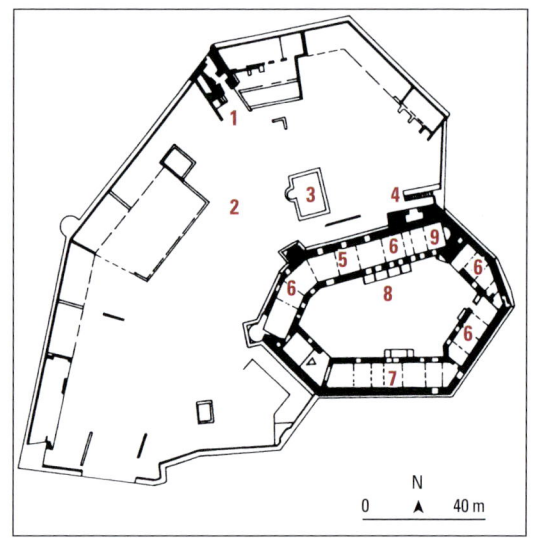

Macht ausbauen und weitere Vorbereitungen für die spätere Eroberung Monemvasiás treffen. Auch der Papstbann wurde nach diplomatischen Verhandlungen in Rom durch Honorius III. wieder aufgehoben mit der Begründung, dass die restlose Unterjochung der Peloponnes ja auch der Zwangsetablierung des römisch-katholischen Bekenntnisses in Griechenland zugute käme und die Region auf diese Weise unter päpstliche Kontrolle gebracht würde.

Während die fränkischen Ritter ihr Kastell ›Clairmont‹ nannten, ist die heutige Bezeichnung Chlemoútsi slawischen Ursprungs und bedeutet ›kleiner Berg‹. Der Platz ist strategisch gut gewählt. Die Zinnen der eindrucksvollen Anlage auf einem die flache Umgebung beherrschenden Hügel gewähren einen imponierenden Panoramablick: zum einen über das weite Meer bis zu den Inseln Zákynthos und Kefaloniá, sodass ankommende Flotten gut beobachtet werden konnten, zum andern auf das vom Kastell kontrollierte fruchtbare Lehensland. Eine dem Gelände angepasste tiefere Vorburg beherbergte Magazine und Unterkünfte der Ritter. Die in ihrem Außenbau fast vollständig erhaltene Kernburg erinnert mit ihrem polygonalen Grundriss und den die Ecken verstärkenden Turmbastionen an Castel del Monte, das fast gleichzeitig erbaute Jagdschloss Kaiser Friedrichs II. in Apulien. Hohe kirchenschiffartige Säle mit gotischen Fenstern und Gewölben, ursprünglich teilweise zweigeschossig, gruppieren sich um den Burghof. Kaminzüge in den Wänden markieren beheizte Küchen und Speisesäle, darunter auch den Palas, die zentrale Repräsentationshalle, deren genauer Platz jedoch umstritten ist. Nach kurzer Wiederinbesitznahme durch die Byzantiner im 15. Jh. kam Chlemoútsi in die Hände der Türken, war dann von 1687 bis 1715 venezianisch und erneut bis 1825 türkisch. Da die späteren Besitzer die Burg wegen ihrer Entfernung zum Meer als strategisch weitgehend obsolet ansahen, wurde an ihr kaum etwas nachträglich verändert. So ist Chlemoútsi heute das schönste und kompletteste Beispiel fränkischen Burgenbaus auf der Peloponnes. Aus EU-Mitteln restauriert, wird die Anlage für Besucher zugänglich gemacht.

Der seiner Schwefelquellen wegen jahrzehntelang frequentierte nahe gelegene Kurort **Loutrá Kyllínis** wirkt heute verlassen und heruntergekommen. An den Hotelbauten zwischen Eukalyptusbäumen bröckelt der Putz, und man trifft kaum noch auf Gäste in den Anlagen. Allenfalls der schöne Strand mit seinen Sanddünen und Pinienhainen verlockt zu einem kurzen Aufenthalt.

Die antike Stadt Elis

Von Gastoúni und seiner Umgebung weisen zahlreiche Schilder verheißungsvoll zum 11 km landeinwärts gelegenen antiken **Elis** (heute Ilis), einst Hauptort der gleichnamigen Region und seit dem 5. Jh. v. Chr. Trainingsstätte der Athleten (S. 125) vor ihrem Auftritt in Olympia. Doch der Besuch lohnt lohnt nur mäßig: Geringe Spuren links und rechts der Landstraße verweisen auf spätklassische und *hellenistische Hallenbauten* (darunter ein *Gymnasium*) und eine *römische Badeanlage*. Auch vom Theater sieht man lediglich die Mulde der Cavea und Fundamente des Bühnengebäudes. Die Exponate des kleinen *Museums* bestehen im Wesentlichen aus Keramik und Münzen der Stadt. Auf zwei runden *Mosaikfeldern* aus römischer Zeit sind Geistes- und Körperkraft als sich wechselseitig ergänzende ›Tugenden‹ einander gegenübergestellt: die Musen und Apollon – symbolisiert durch seine Leier – auf der einen Seite, die mehr physischen Taten des Kraftprotzes Herakles, visualisiert durch Keule, Köcher usw., auf der anderen Seite.

Katákolo und Pýrgos

Katákolo am gleichnamigen Kap 30 km weiter südlich ist ein beschaulicher und normalerweise fast ausgestorbener Fischerhafen. Zu Großtourismus läuft der Ort nur auf, wenn eines der Kreuzfahrtschiffe hier anlegt, um seine Insassen für einen Kurzbesuch Olympias in Charterbusse zu verfrachten. Der Neubau einer riesigen Mole verhieß wahre Invasionen von Besuchern, die bei der Olympiade 2004 auch tatsächlich eintrafen. Seitdem ist es in dem Hafen wieder recht still geworden. Auch in der Antike war Katákolo Landeplatz für Anreisende nach Olympia; sein einstiger Hafen liegt aber infolge von Küstensenkung nun unter Wasser.

Die Landstadt **Pýrgos** mit heute ca. 30 000 Einwohnern wurde nach dem griechischen Befreiungskrieg praktisch neu gegründet. Die

Im Nordwesten: Die Landschaften Achaia und Elis

Platía im Ortszentrum bewahrt noch ein ganzes Ensemble klassizistischer Bauten aus der zweiten Hälfte des 19. Jh., das hier nicht wie sonst zumeist in Griechenland mit gesichtsloser Betonarchitektur konkurrieren muss, sondern durch reizvolle moderne Architekturen ergänzt und bereichert wird. Ein klassizistisches Schmuckstück mit klarer Formensprache und dezenter Farbgebung ist das von Ernst Ziller entworfene **Rathaus** (Dimarchio). Seine Front wird durch einen unten dorischen, oben ionischen Portikus akzentuiert, zu dessen Marmorsäulen die blaue Kassettendecke und roten Wandpaneele reizvoll kontrastieren. Klassizismus bedeutete hier keineswegs nur Anknüpfung an Altgriechenland, sondern ebenso an das neuzeitliche Mitteleuropa mit seinen Schulen und Universitäten und seiner im Vergleich zum osmanischen Reich modernen Infrastruktur. Zu den ebenfalls sehenswerten klassizistischen Gebäuden an diesem Platz zählen die *Trapeza tis Ellados (Nationalbank)* und die *Ethnikis Trapeza (Volksbank)* mit ihren dorischen Säulen, die nur unterhalb des Kapitells kanelliert, sonst aber glatt belassen sind: in Anlehnung an den unfertig gebliebenen klassischen Apollon-Tempel von Delos. Wenige Schritte östlich der Platía trifft man auf das – wiederum von Ernst Ziller entworfene – kleine **Theater.** Weiter unten, inmitten eines alten Bazar- und Handwerkerviertels, das in den letzten Jahrzehnten heruntergekommen und schon teilweise verlassen war und erst jetzt wieder zu neuem Leben erwacht, steht die in Dimensionen und Formensprache anspruchsvolle, vielflügelige **Markthalle.** Der noble Ziller-Bau orientiert sich mit seinen ionischen Säulenstellungen sowohl an antiken Vorbildern als auch an Palladio-Architekturen. Er ist leider halb verfallen und harrt noch der Restaurierung und Überführung in eine neue Funktion.

Olympia

Lage und Bedeutung

Olympia liegt am Fuß einer Hügelkette, die das Álfios-Tal im Norden begrenzt, 18 km von der Küste in einer Höhe von 42 m. Größere Ortschaften hat es in der näheren Umgebung nie gegeben. Die Stadt Elis (S. 115), von der aus Olympia seit dem 6. Jh. v. Chr. verwaltet wurde, liegt sogar 35 km weiter nordwestlich, d. h. einen guten Tagesmarsch entfernt; Hafen für Schiffsreisende aus der Ferne, namentlich aus Unteritalien und Sizilien, war das heutige Katákolo (antik: Pheia, S. 115). Der ungewöhnliche Waldreichtum gab dem heiligen Bezirk am Fuß des 123 m hohen Kronoshügels seinen Namen ›Altis‹. Altis bedeutet Wäldchen oder Hain, der, wie Pausanias berichtet, vor allem aus Platanen und wilden Ölbäumen bestand. Nach bescheidenen Anfängen im 10. Jh. v. Chr. gewann die Stätte in archaischer Zeit kultische Bedeutung für die gesamte griechische Welt bis nach Unteritalien und Sizilien. Olympias im Vierjahresrhythmus abgehaltene Wettkämpfe waren die berühmtesten Griechenlands. Zugleich war das Heiligtum in seiner anderthalb Jahrtausende langen Geschichte Forum öffentlicher Selbstdarstellung par excellence, ob durch sportliche, musikalische oder dichterische Darbietungen oder durch die Stiftung kunstvoller und kostspieliger Weihgeschenke; neben Athen und Delphi hat Olympia die reichsten Kunstschätze des archaischen und klassischen Griechenland bewahrt.

Wissenschaft und Politik: Geschichte und gegenwärtiger Stand der Ausgrabung

Im 18. Jh. war der abgelegene und von Malaria verseuchte Platz, an dem nur noch wenige Ruinenreste zu finden waren, von englischen und französischen Reisenden als die Stätte des antiken Olympia identifiziert worden; erste Vermessungen am Zeus-Tempel und Lageskizzen folgten zu Beginn des 19. Jh., noch vor dem griechischen Befreiungskrieg. Zusammen mit französischen Truppen, die nach der Schlacht von Navaríno (S. 52) die Peloponnes eroberten, reiste dann ein ganzes Team französischer Kartographen, Naturkundler, Künstler, Historiker und Abenteurer ins Landesinnere, das nur auf Maultierpfaden zugänglich und für Mitteleuropäer damals kaum bekannter war als die Karibik. Unter Leitung von Oberst Bory de Saint-Vincent legte jene ›Expédition scientifique de Morée‹ 1829 Teile des Zeus-Tempels frei und entdeckte dabei diverse Stücke seines Metopenschmucks. Zwar protestierte die neu gebildete demokratische Regierung Griechenlands unter Graf Kapodistrias (S. 61) gegen einen Abtransport

Modell der antiken Altis von Hans Schleif, 1931. Olympia, Museum (s. S. 144)

Im Nordwesten: Die Landschaften Achaia und Elis

der Antiken, konnte sich aber gegen die neue Sieger- und Beschützermacht Frankreich nicht durchsetzen, und so wanderten einige der Metopen in den Louvre, wo sie heute zu besichtigen sind.

Auch in Deutschland regte sich der Wunsch, die in der antiken Literatur gepriesene Stätte auszugraben. Schon der Begründer der deutschen Klassischen Archäologie, Johann Joachim Winckelmann, hatte, auf der Basis seiner Lektüre antiker Texte, eine Ausgrabung Olympias in Erwägung gezogen, war aber aus Bequemlichkeit und Furcht vor den Türken gar nicht erst nach Griechenland gereist. Nach Etablierung des griechischen Staates jedoch wandelte sich die Situation grundlegend. Zwar blieb das Reisen strapaziös und zeitaufwändig, man musste mit primitivsten Unterkünften vorlieb nehmen, holte sich Floh- und Wanzenstiche, im schlimmeren Fall auch Malaria, aber man war nun immerhin nicht mehr gewärtig, von Räubern ermordet oder von Sklavenhändlern in den Orient verkauft zu werden. Graben war jetzt eine Frage der Genehmigung und des Geldes. Doch alle Vorhaben einer Freilegung scheiterten zunächst. Fürst Pückler-Muskau, der auf seinen ausgedehnten Reisen 1836 nach Pýrgos gekommen war und das Gelände aufkaufen wollte, erhielt keine Erlaubnis; der gelehrte Reisende und spätere Hallenser Archäologieprofessor Ludwig Ross brachte nicht die nötigen Mittel auf.

Zu den Griechenlandtouristen jener Zeit gehörte der Altertumswissenschaftler Ernst Curtius, der, 23-jährig als Hauslehrer eines Kabinettsrates nach Athen an den Hof König Ottos gekommen, zusammen mit Graf Baudissin – dem Mitautor der berühmten roman-

Olympia, das Ausgrabungsgelände mit den Arbeitern von Osten gesehen. Erste Kampagne 1875/76

tischen Shakespeare-Übersetzung – 1838 Olympia besuchte. Seiner Begeisterung, seinem Charisma und seiner jahrzehntelangen Beharrlichkeit, aber auch seinen glänzenden Verbindungen zum Hohenzollernhof in Berlin ist die erste große wissenschaftliche und nicht von privater Hand, sondern vom Staat finanzierte Ausgrabung in Griechenland zu verdanken: die Freilegung und nunmehr 120-jährige Erforschung Olympias. Aus Griechenland nach Berlin zurückgekehrt, hielt der junge Gelehrte populärwissenschaftliche und von manchen Fachkollegen abfällig als schwärmerisch berurteilte Vorträge über das antike Hellas vor Auditorien von bis zu 1000 Menschen. Auch Mitglieder des Hohenzollernhofes zählten zu den Zuhörern und nach einem Aufsehen erregenden Vortrag 1844 über die Athener Akropolis wurde Curtius zum Erzieher des Kronprinzen und späteren Kaisers Friedrich Wilhelm I. benannt. Er plagte seinen Zögling nicht mit griechischer Grammatik, sondern begeisterte ihn nachhaltig für Klassische Archäologie, sodass – nach einem weiteren Vortrag über Olympia in der ›Singakademie‹ 1852 – nun auf einmal eine breite Öffentlichkeit und zugleich das Kaiserhaus für das Olympiaprojekt gewonnen waren.

Auch wenn namhafte Politiker, allen voran Bismarck, sich gegen ein solches in der damaligen Zeit neues Engagement des Staates stellten, Curtius gelang es immer wieder, Altertumswissenschaft als nationales Anliegen speziell der Deutschen zu verkaufen – hatte sich doch im Verlaufe des 19. Jh. die Vorstellung von einer angeblichen besonderen Wesensverwandtschaft zwischen Deutschen und Altgriechen in den Köpfen festgesetzt. Über noch so kontroverse Debatten hinweg blieb ›Olympia‹ Herzenssache des preußischen Staates. 1853 wurde die Grabung projektiert, doch verhinderte der Russisch-türkische Krieg den Beginn, und erst 1875 konnte auf der Basis eines neuen Abkommens – nun zwischen dem Deutschen Kaiserreich und dem griechischen Königreich – mit den Arbeiten begonnen werden.

Die geschilderte Konstellation hatte positive und negative Folgen. Zu den unbestreitbaren Positiva zählt, dass hier keine Antikenplünderung stattfand; alle Funde blieben am Ort. Das Prestige des deutschen Staates bestand in diesem Falle nicht im Erwerb fremder Kunstdenkmäler, sondern in der Zurschaustellung Deutschlands als Wissenschaftsnation. Und wissenschaftlich war diese Ausgrabung für ihre Zeit allemal. Obwohl das Gelände innerhalb von nur fünf Jahren freigelegt wurde, dokumentierte man die Befunde vergleichsweise vorbildlich; schließlich waren hier nicht Dilettanten am Werke, sondern, neben Curtius als spiritus rector, die Architekten und Bauhistoriker Friedrich Adler und Wilhelm Dörpfeld sowie zahlreiche fachlich hoch qualifizierte Mitarbeiter. Kehrseite der deutsch-nationalen Färbung des Unternehmens war von vornherein die bereits angedeutete Verachtung alles Römischen, außerdem die enge und ausschließliche organisatorische und inhaltliche Verknüpfung jener ›Großwissenschaft‹ mit den konservativsten Kräften der Gesellschaft. Diese Tendenz sollte sich im 20. Jh. verstärkt fortsetzen.

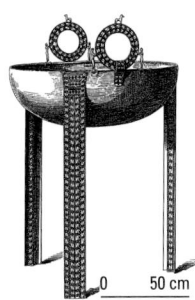

In Olympia geweihter monumentaler Bronzekessel, 8. Jh. v. Chr., Rekonstruktion

Nachdem die Befunde in einer monumentalen Publikation veröffentlicht und 1887 auch ein Museum vor Ort eingerichtet worden waren, ruhten die Ausgrabungen für fast ein halbes Jahrhundert. Ursache hierfür waren archäologische Engagements in der Türkei (u. a. Pergamon), dann der Erste Weltkrieg. Erst neue deutsch-nationale Interessen haben Olympia wieder in den kulturellen Blickpunkt gerückt und die Archäologen auf den Plan gerufen: Ein Jahr nach den Berliner Olympischen Spielen in Nazi-Deutschland 1936 wurden die Ausgrabungen von Roland Hampe und Ulf Jantzen unter der Leitung von Emil Kunze wieder aufgenommen. Ziel der Ausgräber war nun – dem künstlerischen Zeitgeist, aber auch spezifisch deutsch-nationalen Interessen folgend – die Entdeckung von ›Urgriechischem‹, d. h. von Relikten der archaischen und geometrischen Epoche. Sie fanden sich tatsächlich in Brunnen und Abfallgruben zuhauf und wurden, auch wenn orientalischen Ursprungs, als genuin griechisch interpretiert. Als Devise galt: Je älter und griechischer der Fund, um so wertvoller – mit allen bedenklichen Folgen, die eine solche Einstellung auf die Sammlung und Auswertung archäologischer Daten hat. Ein zweites Interesse lag, angeregt durch Coubertins Kreierung der Olympischen Idee und ihrer nationalen Verwertung (S. 30), in der Erforschung und Rekonstruktion des Stadions.

Inhaltlich wie personell setzte sich die geschilderte Tradition bis in die 60er-Jahre des 20. Jh. fort. Mögliche Neuorientierungen wurden durch den ursprünglich fortschrittlichen Umstand behindert, dass das Olympiaprojekt ausschließlich Angelegenheit des Staates war, vertreten durch das Deutsche Archäologische Institut. So blieben alle Forschungen der letzten 80 Jahre auf Einzelfunde – zumeist der ›Frühzeit‹ – beschränkt, während Topographie und Architektur der Anlage weitgehend aus dem Blickfeld gerieten, ja sogar im Zuge der Bearbeitung der Stätte verunklärt wurden. Heute ist Olympia dem griechischen Antikendienst unterstellt; Ausgrabungen sind nur unter diesem organisatorischen Dach möglich. Zugleich differenziert sich die wissenschaftliche Szene: Überkommene Denkmuster werden, namentlich durch universitäre Forschungsprojekte, durch neue Problemstellungen ersetzt. Hierzu gehören sozialwissenschaftlich orientierte Untersuchungen der kultischen Vorgänge und sportlichen Aktivitäten, zugleich aber auch eine zeitgemäße Erfassung und Interpretation der hellenistischen und römischen Bauten Olympias.

Gründungsmythen und Kultpraxis

Wettkampfbetrug, dazu noch mit tödlichem Ausgang, ist das Thema des Gründungsmythos der Olympischen Spiele: Oinomaos, König der Pisatis (der Gegend um Olympia) veranstaltet Wagenrennen, deren Siegespreis seine Tochter Hippodameia ist. Wer gewinnt, erhält sie zur Braut und erbt dazu die Königsherrschaft. Sogar ein Vorsprung wird den Freiern gewährt, doch Oinomaos holt mit seinen Vierspännern stets die Freier ein und tötet sie mit einem Speer. Zwölf Anwärter sind auf diese Weise schon ums Leben gekommen, als *Pelops* erscheint. Er veranlasst Oinomaos' Wagenlenker Myrtilos zu einer Radmanipulation durch Entfernung des Achsbolzens und gewinnt durch den tödlichen Sturz seines Rivalen Oinomaos das Rennen. Pelops wird König von Pisatis und Begründer der Olympischen Spiele, den Mitwisser Myrtilos beseitigt er heimlich: auch nach altgriechischen Rechtsnormen schwere Verbrechen. Der Mythos weitet diese Verbrechenskette sogar noch über mehrere Generationen hinweg aus: Bereits Pelops' Vater hatte sich im Kannibalismus am eigenen Sohn versucht (nur die Götter verhinderten das Schlimmste), und in den nachfolgenden Generationen geht es nicht besser zu; Betrug und Inzest innerhalb der Familie wechseln mit Totschlag und wiederum Kinderverzehr: nun nicht mehr am Schauplatz Olympia, sondern in Mykene, dem Herrschersitz des Atriden-Geschlechts (S. 155).

Griechische Mythen waren nicht Geschichten aus uralter Zeit. Vielmehr wurden sie stets neu geschaffen, bezogen sich auf die jeweiligen aktuellen Probleme und Konflikte der Gegenwart und deuteten diese im Gewand der märchenhaft fernen Erzählung. In der vorliegenden Form stammt der Pelops-Mythos erst aus dem 5. Jh. v. Chr. Es geht in ihm um die Frage, wer die Herrschaft über Olympia und seine Spiele erringt, wobei mit harten Bandagen gekämpft wird – bedeutete doch die Kontrolle über Olympia nicht nur unschätzbares Prestige, sondern auch mittelbaren Einfluss auf ganz Griechenland. Hier ist es ein Fremder aus Anatolien (Lydien oder Phrygien), der den angestammten Machthaber verdrängt. Tatsächlich waren es zunächst Sparta und Árgos, die Einfluss über das von den Dörflern der Pisatis verwaltete Heiligtum zu erringen suchten; gegen 570 v. Chr. aber brachten die benachbarten Elier (S. 115) Olympia dauerhaft unter ihre Kontrolle.

Die Pelops-Erzählung ist nicht die einzige Gründungslegende Olympias. In der Antike noch größere Bedeutung hatte **Herakles** als **Ahnherr des Heiligtums und seiner Spiele,** und auch diese, wiederum am Zeus-Tempel dargestellte Sagenversion erlangte erst im 5. Jh. v. Chr. Verbreitung: Augias, König des Gebiets von Olympia, lässt seine Stallungen verkommen; jahrelang sammelt sich der Mist an. So scheint es eine unlösbare Aufgabe, die Ställe innerhalb eines Tages von all diesem Unrat zu befreien – gerade das Richtige für den Helden Herakles, dem dies vom schikanösen argivischen König Eurystheus aufgetragen wird. Herakles arbeitet hier einmal nicht mit seiner sprichwörtlichen Kraft, sondern mit Intelligenz, indem er das Wasser des Álfios und eines weiteren Baches durch die Ställe leitet und sich so seiner Aufgabe elegant entledigt. Von Augias um seinen Lohn betrogen (ein Zehntel des Herdenbestandes war ausgemacht) und sogar militärisch attackiert, tötet Herakles am Ende den alteingesessenen Machthaber, erobert das Gebiet von Olympia und wird Herr der Spiele. Der Figur Herakles wurden Beziehungen sowohl zur

Im Nordwesten: Die Landschaften Achaia und Elis

Die beiden südlich des Hera-Tempels ausgegrabenen Apsidenhäuser, von denen eines heute noch zu sehen ist, stammen zwar aus dem 3. Jt. v. Chr., weisen aber keinerlei Kontinuität zum späteren Heiligtum auf.

Manche der Votivstatuetten brachten die Menschen von zu Hause mit, anderes wurde von Handwerkern produziert, die während der Sommermonate vor dem Heiligtum arbeiteten und ihre Devotionalien zum Kauf bzw. Tausch anboten. Erstaunlicherweise wurden die großen Dreifußkessel, wie technische und stilistische Unterschiede verraten, zumeist nicht in Olympia selbst gefertigt, sondern in den jeweiligen Herkunftsorten der Heiligtumsbesucher.

Argolis als auch zu Sparta angedichtet, beide ständige Anwärter auf die Macht in Olympia. Jenseits solcher Bindungen aber galt Herakles als *der* gesamtgriechische Heros schlechthin. Mit seiner Kulturtat, so will es der Mythos, beginnt die Ära des für alle Griechen panhellenischen Festes – auch dies also eine Beglaubigung gegenwärtiger Ansprüche durch Proklamierung uralter Tradition.

Während die angesprochenen Mythen fiktiv auf die Zeit des 2. vorchristlichen Jahrtausends weisen, zeigt der archäologische Befund, dass das Heiligtum nicht auf jene Epoche zurückgeht, sondern zu Beginn des 1. Jt. v. Chr. als Kultstätte seinen Neuanfang nimmt. Die auf die Peloponnes einwandernden Dorer waren es, die in Olympia den Kult ihres Hauptgottes etablierten, des auf dem thessalischen Olymp wohnenden Himmelsherrschers Zeus; wie im nordgriechischen Dodona auch, wurde er als Wetter- und Orakelgott zunächst unter freiem Himmel verehrt. Die Anfänge des Heiligtums waren bescheiden, das Einzugsgebiet der hierhin Kommenden zunächst auf die nähere Umgebung beschränkt, wie aus den gefundenen Votiven ersichtlich wird; es waren Bauern und Viehzüchter, die sich in diesem abgelegenen Heiligtum trafen.

So wichtig die athletischen Wettkämpfe für das spätere Olympia waren, so wenig sind sie für den Beginn der Stätte belegt (s. S. 124). Vielmehr wurde in Olympia dem **Zeus** zunächst als **Orakel- und Kriegsgott** geopfert, worauf die literarische Überlieferung wie auch die gefundenen Votive hinweisen. Friedensschlüsse dürften im Heiligtum ausgehandelt, ebenso aber auch die Entscheidung zu Feldzügen getroffen worden sein, wobei die Seher im Rahmen des Zeuskultes eine wichtige Funktion ausübten. Erst im Verlaufe des 7. und 6. Jh. v. Chr. gewinnt der **Sport** an Bedeutung und damit auch die panhellenische, d. h. wirklich **überregionale Rolle Olympias**.

Zentrum des **Kultes** war nicht ein Tempel, auch kein Götterbild, sondern ein **Aschenaltar**, an dem große Mengen von Tieropfern – in der Regel Rinder – dargebracht wurden (zur Opferpraxis S. 28). Das Aussehen des Heiligtums wurde bis in die Zeit um 600 v. Chr. ganz und gar von den **Votivgaben** der Heiligtumsbesucher bestimmt. Erhalten sind große Mengen von Tierstatuetten: namentlich von Rindern – Reichtum und bevorzugte Opfergabe der ländlichen Bevölkerung –, daneben von einzelnen Pferden und ganzen Wagengespannen, die als Zeichen aristokratischer Ansprüche zu deuten sind. Weitaus wertvoller waren technisch aufwändige und reich dekorierte Kessel von teilweise kolossalem Format, die keine praktische Funktion besaßen, sondern offenbar reine Prestigeobjekte darstellten. Hinzu kamen als Weihegut Bratspieße, Metallbarren, Ackergerät sowie eine Fülle an Gegenständen aus Holz, Leder und Stoff, von denen sich allenfalls Spuren erhalten haben. Seit dem 7. Jh. v. Chr. nehmen, im Vergleich zu anderen Heiligtümern, in Olympia Waffen einen herausragenden Platz ein: Lanzen, Helme, Beinschienen, Brustpanzer und Schilde. Vom 6. Jh. an stifteten außer Einzelpersonen – namentlich den Siegern bei den Wettkämpfen – auch

Stadtstaaten Weihegaben in das Heiligtum, v. a. in Form von Statuen mit politisch-historischer Konnotation. Wie in anderen Heiligtümern auch, war kultische Verehrung nicht auf die Hauptgottheit beschränkt. In Olympia wurden neben Zeus u. a. der Erdmutter Gaia sowie Hera, Hestia und Themis Opfer dargebracht, ebenso den Olympiern Ares, Dionysos und Aphrodite sowie den Gründungsheroen Pelops und Hippodameia und den ebenfalls mythisch mit Olympia verbundenen Dioskuren.

Das panhellenische Heiligtum im Spannungsfeld griechischer Stadtstaaten und auswärtiger Mächte

Von seinen Anfängen im frühen 1. Jt. v. Chr. bis in klassische Zeit hinein blieb Olympia ein ausgesprochen dorisch geprägtes Heiligtum. Zunächst waren es die unmittelbaren Anwohner – Kleinbauern und Hirten der Pisatis –, die die Stätte verwalteten und, gemeinsam mit der Bevölkerung der nördlich angrenzenden Landschaft Elis, als Kult- und Versammlungsplatz nutzten. Im 7. und 6. Jh. v. Chr. aber gewinnt der von Städten fernab gelegene Ort auch Bedeutung als Treffpunkt und religiöses, sportliches und politisches Forum für entferntere Gemeinden. Sparta ist durch Entsendung von Athleten und durch Weihegaben präsent (S. 131), und auch die mit Sparta verfeindeten Messenier sahen im sakrosankten Olympia einen Ort friedlichen Zusammenkommens und eigener Selbstdarstellung. Vor allem aber avanciert Olympia, nicht zuletzt dank seiner Lage an der Westküste der Peloponnes, zu *dem* Treffpunkt der dorischen ›Westgriechen‹, die in den von ihnen gegründeten Koloniestädten in Sizilien und Unteritalien zu Reichtum und politischer Macht gekommen waren. Sizilische Tyrannen feiern glanzvolle Siege bei Wagenrennen in Olympia, und Städte an Adria und Tyrrhenischem Meer treten architektonisch durch Repräsentanzbauten (die Thesauroi auf der Schatzhausterrasse, S. 132) in Erscheinung.

Auf der Peloponnes selbst sind es außer dem schon genannten Sparta vor allem die wichtigsten Mutterstädte jener Kolonien, Korinth und Megara, außerdem Sikyon und Árgos, die in Olympia präsent sind. Während Athener und Ionier an erster Stelle Delphi als zentrales Heiligtum frequentieren, bleibt Olympia – bei allem panhellenischen Anspruch – ein vorwiegend dorisches Heiligtum. Gegen 570 v. Chr. erringen die Elier dauerhaft die Oberhoheit über Olympia, doch bleibt die Stätte weiterhin allen Griechen zu Kult und agonaler Selbstdarstellung offen.

Seinen glanzvollsten Höhepunkt erreicht das Heiligtum bei der ersten Olympiade nach der Besiegung der in Griechenland eingefallenen Perser im Jahre 476 v. Chr. Erst diese mit unerhörter Pracht und einer Reorganisation der Spiele verbundene Jubelfeier, bei der auch Themistokles – athenischer Politiker und General der Schlachten von Plataiai und Salamis – persönlich auftrat, machte Olympia zum

Im Nordwesten: Die Landschaften Achaia und Elis

Der lokale Gelehrte Hippias erhielt um 400 v. Chr. den Auftrag, eine Chronik des Heiligtums zu verfassen. Seine bis 776 v. Chr. zurückreichende Siegerliste ist zwar überliefert, doch konnte Hippias auf keine so alten Aufzeichnungen zurückgreifen, weshalb das berühmte Gründungsdatum der Olympischen Spiele als fiktiv anzusehen ist.

unbestrittenen panhellenischen Heiligtum Nummer Eins. Wenn je von einem griechischen Nationalbewusstsein gesprochen werden kann, dann bei diesem Fest. Es war die neu gegründete Landeshauptstadt Elis, die die Olympischen Spiele von 476 organisierte und wo sich seitdem auch die Athleten zum Training und einer Vorauswahl trafen. Vom Jahr 476 wurden die Siegerlisten 75 Olympiaden, d. h. 300 Jahre lang zurückgerechnet und das berühmte Gründungsdatum 776 v. Chr. festgelegt.

Im 4. Jh. v. Chr. und im Hellenismus behauptet Olympia weiterhin seine religiöse Vormachtstellung, wie aus literarischen Quellen und der Errichtung von Gebäuden sowie der Aufstellung politisch motivierter Weihgeschenke hervorgeht (S. 137). Auch der Makedonenkönig Philipp II. verewigt sich hier sogleich nach der Schlacht von Chaironeia (338 v. Chr.), mit der er Herr von Griechenland wird, durch einen Rundtempel mit den Statuen seiner Familie. Diadochenherrscher in der Nachfolge Alexanders d. Gr. und private Sponsoren stiften Gebäude und aufwändige Weihgeschenke. Selbst die römische Eroberung Griechenlands 146 v. Chr. übersteht Olympia praktisch unbeschadet; ganz in griechischer Tradition lässt der römische Feldherr Mummius Schilde aus seiner Kriegsbeute am Zeustempel aufhängen. Eine erste nachhaltige Plünderung erfährt Olympia jedoch während des römischen Bürgerkriegs durch Sulla 85 v. Chr. Sulla entführt wertvolle Weihgeschenke und bemächtigt sich der Tempelschätze. Mit dem Ende des Bürgerkrieges ist Griechenland wirtschaftlich ruiniert, Olympia nur noch ein Provinzheiligtum von regionaler Bedeutung. Erst durch die Kaiser Tiberius (reg. 14–37), Nero (reg. 54–68) und Trajan (reg. 98–117) wird die Stätte wieder aufgewertet. Als Großmäzene erweisen sich hier vor allem Nero und, wie an anderen Orten Griechenlands auch, Herodes Atticus (101–177; s. S. 61).

Seine einstige politische Bedeutung indessen hat Olympia zu jener Zeit längst verloren, es ist eine Stätte von Kultur- und Unterhaltungsveranstaltungen geworden. Nach der Etablierung von Konstantinopel als neuer Hauptstadt des Römischen Reiches (330) werden zahlreiche Kunstwerke, auch aus Olympia, dorthin gebracht; das riesige Gold-Elfenbein-Bild des Zeus (S. 133) aus dem Tempel wandert in den Palast eines gewissen Lausos und fällt dort Ende des 5. Jh. einer Feuersbrunst zum Opfer. Neueste Forschungen haben bewiesen, dass noch am Ende des 4. Jh. reguläre Wettkämpfe, wenn auch in bescheidenerem Rahmen, in Olympia abgehalten wurden. 393 aber werden von Kaiser Theodosius I. die Götteropfer ebenso wie die Spiele offiziell verboten. Im 5. oder frühen 6. Jh. baute man die ›Werkstatt des Fidias‹ zur Kirche um, das Heiligtum aber verfiel mangels Funktion und wurde von einer kleinen frühbyzantinischen Siedlung überlagert. Der nordwestliche Bereich des Areals wurde in der Folgezeit vom Kládeos-Fluss weggerissen, der unterhalb von Olympia in den Álfios mündet, das übrige Heiligtum von Erdmassen zugedeckt, die vom Kronoshügel herabgeschwemmt wurden.

Wettkämpfer, Zuschauer und Funktionäre bei den Festveranstaltungen

Die Olympischen Spiele fanden im Vier-Jahres-Rhythmus statt, jeweils im August während des zweiten Vollmonds nach der Sonnenwende. Sie dauerten fünf, in späterer Zeit sechs Tage und gruppierten sich um das zentrale Opfer an Zeus, bei dem eine ›Hekatombe‹ (d. h. Hundertschaft) von Rindern geschlachtet wurde. Nach dem Eid aller Beteiligten auf den olympischen Zeus fand am ersten Tag die Dokimasia statt: die Begutachtung der Athleten – ebenso wie übrigens auch der Pferde – durch die Hellanodiken, die Kampfrichter. Dabei galt es, die Anwärter (auch die Pferde) den festgeschriebenen Altersklassen zuzuordnen und die Rechtmäßigkeit ihrer Herkunftsangaben zu überprüfen, war doch ein Sieg nicht Sache allein des Individuums, sondern wesentlich auch der Stadt, aus der der Athlet bzw. das Gestüt kam. Rechtliche Voraussetzung für die Teilnahme an den Spielen war es, freier Bürger einer griechischen Polis zu sein. Frauen, Sklaven und Halbfreie waren somit ausgeschlossen, ebenso ›Ausländer‹, was z. B. im Falle Makedoniens zuweilen zu Konflikten führte. Hieran schlossen sich die Knabenwettbewerbe sowie Wagenrennen und ein Teil der leichtathletischen Kämpfe an. Der zentrale Festtag begann mit einer Prozession vom Álfios-Tal zur Altis, gipfelte im Brandopfer an Zeus und endete in Festbanketten, die u. a. im Prytaneion abgehalten wurden. Der zweite Teil der Wettbewerbe gliederte sich in die verschiedenen Laufdisziplinen sowie Schwerathletik – Ringen, Faustkampf, Pankration (Allkampf) – und Waffenlauf. Den Schluss bildeten die Siegerehrung im Tempel und die festliche Bewirtung der Sieger.

Es gab vier Laufdisziplinen: den Spurt auf der Stadionlänge von 192,25 m, dann die doppelte Distanz (Diaulos) und eine Langstrecke von 4–5 km (Lauf des Herolds bzw. Meldegängers) und schließlich den Hoplitenlauf in voller Rüstung über knapp 400 m. Leichtathletik war zu einem Fünfkampf (Pentathlon) zusammengefasst, der aus Diskuswurf, Sprint, Weitspringen, Speerwurf und Ringen bestand. Reguläres Boxen und Pankration waren die schwerathletischen Disziplinen. Bei den zwei- und vierspännigen Wagenrennen wurde nicht der gemietete Jockey als Sieger geehrt, sondern die Pferde und mittelbar der Besitzer des Gestüts; Stuten-, Fohlen- und Maultierrennen waren noch einmal gesonderte Disziplinen. Abgesehen vom Langstreckenrennen und den Wagenrennen, die im Hippodrom südöstlich der Altis veranstaltet wurden, fanden alle Austragungen im Stadion statt. Knabenwettkämpfe erstreckten sich auf Pentathlon und alle Einzeldisziplinen außer Langlauf und Faustkampf, seit 200 v. Chr. auch auf letzteren. Wettbewerbe von Trompetern und Herolden (im Rufen) wurden 396 v. Chr. eingeführt. Der Beginn der übrigen Disziplinen wird in der antiken Literatur widersprüchlich überliefert und ist in der modernen Forschung umstritten. Laufen, Ringen, Boxen und Pentathlon scheinen die ältesten Sportarten zu sein, gefolgt von

Von Wagenrennen und Waffenlauf abgesehen, traten die Athleten seit dem 6. Jh. v. Chr. nackt an (s. Abb. S. 143). In der griechischen Bildkunst wird Nacktheit allerdings auch unrealistisch in Situationen eingesetzt, wo sie im Leben nicht vorkam. Sie ist dann eine Chiffre für Tapferkeit und Erfolg schlechthin.

Im Nordwesten: Die Landschaften Achaia und Elis

Wie Darstellungen auf antiken Tongefäßen zeigen, wurden Sportveranstaltungen oft von Oboenspiel (Aulos: sog. Doppelflöte) begleitet.

Wagenrennen mit Vierspännern. Da alle literarischen Nachrichten zu den olympischen Wettkämpfen aber aus vergleichsweise später Zeit stammen und bereits in der Antike vielfältige Geschichtskonstruktionen gerade in Sachen Olympia vorgenommen wurden, ist in dieser Frage Sicherheit ebenso wenig zu gewinnen wie bezüglich des Datums der ersten Spiele (vgl. S. 124).

Streit entzündet sich auch an der Frage, inwieweit Sport, wie in Olympia betrieben, als eine genuin griechische ›Erfindung‹ anzusehen ist oder als Übernahme von Bräuchen anderer Völker. Boxen, Ringen und Wettlauf hatte es bereits in vorangegangenen ostmediterranen Kulturen gegeben, nicht zuletzt im minoischen und mykenischen Griechenland. Friedliche und kämpferische Fahrt auf einachsigen Wagen, gezogen von Zwei- und Vier-Spännern, ist seit dem frühen 2. Jt. v. Chr. im Vorderen Orient und in Ägypten belegt und war auch im mykenischen Griechenland Brauch. Eine ungebrochene Tradition zum griechischen Sport besteht allerdings nicht, vielmehr handelt es sich hier um eine nostalgische Rückwendung, analog der seit dem 8. Jh. v. Chr. belegten Verehrung uralter ›Heroengräber‹. Zur Zeit der sportlichen Wagenrennen in Olympia fuhr man im Alltag nicht mit derartigen Wagen, auch Streitwagen waren seit Jahrhunderten außer Gebrauch (zum mythischen Wagenrennen zwischen Oinomaos und Pelops s. S. 120).

Auch wenn viele einzelne Sportarten aus anderen Kulturen übernommen wurden, so war Wettkampf, wie in Olympia betrieben, doch etwas durchaus Neues. Im Vorderen Orient, in Ägypten und auch im mykenischen Griechenland waren dies höfische Aktivitäten und gehörten zur militärischen Ausbildung. In den ›dunklen Jahrhunderten‹ nach dem Zusammenbruch der mykenischen Kultur um 1100 v. Chr. scheinen sportliche Aktivitäten vor allem an Beerdigungen vornehmer Adeliger gebunden gewesen zu sein, wie sie Homer für den vor Troja gefallenen Patroklos schildert (Ilias 23). Griechische Agonistik als Veranstaltung mit einer breiten Öffentlichkeit, losgelöst vom Leben und Sterben eines einzelnen Adeligen, aber war wesentlich an die Herausbildung der Polis geknüpft: des von einer freien Bürgerschaft getragenen Stadtstaates (S. 28). Hier bildete Sport das wichtigste Medium der Konkurrenz, sowohl innerhalb der Polisgemeinschaft wie auch zwischen den Stadtstaaten selbst.

Porträt eines Faustkämpfers aus Olympia, Bronze, um 300 v. Chr. Athen, Nationalmuseum

Allerdings sollte auch dieser nun wirklich genuin griechische Wettkampf keineswegs idealistisch gesehen werden. Zunächst einmal blieb die Beteiligung lange Zeit der gesellschaftlichen Elite vorbehalten. Denn dem Auftreten in Olympia gingen Vorentscheidungen am jeweiligen Heimatort sowie eine von Training begleitete Vorauswahl in Elis voran – ganz zu schweigen vom jahrelangen Training für solchen Hochleistungssport. Nur wer die entsprechende Muße und hinreichende Mittel hatte, konnte sich derartige Aktivitäten erlauben. Besonders die Pferderennen blieben stets ein Prärogativ der Reichsten, die ja ganze Gestüte per Schiff nach Olympia verfrachten und dann vor Ort erst einmal wieder für den Endlauf fit machen mussten.

Dennoch: Der griechische Sport entwickelte sich bereits im 7. Jh. v. Chr. aus einer puren Adelsveranstaltung zu einer Sache aller freien und begüterten Bürger, die als Hopliten in der Phalanx gleichrangig ihren militärischen Dienst taten (S. 73); einzelne Disziplinen wie Speerwurf und Waffenlauf zeigen deutlich den Zusammenhang zwischen Sport und Kriegsfähigkeit.

Eine Mär ist die viel beschworene Degenerierung vom reinen Amateursport zum Berufsathletentum im Laufe der Jahrhunderte. Schon im 6. Jh. v. Chr. waren die in Olympia antretenden Sportler Profis insofern, als Sport ihre Hauptbeschäftigung bildete, hing doch das Prestige ihrer Heimatorte von ihren Leistungen ab. Allerdings verdienten sie ihren Unterhalt nicht durch den Sport, denn sie gehörten zur besitzenden Klasse, die generell nicht arbeitete und Arbeit als Lebensunterhalt auch verachtete. Offizieller Siegespreis war zwar nichts weiter als ein Kranz aus Olivenzweigen, dazu die Teilnahme am Abschlussbankett und das Recht, eine Statue von sich aufzustellen. Doch brachte ein athletischer Erfolg in Olympia, neben unschätzbarem Prestige, durchaus auch materielle Vorteile mit sich: zum mindesten lebenslange Verpflegung durch die Heimatstadt! Auch Steuerfreiheit und sogar Barauszahlungen in Höhe ganzer Jahresgehälter sind schon in klassischer Zeit belegt.

Bereits in den Heimatorten hatten die Athleten Trainer, und auch in Elis sowie anschließend in Olympia wurden sie professionell betreut. So muss man sich seit archaischer Zeit neben bzw. innerhalb der Priesterschaften eine regelrechte Bürokratie vorstellen, die nicht nur für Votivaufstellung, Opfer, Bankette und sonstiges Zeremoniell zuständig war, sondern auch für die Wettkampfveranstaltungen; deshalb zählen mindestens seit klassischer Zeit Amts- und Beratungsgebäude zu den unverzichtbaren Architekturen Olympias (S. 137). Alles das kostete Geld, und hier zeigt sich wieder eine auch bei der Votivpraxis (S. 28) zu beobachtende eigenartige Verschränkung von Kriegs- und Friedensidee: Finanziert wurden die Olympien aus dem jeweiligen zehnten Teil der Kriegsbeute aller Staaten. Das bedeutete: Je mehr Kriegsbeute, um so mehr Reichtum für Olympia und seine Spiele! Zugleich aber war dies ein Ort vergleichsweise friedlichen Kräftemessens, ja es gab sogar eine Friedenspflicht für die Zeit der Spiele einschließlich An- und Abreise der Teilnehmer, was immerhin drei Monate ausmachte und gewöhnlich auch respektiert wurde.

Schon der Faustkampf übertraf heutiges Boxen an Brutalität bei weitem, wie allein der Unterschied zwischen Boxhandschuhen und den kantigen Lederbandagen der antiken Schwerathleten lehrt. Pankration (Totalkampf) kannte überhaupt kaum noch Regeln: Außer Augenausstechen und Beißen war alles – einschließlich Würgen! – erlaubt: bis zum Tod eines Kontrahenten.

Die Architektur des Heiligtums

Olympias Bauten werden im Folgenden nicht in strikter örtlicher Reihenfolge, sondern nach Epochen beschrieben. Für die Besichtigung bedeutet dies zwei bzw. drei kurze Spaziergänge, was angesichts der geringen Ausdehnung der Stätte kaum zusätzliche Zeit in Anspruch nimmt und eine historisch und räumlich klarere Anschauung vermit-

Leider ist nicht alles und auch nicht alles Wichtige Besuchern zugänglich. Namentlich Römisches wurde abgesperrt und teilweise der Überwucherung durch Pflanzenbewuchs preisgegeben – sieht man doch auch im heutigen Griechenland noch vielfach die Römer als fremde Okkupanten an!

Im Nordwesten: Die Landschaften Achaia und Elis

Olympia
1 klassische Altisbegrenzung
2 röm. Altisbegrenzung mit Propyla
3 Peristylbau: Speisepavillon mit kleinem Bad (röm.)
4 Prytaneion (5./3. Jh. v. und 3. Jh. n. Chr.)
5 Philippeion (nach 338 v. Chr.)
6 ›Hera-Tempel‹ (um 600 v. Chr.)
7 Pelopeion (5.–2. Jh. v. Chr.)
8 Zeus-Tempel (472–457 v. Chr.)
9 Basis einer Gruppe von 22 Figuren (Götter, Dichter, Personifikation des Wettkampfs), gestiftet von Mikythos, einem Freund und Berater des Tyrannen Anaxilas von Rhegion in Unteritalien (460–450 v. Chr.)
10 halbrunde Basis des Achäer-Weihgeschenks: Griechenversammlung vor Troja (5. Jh. v. Chr.)
11 Pfeilermonument: Nike des Paionios (425 v. Chr.)
12 mittelhelladische Apsidenhäuser
13 ungefähre Lage des Zeus-Altars
14 Nymphaion des Herodes Atticus (2. Jh.)
15 Schatzhäuser:
  a Sikyon b Syrakus
  c Epidamnos?
  d Byzantion? e Sybaris? f Kyrene?
  g? h Altar i Selinus
  k Metapont l Megara m Gela

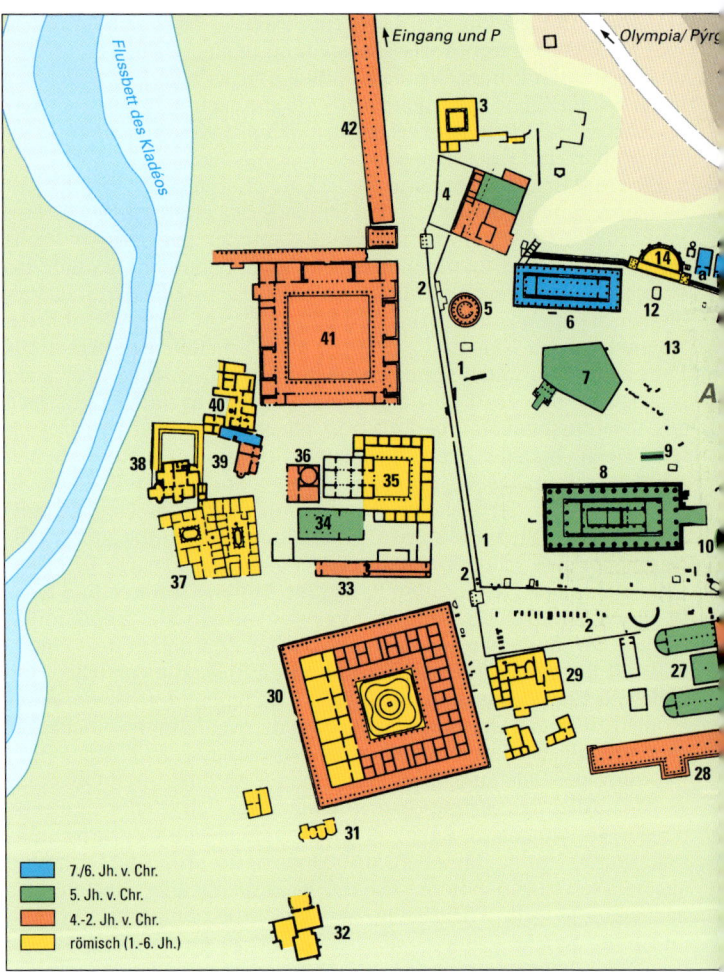

telt. Dabei finden nur solche Monumente Berücksichtigung, deren Erhaltung ihr einstiges Aussehen noch erkennen lässt oder die für die Geschichte des Platzes zentrale Bedeutung hatten; weitere Ruinen und Denkmäler sind in der Planlegende verzeichnet.

Brandopferaltar, Pelopeion, Hera-Tempel und Schatzhausterrasse

Vom **Brandopferaltar des Zeus (13),** dem kultischen Zentrum Olympias, wurden keine sicheren Spuren entdeckt; wie Pausanias überliefert, lag er unweit von Pelopeion und Hera-Tempel im Bereich der auf

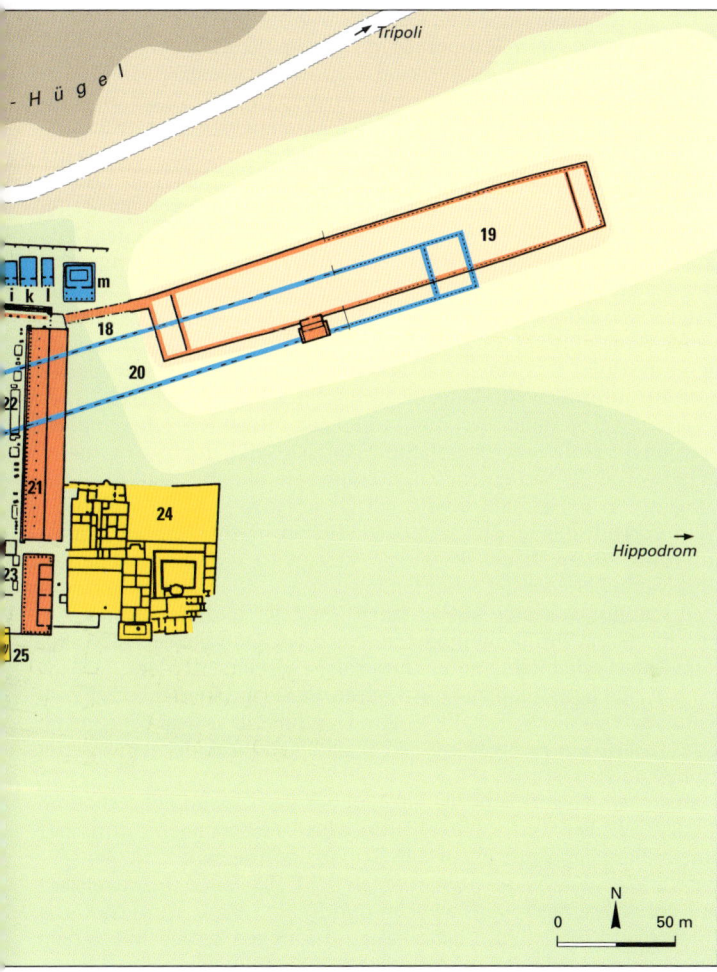

16 Metroon (4. Jh. v. Chr.)
17 ›Zanes‹
18 überwölbter Gang zum Stadion (um 300 v. Chr.)
19 nachklassisches Stadion
20 Lage des älteren Stadions
21 ›Echohalle‹ (spätes 4. Jh. v. Chr. mit augusteischer Restaurierung)
22 Doppel-Säulenmonument der graeco-ägyptischen hellenistischen Herrscher Ptolemaios II. Philadelphos und Arsinoe (3. Jh. v. Chr.)
23 Südost-Stoa: Hestia-Heiligtum? (spätes 4. Jh. v. Chr.)
24 hellenistisch-römischer Gebäudekomplex (darunter sog. Nero-Villa) mit Thermentrakt
25 Odeion (3. Jh.)
26 Festtor (67 n. Chr.?)
27 Bouleuterion (um 500 v. Chr.? und hellenist. Anbau)
28 Süd-Stoa (4. Jh. v. Chr.)
29 Süd-Thermen (spätes 3. Jh.)
30 Leonidaion (um 330 v. Chr. und 1. Jh. n. Chr.)
31 Bad (um 300)
32 Vereinshaus für Athletengilde (2. Hälfte 1. Jh.)
33 Werkstätten
34 frühbyzantinische Kirche: ›Fidias-Werkstatt‹ (5. Jh. v. Chr. u. 6. Jh. n. Chr.)

tieferem Niveau ausgegrabenen prähistorischen **Apsidenhäuser (12)**, d. h. schräg vor der Front des Hera-Tempels. Von einigen Steinstufen abgesehen, bestand der ca. 10 m hohe kegelförmige Altar aus der Asche verbrannter Opfertiere, die mit dem Wasser des Álfios zu einer festen Masse verrührt wurde.

Ebenfalls ursprünglich architekturlos war das **Pseudograb** des mythischen Gründers Olympias **Pelops (7)** (S. 124): ein schlichter Erdhügel, dessen angeblich hohes Alter gänzlich unbewiesen ist. Im 5. oder 4. Jh. v. Chr. wurde der kultisch verehrte Platz von einer fünfseitigen Temenosmauer eingefasst und erhielt ein Säulenpropylon, das in minimalen Resten erhalten ist.

Im Nordwesten: Die Landschaften Achaia und Elis

35 *Theokoleion (hellenistisch/römisch)*
36 *Heroon (spätes 4. Jh. v. Chr.)*
37 *Gästehäuser (röm.)*
38 *›Kladeos-Thermen‹ (2. Jh.)*
39 *griechisches Bad (5. Jh. v. Chr. und spätere Umbauten)*
40 *Peristylgebäude (röm.)*
41 *Palästra (3. Jh. v. Chr.)*
42 *Gymnasion (2. Jh. v. Chr.)*

Olympia, Hera-Tempel, Grundriss

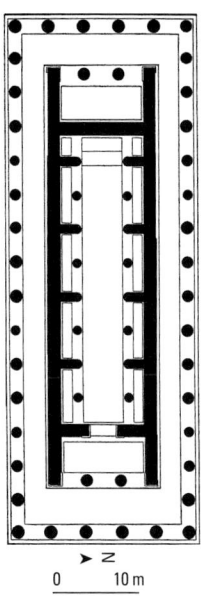

Der erste ansehnliche Bau der Altis war der noch heute als Ruine eindrucksvolle **Hera-Tempel (6)** mit seinen vier aufrecht stehenden Säulen, die von den Ausgräbern aus den am Ort liegenden Trommeln und Kapitellen wieder aufgerichtet wurden. Um 600 v. Chr. entstanden, gehört dieser dorische Ringhallentempel zu den frühesten erhaltenen Beispielen seiner Art. Er steht noch am Übergang von der traditionellen Holzbauweise zur archaischen monumentalen Steinarchitektur. Fundament, Stufenbau und Mauersockel der Cella bestehen aus Steinquadern; die gesamte Orthostatenzone der Cella ist erhalten. Die Wände darüber waren aus luftgetrockneten Lehmziegeln errichtet, wahrscheinlich mit einer Fachwerkverstrebung. Säulen von Eingangs- und Rückhalle wie auch der gesamte umgebende Säulenkranz und das Gebälk darüber aber waren ursprünglich aus Holz. Das Dach war mit gebrannten Tonziegeln gedeckt: eine korinthische Erfindung, die sich schnell auch in anderen Landschaften verbreitete. Erst im Laufe der folgenden Jahrhunderte wurden die Holzsäulen durch Steinsäulen ersetzt, und zwar erstaunlicherweise nicht in einem Zuge, sondern – offenbar als Einzelstiftungen von Individuen oder auch Gemeinden – Stück für Stück. Man erkennt das an den unterschiedlichen Techniken wie Monolith- und Trommelbauweise und am variierenden Umriss von Säulen und Kapitellen, der der neuesten jeweiligen ›Mode‹ folgt. Die flachsten und am weitesten ausladenden Kapitelle sind die ältesten, die mit strafferem Profil die jüngeren. Auch der Durchmesser der Säulen variiert erheblich, an der Unterseite zwischen 1,00 und 1,28 m! Eine der Eichensäulen im Opisthodom wurde nie ausgetauscht, Pausanias sah sie noch im 2. Jh. n. Chr. Den First über dem Eingang im Osten zierte ein riesiger tönerner Scheibenakroter, der im Museum zu bewundern ist (S. 145).

In seinem Grundriss weist der Bau mit Pronaos und Opisthodom an der Cella bereits die später kanonische Außensymmetrie dorischer Ringhallentempel auf. Die 6 × 16 Säulen der Ringhalle sind hier sehr weiträumig gestellt, die Außenkanten der Cellawände fluchten exakt mit der Achse der jeweils zweiten und fünften Säule von Front und Rückseite. Eine leichte Reduzierung der Eckjoche gegenüber dem Normaljoch verrät den später an allen dorischen Tempeln zu beobachtenden Konflikt, der dadurch entsteht, dass jeweils ein Triglyphon über der Säulenachse sitzen muss, so auch an den Ecken des Tempels (s.. Abb. S. 309). Die nicht mehr erhaltene Gebälkzone war also bereits, wie im dorischen Steinbau üblich, in Triglyphen und Metopen gegliedert. Die Seitenwände des Innenraums sind zur Versteifung durch vorspringende Zungenmauern verstärkt; in den dadurch entstehenden Nischen standen schlanke Säulen, die zusammen mit den Mauervorlagen die Querbalken des Dachstuhls trugen. Zugleich wird auf diese Weise der Innenraum rhythmisch gegliedert: eine offenbar als typisch peloponnesisch angesehene Besonderheit, die später an den Tempeln von Bassai und Tegea (Grundrisse S. 37) wiederkehrt. Bemerkenswerterweise fluchten jene Wandvorlagen und die dazwi-

Der archaische Hera-Tempel von Osten. Der um 600 v. Chr. errichtete Hera-Tempel hatte bereits einen ca. 50 Jahre älteren Vorgängerbau, der jedoch noch keine Ringhalle besaß.

schenstehenden Säulen exakt mit den Säulen der Ringhalle, was ein hohes Maß an planerischer Voraussicht bei diesem sonst doch eher improvisiert wirkenden Bauvorgang verrät.

Die Gemeinde Skillous in der südlich angrenzenden Landschaft Triphylien hat den Bau gestiftet, bemerkenswerterweise also nicht das später die Stätte dominierende Elis. Details des Tondachs wie auch Gegenstände, die im Tempel aufbewahrt wurden, weisen darüber hinaus auf spartanischen Einfluss. Zu Pausanias' Zeiten diente der Tempel als Schatzhaus. Alte Kunstwerke von geradezu legendärem Ruf waren hier versammelt: eine aus Gold und Elfenbein gefertigte Truhe des Tyrannen Kypselos von Korinth (S. 74), deren Dekor geradezu eine Summe griechischer Mythologie bildete; berühmt war auch ein mit Darstellungen von Athleten verzierter Tisch aus Gold und Elfenbein des klassischen Künstlers Kolotes, auf dem bei den Festen die Kränze für die Sieger der Wettkämpfe ausgelegt wurden. Darüber hinaus nennt Pausanias zahlreiche Statuen, darunter den Hermes des Praxiteles (S. 150), der erhalten blieb und im Museum zu besichtigen ist.

Für den kaiserzeitlichen Reiseschriftsteller war dies ohne jeden Zweifel der Tempel der Hera, deren Kult er im Einzelnen beschreibt. Auch ein entsprechendes Kultbild – zusammen mit dem des Zeus – wird von ihm erwähnt, jedoch mit dem ausdrücklichen Hinweis, dass jene Statuen aus Gold und Elfenbein bestünden. Der in der Nähe des Tempels gefundene und im Museum ausgestellte weibliche Kalkstein-

Im Nordwesten: Die Landschaften Achaia und Elis

Blick von der Schatzhaus-Terrasse über die Reste des römischen Nymphäums (S. 141) auf den Hera-Tempel.

Im Gegensatz zur Situation in Delphi sind in Olympia die Schatzhäuser ›ordentlich‹ aufgereiht. Die einer Prozession oder sogar einer Phalanx vergleichbare Reihung kann auf Anordnungen der Priesterschaft beruhen, ebenso aber auch als Ausdruck eines konzertierten Auftretens der dorischen Auslandsgriechen in Olympia verstanden werden.

Fertigbauten sind nicht erst eine Erfindung der Neuzeit. Die Steine des Schatzhauses der Sikyonier (a) wurden nicht in Olympia, sondern in Sikyon gebrochen und ausgemeißelt, dann für den Transport nummeriert und vor Ort neu zusammengesetzt.

kopf fällt also als Anwärter für das Kultbild aus, zumal er viel zu groß ist, um als Sitzstatue vervollständigt auf der erhaltenen Basis vor der Rückwand der Cella Platz zu finden. Offenbar hatten ursprünglich Zeus und Hera hier ihren Sitz, vielleicht sogar nur Zeus, dessen ›Wohnung‹ dann im 5. Jh. v. Chr. auf den neu erbauten Tempel übertragen wurde.

War der Hera-Tempel ein Repräsentanzbau Triphyliens und Spartas, so setzten deren dorische Konkurrenten selbstbewusst einen Gegenakzent: Die seit ca. 560 v. Chr. auf einer Terrasse am Hang des Kronoshügels errichteten **Schatzhäuser (15)** blicken auf den altehrwürdigen Tempel herab. Vor Ort sieht man nur noch dürftige Fundamente und einige Mauern jener Bauten, diverse Stücke der Gebälke und Dächer aber sind erhalten und teilweise im Museum ausgestellt (S. 145f.).

Pausanias listet die Schatzhäuser und ihre Stifter von West nach Ost auf, leider nur zehn statt elf, was zu Unsicherheiten bei der Identifizierung führt. Vertreten sind die dorischen Koloniestädte Syrakus (b), Gela (m) und Selinus (i) auf Sizilien, Metapont (h) und das für seinen Reichtum berühmte Sybaris in Unteritalien (e?), Epidamnos (c?) an der albanischen, Kyrene (f?) an der libyschen Küste und schließlich Byzantion (d?), das heutige Istanbul. Das griechische Festland hingegen wartet nur mit zwei Städten auf: Sikyon (a) und Megara (l), wobei letztere die Mutterstadt vieler der genannten Kolonien war.

Die Bauten dienten der Aufbewahrung reicher Schätze, mit denen die Abordnungen jener Städte in Olympia prunkten, und waren zugleich selbst kostbare Weihegaben an den olympischen Zeus. Aus Inschriften, die Pausanias noch sah, geht hervor, dass u. a. Tyrannen, die im Wagenrennen gesiegt hatten, als Stifter solcher Schatzhäuser hervortraten. Die ältesten Schatzhäuser sind die von Gela und Megara (um 560 und 540 v. Chr., vgl. S. 128), das jüngste das von Sikyon (um 460 v. Chr.).

Bis zum Bau des monumentalen Zeus-Tempels im 5. Jh. v. Chr. waren dies die einzigen Architekturen innerhalb der Altis, wenn man einmal von den Erdwällen des Stadions absieht. Nur südlich der Heiligtumsbegrenzung wurde um 500 v. Chr. ein Doppelapsiden-Bau von sonst ungekanntem Grundriss errichtet, der als Bouleuterion, d. h. Ratsgebäude der elischen Heiligtumsverwaltung, diente.

Klassischer Zeus-Tempel und ›Fidias-Werkstatt‹

Erdbeben, möglicherweise auch gezielte Demolierung in Spätantike und frühem Mittelalter haben den **Zeus-Tempel (8)** zu dem Trümmerhaufen gemacht, der sich dem Besucher heute darbietet. Wie Tortenscheiben liegen die gewaltigen Säulentrommeln der Peristasis im Gelände, dazu Gebälkblöcke und Stücke des Dachrandes. Dazwischen fanden die Ausgräber die Giebel- und Metopenskulpturen, die jetzt im Museum ausgestellt sind. Aufgrund der standardisierten griechischen Tempelbauweise erlauben die erhaltenen Bauglieder eine sehr exakte Rekonstruktion dieses großartigen Gebäudes, dessen Entwurf für alle folgenden Ringhallentempel maßgebend wurde, den man nachahmte oder von dem man sich auch bewusst absetzte wie etwa im Falle des Parthenon. Kein anderer Tempel verdient deshalb so sehr die Bezeichnung ›klassisch‹ wie dieser.

Über die politischen Umstände, die zum Bau dieses in seiner Zeit größten Tempels des griechischen Festlandes geführt haben, ist nur wenig bekannt. Finanziert wurde das Projekt aus Geldern eines Beutekrieges der 472 neu gegründeten und demokratisch verfassten Stadt Elis gegen ihre südlichen Nachbarn, darunter die um Olympia herum wohnenden Pisaten. Elis bestimmte auch den Architekten: einen Einheimischen namens Libon. Nach damaligem Brauch war ein solcher Architekt und Bauaufseher nun keineswegs frei in der Wahl seines Designs, sondern hatte einen Kostenvoranschlag sowie die Grundzüge des Entwurfs den Gremien der Stadt vorzulegen. Letztlich entschied die Volksversammlung über alle wichtigen Einzelheiten eines solchen Vorhabens, bestimmte somit auch dessen ästhetisches Ergebnis. So ist dieser Tempel keineswegs als bloße Hervorbringung eines Künstlerindividuums zu verstehen, sondern vielmehr als Produkt eines kommunikativen Prozesses, an dem eine Vielzahl kompetenter und interessierter Menschen beteiligt waren, nämlich die gesamte freie Bürgerschaft von Elis. Ob darüber hinaus auch auswärtige Mächte mittelbaren Einfluss auf das Bauwerk nahmen, entzieht sich unserer Kenntnis. Wahrscheinliches Datum des Baubeschlusses sind die Jahre 472/71; vollendet war der Tempel spätestens 457 v. Chr., denn zu diesem Zeitpunkt hängten die Spartaner nach ihrem Sieg in der Schlacht von Tanagra einen goldenen Schild am First auf (vgl. S. 147). Auch das Zeusbild im Innern muss von vornherein projektiert gewesen

Poröser einheimischer Muschelkalk bildet das Baumaterial des Zeus-Tempels. Obwohl alle Sichtflächen mit Marmorstuck überzogen waren, sind die Steinmetzarbeiten mit großer Präzision ausgeführt.

Südflanke des Zeus-Tempels mit umgestürzten Säulen. Eine der Säulen wurde mittlerweile wieder aufgerichtet.

Olympia, Zeus-Tempel, Eingangsseite (Ost), Rekonstruktion

Olympia, Zeus-Tempel, Grundriss

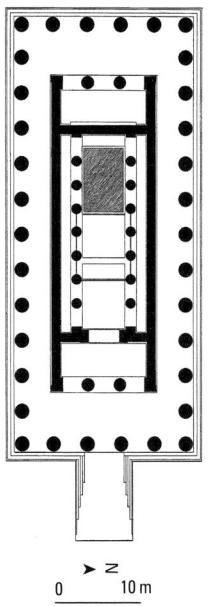

sein, wurde jedoch aus unbekannten Gründen erst Jahrzehnte später ausgeführt.

Fundamentiert sind, wie üblich, nur diejenigen Zonen des Stufenbaus, die Mauern oder Säulenreihen tragen (Abb. S. 135). Die noch in der Ruine wirksame Dominanz des Baus in der Mitte der Altis beruht neben seiner enormen Größe auf der erhöhten Position, die durch eine künstliche Anböschung des Bodens um 2,5 m gegenüber dem umgebenden Niveau erreicht wurde, wofür umfangreiche Erdarbeiten vorgenommen werden mussten. Mit den beiden unteren Stufen von jeweils 48 und der obersten von 56 cm Höhe liegt die Stylobatfläche bereits 4 m über der umgebenden Altis.

Grundmaß des Entwurfs ist das Säulenjoch von 16 dorischen Fuß: 5,22 m. Aus dieser Einheit wurde die Fläche des Stufenbaus (Stylobat) abgeleitet; bei 6 × 13 Säulen, d. h. 5 × 12 Jochen, ergibt das 80 × 192 Fuß, reduziert um die Kontraktion der Ecksäulen wegen des Triglyphenkonflikts: 27,66 × 64,10 m (mit geringen Ausführungsdifferenzen von insgesamt maximal 2 cm). Auch die Cella ist mittels exakter Einfluchtung in den Säulenkranz in dieses Maß- und Proportionssystem eingebunden. Im Aufbau zieht sich das Grundmodul in gleichmäßiger Halbierung bis ins Dach hinauf: Das Seitenmaß von jeweils einer Triglyphe plus einer Metope beträgt acht Fuß, die Tropfenplatten des Geisons vier, die Breite der Marmorziegel schließlich zwei Fuß. Gemessen an älteren Bauten wirken die Säulen wuchtig; ihre Kontur verjüngt sich fast geradlinig nach oben und lädt nur schwach aus. Entsprechend knapp ist der Echinus der Kapitelle gestaltet. Ob der gesamte Bau eine Kurvatur aufwies, konnte angesichts der Erdverschiebungen im Laufe der Jahrtausende nicht mehr zweifelsfrei festgestellt werden, wohl aber dass die Säulen leicht nach innen geneigt waren, was eine Kurvatur von Stylobat und Gebälk nahe legt. Der Innenraum der Cella war in konventioneller Manier durch doppelstöckige Seitenkolonnaden unterteilt, was zur Reduzierung der Balkenlänge des Dachstuhls erforderlich war. Die laut einer Inschrift vom Bildhauer Paionios (S. 146) gefertigten Akrotere sind nicht erhalten. Zu Giebel- und Metopenschmuck des Tempels s. S. 147.

Im Fußboden der Cellavorhalle des Zeus-Tempels wurde im 4. Jh. v. Chr. ein Mosaik verlegt, dessen Reste noch am Ort zu besichtigen sind.

Wann genau die über 12 m hohe **Sitzstatue des Zeus** Einzug in den Tempel hielt, ist nicht bekannt, jedenfalls aber erst eine knappe Generation nach Fertigstellung des Baus. Nichts ist von diesem aus Gold und Elfenbein über einer Holzkonstruktion gefertigten Riesenbild erhalten, das mit Ornamenten und figürlichen Darstellungen überreich geschmückt war. Nur antike Beschreibungen, einige kaiserzeitliche Münzbilder sowie römische Teilkopien vom Thron geben noch eine Vorstellung von diesem in der Antike als Weltwunder geltenden Werk des athenischen Bildhauers Fidias. Nicht, wie bis dahin üblich, als energiestrotzender Athlet und Krieger war Zeus hier dargestellt, sondern sitzend als würdiger älterer Herr, dessen Autorität – symbolisiert durch die Siegesgöttin Nike und ein Zepter mit Adlerbekrönung – fast institutionalisiert wirkt. Lilien und eingelegte figürliche Bilder zierten sein Gewand. Ein vielfältiges Programm mythischer Einzelfiguren und Szenen breitete sich an Thron, Fußschemel und Basis aus, von deren Gestalt man sich jedoch nur bei den Armstützen (Jünglinge raubende Sfingen) und den Seitenpaneelen des Throns (Tötung der Niobekinder durch Apollon und Artemis) mittels römischer Kopien noch ein Bild machen kann. Neben speziellen Bezügen auf Zeus' richterliche und strafende Funktion als Schirmherr Olympias lassen

Olympia, Zeus-Tempel, Rekonstruktion des Innenraums mit dem 13 m hohen Kultbild (nach Georg Treu)

sich auch außenpolitische Bezüge ausmachen, bei denen möglicherweise Ansprüche Athens – etwa in seiner Rolle bei den Perserkriegen sowie in der Folgezeit gegenüber Theben – zum Ausdruck kommen. Das die gesamte Breite des Mittelschiffs der Cella ausfüllende Sitzbild war nach vorn hin durch Schranken abgetrennt, die noch heute sichtbare Bodenfläche dazwischen mit dunklen Steinplatten ausgelegt. Ein Kultbild im eigentlichen Sinne ist das Riesenwerk nie gewesen, vielmehr – analog der Athena Parthenos im Parthenon – eher ein Staatsweihgeschenk.

Kein Werk wurde in der späteren Antike so gerühmt wie diese Zeus-Statue des Fidias, und so nimmt es nicht Wunder, dass lokale Führer dem Reisenden Pausanias ein Gebäude im Westen der Altis zeigten, das sie als **Werkstatt** des genialen **Fidias (34)** bezeichneten. Die Ausgräber Olympias haben, ihren Pausanias in der Hand, jene Idee ohne Zögern aufgegriffen, und seither gilt der Bau kritiklos als Atelier des Fidias, indem dieser nicht nur das Gold-Elfenbein-Bild gefertigt, sondern auch dessen optische Wirkung auf den Betrachter erprobt habe. Wie in einem solchen Fall nicht anders zu erwarten, wurde die faszinierende Idee durch archäologische Fakten bestätigt bzw. untermauert. Eine umfassende und vorurteilsfreie Publikation der Befunde steht noch aus und ist angesichts der seit der Ausgrabung verstrichenen Zeit auch schwierig. So können hier nur einzelne Argumente stichwortartig einander gegenübergestellt werden.

In seiner erhaltenen Form ist der Bau eine christliche Kirche des späten 5. oder 6. Jh., deren Ziegelwände mit den Fenstern ebenso wie Teile der Innenausstattung recht gut erhalten sind. Tatsächlich war diese Kirche in einen älteren Bau integriert, dessen Sockelzone aus sorgfältig behauenen Orthostatenblöcken noch gut sichtbar ist: ein, jedenfalls außen, nobles Gebäude, dessen Dachzone sogar mit blütengeschmückten Dachtraufen und Löwenkopfwasserspeiern versehen war. Derartiges ist für Werkstätten generell nicht überliefert und auch in hohem Maße unwahrscheinlich; gearbeitet wurde gewöhnlich im Freien und in offenen Schuppen, auch bei der kaum minder wertvollen Athena Parthenos auf der Athener Akropolis war dies so. Als positives Argument für die Werkstatthypothese wird angeführt, dass der Bau in seinen Abmessungen der Cella des Zeustempels entspreche; doch das trifft nur ungefähr zu und wirft zudem besondere Probleme auf: Die Halle war konventionell aufgeteilt in einen Vor- und einen Hauptraum, was weder der Tempel-Cella entspricht noch gar den praktischen Erfordernissen einer Werkstatt und ästhetischen Versuchsbühne. Überhaupt wäre der Raum entsetzlich eng für den Aufbau eines derart komplexen Werkes: Es würde zwar gerade der Breite nach hineinpassen, aber eben auch nur das! Gänzlich ungelöst bleibt die Frage der Beleuchtung, selbst bei Annahme modern anmutender übereinander geordneter Fensterreihen, wie Modellversuche der Ausgräber verraten.

Ein zusätzliches Problem bildet die Höhe des Zeusbildes, die inklusive der Basis mehr als 13 m betrug. Eine solche Höhe würde

Zur byzantinischen Kirche umgebaute sog. Werkstatt des Fidias

bei vorliegendem Grundriss alle üblichen altgriechischen Bauproportionen sprengen. Auch schienen die Wände der fraglichen Halle selbst den Verfechtern der Werkstatttheorie zu dünn für eine derartige Höhe, doch wieder war hier der Wunsch Vater des rekonstruierenden Gedankens: Man wich auf eine in der Antike ungewöhnliche Dachlösung aus! Sogar die Tatsache, dass alle angeblich auf Fidias zu beziehenden Handwerksutensilien und Arbeitsrelikte im Kontext von Abfällen diverser Betriebe weiter südöstlich im Freien zutage kamen, kein einziges aber in der Halle selbst, wurde elegant ›weginterpretiert‹: Die Halle sei gereinigt worden, als sie neuen Zwecken zugeführt wurde, so meinte man. In der Tat sah Pausanias in dem Gebäude gar keine alte Werkstatt, sondern vielmehr einen Götteraltar; lediglich beiläufig berichtet er von der Fidias-Hypothese. Die teilweise im Museum ausgestellten Objekte selbst (S. 147) werfen bislang mehr Fragen auf, als sie beantworten, und so wird man sich wohl von der ohnehin modernen Idee eines Künstlerateliers verabschieden müssen und in der vermeintlichen Fidias-Werkstatt eher ein *Depot für Gerätschaften des Heiligtums* sehen, wie es etwa für die Athener Akropolis überliefert ist.

Spätklassische, hellenistische und römische Bauten

In der klassischen Epoche war die Altis ein offener, nicht von Architektur gerahmter Platz, zentriert auf Zeus-Altar, Schatzhausterrasse und die beiden Tempel; die teilweise von Bäumen bestandene freie Fläche war angefüllt mit Statuen und anderen Weihgeschenken. Von der lockeren Reihung der Schatzhäuser abgesehen, besaß jedes Gebäude seine eigene Orientierung. Auch die Errichtung eines **Prytaneion (4)** mit Bankettsräumen als Amtslokal für die verwaltende Pries-

Im Nordwesten: Die Landschaften Achaia und Elis

Das Philippeion wurde 2008 aus antiken Werkstücken teilrekonstruiert, sodass der Besucher eine Vorstellung vom einstigen Aussehen des Baus gewinnt. Ähnliche Rundtempel aus der gleichen Periode schmückten die Heiligtümer von Epidauros (S. 198) und Delphi.

terschaft sowie eines dritten kleinen dorischen Tempels für die Göttermutter Meter (**Metroon, 16**) im frühen 4. Jh. v. Chr. vor der Schatzhausterrasse (unter Augustus zum Kaiserkulttempel umgewidmet) änderte an dieser Grundstruktur zunächst nichts. Erst nach der Schlacht von Chaironeia 338 v. Chr., mit der der Makedonenkönig Philipp II. zum faktischen Herrscher Griechenlands und damit auch zum Patron Olympias wurde, setzt eine neue konzeptionelle Phase ein.

Die konventionelle Rechteckgestalt der durchweg dorischen klassischen Architekturen wird zunächst einmal bereichert durch einen zierlichen, von feinen Ornamentfriesen geschmückten ionischen Rundbau (Tholos), das **Philippeion (5)**, dessen von korinthischen Halbsäulen umstandener Innenraum eine neue Eleganz zeigt. Gestiftet hat ihn König Philipp II. als eine Art Schatzhaus für die goldelfenbeinernen Standbilder seiner Dynastie: sein eigenes, die seiner Eltern Amyntas und Eurydike, seiner Frau Olympias und seines Sohnes Alexander.

Noch augenfälliger als dieses Bauwerk war die Neugestaltung des Platzes, die in die gleiche Zeit zu datieren ist und wahrscheinlich ebenfalls auf eine Initiative Philipps zurückgeht: Auf ihrer Ostseite wird die Altis durch eine 94 m lange Säulenhalle – die später wegen ihrer Akustik als **Echo-Halle (21)** bezeichnete Stoa – gerahmt. Ob das lediglich in Trümmern überkommene Gebäude allerdings damals fertig gestellt wurde, ist unklar; nach einem Brand wurde die Halle in augusteischer Zeit unter Verwendung von Baugliedern eines anderen Gebäudes restauriert. Damit war die alte gewachsene und eher zufällige Begrenzung der Altis an der Hangseite im Norden nun durch einen optisch wirkungsvollen Querriegel im Osten ergänzt. Vervollständigt wurde die architektonische Ostflankierung in Fortführung der Achse durch eine weitere **Halle, die Südost-Stoa (23)**, die möglicherweise einen Kult der Herdgöttin Hestia beherbergte.

Nur Süd- und Westseite waren nun noch offen bzw. lediglich durch eine niedrige Temenos-Mauer von der Umgebung abgegrenzt. Bald sollten auch die verbleibenden Seiten durch repräsentative Gebäude eingefasst und so die Altis zu einem praktisch geschlossenen Raumgeviert umgestaltet werden, das an eine Agora oder sogar einen weiteren Innenhof erinnerte.

Auch der Bereich südlich der Altis erfährt noch im 4. Jh. v. Chr. eine optische Aufwertung und zugleich Standardisierung. Das **Bouleuterion (27)** erhält eine *durchgehende Säulenfront*, und zum Álfios-Tal hin wird die repräsentative **Süd-Stoa (28)** errichtet: eine für ihre Zeit ungewöhnliche Halle mit korinthischen Säulenstellungen auf drei Seiten und einem tempelartig vorgezogenen Mitteltrakt, der wohl als Ehrentribüne für Honoratioren diente, die von hier aus die ankommenden Festzüge aus Elis beobachteten. Drei weiträumige Peristylbauten entstehen im Westen der Altis: Leonidaion, Theolokeion und Palästra mit angrenzendem Gymnasion.

Das noch heute beeindruckende **Leonidaion (30)** – eine Privatstiftung des Naxiers Leonidas aus den Jahren 330–20 v. Chr. und mit seiner Fläche von 75 × 81 m vom Grundriss her Olympias größter Bau – war ein Hotel mit Bankett- und Schlafräumen. Umlaufende Hallen mit nicht weniger als 138 ionischen Säulen vermittelten dem Ankommenden zunächst den gewohnten Eindruck von Stoai. Erst nach Betreten des Gebäudes zeigte sich das architektonisch Neue in Gestalt eines riesigen Innenhofes, der von dorischen Kolonnaden umzogen wird, hinter denen die Aufenthaltsräume liegen. Auch die Wahl von ionischen Säulen für den Außenbau und dorischen für das Innere, statt wie gewöhnlich umgekehrt, muss jeden Heiligtumsbesucher erstaunt und auf den neuen Umstand hingewiesen haben, dass hier der Hof die Schauseite ist, die ›Außenhallen‹ dagegen additiver Zierrat. Nach einem Brand wurden – wahrscheinlich auf Veranlassung von Kaiser Nero (reg. 54–68), vielleicht aber auch erst im 2. Jh. – der Innenhof zu der heute sichtbaren symmetrischen *Gartenanlage* mit geschwungenen Wasserbecken und einer zentralen Insel umgestaltet und ein Teil der Räume zu repräsentativen Sälen erweitert, was dem Bau ein palastartiges Aussehen verlieh, geeignet zum Empfang von Festgesandtschaften, aber auch als Residenz des römischen Statthalters beim Besuch der Spiele.

Schlechter erhalten ist ein zweiter Peristylbau bei der ›Fidias-Werkstatt‹ im Norden des Leonidaion: das sog. **Theolokeion (35).** Es diente der gleichnamigen Priesterbehörde als Amtshaus. Zu den im Westen angrenzenden unübersichtlichen Gebäudetrakten gehört ein **Heroon (36)** mit eingeschriebenem Rundsaal sowie, jenseits des Weges (heute überwuchert und für Besucher abgesperrt), ein in seinen Anfängen auf das 5. Jh. v. Chr. zurückgehendes **Bad (39).**

Durch die Wiederaufstellung von Säulen heute eine der Hauptattraktionen Olympias ist die aus dem 3. Jh. v. Chr. stammende **Palästra (41)**, in der Athleten Ringen, Boxen und Springen trainierten.

Der von halbkanellierten Säulen umzogene Hof der Palästra

Wieder erschließt sich die Struktur des Gebäudes für den Benutzer erst nach Passieren eines der drei schmalen Propyla an den Ecken der Südseite und der Westseite, die zunächst in unscheinbare Vorräume führen. Imposant wirkt die Anlage nur von innen; entsprechend sind alle Räume auf den Hof bezogen, ohne gegenseitige Verbindung durch Türen. Noch heute besticht die Architektur durch ihre Zierlichkeit. Die halbkannelierten dorischen Säulen des Hofs sind bleistifthaft dünn und so weiträumig platziert, dass darüber nur ein Holzgebälk gelegen haben kann. Die meisten Annexräume sind durch ionische Säulenstellungen vom Hofumgang separiert. Die Mauern bestanden aus Lehmziegeln über einem Quadersockel.

An die Palästra grenzt im Norden das einstmals etwa 220 × 100 m messende Geviert des **Gymnasions (42),** Trainingsort der Knaben und Männer für Laufen, Speer- und Diskuswurf, zugleich aber auch Bildungsstätte und Kulturzentrum im weiteren Sinne. Nur Spuren zweier Hallen im Süden und im Osten (letztere als überdeckte Laufbahn) sind erhalten, die einstigen Aufenthalts- und Serviceräume im Westen wurden vom Kládeos-Fluss weggerissen. In Trümmern noch sichtbar ist die türlose Eingangshalle mit korinthischen Säulen, konzeptionell verwandt dem Torbau des Asklepios-Heiligtums von Epidauros (S. 192ff.).

Olympia erhielt in **römischer Zeit** zahlreiche **Repräsentations- und Nutzbauten,** die die Bedeutung der Stätte als Sport- und Kulturzentrum unterstreichen; der von der früheren Forschung angenommene Niedergang der Spiele während der Kaiserzeit wird hierdurch klar widerlegt. Leider sind die meisten dieser Architekturen nur unzureichend erforscht (vgl. S. 119); auch der griechische Antikendienst, der heute die Stätte verwaltet, zeigt nur geringes Interesse an der römischen Epoche Olympias. So sind fast alle römischen Ruinen, obwohl teilweise noch von imposanter Gestalt, bis dato für den Besucherverkehr abgesperrt, vieles auch von Pflanzenbewuchs überwuchert.

Vier Kategorien von Bauten treten in der römischen Epoche hinzu: *Vereins- und Gästehäuser bzw. Empfangsgebäude (3, 24?, 30, 32), eine Vortragshalle (25), Thermen (24?, 29, 31, 39)* und schließlich pure *Schauarchitektur (14, 26);* hinzu kommen *Restaurierungen älterer Gebäude.*

Gleich beim heutigen Eingang im Norden liegen linker Hand die Reste eines **Speisepavillons (3)** mit kleinem Bad zu Aufenthalt und Bewirtung eines unbekannten Personenkreises. Weitere **Gästehäuser (37, 40),** wiederum als Peristyle konzipiert, finden sich westlich von Fidias-Werkstatt und Palästra. Ein früher als Bad gedeutetes Peristylgebäude hat sich durch neuere Forschungen als **Vereinshaus einer Athletengilde (32)** entpuppt, errichtet von einer stadtrömischen Bauhütte und fertig gestellt von einheimischen Kräften anlässlich des Besuches Kaiser Neros im Jahr 67; die mit Aufenthaltsräumen, Küche und Latrine ausgestattete Einrichtung erhielt um 300 eine kleine **Badeanlage (31)** und bestand noch im späten 4. Jh. n. Chr.

Überhaupt erwies sich Nero als ausgesprochener Förderer Olympias. Wahrscheinlich auf seine Initiative und Finanzierung geht die bereits geschilderte Renovierung des Leonidaion (S. 138) zurück; auch ein gewöhnlich als **Nero-Villa (24)** bezeichneter, im 2. und 3. Jh. überbauter und erweiterter Komplex im Osten muss keinesfalls der einmaligen Unterbringung des Kaisers gedient, sondern dürfte auch weiteren Gästen offen gestanden haben. Ebenfalls Neros Besuch 67 n. Chr. ist ein nur in Rudimenten erhaltenes dreibogiges **Prachttor (26)** zu verdanken, das den Festweg abschloss, der vom Álfios-Tal herauf, an Leonidaion und Südstoa vorbei, zur Altis führte. Auch für Darbietungen in einem geschlossenen Saal war durch Errichtung eines **Odeions (25)** vor dem neronischen Festtor gesorgt; der Bau stammt aus den Jahren um 300.

Drei kaiserliche *Thermenanlagen* dienten Athleten und Zuschauern zur Erholung. Die sog. **Kladeos-Thermen (38)** im Westen stammen aus trajanischer oder hadrianischer Zeit (2. Jh.), die **Süd-Thermen (29)** aus dem späten 3. Jh. und der mit einem mosaikgeschmückten *Oktogonsaal* ausgestattete **Thermentrakt (24)** im Bereich der sogenannten Nero-Villa aus dem späten 2. oder frühen 3. Jh.

Einzusehen, weil zwischen Hera-Tempel und Schatzhausterrasse gelegen, ist das **Nymphäum des Herodes Atticus (14)**. Gegen Mitte des 2. Jh. haben Herodes, der auch eine Brunnenanlage in Korinth stiftete

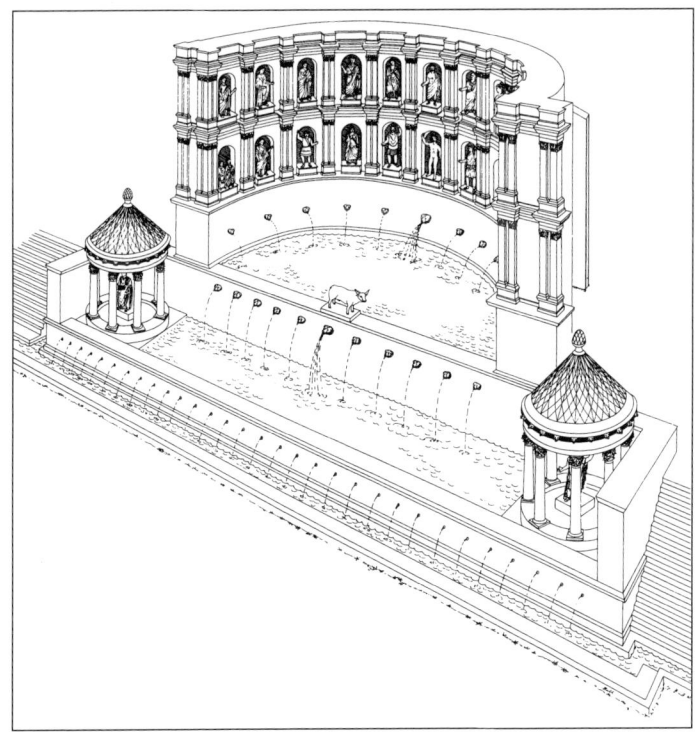

Olympia, Nymphäum des Herodes Atticus, 2. Jh., Rekonstruktion

(S. 82), und dessen Villa in Loukoús ausgegraben wurde (S. 209) und seine Frau Regilla die prächtige Schauarchitektur gestiftet, die Inschriften zufolge 153 fertig gestellt wurde. Nymphäen werden solche Bauten deshalb genannt, weil Quellen und folglich auch Brunnenhäuser nach griechischer Vorstellung von Nymphen bewohnt waren. Römische Nymphäen bilden eine Kombination aus Grotte, Brunnenanlage und Schaufront einer Theaterbühne. So auch hier: Eine Kulissenarchitektur mit Nischen, in denen, nicht ohne programmatische Absicht, Statuen der Kaiser Hadrian (reg. 117–138), Antoninus Pius (reg. 138–161), Lucius Verus (161–169) und Marc Aurel (161–180) sowie solche der Familie des Herodes Atticus in zwei Registern übereinander aufgestellt waren, bildet ein Halbrund. Aus dessen Sockel sprudelte das Wasser durch Löwenköpfe in ein oberes Becken. Auf dem vorderen Rand dieses Beckens stand der im Museum ausgestellte Stier mit der Inschrift Regillas (S. 151). Von hier strömte das Wasser, wiederum durch Löwenkopf-Speier, in ein unteres Becken, das von pavillonartigen Rundtempelchen (Monopteroi) flankiert war; Reste dieser kleinen Zierarchitekturen liegen noch im Gelände. So erweist sich die Reverenz des griechischen ›Milliardärs‹ Herodes an sein Heimatland zugleich als Reverenz an das Kaiserhaus in Rom, von dessen Gunst Blühen und Gedeihen der uralten griechischen Stätte nun abhängen.

Das Stadion

Wie in Nemea (S. 92) schritten Athleten und Besucher durch einen aus Keilsteinen gefügten **Tunnel (18)** ins Innere des **Stadions (19)**. Davor passierten sie die Reihe der **Zanes (17)**: bronzene Zeus-Statuen, die bei Wettkampfvergehen als Sühne aufgestellt werden mussten und zur Einhaltung der Regeln ermahnten. Der Gang wurde gegen 200 v. Chr. erbaut, auch die jetzt sichtbare Gestalt des Stadions ist erst dem 4. Jh. v. Chr. zuzuweisen. Der Platz der Laufbahn aber war bereits im 5. Jh. v. Chr. derselbe, nur mit schmalerer Rennstrecke und niedrigeren Erdbanketten. 40 000 Zuschauer fanden auf den *Erdwällen* der spätesten Stadionanlage Platz; für Honoratioren gab es eine *Steintribüne* auf der Südseite, unweit der Mitte. Gegenüber steht ein Altar für Demeter Chamyne. Die steinerne Begrenzung der Wettkampffläche ist samt Wasserrinne und kleinen Schöpfbecken erhalten, ebenso *Start- und Zielschwelle* mit einer Distanz von 192,25 m.

Die Maße der Rennbahnen an den verschiedenen Wettkampforten variieren, ebenso wie die der aufeinander folgenden Bauphasen des Olympia-Stadions. Die absolute Distanz spielte ebenso wenig eine Rolle wie die absolute Zeit. Sieger war, wer zuerst ins Ziel kam. Außer Laufen wurden in dieser Anlage auch die übrigen schwer- und leichtathletischen Wettkämpfe ausgetragen (S. 125). Nur Wagenrennen fanden im ca. 750 m langen *Hippodrom* statt, das südöstlich zum Álfios-Tal hin lag. Etwa gleichzeitig mit dem Bau des Zeus-Tempels im 2. Viertel des 5. Jh. v. Chr. war das Stadion hierher verlegt worden, natürlich noch ohne Zugangstunnel; vielmehr kletterten Athleten

Wettlauf über mittlere Distanz, links im Bild Wendemarke. Darstellung auf athenischer Amphora des 5. Jh. v. Chr.

und Zuschauer über den niedrigeren Erdwall in die Anlage. Vor dieser Zeit lag das **Stadion (20)** ca. 75 m weiter westlich und ragte unterhalb der Schatzhausterrasse ein Stück weit in die Altis hinein. Theatron nannte man diesen kommunikativ zentralen Bereich, wo Kult und agonale Selbstdarstellung in Sport und Votivpraxis räumlich zusammen trafen. Erst durch den Bau der ›Echo-Halle‹ (21) im späten 4. Jh. v. Chr. wurde die Rennbahn gänzlich von der Altis separiert.

Olympias Museen

Olympia hat zwei Museen von internationalem Rang (am besten in der folgenden Reihenfolge zu besuchen): 1. Museum der Geschichte des Olympischen Sports im schön renovierten klassizistischen Ziller-Bau, am Weg zum Archäologischen Museum rechter Hand auf einem Hügel gelegen. 2. Archäologisches Museum bei der Ausgrabungsstätte.

Museum der Geschichte des olympischen Sports

Der von Ernst Ziller entworfene, in den 80er-Jahren des 19. Jh. errichtete Museumsbau beherbergte ein Dreiviertel Jahrhundert lang alle Funde der Olympia-Grabung, bis zwischen 1966 und 1975 das neue Museum in unmittelbarer Nähe des Heiligtumsbezirks entstand. Nach sorgfältiger Restaurierung prangt nun in den Farben Schneeweiß und Gelb der alte Bau wieder wie neu und beherbergt jetzt einen Teil der Funde, die sich unmittelbar auf das Sportgeschehen in Olympia beziehen, vermehrt um Fundstücke aus anderen Gegenden der antiken Welt, die sportliche Wettkämpfe dokumentieren oder illustrieren. Auch das aktuellste Modell des Heiligtums aus der letzten Periode vor seiner Schließung im 4. Jh. n. Chr. ist hier zu sehen. Zwei Porträtbüsten erinnern an die großen Erforscher Olympias und Promotoren der Olympia-Grabung Ernst Curtius und Wilhelm Dörpfeld.

Im Nordwesten: Die Landschaften Achaia und Elis

Den Exponaten ist in dieser vorzüglich beleuchteten Aufstellung viel Raum gegeben, erklärende Texte und zeichnerische Rekonstruktionen vermitteln ein lebendiges Bild des Sportgeschehens in Olympia von seinen Anfängen im 8. Jh. v. Chr. bis zum Ende der Antike. Alle olympischen Sportarten sind – nicht zuletzt durch eine große Zahl von Vasenbildern – dokumentiert. Hinzu kommen Inschriften auf Bronzeblechen und Steinstelen, die Auskunft über Personal des Heiligtums, über Wettkampfregeln und Siegerehrungen geben. Vor allem aber frühe Weihgeschenke aus der ›geometrischen Periode‹ beeindrucken hier den Besucher: bronzene Dreifußkessel mit ihrem fantastischen Dekor aus plastischen Greifenköpfen und Sirenen und ihren reich verzierten Beinen. Wie die Darstellung des Streits zwischen Apollon und Herakles um einen solchen Kessel auf einem Dreifußbein nahe legt, wurden solche Prestigeobjekte auch als Kampfpreis ausgesetzt.

Zu allen Zeiten wurde Sportgerät von Athleten als Dank ins Heiligtum geweiht: Strigiles (Schabeisen), Disken und Sprunghanteln von teilweise enormer Größe und Gewicht. Ein echtes Kuriosum ist ein roh behauener Steinbrocken von 143 kg Gewicht, den laut der ungelenken frühurchaischen Inschrift ein gewisser Bybon mit einer Hand über den Kopf stemmte: gewiss keine kanonische olympische Disziplin, sondern stolze Einzeltat eines mit wahren Berserkerkräften ausgestatteten Bauern. Der Torso eines archaischen Marmorkouros mit Inschrift stammt aus Phigalía (S. 239); die Statue dieses Athleten wurde in seiner Heimatstatt aufgestellt: Der Boxer errang seinen olympischen Sieg, während er in der Umklammerung seines Gegners den letzten Atemzug tat und dieser durch Handzeichen seine Niederlage eingestand. Sport war zuweilen nicht nur von Brutalität gekennzeichnet, sondern auch von Betrug: Die hier ausgestellten beiden kopflosen Nemesis-Statuen (Schicksalsgöttinnen) mit Steuerruder und Rad standen einst am Eingang zum Stadion; als Verkörperungen des Wandels erinnerten sie die Athleten an die Unwägbarkeit des Schicksals und ermahnten sie zu Ehrlichkeit. Welche Rolle selbst dem Glück beigemessen wurde, zeigt eine monumentale Marmorbasis in Form eines Astragals, eines Schafsknöchels; mit solchen Knochen würfelte man um alles Mögliche, auch um Glück bei Wettkämpfen.

Archäologisches Museum

Die hier ausgestellten Funde machen das Museum zu einer Weltsensation. Auch wenn in den Räumen oft Gedränge herrscht, sollte man sich in jedem Falle genügend Zeit für den Besuch nehmen, um bei Überfüllung eines Saals in einen anderen auszuweichen und die Objekt in Ruhe in Augenschein zu nehmen.

In der **Eingangshalle** vermitteln zwei **Modelle** Gesamtansichten des Heiligtums, wenngleich unter weitgehender Weglassung der römischen Bauten. Das ältere (Abb. S. 117) wurde nach Plänen von Wilhelm Dörpfeld und Hans Schleif angefertigt und 1931 ›Kaiser‹ Wilhelm II. (!) gewidmet. Das zweite, von griechischen Archäologen erstellte Modell

Rückenteil eines Bronzepanzers mit eingravierter Götterversammlung und heraldischen Tierdarstellungen, 7. Jh. v. Chr. Olympia, Archäologisches Museum

von 1963 bietet demgegenüber kaum Verbesserungen, sondern suggeriert in seiner Kargheit einen eher irreführenden Eindruck.

Saal 1: Die hier ausgestellte *prähistorische Keramik* suggeriert auf den ersten Blick eine uralte Tradition des Heiligtums. In Wirklichkeit handelt es sich um Funde aus Siedlungen und Gräbern, zum Teil auch der Umgegend von Olympia; gleiches gilt für die Relikte aus der mykenischen Epoche. Tatsächlich im Heiligtum gefunden wurden drei importierte große **assyrische Bronzereliefs** – ursprünglich Kastenbeschläge – mit differenziert ausgearbeiteter Darstellung einer Kulthandlung; sie wurden recycelt zum Gewand der Sphyrelaton-Statue (Bronzebeschlag auf Holzkern) einer Göttin! Wie sehr die Griechen im 7. Jh. v. Chr. noch künstlerisch von diesen naturnahen Darstellungsmöglichkeiten entfernt waren, zeigen die eher schlichten Ritzzeichnungen, die sie bei der Wiederverwendung des Importblechs hinzufügten. Voll entwickelt zeigt sich archaisch-griechischer Reliefstil dagegen in einer Darstellung des unverwundbaren Kaineus, der von Kentauren in den Boden gerammt wird.

Saal 2 beeindruckt durch die Fülle der hier ausgestellten **Waffenweihungen** aus dem 7. und 6. Jh. v. Chr.: korinthische Helme, Beinschienen, Brustpanzer mit feinen Ritzzeichnungen sowie Schilde, z. T. mit Reliefdarstellungen von Gorgonen, Greifen, Sfingen und anderen Bildzeichen, die den Gegner in der Schlacht schrecken sollten und die eigene Aggressionsbereitschaft signalisierten. **Kesselaufsätze** in Form Furcht erregender Greifenköpfe, Sfingen und Sirenen (Vogel-Frauen) stammen teilweise aus griechischen Werkstätten, die nach vorderorientalischen Vorbildern arbeiteten; teils handelt es sich

Im Nordwesten: Die Landschaften Achaia und Elis

In Olympia geweihter orientalischer Bronzekessel mit konischem Untersatz und Greifen-Protomen, um 700 v. Chr., Rekonstruktion (nach H.-V. Herrmann)

auch um orientalische Importstücke, die möglicherweise über Sizilien und Italien hierher gelangten. Solche – teils gegossenen, teils getriebenen – Kessel mit ihren reich dekorierten Beinen und ihrem plastischen Randschmuck zählten zu den frühesten prestigeträchtigen Weihgeschenken in griechischen Heiligtümern. Das älteste hier ausgestellte Exemplar stammt möglicherweise aus dem 9. Jh. v. Chr.

Die zahlreichen zumeist noch aus dem 8. Jh. v. Chr. stammenden kleinen Rinder-Votive aus Bronze weisen auf die bäuerliche Herkunft der frühen Heiligtumsbesucher, Weihungen von Pferde- und Wagennachbildungen auf den aristokratischen Anspruch dieser Schicht. Die häufige Darstellung von Männern in Waffen bezeugt den kriegerischen Aspekt der Zeusverehrung in Olympia. Blickfang dieses Raumes ist der in Fragmenten gefundene und hier rekonstruierte gewaltige **Firstakroter vom Heraion**: eine schier unglaubliche Töpferarbeit mit farbigem Ornamentdekor, hergestellt im Aufbauverfahren; hinter dem großen Scheibenakroter ist ein zweiter etwas kleinerer ausgestellt, wahrscheinlich von einem der Schatzhäuser. Der überlebensgroße weibliche **Kalksteinkopf mit Schilfkrone** an der rechten Wand (um 590 v. Chr.) galt früher als das Kultbild der Hera, stellt jedoch eine Sphinx dar; möglicherweise schmückte die in einer lakonischen Werkstatt gefertigte Skulptur einen Giebel des Hera-Tempels.

Saal 3 enthält außer Keramik und weiteren Bronzeweihungen Teile eines Stein-Perrhiranterions (Wasserbecken), wie man sie ähnlich in Isthmia und Korinth gefunden hat (S. 71). Ein wahres Prunkstück stellt die reich verzierte **farbige Terrakottaverkleidung** der Dachzone **des Schatzhauses von Gela** (S. 132) aus dem mittleren 6. Jh. v. Chr. dar. Zum Schatzhaus der Bürgerschaft von Megara gehörte der Kalksteingiebel mit Darstellung des Kampfes zwischen olympischen Göttern und aufständischen Giganten; die auf dem Architrav darunter eingemeißelte Inschrift lautet: »ton Megareon« – »von den bzw. im Besitz der Megarer.«

Saal 4: Hier sind **spätarchaische und klassische Bronzestatuetten** (u. a. des Zeus) von höchster Qualität ausgestellt. Von einem monumentalen Bronzestier, den die Einwohner von Eretria nach Olympia weihten (Basis mit Inschrift in der Altis), sind als dürftige Fragmente nur ein Horn und ein Ohr erhalten. Fast wie neu dagegen wirkt ein exzellent gearbeitetes, ca. 20 cm hohes, um 470 v. Chr. entstandenes Bronzepferdchen, das ursprünglich Teil eines Viergespanns war und zweifellos auf einen Sieg im Wagenrennen anspielt. Eindrücklich dokumentieren Exponate dieses Raumes die besondere Präsenz der westlichen Auslandsgriechen in Olympia; in Sizilien oder Unteritalien hergestellte großformatige farbige *Terrakottaplastiken* aus der Zeit zwischen 500 und 470 v. Chr. schmückten die Dächer von Schatzhäusern und anderen Bauten der Altis: *Zeus, der den Knaben Ganymed raubt;* ein *Satyr, der eine Mäande attackiert,* außerdem die vorwärts stürmende Gestalt eines *angreifenden Kriegers* sowie der *Kopf einer Athenafigur.* Mehr bäuerlich lokalen Charakter haben dem Zeus geweihtes *Ackergerät* und *Werkzeug:* Hacken, Schaufeln, Pflugscharen und Hämmer.

Inschriften auf zwei Helmen nehmen Bezug auf die Perserkriege. Der eine, von assyrischem Typus, ist ein Beutestück; die eingravierte Inschrift lautet knapp: »Dii Athenaioi Medon labontes« – Dem Zeus (weihten es) die Athener, (die es) den Persern abgenommen (hatten). Der andere Helm von korinthischem Typus war Teil der **persönlichen Rüstung des Miltiades,** des legendären athenischen Generals in der Schlacht von Marathon 490 v. Chr.; die Inschrift lautet hier: »Miltiades ane[th]eken toi di« – Miltiades stellte (es) dem Zeus auf.

Saal 5 (Mittelhalle): Nicht nur auf den heutigen Betrachter, auch auf die Zeitgenossen müssen die gegen 460 v. Chr. entstandenen marmornen **Giebelskulpturen des Zeus-Tempels** wahrhaft gigantisch gewirkt haben. Welcher Künstler die Gesamtkompositionen entwarf und welche Werkstatt die Figuren ausführte, ist nicht überliefert; deutlich aber scheinen einzelne Bezüge zu athenischen Staatsgemälden in Delphi und in Athen selbst. Wie dort, sind auch hier verhaltene Ruhe (Ostgiebel) und äußerste Dynamik (Westgiebel) einander gegenübergestellt; auch der Wechsel zwischen detailreduzierender Stilisierung und einzelnen Verismen, etwa in der Wiedergabe von Altersmerkmalen (Seher im Ostgiebel), weist möglicherweise in diese Richtung. Politische Bezüge beider Giebel wie auch der Metopenbilder werden in der modernen Forschung allgemein angenommen, eine völlig überzeugende Gesamtinterpretation ist jedoch bislang noch nicht gelungen.

Im **Ostgiebel** über dem Tempeleingang ist die oben erzählte (S. 120) Gründungsgeschichte Olympias vom *Rennsieg des Pelops über den alteingesessenen König Oinomaos* dargestellt: nicht als Aktion, sondern wie eine stille Versammlung der Beteiligten vor dem dramatischen Ereignis. Der Betrachter weiß, was sich gleich abspielen wird, und er liest es auch an den schon bereitstehenden Wagengespannen ab. Doch auch in das Bild selbst ist die Vorausschau der Zukunft mit eingebaut in Gestalt zweier am Boden sitzender würdiger Greise: Seher, die die kommende Herrschaft des Pelops bereits schauen. Dass Zeus in der Giebelmitte zwischen den streitenden Parteien steht, scheint auf den ersten Blick für einen Ort wie Olympia selbstverständlich, in der mythischen Erzählung kommt er jedoch nicht vor. Seine von den übrigen Beteiligten nicht wahrgenommene Präsenz im Giebel drückt somit unmissverständlich aus, dass der Ausgang des Rennens – trotz des frevelhaften Betrugs! – unter seiner Obhut steht, dass der Herr von Olympia es ist, der die Geschicke lenkt, während seine Orakelpriester den göttlichen Willen und Richtspruch interpretieren. Auch der Ort des Geschehens wird durch allegorische Darstellungen mit ins Bild gesetzt: In den Giebelzwickeln kauern, das Geschehen beobachtend, die Flussgötter Alfeios und Kladeos. So wird die in ihrer Zeit neue Fassung der Erzählung zum Bild gegenwärtiger und zukünftiger Schlichtungs- und Weisungsansprüche Olympias und seiner elischen Priesterschaft.

Noch erstaunlicher als der olympische Göttervater im Ostgiebel ist der jugendlich-athletische Apollon im Kampfgetümmel des **Westgie-**

bels. Mit der in Thessalien spielenden Erzählung vom *Überfall der zur Hochzeit von Peirithoos und Deidameia eingeladenen Kentauren*, die betrunken die Sippe der Lapithen anfallen und sich damit am Gastrecht der Menschen vergehen, hat er nichts zu tun. Sein energisch ausgestreckter Arm – die linke Hand hielt den Bogen – scheint eine Weisung anzudeuten, doch als Schlichter kommt er nicht in Frage. Der Kampf wird bis zum bitteren Ende ausgetragen und endet mit dem schwer erfochtenen Sieg der Lapithen. Wie Zeus ist aber auch Apollon Orakelgott, und zwar ein ebenfalls in Olympia verehrter – hat er doch, der Legende zufolge, das Sehergeschlecht der im Westgiebel dargestellten Iamiden hier eingesetzt. So wird auch im scheinbar so olympiafernen mythischen Geschehen des Westgiebels die Autorität Olympias als oberste Instanz Griechenlands bildhaft in Szene gesetzt. Die Darstellung des mörderischen Kampfes lässt an Drastik nichts zu wünschen übrig; es wird gebissen, gewürgt und gestochen, wobei raffiniert verflochtene Zweier- und Dreiergruppen einander abwechseln. Wie im Ostgiebel beobachten liegende Figuren aus den Zwickeln heraus das zentrale Geschehen; hier sind es Lapithenfrauen, die sich vor der Gewalttätigkeit der Kentauren geflüchtet haben. Diese Zwickelfiguren sind z. T. Produkte einer antiken Restaurierung.

In den über Front und Rückseite der Cella angebrachten **Metopen** tritt der dritte Gründer und Schirmherr Olympias in Erscheinung: *Herakles* bei seinen von nun an kanonischen *zwölf Taten*, und bei ihm ist – ebenfalls über das sonstige Maß in diesen Erzählungen hinausgehend – seine göttliche Helferin Athena. Wie in den Giebeln, kontrastieren heftig bewegte Aktionen mit stillen Szenen, in denen die Tat nur angedeutet wird. Drastisch und konventionell sind die ersten drei Bilder der Ostseite: Herakles trägt den von ihm erlegten Erymanthischen Eber zu König Eurystheus, der sich vor Schreck in einen Pithos verkriecht; dann die Zähmung der Rosse des thrakischen Königs Diomedes und die Erschlagung des dreileibigen Monsters Geryoneus. Weitaus besser erhalten ist die sublime Komposition der vierten Metope; hier soll Herakles die Paradiesäpfel der Hesperiden ergattern; damit Atlas ihm helfen und die Äpfel bringen kann, muss Herakles ihn beim Tragen der Welt für kurze Zeit ablösen. Mit einem in den Nacken gestemmten Kissen trägt er diese Bürde, wobei der über der Metope vorkragende Geisonblock die Welt symbolisiert und auf diese Weise die Architektur in die Darstellung integriert. Damit die Last nicht allzu drückend wird, stützt Athena mit müheloser Gebärde das Gewicht, ohne die Oberkante der Metope auch nur zu berühren! Das vorletzte Bild zeigt Herakles bei seinem Gang in die Unterwelt, aus der er den Wachhund Kerberos hervorzerrt, das letzte Bild schließlich erzählt die Geschichte von der Reinigung des Augias-Stalles (S. 121), wobei wiederum Athena durch eine analoge Gebärde ihrer Hand Götterbeistand leistet. Die Erlegung des Nemeischen Löwen (vgl. S. 89) auf der Westseite ist wieder nicht als Tat dargestellt; vielmehr setzt hier der ermattete Held seinen Fuß auf das bereits tote Tier, während Athena und Hermes zusehen. Es folgt die

Westgiebel des Zeus-Tempels (Ausschnitt): Lapithenfrau, von Kentaur angefallen (li.) und der Gott Apollon in der Giebelmitte (re.)

Enthauptung der Hydra von Lérna (S. 153), einer vielköpfigen Wasserschlange. Wie ein Zwiegespräch ist die Erlegung der Stymphalischen Vögel mit ihrem schaurigen Metallgefieder (S. 95) dargestellt, die der Held der Erzählung nach mit einer Schleuder oder mit seiner Keule tötete. Hier überreicht er wie zum Opfer einen der Vögel der auf einem Felsen sitzenden Athena. In den Metopen vier und fünf der Westseite fängt Herakles den Kretischen Stier und die Kerinythische Hirschkuh, in der letzten Metope drischt er brutal auf die bereits am Boden liegende Amazonenkönigin Hippolyte ein und raubt ihr ihren vom Kriegsgott Ares geschenkten Gürtel. Auch vier der Löwenkopf-Wasserspeier des Zeus-Tempels sind in diesem Saal ausgestellt.

Saal 6 wird ganz von der großartigen **Nikefigur des Paionios** dominiert: ein ›Standbild‹, das seine Primärfunktion des Stehens kühn transzendiert und auf unerhört elegante und optisch überzeugende Weise schwereloses Gleiten durch die Lüfte darstellt. Vorwärts- und herabschwebend präsentiert die Siegesgöttin dem Betrachter ihren Körper. Füße, Arme und linke Brust sind nackt, an den übrigen Leib schmiegt sich das dünne Gewand durch den Flugwind an; kalligrafische Falten kontrastieren mit glatten Flächen und betonen die Körperform bis ins Detail. Veranschaulicht wird das Ausklingen einer vorangegangenen heftigen Bewegung: Rauschend ist die Nike herangeflogen und schwebt nun im Landeanflug sanft herab, tastend scheinen ihre Füße Grund zu suchen. Verstärkt wird dieser Eindruck durch den Mantel, den sie mit beiden Händen fasst und der sich wie ein Fallschirm hinter ihrem Rücken aufspannt: eine nicht nur ästhetisch, sondern auch bildhauertechnisch und statisch kühne Konzeption. Von der Erde aber ist sie noch weit entfernt, denn unter ihr schießt, quer zur Bewegungsrichtung der Figur, von rechts nach links ein Adler vorbei, dessen Flügel einst aus Metall angesetzt waren: Zeichen der Luft und zugleich Wappentier des Zeus. Nike ist Botin des olympischen Göttervaters. Ihre Position in den Lüften wurde zusätzlich veranschaulicht durch die Platzierung der Skulptur auf einem 9 m hohen dreikantigen Pfeiler, dessen Reste man vor der Front des Zeus-Tempels sieht.

Auf Pfeiler platzierte Nike-Statue des Bildhausers Paionios, nach 425 v. Chr. Olympia, Museum. (Rekonstruktion des Ensembles Abb. S. 34)

Im Nordwesten: Die Landschaften Achaia und Elis

Eine Inschrift besagt, dass Paionios aus Mende (auf der Chalkidike) die Skulptur schuf, eine zweite nennt Messenier und Einwohner von Náfpaktos als Stifter; sie hätten dem Zeus das Siegesdenkmal als Zehnten aus einer Kriegsbeute geweiht. Gegner und Schlachtort werden nicht genannt. Aufgrund der Datierung der Skulptur nimmt man an, dass die Niederlage der Spartaner auf Sfaktería 425 v. Chr. (S. 254) gemeint ist, doch wurde jener Kampf im Wesentlichen von Athenern ausgefochten, während Messenier nur am Rande eine Rolle spielten und von Náfpaktiern in den einschlägigen Quellen überhaupt nicht die Rede ist. Glanz eines Siegesmonuments und tatsächliche Bedeutung eines Schlachterfolgs entsprechen einander nicht immer! Ein Erfolg gegen Sparta allerdings dürfte hier gemeint sein, stand doch das hoch aufragende Pfeilermonument vis-à-vis des Zeus-Tempels, an dessen First seinerseits die Spartaner eine Generation zuvor einen goldenen Schild zum Zeichen ihres Sieges in der Schlacht von Tanagra 457 v. Chr. angebracht hatten (S. 133).

Saal 7 enthält die spektakulären **Funde aus dem Gebiet der ›Phidias-Werkstatt‹** (S. 136): Werkzeuge und vor allem Terrakotta-Matrizen für Glasfluss sowie Glasfragmente selbst, die der Herstellung von Gewanddetails (geknöpfte Ärmel eines Chitons) einer weit überlebensgroßen weiblichen derart geschmückten Statue dienten. Dass man an die Nikefigur auf der Hand des Zeus (Abb. S. 135) gedacht hat, ist nur zu verstehen. Doch bleibt diese Hypothese umstritten: der oben beschriebenen Struktur des Gebäudes, aber auch der zeitlichen Einordnung der Funde wegen, die eher ins 4. Jh. v. Chr. zu gehören scheinen; auch die Dimensionen dieser Gewanddetails machen, trotz der enormen Größe des Zeusbildes, Probleme. Wie eine Beglaubigung der genannten Zuordnung tritt eine ebenfalls hier zu besichtigende Inschrift auf einem südlich der ›Phidias-Werkstatt‹ gefundenen Tonkännchen hinzu: **»Pheidio eimi«** – ich gehöre dem Phidias, steht eingekratzt auf der Unterseite: einmaliger Glücksfund eines stolzen Besitzervermerks aus der Hand des berühmtesten Künstlers der Antike? Entsprechendes Verhalten ist sonst nicht überliefert und mindestens äußerst ungewöhnlich. Listiger Scherz also eines epigrafisch versierten Archäologen? Dass die Kanne echt ist, steht außer Frage, und auch von der Inschrift wird dies, nach unpublizierten naturwissenschaftlichen Untersuchungen, versichert. Ein hypothetisches Modell des Baus vervollständigt die Darstellung dieses Komplexes.

Hermes des Praxiteles. Archäologisches Museum, Raum 8

Saal 8 präsentiert in natürlichem Oberlicht eine der schönsten und besterhaltenen Marmorskulpturen der Spätklassik aus den Jahren um 330 v. Chr.: den **Hermes des Praxiteles**. Mit Ausnahme eines Armes und des ergänzten rechten Unterschenkels ist die Figur auch in ihrer Oberfläche fast wie neu zu Tage gekommen. Hermes ist mit dem kleinen Dionysoskind unterwegs nach Nysa (einem fiktiven Ort im Orient), wo es von Nymphen aufgezogen werden soll. Lässig hat der Götterbote seinen Mantel über einen Baumstumpf gelegt und zeigt sich dem Betrachter wie ein nackter Athlet, wozu auch die kurz geschnittenen Locken passen. In der rechten erhobenen Hand hielt er, wie ein pompejanisches Wandbild überliefert, eine Traube, die er dem auf seinem Arm sitzenden Dionysosknaben vorhält. Der sanft geschwungene Körper, dessen S-Linie in der Kopfbewegung ausläuft, ruht auf dem rechten Bein und dem aufgestützten linken Arm, während der linke zurückgesetzte Fuß entlastet ist und noch etwas von der vorangegangenen eilenden Bewegung ahnen lässt. Raffiniert kontrastieren die nackten glatten Körperpartien mit der raueren Oberfläche der Haare und des äußerst veristisch wiedergegebenen Mantels.

Als Werk des Bildhauers Praxiteles identifiziert wurde die im Hera-Tempel gefundene Statue aufgrund einer Angabe des Pausanias. Doch ist diese Zuweisung mit Fragezeichen zu versehen, denn Pausanias spricht nur von einem Werk »nach Art des Praxiteles« (es fehlte also eine entsprechende Inschrift), auch halten manche Forscher die Statue aufgrund verschiedener Indizien nicht für ein griechisches Original, sondern für eine – wenngleich exzellente – römisch-kaiserzeitliche Kopie.

Saal 9 enthält hellenistische Plastik, darunter ein stark korrodiertes *Alexanderporträt* (möglicherweise erst aus der römischen Kaiserzeit) und ein im Stadion gefundener stark verbogener *Bronzekopf eines Knaben,* der daneben in einem Rekonstruktionsversuch wiedergegeben ist. Die an der Wand angebrachte farbige Traufleiste aus Ton mit Löwenkopf-Wasserspeiern (ca. 320 v. Chr.) stammt vom Leonidaion (S. 138).

Die **Säle 10/11** sind der römischen Epoche Olympias gewidmet. Die Reihe der römischen Porträtstatuen beginnt mit der julisch-claudischen Dynastie: u. a. Kaiser Claudius (reg. 41–54) in klassizistischer Manier mit nacktem Oberkörper in herrscherlicher und priesterlicher Pose als Zeus dargestellt; Titus (reg. 70–81) und Hadrian (reg. 117–138), jeweils im Panzer, letzterer mit einer programmatischen Dekoration, die mythologisch eine Symbiose von römischer Macht und griechischer Kultur verheißt: Ein altertümlich wirkendes Athenastandbild mit Eule und Schlange wird von Siegesgöttinnen bekränzt, als Basis des Ganzen aber dient die römische Wölfin mit Romulus und Remus. Mit gutem Grund konnte sich Hadrian so präsentieren, hatte er sich doch als Wohltäter Olympias und zahlreicher weiterer griechischer Heiligtümer erwiesen. Auch das Porträt seines im Nil ertrunkenen Geliebten Antinoos, dem per kaiserlichem Dekret fortan göttliche Verehrung zuteil wurde, ist unter diesen Statuen vertreten.

Wirkungsmächtig trat durch das *Statuenprogramm* seines *Nymphäums* (S. 141) der zeitgleiche Sponsor Olympias *Herodes Atticus* in Erscheinung. Sein Bildnis selbst ist nicht erhalten, wohl aber das seiner aus Rom stammenden Frau Regilla ebenso wie das seines späteren kaiserlichen Gönners Antoninus Pius (reg. 138–161); der mit einer Inschrift versehene *Marmorstier,* eine Stiftung Regillas, zierte den Beckenrand des Nymphäums. Die Reihe der ausgestellten Porträts endet mit Faustina der Jüngeren, Frau des Kaisers Marc Aurel, der von 161 bis 180 regierte.

Die Árgolis

Von der Steinzeit bis zum 2. Jt. v. Chr.

(Karte s. Hintere Umschlagklappe)
Seit prähistorischer Zeit war der Golf von Árgos mit seiner vor Stürmen geschützten Uferlinie und der fruchtbaren Schwemmebene des Ínachos, neben Korinth und Sparta, ökonomisches und kulturelles Zentrum der Peloponnes. Bereits vor 30 000 Jahren bewohnt war die Fránchthi-Höhle bei Kiláda (S. 205). Neolithische Siedlungsspuren fanden sich u. a. in Árgos, Tiryns, Toló und Kefalári; sehenswert sind dank der vorbildlichen amerikanischen Ausgrabung und Konservierung vor Ort aus dieser Zeit Bauten und Siedlungsinventar von Lérna. Noch zahlreicher sind mykenische Stätten: die Burgen von Mykene, Tiryns, Midéa und Asíni, außerdem die für jene Epoche charakteristischen Kuppel- und Kammergräber, deren Menge und Verteilung die Dichte der damaligen Besiedlung sowie die Herausbildung einer neuen sozialen Elite mit Repräsentations- und Verewigungsansprüchen anzeigt (vgl. S. 20f.).

Besonders sehenswert:
Lérna ☆
Mykene ☆☆
Tiryns ☆
Árgos ☆
Kefalári
Agía Triáda
Náfplio ☆☆
Epidauros ☆☆
Troizen
Póros
Ýdra ☆
Spetses
Fránchthi-Höhle
Moní Loukoús ☆

Die neolithische und frühbronzezeitliche Siedlung Lérna

Die für Besucher zweifellos interessanteste prähistorische Ausgrabungsstätte der Peloponnes liegt 1 km südlich von Mýli zwischen Orangen- und Zitronenplantagen seitlich der Landstraße nach Ástros (Hinweisschild). Amerikanische Archäologen entdeckten hier in den 1950er-Jahren einen Siedlungsplatz, dessen Ursprünge bis ins 6. Jt. v. Chr. zurückreichen. Die sich über viele Perioden erstreckenden Relikte wurden nicht nur akribisch herauspräpariert und publiziert, sondern darüber hinaus mit einfachen Mitteln konserviert und das Hauptgebäude mit einem Schutzdach versehen, sodass der Platz ein anschauliches Bild der langen Geschichte dieser zunächst dörflichen und dann architektonisch monumentalen und wehrhaften Ansiedlung vermittelt. Die lange Siedlungsdauer war zum einen bedingt durch reiche Fischgründe eines nahe gelegenen Sees und des Argolischen Golfs sowie die zum Ankern günstige Uferlinie, zum andern durch die Fruchtbarkeit der Ebene und den Waldreichtum der dahinter ansteigenden Berge, nicht zuletzt aber durch das reichliche Vorkommen vorzüglichen Frischwassers.

Die *ältesten Spuren* aus dem 6./5. Jt. v. Chr. – darunter u. a. ein kleines **Rechteckhaus (1)** – stammen von den ersten Ackerbau und Viehzucht treibenden Siedlern in Griechenland; aus diesen Schichten stammt auch die berühmte nackte Frauenfigur aus Ton im Museum von Árgos. Noch vor der Mitte des 3. Jt. wurde das Areal mit einer doppelten **Ringmauer (2)** umgeben, zwischen deren Schalen erstaunlicherweise Wohnräume platziert sind, was die Frage nach der

Herakles enthauptet die Lernäische Hydra, die in einem Sumpffeld nördlich des Ortes hauste. Attisches Tongefäß, 6. Jh. v. Chr. Paris, Louvre

◁ *Kloster Nikoláou Sintzás bei Leonidio (S. 211)*

153

Die Árgolis

Lérna
1 Rechteckhaus (5. Jt. v. Chr.)
2 doppelte Ringmauer mit Hauseinheiten dazwischen (ca. 2700 v. Chr.)
3 monumentales Gebäude mit Ziegeldach: ›House of the tiles‹ (ca. 2200 v. Chr.)
4 Steinkreis, darüber Erdtumulus (ca. 2200–2100 v. Chr.)
5–10 Rechteck- und Apsidenhäuser (ca. 2100–1900 v. Chr.)
11, 12 mykenische Schachtgräber (1600–1500 v. Chr.)

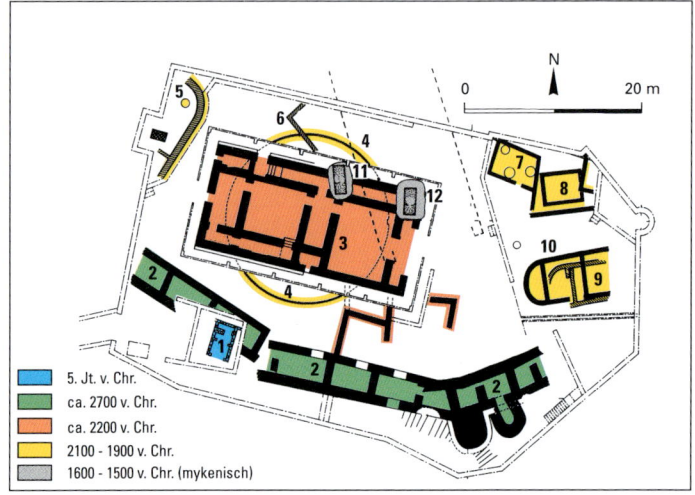

5. Jt. v. Chr.
ca. 2700 v. Chr.
ca. 2200 v. Chr.
2100 - 1900 v. Chr.
1600 - 1500 v. Chr. (mykenisch)

Funktion des inneren Rings aufwirft. Während der gesamten neolithischen Periode hat man in Lérna die Verstorbenen nicht außerhalb der Siedlung, sondern zwischen den Wohnräumen beigesetzt, so wie es auch von der berühmten uralten Stadt Çatal Hüyük in Anatolien bekannt ist.

Am Ende dieser Phase (ca. 2200 v. Chr.) wurde das bemerkenswerteste Gebäude von Lérna errichtet: ein 25 × 12 m messendes und, wie Treppen verraten, einst zweigeschossiges Haus, das mit dem ältesten archäologisch bekannten Dach aus gebrannten Ziegeln gedeckt war und von den Ausgräbern den Namen **House of the tiles (3)** erhielt. Der Sockel der bis zu 90 cm dicken Wände besteht aus Steinen, die Wände darüber aus luftgetrockneten Lehmziegeln. Sitzbänke aus Lehm flankierten die seitlichen Außenwände, Böden und Innenwände waren sorgfältig verputzt. Mit seiner Eingangshalle im Osten, dem daran anschließenden repräsentativen Saal und den flankierenden Korridoren erinnert das ›Ziegel-Haus‹ bereits an die späteren mykenischen Palastbauten, doch ob hier tatsächlich ein Herrscher residierte, ist keineswegs gewiss; möglich erscheint auch, dass es sich um einen für Kult und Administration genutzten

Lerna, Labyrinthdarstellungen auf Tonsiegeln aus dem ›House of tiles‹, 2200–2100 v. Chr. Árgos, Archäologisches Museum

Gemeinschaftsbau handelt. Jedenfalls wurden außer in den Boden eingelassenen großen Vorratsgefäßen in einem der Korridore Tonsiegel gefunden, die auf bürokratische Aufgaben hinweisen. Noch vor seiner endgültigen Fertigstellung brannte das Haus aus unbekannten Gründen nieder und wurde nicht wieder erneuert. Stattdessen geschah etwas höchst Erstaunliches: Nach einer kurzen Interimsphase errichtete man über der Hausruine einen von einem **Steinkreis (4)** eingefassten Erdtumulus von 19 m Durchmesser; Abschnitte dieses Steinkreises sind noch auf beiden Seiten des Hauses sichtbar. Gewöhnlich sind Tumuli Grabhügel, hier aber muss es sich um ein Verehrungsmonument handeln, das sich auf den nun als heilig bezeichneten Platz bezog.

Gleichzeitig und in der folgenden Phase des frühen 2. Jt. v. Chr. entstanden mehrere einzeln stehende **Apsidenhäuser (5–10)** mit kleineren Satellitenbauten, was auf eine Hierarchisierung der Gesellschaft schließen lässt. Importwaren aus Égina, Kreta und von den Kykladen verraten gewachsenen Wohlstand und weitreichende Handelsverbindungen. In frühmykenischer Zeit (17.–16. Jh. v. Chr.) wurden in den runden Hügel durch viele Schichten hindurch die beiden **Schachtgräber (11,12)** eingetieft, die man im Boden des Ziegelhauses sieht; von der zugehörigen mykenischen Siedlung fanden sich nur geringe Reste. Sporadisch bewohnt war Lérna bis in römische Zeit, doch mussten die entsprechenden Befunde bei der Ausgrabung, um zu älteren Schichten vorzudringen, abgetragen werden.

Tonidol einer Fruchtbarkeitsgöttin aus Lérna, 4. Jt. v. Chr. Árgos, Museum

Mykene

Sage oder historische Realität?
Heinrich Schliemann und die Wiederentdeckung der mykenischen Kultur

Glanzvoll, wie eine vorgeschichtliche Weltmacht, wird Mykene in den homerischen Epen geschildert: Sitz des ›Völkerfürsten‹ Agamemnon, der die übrigen griechischen Könige – darunter Nestor von Pylos und den schlauen Odysseus aus Ithaka – dazu brachte, unter seiner Führung einen gemeinsamen Krieg gegen Troja zu unternehmen, nur um die Ehre seines in Sparta herrschenden Bruders Menelaos wiederherzustellen, dem der Trojaner Paris die schöne Ehefrau Helena entführt hatte. Zugleich ranken sich düstere Erzählungen von Verbrechen um das in Mykene herrschende Geschlecht der Atriden. Wie Glieder einer Kette reihen sich Untaten aneinander und erzeugen Generationen lang immer neue Gräuel: Totschlag, betrügerische Erlangung der Königswürde und Ermordung des Mitwissers (Pelops in Olympia, S. 120), Ehebruch im Familienverband (zwischen den Brüdern Atreus und Thyestes, nun in Mykene), Kindestötung und

Die Árgolis

Orest tötet Klytaimnestra, am linken Bildrand Iphigenie, rechts der um Gnade flehende Aigisthos, Bronzeblech des frühen 6. Jh. v. Chr. aus Olympia. Olympia, Museum

Kannibalismus (Atreus, der Vater des Agamemnon), schließlich wieder inzestuöser Ehebruch und Mord: Während König Agamemnon vor Troja die Griechen befehligt, verführt sein Bruder Aigisthos die zu Hause gebliebene Gattin Klytaimnestra, die im Übrigen allen Grund hatte, ihren Mann zu hassen, hatte dieser doch die gemeinsame Tochter Iphigenie als Menschenopfer angeboten, um von den Göttern günstigen Wind für die Überfahrt nach Troja zu erlangen. Als der Ehemann aus der Fremde heimkehrt, wird er von Frau und Bruder im Bad erschlagen; auch die als Sklavin mit Agamemnon nach Mykene gekommene Seherin Kassandra fällt dem Massaker zum Opfer. Nun liegt die Rache bei der nächsten Generation. Agamemnons und Klytaimnestras Sohn stellt die Ehre des toten Vaters wieder her, indem er seine eigene Mutter und deren Liebhaber erschlägt. Erst jetzt findet die schaurige Verhaltenskette durch Entsühnung ihr Ende.

Poetischer Nachklang tatsächlicher alter Begebenheiten oder bloße Fiktion? Heinrich Schliemann jedenfalls war davon überzeugt, dass in diesen Sagen ein historischer Kern stecke, und machte sich trotz Kritik und sogar Spott vonseiten der Fachzunft ans Werk, seine Hypothese zu beweisen. Zwar wissen wir heute, dass Schliemanns Theorie in mancherlei Hinsicht irrig war: Mündliche Erzählüberlieferung ist über einen derart langen Zeitraum und so gravierende gesellschaftliche Brüche hinweg wie vom 12. zum 8. vorchristlichen Jahrhundert, in dem die homerischen Epen verfasst wurden, kaum wahrscheinlich; auch schildern diese Dichtungen viele zeitgenössische und eben nicht mykenische Alltagsdetails und Gesellschaftsstrukturen. Sie sind nicht als Bericht, sondern als Verarbeitung einer vagen Kunde von jener fernen Zivilisation zu werten: wahrscheinlich stimuliert und inspiriert von noch sichtbaren Ruinen und einzelnen, über Generationen weitergereichten mykenischen Luxusartikeln wie Goldbechern, Elfenbeinkästen oder Waffen mit entsprechenden bildlichen Darstellungen. Auch wenn Schliemanns grundsätzliche Interpretation ebenso wie die meisten seiner Datierungen später widerlegt wurden, gilt doch: Heinrich Schliemann hat mit seinem unbeirrten Forscherdrang, seiner Gelehrtheit und seiner detaillierten Bekanntmachung des Gefundenen zwar nicht das poetische ›Mykene‹ seiner homerischen Helden, dafür aber ein älteres reales Mykene (und in der Folge auch Tiryns) wieder entdeckt und damit eine neue archäologisch-historische Dimension eröffnet.

Lage und geschichtlicher Überblick

Ihr Markenzeichen ›mykenisch‹ trägt die achäische Kultur des 2. Jt. v. Chr. mit vollem Recht. Es ist nicht nur die frühe Widerentdeckung Mykenes durch Heinrich Schliemann, die zu diesem Etikett geführt hat, es ist auch die tatsächliche herausragende Stellung Mykenes im Griechenland jener Zeit, die diese Bezeichnung rechtfertigt. Literarischer Reflex jener Sonderstellung ist die spätere homerische Ilias, die Mykene zum Herrschersitz des Agamemnon erklärt, archäologischer Beleg aber sind die spektakulären Grab- und Palastfunde und nicht zuletzt die Anlage als Ganzes mit ihrer großartigen Architektur. Auch als heutiger Besichtigungsort ist Mykene ein Platz der Superlative und schon für sich eine Reise wert.

Mykene liegt 14 km von der Küste entfernt am Nordrand der Argolischen Ebene – »im Winkel des Rosse nährenden Árgos«, wie Homer es treffend nennt. Man genießt von der Spitze des Burghügels einen weiten Ausblick auf das fruchtbare Land bis hin zur Küste. Umgekehrt aber gewahrt man die Zitadelle erst beim Näherkommen, denn der 280 m hohe kegelförmige Hügel wird von einer weitaus höher ansteigenden Bergkette hinterfangen. Mykene war sicherlich nicht nur auf das ihm zu Füßen liegende Acker- und Weideland ausgerichtet, sondern ebenso auch auf die See; wahrscheinlich war Tiryns der zugehörige Hafen und Güterumschlagplatz. Für eine befestigte Anlage ist der Ort vorzüglich gewählt. Auf drei Seiten fällt das Gelände abrupt ab, nur im Westen, wo der Hauptzugang mit dem Löwentor liegt, senkt es sich sanft zur Ebene von Árgos hin ab. Ein aus dem Gebirge kommender Wildbach in einer Schlucht im Süden der Burg versorgte die Bewohner mit Wasser.

Die Anfänge Mykenes liegen im Dunkeln. Aus dem 3. und frühen 2. Jt. fanden sich lediglich unbedeutende Streufunde. Um 1600 v. Chr. muss – im Zuge der Herausbildung einer wirtschaftlich und gesellschaftlich enorm potenten Elite – ein fundamentaler Neubeginn

Goldene Totenmaske aus dem Schachtgräberrund A von Mykene. 16. Jh. v. Chr. Athen, Nationalmuseum

Die Árgolis

Die Burg von Mykene vor dem dahinter ansteigenden Bergmassiv

erfolgt sein. Zeugnis der schier unfassbaren Akkumulation an Reichtümern geben die Totenbeigaben im Schachtgräberrund A sowie in später entdeckten weiteren Gräbern. Dass diese Menschen einen grandiosen Palast bewohnten, scheint geradezu selbstverständlich. Doch wurden von einem Palast aus dieser frühesten mykenischen Periode keine sicheren Spuren entdeckt. Gewiss wird es ihn gegeben haben, doch wie er aussah und ob er bereits massiv befestigt war wie

Mykene

der spätere, entzieht sich unserer Kenntnis. Der erste Palast, von dem nennenswerte Reste erhalten sind, entstand um 1450 v. Chr.; Kellerräume mit Pfeilern und eine Prunktreppe erinnern an minoische Architektur. Nur der eigentliche Palastbau war durch eine nicht sonderlich starke Mauer nach außen gesichert; ob diese Mauerzüge als Befestigung oder lediglich als Terrassierung dienten, ist ungewiss. Sicher ist, dass das Schachtgräberrund A damals noch außerhalb einer Befestigung lag. Die heute sichtbaren gewaltigen Mauern, einschließlich des Löwentores, entstammen einer Erweiterungs- und Neubauphase der Burg zu Beginn des 13. Jh., wobei der Grabkreis in den Befestigungsgürtel einbezogen wurde. Auch die von diesem Mauerring umschlossenen Kult- und sonstigen Bauten im Süden gehören in diese Zeit. Ebenfalls vergrößert und teilweise neu erbaut wurde damals der Palast; er erhielt ein mehrgeschossiges Treppenhaus als Hauptzugang im Süden.

Offenbar in Erwartung schwerer Bedrohungen von außen erweiterte man die ohnehin schon gigantische Burganlage um 1200 v. Chr. noch einmal um einen Annex im Osten, um bei lange andauernden Belagerungen die Wasserversorgung sicherzustellen. Wie in Tiryns führt ein verdeckter Gang durch die Mauer zu einer außerhalb gelegenen Wasserstelle. Auch dieser Befestigungstrakt zählt zu den bewundernswertesten Leistungen mykenischer Bau- und Ingenieurskunst. Selbst diese enormen Anstrengungen konnten Mykene nicht vor dem Untergang bewahren. Schon bald nach Errichtung dieses letzten großen Verteidigungswerkes wurde die Burg zerstört, ein weiteres Mal – und nun endgültig – etwa 100 Jahre darauf, d. h. gegen 1100 v. Chr.

Nach dem Kollaps der mykenischen Gesellschaft wurde der Platz zwar nicht völlig verlassen, aber in den folgenden 400 Jahren der frühgriechischen Epoche richtete sich nur ärmliche Behausungen in die Ruinen ein. Erst im Zuge einer Wiederbelebung Mykenes als Erinnerungsstätte vergangener zivilisatorischer Größe und der kultischen Verehrung der einst hier herrschenden Könige als Heroen errichtete man zwischen 650 und 600 v. Chr. auf dem Gipfel des Burgbergs einen Athena-Tempel, von dem sich Metopenfragmente erhalten haben (jetzt im Nationalmuseum in Athen). In der Folgezeit bildete sich innerhalb der Burg und im Gelände darunter eine kleine Stadt, auch wurden die uralten Zyklopenmauern ausgebessert. Sogar ein Theater hatte die kleine Siedlung, einige Stufen sind noch unterhalb des Klytaimnestra-Grabes erhalten. Während der gesamten Antike also waren bedeutende Reste des vorgriechischen Mykene sichtbar, und für die klassischen Griechen bestand keinerlei Zweifel, dass dies der Sitz des legendären Herrscherhauses der Atriden war: das von Homer besungene Mykene.

Von der Spätantike über das Mittelalter bis in die Neuzeit hinein jedoch tradierte Mykene jedoch zur nur noch literarisch tradierten Phantasie: ein Märchen der homerischen Dichtung, das jedes Schulkind kannte. Der reale Ort dagegen war fast ganz aus dem Bewusstsein geschwunden, obgleich die riesigen Mauern weiterhin sichtbar blieben. Auch bei den archäologisch interessierten mitteleuropäischen Philhellenen bestand zunächst kaum Interesse an diesen offensichtlich vorgriechischen Relikten. Es bedurfte erst des ›Anti-Klassikers‹ Heinrich Schliemann, eine Faszination für Mykene und die mit ihm verbundene uralte Kultur zu entwickeln und aus diesem neuen Interesse heraus auch mit Ausgrabungen zu beginnen. Schliemann

Christa Wolf hat in ihrem Roman ›Kassandra‹ den Aufweg zum Löwentor als szenischen Schauplatz der Erzählung gewählt: Hier macht die als Kriegsbeute aus Troja von Agamemnon mitgebrachte Seherin Kassandra noch einmal Halt und erinnert sich der schrecklichen Gewalttaten, bevor sie durch das Tor zieht in dem Wissen um die nun folgende Ermordung des heimgekehrten Agamemnon und auch ihren eigenen gewaltsamen Tod.

war überzeugt, die Gräber von Agamemnon und seinem Clan innerhalb der Burg zu finden. Im August 1876 begann er mit den Ausgrabungen hinter dem Löwentor und wurde sofort durch die Entdeckung des Schachtgräberrunds mit seinen sensationellen Beigaben belohnt. Schliemann hat gewiss nicht nach heutigen Gesichtspunkten vorbildlich gegraben, und auch seine erste Datierung der Schachtgräber in die homerische Zeit erwies sich später als irrig. Doch er hat, anders als viele seiner Nachfolger, seine Grabungsergebnisse prompt und für die damalige Zeit vorbildlich publiziert. Griechische Ausgrabungen folgten, und seit 1920 war es vor allem die British School at Athens, Englands Archäologisches Institut in Griechenland, der die weitere Erforschung Mykenes zu verdanken ist.

Rundgang durch das Ausgrabungsgelände

Man betritt die Anlage, wie der antike Besucher, von Nordwesten durch das **Löwentor (1)**. Zwei mächtige Mauerzungen schützen den Zugang: die linke elegant auf einem Felsgrat aufsitzend, die rechte als turmhohe rechteckige Bastion zur Talseite hin. Während die übrige Umfassungsmauer an den Außenflächen aus unregelmäßigen Felsbrocken mit kleinen Füllsteinen dazwischen besteht, sind die Mauern zu Seiten des Löwentors und noch einmal am Nordtor aus monumentalen gesägten Rechteckquadern mit leicht vorgewölbten Sichtflächen gefügt: eine Bauweise, die der des monumentalen Atreus-Grabes (S. 166) gleicht und den über bloße Wehrtechnik hinausweisenden repräsentativen Anspruch dieses Eingangsbereichs signalisiert. Weiter rechts erkennt man einen polygonalen Mauertrakt, der der erwähnten Ausbesserung in hellenistischer Zeit entstammt.

Das Löwentor von Mykene ist das wahrscheinlich älteste Monument auf europäischem Boden, das niemals unter die Erde kam, sondern durch seine Größe, Massivität und meisterhafte Ausführung allen Erdbeben, Bränden und dem Verfall durch Witterung bis heute getrotzt hat.

Die Árgolis

Burg von Mykene
1 Löwentor
2 Treppe
3 sog. Kornspeicher
4 Rampe
5 Schachtgräberrund A
6 Häuser
7 Kultzentrum
8 Propylon
9 Treppenhaus
10 Palasthof
11 Megaron
12 Bad
13 Werkstätten
14 Gebäude mit Säulenhof
15 älterer Mauerverlauf
16 Pforte
17 Hellenistische Zisterne
18 Treppengang zu unterirdischer Zisterne
19 Lagerräume
20 Nordtor
21 Komplex mit Lagerräumen in der Befestigungsmauer
22 sog. Soldatengebäude (Funktion unbekannt)
23 Schachtgräberrund B
24 Tholosgräber

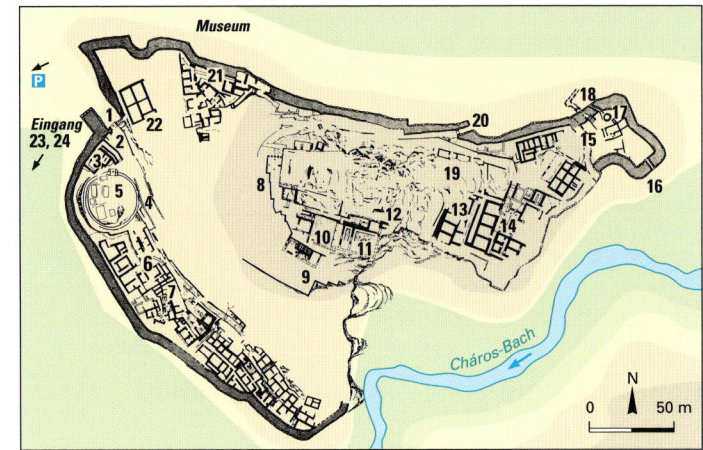

Nicht nur uns heutigen Betrachtern, auch den zeitgenössischen Besuchern Mykenes müssen Erscheinung und die dahinterstehende Technologie des Löwentors größten Respekt abgenötigt haben. Vier sorgfältig behauene Riesensteine bilden den Durchgang. Schwelle und Sturz messen 4,60 m in der Breite, 2,40 in der Tiefe und 0,85 bzw. 1 m in der Höhe, wobei der Deckblock auf der Oberseite gewölbt belassen wurde, um ein Durchbrechen zu verhindern. Jeder dieser waagrechten Blöcke wiegt über 20 Tonnen. Die 3,10 × 1,95 × 0,50 m messenden, ebenfalls monolithen Seitenpfeiler sind ein wenig nach innen geneigt, sodass der Durchgang oben einige Zentimeter schmaler ist als unten. Runde Zapflöcher dienten der Einlassung der Drehbalken der Türflügel, eckige Löcher der Verbarrikadierung und dem Anschlag der bronzebeschlagenen Holztüren. Über dem Türsturz bilden die Mauerquadern ein spitz zulaufendes Pseudogewölbe. Dieses der Statik wegen erforderliche Entlastungsdreieck ist mit einem flachen Kalksteinblock ausgefüllt, in den die berühmte Reliefdarstellung eingemeißelt ist: die älteste erhaltene monumentale Steinskulptur auf europäischem Boden. Wappenartig flankieren zwei aufgerichtete Löwinnen ein Podest mit einer Säule darauf, die von einem Kapitell und im Querschnitt angegebenem Gebälk darüber bekrönt wird. In der fehlenden Spitze kann man sich, wie analoge Darstellungen auf Siegeln nahe legen, zwei Vögel oder auch Kulthörner vorstellen: Zeichen der Anwesenheit einer Gottheit. Körpermodellierung und Haltung der Löwen verraten ägyptische und vorderorientalische Vorbilder; die sich nach oben verbreiternde Säule hat die in der minoischen und mykenischen Kultur übliche Form. Die einst herausgewandten Köpfe der Löwinnen waren angestückt, vielleicht aus Steatit. Das Podest, auf das die Tiere ihre Vorderpranken gestellt haben, ist wahrscheinlich ein Altar, doch verkörpert die chiffrenhafte Säule in der Mitte wohl auch den Palast von Mykene samt dem mit ihm verbundenen, religiös fundierten Machtanspruch. Die niedrige Nische links hinter dem Löwentor, wie man sie auch bei anderen mykenischen Burgen findet, ist kein Wächterhaus, sondern dürfte einen Kultschrein enthalten haben.

Wer gut zu Fuß ist, sollte es sich nicht nehmen lassen, die Felsterrasse links hinter dem Löwentor zu erklimmen, von wo man Schachtgräberrund und Innenseite der Wehrmauer überblickt.

Rechts hinter dem Löwentor sind Stufen einer **Treppe (2)** zu erkennen, die auf das Dach oder ein oberes Stockwerk des angrenzenden Gebäudes, vielleicht auch auf die Mauerzinne führte. Der angesprochene Gebäudetrakt firmiert gewöhnlich als **Kornspeicher (3)**, doch sind die Räume zur Stapelung von Naturalabgaben der umliegenden agrarischen Bevölkerung viel zu klein. Auch wurden hier außer Getreidekörnern auch Tierknochen sowie einige Rinderstatuetten gefunden, was auf kultische Funktionen hindeutet. Vom Löwentor führt eine modern gepflasterte, aber in ihrer Substanz **mykenische Rampe (4)** bergan nach Süden, wo sie nach 50 m abrupt abbricht; der weitere Aufweg zum Palast ist nicht mehr im Einzelnen nachzuvollziehen. Die steile Rampe war nicht für Wagen, sondern nur für Fußgänger geeignet.

Der berühmte **Grabkreis A (5)** rechts der Rampe wurde im Zuge des neuen Mauerbaus mit dem Löwentor zu Beginn des 13. Jh. v. Chr. angelegt. Er stellt keinen Friedhof im eigentlichen Sinne dar, sondern eine oberirdische Gedenkstätte für Mitglieder der Herrscherdynastie aus einer bereits 300 Jahre zurückliegenden Zeit. Deren Gräber lagen ca. 7 m tiefer, damals noch außerhalb der Burg: Fünf unberaubte Schachtgräber fand Schliemann 1876, ein sechstes, rechts neben dem Eingang, wurde später von Stamatakis entdeckt. Neun Männer, acht Frauen und zwei Kinder waren hier bestattet; die sensationellen Beigaben aus Gold und anderen wertvollen Materialien sind im Athener Nationalmuseum ausgestellt. Jedes dieser alten Gräber war oberirdisch durch eine Reliefstele markiert. Als man bei der Vergrößerung der Burg das Gelände anschüttete, versetzte man die Grabstelen auf das 7 m höhere neue Niveau. Bereits das alte Grabensemble war von einer schlichten Kreismauer umgeben gewesen; deren Reste sind am Boden der Ausschachtung noch erkennbar, während es sich bei der höher heraufgeführten Mauer um eine moderne Abstützung handelt.

Weitaus beeindruckender als jener ursprüngliche Grabkreis aus Feldsteinen ist nun der im 13. Jh. angelegte Ring aus sorgfältig geglätteten Sandsteinplatten mit einem Durchmesser von 27,5 m und einem von Seitenwangen gefassten Eingang auf der Seite des Löwentores. Die zwei konzentrischen Orthostatenringe waren mit waagrechten Platten abgedeckt, der Zwischenraum mit Erde ausgefüllt. Wie die Erbauer auf die Idee kamen, speziell diese architektonische Einfriedung zu errichten, ist ungeklärt. Weder in der minoischen noch in der mykenischen Welt ist Derartiges bisher belegt. Sicher aber ist, dass die

Tipp: Erfreulicherweise sind in Mykene fast alle Areale zugänglich, nur der Siedlungsbereich im Südosten der Burg ist abgesperrt; die Unterstadt sowie die Gräber unterhalb der Burg sind von der Straße aus einzusehen und vom umzäunten Bezirk aus erreichbar. Rutschfestes Schuhwerk ist dringend anzuraten. Um den Treppengang zum unterirdischen Brunnen in der Nordmauer hinunterzugehen, ist eine Taschenlampe erforderlich. Beste Besuchszeiten sind der Morgen und der späte Nachmittag.

Die Árgolis

Mykene, Schacht-gräberrund A, Rekonstruktionszeichnung von Piet de Jong

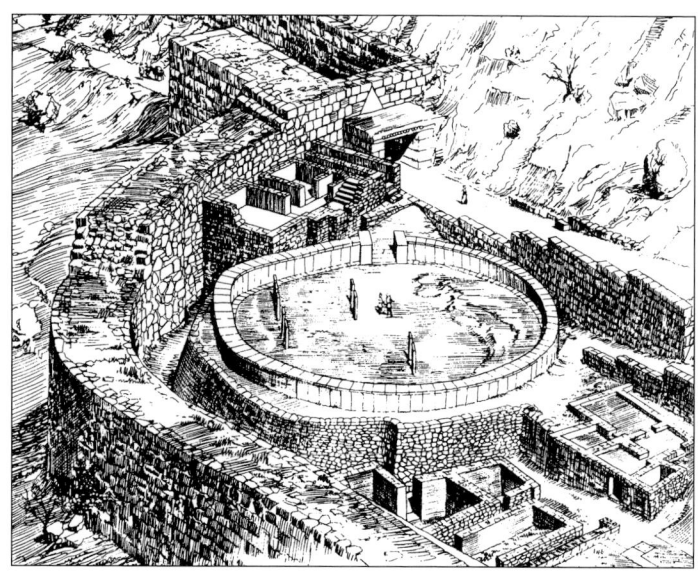

kultische Verehrung der ersten Herrscherdynastie Mykenes zu den wichtigsten Palastzeremonien der späteren Könige zählte.

Entgegen allen publizierten Plänen war der gesamte Burgberg, einschließlich des Westhangs, bebaut. Systematisch ausgegraben und erforscht aber wurden außer dem Palast auf der Spitze vor allem die an die Mauer angrenzenden **Hauskomplexe (6)** im Südwesten. Nur die nördlichsten dieser Gebäude sind derzeit zu besichtigen, weshalb einige kurze Hinweise auf die Bedeutung dieses Areals hier genügen. Agglomeratartig dicht sind die Häuser zuseiten einer Hauptstraße ineinandergebaut, nur über verwinkelte Gassen und Treppen zugänglich; Freskenreste und andere Funde lassen die sozial gehobene Stellung ihrer Bewohner erkennen. Ein Raumensemble inmitten dieser Häuser wurde durch den Fund von Tonidolen (Abb. S. 171) als **Kultzentrum (7)** identifiziert, eine nahe gelegene Wohnung prompt als Priesterhaus gedeutet, doch sind solche Schlussfolgerungen spekulativ, zumal auch in benachbarten Häusern kleine Altäre gefunden wurden.

Vom eigentlichen Machtzentrum, dem **Palast** auf der Bergkuppe mit seinem zentralen *Megaron* (vgl. S. 23), ist kümmerlich wenig erhalten. Die heute sichtbaren Spuren stammen aus der zweiten Bauphase, d. h. dem Beginn des 13. Jh. v. Chr. Zur Errichtung des großzügig dimensionierten Palastes waren die Bergspitze planiert und die gewonnenen Steine zum Bau der gigantischen Mauer verwendet worden, während man die Bebauungsfläche unterhalb des Gipfels auf der West- und Südseite durch hohe Terrassenmauern vergrößerte. Drei Zugänge führten zum Palastplateau: eine Treppe im Norden, ein zweisäuliges **Propylon (8)**, auf das eine Rampe zuläuft, im Westen und schließlich ein zweigeschossiges, an minoische Architektur erinnerndes **Treppenhaus (9)** im Süden. Der heutige Besucherpfad endet oberhalb des mittleren Zugangs bei der erwähnten **Eingangshalle**. Erstaunlicherweise liegt der in seinen Grundmauern erhaltene *Megaronkomplex* nicht auf dem Gipfel des Burgbergs, sondern südlich darunter. Ein mehrfach gewinkelter Korridor führt auf den **Vorhof (10)**, von dessen Kante man auf die Reste des erwähnten Treppenhauses blickt. Der Fußboden dieses Hofs war mit einem farbigen Schachbrettmuster aus Stuck verziert, also wohl nur barfuß oder mit weichen Schuhen betretbar; die erhaltene Nordmauer war, ebenso wie wahrscheinlich die übrigen Wände, mit Fresken geschmückt. Wie bei mykenischen Palästen üblich, gliedert sich das dahinter liegende **Megaron (11)** in Vorhalle, Vestibül und Hauptraum. Erhalten sind jeweils nur die linke, d. h. nördliche Hälfte. In der zweisäuligen Vorhalle mit ihrem bemalten Gipsfußboden wurde ein Tisch für Trankopfer gefunden; auch das Vestibül war an Wänden und Boden reich geschmückt. Die Decke des 13 × 11,5 m messenden Hauptraums stützten vier bronzebeschlagene Holzsäulen, von deren Steinbasen sich zwei noch am Ort befinden, während die beiden südlichen zusammen mit der Hälfte des zentralen Herdes und dem Königsthron auf der rechten Seite bei der Zerstörung des Palastes in die Schlucht stürzten. Der Befund wird durch Markierungen im modernen Betonfußboden, etwas unklar, angedeutet. Alles in allem wird man sich das Megaron von Mykene ähnlich dem für Pylos rekonstruierbaren (Abb. S. 24) vorstellen.

Von den Palastgebäuden auf der Bergspitze ist, aufgrund späterer Überbauung und nachfolgender fast kompletter Zerstörung, praktisch nichts erhalten. Vom Megaron führt der Besucherpfad, vorbei an einem wegen einer Wasserrinne als **Bad (12)** gedeuteten Raum zum tiefer gelegenen Ostkomplex des Palastes mit **Werkstätten (13)** im Norden, wo sich Verarbeitungsreste von Gold, Elfenbein und Halbedelsteinen fanden, und einem um einen *Säulenhof* gruppierten, einst zweistöckigen **Trakt (14)** im Süden.

Hinter diesen Gebäuden endete die alte Burg. Erst um 1200 v. Chr. – drei Generationen vor der endgültigen Zerstörung Mykenes – erweiterte man die Befestigung um den mit seinen bis zu 7 m dicken Mauern wehrtechnisch besonders eindrucksvollen **Ost-Annex** und trug die ursprüngliche **östliche Begrenzungsmauer (15)** komplett ab. Zwei spitzgewölbte **Pforten (16)** führen hier nach draußen: eine im Osten auf eine tiefer gelegene Terrasse, eine zweite (früher als Wasserabfluss gedeutete) im Norden. Da es sich, des steilen Geländes wegen, keinesfalls um Ausfallpforten handelt, bleibt die wehrtechnische Funktion dieser Mauerdurchlässe unklar.

Nicht mykenischer, sondern erst hellenistischer Zeit entstammt die runde **Zisterne (17)** an der Nordmauer. Sehenswert ist die überwölbte **mykenische Treppe (18)**, die durch die Mauer hindurch nach draußen und weiter im Zickzack zu einer **unterirdischen Wasserstelle** führt: schon dies eine technisch wahrhaft beeindruckende Leis-

Die Árgolis

tung. Doch damit nicht genug, auch am Ende dieses verdeckten Ganges lag keine Quelle, vielmehr wurde das Wasser durch unterirdische Tonröhren von nahe gelegenen Quellen bis zu diesem Platz herangeführt, die Erde also aufgegraben und dann wieder zugeschüttet. So zeigt sich, dass – analog zur Situation in Tiryns (S. 169) – ein ganzer Befestigungstrakt zur Wasserversorgung bei Belagerungen angelegt wurde. Allerdings hat, wie der Verlauf der Ereignisse zeigen sollte, auch diese imposante Ingenieursleistung den Fall Mykenes allenfalls um eine kurze Frist hinausgezögert.

Der Weg zurück führt an der Nordmauer entlang, wo man erst **Magazine (19)** und dann das **Nordtor (20)** passiert. Danach sollte man sich links halten und auf dem Hauptweg zum Löwentor herabsteigen, denn die **Gebäudestrukturen (21, 22)** im Nordwesten des Burgareals sind in ihrem heutigen Zustand wenig informativ.

In der Senke westlich der Burg wurden Teile der mykenischen (und später griechischen) **Unterstadt** freigelegt mit Gebäuden, die an Ausstattungsluxus den Häusern innerhalb des Befestigungsrings nicht nachstanden; auch eine Manufaktur für parfümierte Salböle wurde hier gefunden. Beim Parkplatz neben dem Eingang liegt ein zweites frühmykenisches Ensemble von Schachtgräbern, ebenfalls von einer Kreismauer umzogen: **Schachtgräberrund B (23)**. Drei große **Kuppelgräber (24)** in der Nähe veranschaulichen die Entwicklung dieses typisch mykenischen Bautyps zwischen ca. 1500 und 1280 v. Chr. Das älteste ist das sog. **Aigisthos-Grab** (die Benennung ohne archäologischen Bezug). Durchmesser und Höhe des Kuppelraums betragen 13, die Länge des Dromos 22 m. Kuppel und Fassade bestehen aus schlichten Feldsteinen, der Türsturz ist nur roh behauen. Verständlicherweise waren Gräber dieser Konstruktionsart extrem einsturzgefährdet. Die heute sichtbaren Reste einer Steinfassade wurden im 13. Jh. hinzugefügt, was auf einen generationenlangen Totenkult hinweist.

Fassade des Atreus-Grabes, Rekonstruktion S. Marinatos

150 Jahre jünger ist das etwa gleich große sog. **Löwengrab** nordwestlich des Aufgangs zum Löwentor. Dromos und Fassade bestehen hier aus sorgfältig geglätteten Steinen; der Türsturz überragt seitlich die Türpfosten und ist auf der Innenseite dem Gewölbe angepasst. Aus statischen Gründen wurde über dem Türsturz ein Entlastungsdreieck freigelassen. Das späteste Tholosgrab in diesem Areal ist das sog. **Grab der Klytaimnestra,** gleich unterhalb der Landstraße. Sein 37 m langer Dromos, die Fassade und der Kuppelraum sind nun aus sorgfältig behauenen und geglätteten Steinen gefügt; wie beim Löwentor war hier das Entlastungsdreieck einst mit einer dekorierten Platte versehen. Weitere Tholosgräber liegen am Westhang des jenseitigen Hügels.

Abschluss und Höhepunkt eines jeden Mykenebesuchs ist die Besichtigung des **Atreus-Grabes,** 400 m südlich des Parkplatzes neben der Landstraße. Ähnlich dem Eingangsbereich der Zitadelle mit dem Löwentor erscheint auch dieser gleichzeitig errichtete Grabbau wie eine einzige Demonstration von Können und Macht; man fühlt

Mykene

sich an ägyptische Monumentalarchitektur, aber durch die gewaltige Größe der Steinblöcke auch an Megalith-Kulturen des Nordens erinnert. Derartige Vergleiche müssen die Mykener nicht gescheut haben und tatsächlich mag Konkurrenz zum Ausland hier im Spiel gewesen sein. Auch den späteren Griechen erschien der Bau ein wahres Wunderwerk, weshalb sie ihn für das *Schatzhaus* des legendären mykenischen Dynastiegründers Atreus (S. 155) hielten.

Ein 36 m langer und 6 m breiter Dromos führt auf die Fassade des Kuppelraums zu. Seine zum Grab hin ansteigenden Seitenwände sind aus sorgfältig behauenen Großquadern gemauert, darunter im Sockelbereich ein Block von über 40 t Gewicht. Die Fassade mit ihrer nach oben leicht verjüngten 4,5 m hohen Türöffnung und dem Entlastungsdreieck darüber war mit reich verzierten Halbsäulen aus grünem Marmor geschmückt, deren Reste sich im Athener Nationalmuseum und im Britischen Museum in London befinden. Das Entlastungsdreieck war verkleidet und, wie die umgebende Fläche, mit Reliefs dekoriert. Schaudernde Ehrfurcht erfasst jeden, der unter dem monolithen Türsturz hindurch in das Kuppelrund schreitet. Geradezu unwirklich in seinen Dimensionen von 9,5 m Breite und 5 m Tiefe und seinem Gewicht von schätzungsweise 120 t wirkt dieser das Gewölbe stabilisierende Türsturz, zumal mit größter Sorgfalt behauen und minutiös dem Innenverlauf des Kuppelrunds angepasst: eine Höchstleistung an Krafteinsatz, aber auch planerischer Überlegung in prähistorischer Zeit. Mit seinem Durchmesser von 14,5 und einer Höhe von 13,5 m führt der Kuppelraum (nur die Spitze war eingebrochen und ist restauriert) die Technik des Pseudogewölbes aus ringförmig aufgebauten, immer weiter vorkragenden Steinen an ihre äußerste Grenze. Dabei sind die Sichtflächen der Blöcke so geglättet und gerundet, dass man auf den ersten Blick ein echtes Keilsteingewölbe vor sich zu haben glaubt. Stiftlöcher zeigen, dass das Kuppelinnere mit Metallappliken verziert war. Die in den Fels gehauene würfelförmige Seitenkammer des Grabes war mit Steinplatten ausgekleidet. Das Atreusgrab war bereits in der Antike ausgeraubt, als es als Heroenkultstätte diente.

Atreus-Grab, Innenansicht

Das **Museum** im Norden der Burg dokumentiert durch Keramik und andere Funde alle historischen Phasen der Stätte, auch die nachmykenischen Epochen. Modelle informieren über die Gesamtanlage mit Königsburg, Gräbern und Unterstadt. Unheimlich erscheinen uns heute die im Kulthaus von Mykene sowie in Midéa gefundenen bis zu 1 m großen *weiblichen Tonidole,* deren Körper wie ein Gefäß auf der Töpferscheibe gedreht, die Köpfe und stummelartigen Arme aber von Hand modelliert sind; wie Stiftlöcher verraten, waren die Figuren geschmückt, möglicherweise auch mit textiler Bekleidung versehen. Die mit Tonschlicker farbig bemalten und gebrannten kleineren Exemplare dieser Göttinnen- oder Priesterinnendarstellungen sind die älteren (14. Jh. v. Chr.), die größeren und gröberen die jüngeren (13. Jh. v. Chr.). Rätsel gibt ein gut erhaltenes mykenisches Fresko von einer Kultstätte auf: Vor einer reich geschmückten Tür mit Säule sieht

600 m weiter talabwärts von Mykene querte unterhalb der Landstraße einst eine mykenische Straßenbrücke den Charós-Bach.

Die Präsentation der berühmten Stätte durch den griechischen Antikendienst lässt zu wünschen übrig: Aus Wärtermangel und wegen laufender Ausgrabungen ist die gesamte Unterburg für den Publikumsverkehr gesperrt; auch das Gelände um die Burg herum ist unzugänglich, sodass man die gewaltigen Mauern – das Eindrucksvollste von Tiryns – nur von einigen Stellen aus in Augenschein nehmen kann. Der Fußboden des Palastes ist weitgehend zubetoniert, Ritzlinien im Zement wirken als Pseudomarkierungen von Befunden. Eine Verschandelung des Blicks sind zum Schutz aufgestellte hässliche weiße Lattenzäune auf Betonklötzen.

man zwei Frauen (Göttinnen oder Priesterinnen?), zwischen ihnen wie schwebend winzige Menschgestalten; das untere Bildregister zeigt eine Göttin oder Priesterin in Begleitung eines Greifen (Abb. S. 20). Ein kleiner Siegelring aus rotem Halbedelstein gibt eine Komposition ähnlich der des Löwentors wieder: eine Säule, flankiert von zwei Löwen. Frühmykenische reliefierte Grabstelen gehören zu einer Serie aus dem Gräberrund B von Mykene, deren übrige Exemplare ins Nationalmuseum von Athen gelangten.

Tiryns

Die imposante Stätte hat eine nunmehr über 100-jährige, allerdings durch lange Phasen unterbrochene Ausgrabungsgeschichte hinter sich. Seit den Forschungen Heinrich Schliemanns und Wilhelm Dörpfelds Ende des 19. Jh. waren es Deutsche, die den Platz untersucht und publiziert haben. Dabei wurde zwar eine Fülle archäologischer Informationen gesammelt, doch haben personelle Konstellationen und hierarchische statt kooperativer Organisationsstrukturen dazu geführt, dass heute viele Fragen widersprüchlich beantwortet werden und manches womöglich für immer offen bleiben muss.

Der isolierte steile Felsgrat von nur 20 m Höhe, auf dem die Burg thront, lag ursprünglich am Meer und wurde erst durch fortschreitende Verlandung von der Küste getrennt. Ursache für diese Verlandung ist ein Bach, der auch die mykenische Siedlung und das umliegende Ackerland durch Überschwemmungen bedrohte. Geologischen Forschungen zufolge haben bereits die Mykener im 13. Jh. v. Chr. dieses Problem durch Anlage eines Damms gelöst, der den Unterlauf des Baches mehrere Kilometer weiter nach Süden lenkte und von der Siedlung fernhielt. Ob Tiryns mit seiner gewaltigen Befestigung und seinem luxuriösen Palast einen völlig selbstständigen Status besaß oder als Hafendependance von Mykene anzusehen ist, steht nicht fest.

Tiryns, Westflanke der Burg. Mit großem Geschick sind die mächtigen Steine der Mauer auf die unregelmäßige Kante des Felsens platziert.

Besiedelt war der Felsrücken seit dem Neolithikum, die ersten nachgewiesenen Baureste aber sind Bruchstein- und Lehmziegelmauern unter dem Palasthof und dem Megaron aus der Zeit um 2200 v. Chr., die sich zu einem Rund von 19 m Durchmesser ergänzen lassen. Die Funktion dieser kreisförmigen Anlage bleibt rätselhaft. In der Folgezeit wurde das Plateau durch Anschüttungen verbreitert und darauf Oval- und Megaronhäuser errichtet, deren Spuren heute verdeckt sind.

Die weitere, nun mykenische Bebauung ist weitaus besser nachzuvollziehen. Die ältesten Spuren eines Palastes datieren gegen 1450 v. Chr. Nach einem Brand entstand nach 1300 v. Chr. der neue Palast, dessen Grundmauern man heute sieht. Im gleichen Zuge wurde die Befestigung der Oberburg auf der Süd-, Ost- und Nordseite erweitert und erheblich verstärkt; die beeindruckende Toranlage im Osten mit den gewaltigen Mauern zu beiden Seiten gehört dieser Phase an. Eine dritte und letzte Ausbauphase schloss sich noch im 13. Jh. an: architektonisch und wehrtechnisch von größter Raffinesse und optisch durch Verwendung wahrhaft gigantischer Steinblöcke eine Demonstration von Potenz par excellence. Die mit Kraggewölben überdeckten Galerien im Süden sowie der von einer 7 m starken Vormauer geschützte Treppenzugang im Westen sind damals entstanden, ebenso das neue Außentor im Osten mit der Rampe. Auch die heute sichtbare Ummauerung der Unterburg mit ihren einst doppelgeschossigen Innengewölben mit Schießscharten wird in diese Zeit datiert. Das nun wirksam geschützte weite Areal der Unterburg ermöglichte größeren Menschenmengen und damit auch Verteidigern den Aufenthalt und sicherte zudem die Wasserversorgung bei einer Belagerung: Unterirdische Spitzbogengänge führen zu einer 30 m entfernten Wasserstelle am Fuß des Felsens.

Tiryns, unterirdische Kasematten im Südostteil der Burg (Plan Nr. 7)

Wie in Mykene auch, schien man nun bestens gewappnet für Belagerungen, denn ein unmittelbares Erstürmen dieses geradezu übermassiven Festungswerks dürfte ohnehin kaum möglich gewesen sein. Doch die gewaltigen Anstrengungen haben am Ende wenig genützt. Nicht nur kriegerische Ereignisse, sondern auch Erdbeben lösten mehrfach Brände aus; gegen 1050 v. Chr. wurde der Palast endgültig zerstört und nicht wieder aufgebaut. Die späteren Phasen sind, mitbedingt durch das Abräumen oberer Schichten durch die frühen Ausgräber, nur bruchstückhaft dokumentiert. Nach Jahrhunderten ärmlicher Besiedlung errichtete man auf dem Hügel einen Tempel, dessen archaischem Nachfolgerbau ein in der Nähe gefundenes dorisches Kapitell zugeschrieben wird. Der Ort Tiryns existierte auch in klassisch griechischer und römischer Zeit, wovon aber nur sporadische Einzelfunde und die schriftliche Überlieferung Zeugnis ablegen.

Man betritt die Anlage über die 4,70 m breite und ursprünglich 50 m lange **Rampe (1)**, auf der Wagen bis vor das Tor fahren konnten und die zugleich Angreifern die Überwindung einer langen ungedeckten Wegstrecke abverlangte. Nach Passieren des **Außentors (2)** gelangte man rechts in die Unterburg, links in einen von hohen Mauern flankierten **Zwinger (3)**, der von einem weiteren **Tor (4)** versperrt wurde, das in sei-

Zur Burg von Tiryns gehörte eine ausgedehnte Unterstadt, die teilweise durch Sondagen erforscht wurde, jedoch in ihren verstreuten Resten nicht zu besichtigen ist.

Die Argolis

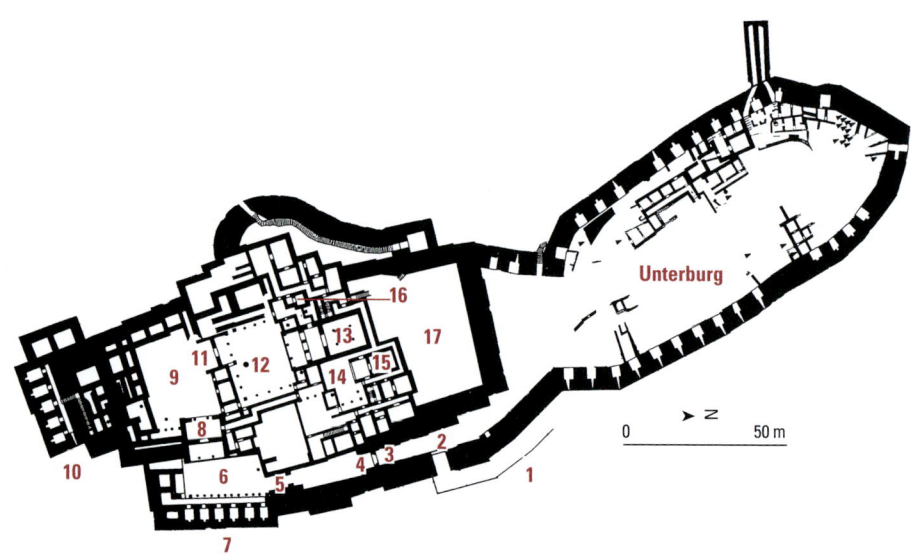

Tiryns, Burg
1 *Rampe*
2 *Außentor*
3 *Zwinger*
4 *Tor*
5 *Korridor und ältere Toranlage*
6 *äußerer Vorhof*
7 *Ostgalerie*
8 *Propylon*
9 *innerer Vorhof*
10 *Südbastion und Galerie*
11 *inneres Propylon*
12 *innerer Palasthof*
13 *Megaron*
14 *Hof des älteren Palastes*
15 *Megaron des älteren Palastes*
16 *Kultbad*
17 *sog. Mittelburg*

ner Bauart dem Löwentor von Mykene ähnelt und wie jenes ins frühe 13. Jh. datiert wird; Zapflöcher für die Türflügel und Einlassungen für einen Querbalken zur Verriegelung sind in dem mächtigen Türgewände zu erkennen. Am Ende des **Korridors (5)** öffnet sich ein einst von Säulenstellungen flankierter **Hof (6),** von dem man über eine Treppe die tiefer gelegene **Ostgalerie (7)** mit ihrem imposanten Kraggewölbe erreicht; ob dieser Gang mit seinen Kammern eine fortifikatorische Funktion besaß oder als Lagerraum diente, ist unklar. Durch ein **Propylon (8)** mit Säulenstellung schritten die einstigen Inhaber und Besucher des Palastes, sicherlich von solcher architektonischen Steigerung nicht unbeeindruckt, auf einen inneren **Vorhof (9);** erhalten sind hier lediglich Substruktionen der vorgelagerten **Südbastion (10)** mit einer *Galerie,* die der zuvor beschriebenen gleicht (nicht zugänglich).

Hier teilt sich der Weg: Ein gewinkelter Seitengang führt zum Ostflügel des Palastes; auf dem symbolisch wie physisch um wenige Stufen ansteigenden Hauptweg gelangt man durch ein weiteres **Propylon (11)** in den **inneren Palasthof (12)** vor dem Megaron. Säulenbasen lassen erkennen, dass dieser Hof auf drei Seiten von offenen Hallen umgeben war; ein Altar in der Achse des Megaron lässt auf Kulthandlungen auf diesem Platz schließen. Auch vom **Megaron (13),** das in seinem Grundriss den Anlagen von Mykene und Englianó gleicht, sind allein die Grundmauern erhalten, die eine Vorstellung von der Weiträumigkeit dieses zentralen Traktes vermitteln. Man muss sich hier allerdings erst einsehen, denn der Hallenbau wird in Längsrichtung von einer Mauer durchzogen, die dem erwähnten frühnarchaischen Tempel angehört. Auf eine von zwei Säulen gestützte Vorhalle folgt, separiert durch ein Türgewände mit drei Durchgängen, eine *innere Vorhalle* und

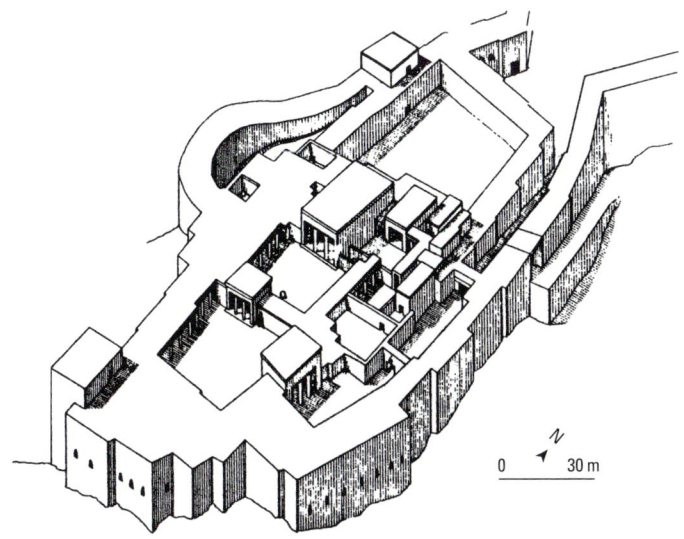

Tiryns, Burg, Rekonstruktionszeichnung

darauf der 9,80 × 11,80 m messende *Thronraum* mit dem großen Herd im Zentrum (vgl. Abb. S. 24). Vier Säulen trugen das in der Mitte offene Dach; an der rechten Seite stand der Thron des Herrschers (durch Ritzlinien im modernen Betonboden angedeutet). Die Sockelzone der Wände war mit einem Alabasterfries geschmückt, dessen Fragmente im Nationalmuseum in Athen ausgestellt sind. Die Wände trugen reichen Freskenschmuck, auch Stuckboden und Decke waren bemalt. Noch vor dem Megaron wurde der *Ostflügel* des Palastes errichtet. Hinter einem **Hof (14)** ist hier ein **kleineres Megaron (15)** erkennbar, außerdem, Reste der eingangs beschriebenen kreisförmigen Anlage.

Vom Hof sowie dem Vorraum des Megaron führten Zugänge zum Westflügel des Palastes. Das bemerkenswerte Relikt ist hier ein **Raum für rituelle Bäder (16)** mit einem 20 t schweren Kalksteinblock als Fußboden, der vor der Errichtung der angrenzenden Raumtrakte hierher gebracht und an Ort und Stelle endgültig bearbeitet worden sein muss – Zeichen der besonderen Bedeutung dieses Raumes; das Wasser lief über den Steinboden durch eine Abflussrinne in einen Lichthof.

Vom Plateau nördlich des Palastes – der sog. **Mittelburg (17),** deren einstige Bebauung und Funktion noch gänzlich ungeklärt sind – überblickt man das für Besucher gesperrte Areal der *Unterburg.*

Am Hang des nahe gelegenen *Profitis-Ilias-Berges* wurde ein gut erhaltenes spätmykenisches **Tholosgrab** mit steiler Wölbung im oberen Teil der Kuppel entdeckt (Hinweisschilder). Der Grabschacht wurde leer aufgefunden. Keramikscherben des 7. Jh. v. Chr. lassen vermuten, dass hier in frühgriechischer Zeit ein Heroenkult installiert wurde. In der römischen Kaiserzeit diente der Grabbau als Mühlenbetrieb; Mahlsteine und anderes Gerät liegen noch im Kuppelraum.

Weibliche Idole aus der Unterburg von Tiryns und dem Kultzentrum von Mykene, 13. Jh. v. Chr. Náfplio, Archäologisches Museum

Prósymna, Midéa und Asíni/Toló

Unter dem Namen **Prósymna** firmieren in archäologischen Fachbüchern eine mykenische Zitadelle sowie eine Reihe von Kammergräbern, die jedoch nicht unmittelbar bei diesem Dorf, sondern im Gelände westlich des Heraion von Árgos liegen (S. 182). Bei Prósymna selbst wurde archäologisch bislang nur wenig entdeckt. Vor dem Dorf zweigt eine Stichstraße nach Süden in ein von Olivenbäumen und Zypressen bestandenes Tal ab. Man passiert zunächst die Ruine eines *hellenistischen Turms*, dann einer *römischen Therme* und kommt schließlich zu einem *mykenischen Kuppelgrab* (Hinweisschild an der Straße).

Sehenswerter sind die mykenischen Überreste von **Midéa,** weiter südlich bei der Ortschaft Mánesis. Am Südrand des Dorfes weist ein Schild auf eine **mykenische Nekropole** mit teilweise in den Fels geschlagenen Kuppel- und Kammergräbern mit langen Dromoi. Berühmt ist Midéa aber für seine in den Dimensionen sogar Mykene noch übertreffende **Burgfestung.** Schon von der Landstraße aus erkennt man die hoch aufragenden Mauern, die in weitem Bogen die Kuppe eines die Umgebung beherrschenden Kegelberges umziehen; ein Fahrweg führt bis an die Zitadelle heran. Schwedisch-griechische Ausgrabungen haben Siedlungsareale im Innern des bis zu 6 m starken Festungsrings freigelegt; Linear-B-Täfelchen deuten auf administrative Funktionen wie in Epáno Englianós, Mykene und Tiryns hin, einen Palast aber hat man bislang noch nicht entdeckt. Anders als Mykene und Tiryns wurde Midéa nach der mykenischen Epoche gänzlich verlassen und lag brach, bis in römischer Zeit an den Hängen des Berges Erzminen entdeckt und abgebaut wurden.

Bereits vom 3. Jt. v. Chr. an kontinuierlich besiedelt war, seiner geschützten Hafenanlage und seines fruchtbaren Hinterlandes wegen, das Gebiet des Badeortes **Toló.** Schwedische Ausgrabungen haben eine früh- und mittelhelladische Siedlung auf dem *Barbouna-Hügel* oberhalb von Toló nachgewiesen, außerdem mykenische Gräber mit reichem Inventar (die Funde in den Museen von Náfplio und Athen); diese Areale sind jedoch nur schwer zugänglich und in ihrem heutigen Zustand wenig informativ.

Der wundervollen Lage, aber auch der erhaltenen Mauern wegen sehenswert ist hingegen die mykenische und in hellenistischer Zeit erneut ausgebaute Burg **Asíni** auf einem Kap 1 km nordöstlich von Toló. Mykenische und hellenistische Befestigungstrakte wechseln hier einander wie Glieder einer Kette ab, wobei das polygonale griechische Mauerwerk sich teilweise dem älteren und roher bearbeiteten Zyklopenmauerwerk anpasst. Die Nordflanke der Befestigung ist von der Bucht von Toló aus gut sichtbar, entlang der landseitigen Ostflanke führt ein Weg, der (hinter dem Eingang zu einem Campingplatz) bei einem noch hoch aufragenden hellenistischen Turm endet. Ein Palast wurde auf dem Felsplateau nicht gefunden, lediglich die Grundmauern größerer Räume aus mykenischer Zeit.

Árgos und seine Umgebung in antiker und byzantinischer Zeit

Stadt und Museum

Árgos, am Rande einer fruchtbaren Ebene am Fuß des steil aufragenden *Lárisa-Berges* gelegen, ist eine der ältesten Städte Griechenlands. Nach zunächst wechselnden Siedlungsplätzen vom Spätpaläolithikum bis zur mykenischen Epoche, als auf dem Gipfel des Lárisa eine Burg stand, lässt sich Kontinuität der Besiedlung im heutigen Stadtgebiet seit dem 10. Jh. v. Chr. feststellen. Nach dem Untergang der mykenischen Kultur enntwickelte sich hier die neue dorische Siedlung im Verlauf des 8. und 7. Jh. v. Chr. zu einem der ersten Gemeinwesen Griechenlands, das im eigentlichen Sinne als Stadt bezeichnet werden kann: eine politisch und wirtschaftlich selbstständige Polis mit einer ansehnlichen Bürgerschaft, blühendem Handel und Handwerk (v. a. Keramik- und Bronzewaffenproduktion) und einem ausgedehnten landwirtschaftlichen Territorium.

In der Antike hoch gerühmte Künstler stammen aus Árgos, so die Bronzebildner Hageladas und Polyklet (6. und 5. Jh. v. Chr.).

Obwohl das Gebiet geografisch fast rundum von Bergzügen und der Küste abgeschlossen wird, musste sich der Stadtstaat Árgos doch immer wieder gegen Übergriffe von außen zur Wehr setzen: v. a. gegenüber Sparta, das im Zuge seiner Suprematiebestrebungen über die Peloponnes häufig mit Árgos in Konflikt geriet. Von kurzen Friedensperioden abgesehen, waren die beiden dorischen Mächte einander Erzfeinde. Auch innenpolitisch konnte der Gegensatz kaum größer sein: Der Kastenstaat Sparta wurde während all der Jahrhunderte von Königen regiert, während in Árgos ein sich emanzipierendes Bürgertum – zunächst unter der Führung von Tyrannen, seit der Mitte des 5. Jh. v. Chr. durch demokratische Institutionen – die Geschicke der Stadt bestimmte.

Im Peloponnesischen Krieg blieb Árgos aus Vorsicht zunächst neutral, schloss sich dann aber der von Athen geführten Koalition gegen Sparta an. Nach wechselnden Allianzen im 4. Jh. – kurzfristig ging Árgos sogar eine staatliche Fusion mit Korinth ein – war Makedonien fast ununterbrochen Schutzpatron der Stadt, allerdings auch ihr faktischer Beherrscher. In römischer Zeit war Árgos eine wohlhabende Landstadt, verlor aber immer mehr an Bedeutung und dürfte, als es im 6. Jh. von Awaren und Slawen verwüstet wurde, nur noch ein armseliges Dorf gewesen sein. Neuen Aufschwung erhielt der Ort, als die Byzantiner im 12. Jh. auf der Lárisa eine Burg errichteten, die im 13. Jh. von den Franken erobert und weiter ausgebaut wurde und später auch den Venezianern und Türken als südlicher Kontrollpunkt des argolischen Beckens diente.

Im griechischen Unabhängigkeitskrieg gegen die osmanische Herrschaft war Árgos eine der ersten freien Städte Griechenlands. Nicht

Die argivische Dichterin Telesilla soll nach einer verheerenden militärischen Niederlage ihrer Stadt gegen Sparta 494 v. Chr. die Frauen mit Waffen ausgerüstet haben, die in den Heiligtümern als Votive aufgestellt waren, was die Spartaner von einem direkten Angriff auf die Stadt abhielt.

Die Árgolis

Árgos
1 griechisches Theater
2 römische Thermen
3 römischer Aquädukt
4 Odeion und klassische Stufentribüne
5 Agora mit Bouleuterion und Nymphäum
6 Archäologisches Museum
7 Panagía tou Vráchou
8 ›Deiras‹ mit Heiligtümern des Apollon und der Athena
9 ›Aspís‹
10 Burg Lárisa

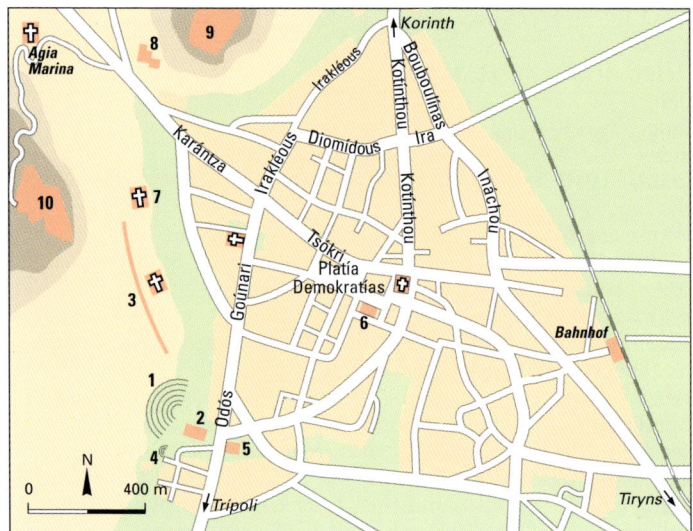

nach Athen, sondern hierhin wurde 1821 die erste griechische Nationalversammlung einberufen, und in Árgos wurde auch Kapodistrias als erster Regierungschef eingesetzt. Einige klassizistische Häuser stammen noch aus dieser Zeit. Danach aber liefen Náfplio und das von den Bayern favorisierte Athen Árgos den Rang ab. Inmitten eines Anbaugebiets von Zitrusfrüchten und Tabak lebt der Ort heute mit seinen 20 000 Einwohnern von der Landwirtschaft und seiner Funktion als Verkehrsknotenpunkt der Ostpeloponnes.

Von der Bedeutung der Stadt in frühhellenistischer Zeit zeugt das riesige **Theater (1)**, mit seiner ursprünglichen Kapazität von 20 000 Plätzen eines der größten der griechischen Welt. Nur der Mitteltrakt ist erhalten, während die einst auf Erdwällen ruhenden Flanken weggebrochen sind. Fünf Treppenaufgänge, von denen drei an der Orchestra, zwei erst weiter oben beginnen, teilen die Cavea in sechs Sektoren. Hinter der 49. Reihe der steil ansteigenden, größtenteils in den Felsen gehauenen Sitzstufen verläuft ein Kanal, der bei Regengüssen das vom Hang herunterschießende Wasser ableitete. In römischer Zeit wurde die Orchestra so umgebaut, dass sie geflutet und zur Spielstätte von Seeschlachten werden konnte. Auch das griechische Bühnengebäude mit seinen dorischen Säulen wurde von den Römern überbaut und durch eine imposante Ziegelarchitektur ersetzt. Leider wird von der lokalen Antikenverwaltung ausgerechnet diese vorzüglich erhaltene Ziegelarchitektur nun wieder demoliert zugunsten einer Rekonstruktion des völlig konventionellen und zudem nur schlecht erhaltenen älteren griechischen Bühnengebäudes.

Die hoch in den Himmel ragenden Ziegelmauern und -gewölbe links vor dem Theater gehören zu einer monumentalen **Thermenanlage (2)**

Árgos und seine Umgebung

des 2. Jh., die im 4. Jh. grundlegend erneuert wurde. Hier wären Teilrekonstruktionen einmal durchaus am Platze, denn der erhaltene Bestand gibt nicht nur Auskunft über die Räumlichkeiten selbst, sondern auch die prächtige Innenausstattung mit marmornen Säulenstellungen, Wandverkleidungen und Kassettendecken. Auch das komplizierte Heizungssystem mit Warmluftschächten unter den Fußböden und in den Wänden ist noch bis ins Einzelne nachzuvollziehen. Reste des zugehörigen **Aquädukts (3)** liegen nördlich am Hang.

Unspektakulär wirkt demgegenüber das **Odeion (4)** 100 m weiter südlich; ob die im 1. Jh. erbaute und im 3. Jh. noch einmal renovierte Anlage tatsächlich überdacht war und Musikdarbietungen diente oder nicht doch ein kleines Freilichttheater war, ist unklar. Darüber am Hang erkennt man *Reihen gerader Sitzstufen*. Sie wurden bereits im 5. Jh. v. Chr. in den Fels geschlagen und bilden eines der ältesten griechischen Theater! Allerdings muss man sich dieses Theater nicht nur als Aufführungsstätte von Tragödien und Komödien vorstellen, sondern die Argiver konnten, auf den Stufen dieser Tribüne sitzend, auch an Kulthandlungen teilnehmen, sportlichen Wettkämpfen zusehen und über die politischen Belange der Stadt diskutieren. Schließlich lag das Theater direkt oberhalb der **Agora (5),** von der Teile jenseits der heutigen Landstraße freigelegt wurden. Dort sind nur die Innenstützen einer Halle aus dem 5. Jh. v. Chr., wahrscheinlich des *Bouleuterions,* einigermaßen deutlich erkennbar, außerdem die Ruine eines *römischen Nymphaeums* in Form eines Rundtempelchens auf quadratischem Sockel. Im Zuge von Baumaßnahmen stieß man immer wieder auf Reste antiker Häuser, die aber teilweise wieder zugeschüttet wurden und in jedem Falle für Touristen nicht zugänglich sind.

Was das einige Schritte südlich der Platía gelegene **Archäologische Museum (6)** an historischer Information bietet, kann mangels Her-

Das griechische Theater von Árgos zählte zu den größten Anlagen seiner Zeit. Nur im Mitteltrakt sind die ansteigenden Sitzreihen noch bis weit nach oben hin erhalten.

Die Árgolis

Árgos, Theater und Agora

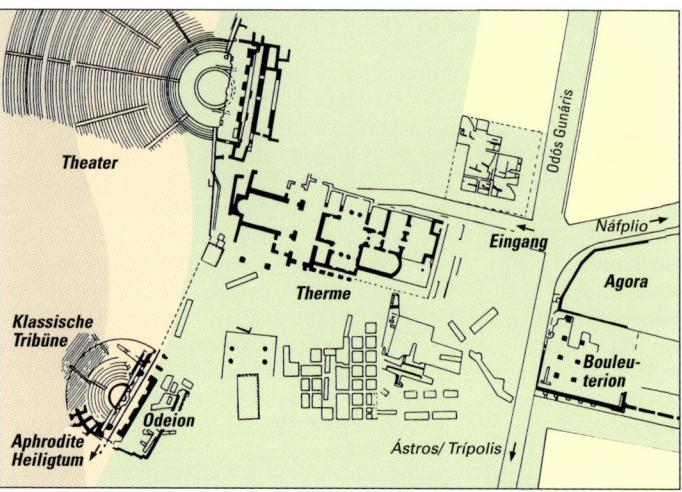

Allegorie des Winters, Fußbodenmosaik aus spätantiker Villa in Árgos. Árgos, Archäologisches Museum

kunftsangaben und Erklärungen der Objekte, ja häufig gänzlich fehlender Beschriftung nur als dürftig bezeichnet werden; manche der Exponate selbst aber sind außerordentlich sehenswert, sodass die Sammlung für archäologisch Interessierte in jedem Fall einen Besuch lohnt. Im **Hauptsaal** dokumentieren *Keramik*, aber auch Bronzefunde wie *Rüstungen, Bratspieße* und *Grillroste in Form von Kriegsschiffen* – in der Epoche vor der Einführung des Geldes gängiges Zahlungsmittel – die Bedeutung der Stadt in ihrer Frühzeit vom 9. bis zum 7. Jh. v. Chr. Beeindruckend sind *übermannsgroße Vorratsgefäße*, die zur Bestattung vornehmer Toter dienten, sowie in Árgos produzierte charakteristische Tongefäße des 8. Jh. v. Chr. mit farbigem Dekor, die als weithin sichtbare Markierungen auf den Gräbern standen und mit ihren Darstellungen auf prestigeträchtige Aktivitäten der Aristokratie in den Heiligtümern und beim Grabkult hinweisen: Faustkampf, Wagenrennen und Totenklage. Ein Keramikfragment des 7. Jh. v. Chr. zeigt drastisch die Blendung des Riesen Polyphem in seiner Höhle durch Odysseus und seine Gefährten.

Im **Untergeschoss** hinter dem Hauptsaal sind die faszinierenden *Funde aus Lérna* (S. 153) untergebracht, darunter die berühmte neolithische *Tonstatuette einer Göttin* aus dem 4. Jt. v. Chr. und ein plattes Frauenidol mit Kreuzbändern über der Brust – beides Zeichen nicht nur der Verehrung weiblicher Gottheiten, sondern auch weiblicher Dominanz in der Gesellschaft jener Epoche. Aus Fragmenten wurde die mit Zickzackbändern geschmückte *Herdstelle* des Lérna-Hauses zusammengesetzt. Alle Epochen der langen Geschichte dieses Baus sind durch Keramik dokumentiert, darunter Kykladenimport, wie eine meisterhaft getöpferte Kanne in Gestalt einer ekstatisch bewegten Frau mit einem Vogelkopf zeigt. Ein reliefdekoriertes Ritualgefäß mit drei Ausgüssen und einem flachen Näpfchen im Zentrum seiner Oberseite verweist auf Opferpraktiken (mit Wein, Öl und verschiedenen Getreiden?), wie sie auch vom minoischen Kreta her bekannt sind.

Das **obere Stockwerk** enthält *Skulpturen* aus den römischen Thermen und dem Theater von Árgos. Hervorzuheben ist hier eine Replik des durch sein Gegenstück in Rom berühmten Herakles Farnese: Kopie eines frühhellenistischen Werks des Bildhauers Lysippos, das auf der Agora von Árgos aufgestellt war. Zu den weiteren Exponaten zählen spätklassische und hellenistische Weihreliefs sowie ein großes römisch-kaiserzeitliches Fußbodenmosaik mit floralem Dekor. Im **Museumsgarten** ist unter einem Schutzdach ein exzellent erhaltenes ausgedehntes *Mosaikensemble* aus einer Villa in Árgos aus der Zeit um 400 n. Chr. zu besichtigen. Allegorische Jahreszeiten- und Monatsdarstellungen vermitteln ein Bild von den täglichen Verrichtungen in einem spätantiken Gutshof und zugleich von der religiösen und repräsentativen Anspruchshaltung jener feudalen Landbesitzerschicht.

Ein Seitenweg führt vom Deiras-Sattel zum Kloster **Panagía tou Vráchou (7)** am Steilhang des Lárisa-Berges. – Die Fahrstraße zur Lárisa hinauf führt über einen Sattel zwischen der Kuppe des Stadthügels und dem steilen Burgberg. Dieser Sattel hieß in der Antike **Deiras (8).** Hier stößt man auf einen aus dem Felsen gehauenen großen Altar mit weiträumiger Plattform; von der dahinter am Hang ansteigenden Schautreppe aus konnten Festteilnehmer wie in einem Theater die Kulthandlungen beobachten. Auf einer noch höher gelegenen Terrasse stand der kleine Tempel, von dem lediglich Fundamentreste zeugen. Das Heiligtum besaß mehrere Zisternen: eine große quadratische hinter dem Tempel, weitere kleinere bei den Treppenstufen. Teile des Areals wurden, wie aus entsprechendem Ziegelmauerwerk abzulesen ist, frühbyzantinisch überbaut. Auf einer Stichstraße gelangt man von hier auf die Kuppe des Stadthügels, in der Antike **Aspis (9),** d. h. Rundschild, genannt: heute ein freundlicher Park mit Bänken und Picknickplätzen zwischen den Mauerresten der hellenistischen Akropolisbefestigung.

Die mit ihren gigantischen Mauerzügen und Türmen weithin sichtbare **Lárisa-Burg (10)** auf dem 870 m hohen Bergkegel stammt aus fränkischer und venezianischer Zeit. Wie bei anderen fränkischen Burgen auch (Chlemoútsi, S. 113), greifen vom oktogonalen Kernbau Mauern wie Arme aus und umschließen ein großes tiefer gelegenes Terrain. Von den Innenbauten des Kastells, das wegen Absturzgefahr nur mit Vorsicht begangen werden sollte, ist außer der Ruine der Burgkapelle nichts erhalten.

Die Pyramide von Kefalári und verwandte Wehrbauten

Auf dem Weg zur Pyramide sollte man unbedingt im Dorf **Kefalári** (5 km südlich von Árgos) einen Zwischenstopp machen. Hier tritt an

Die Árgolis

der von Platanen beschatteten Platía aus dem Felsen eine *Quelle,* die von einer Katavothre gespeist wird. Die kleine moderne Kirche darüber ist *Zoodóchos Pigí,* dem lebensspendenden Quell Maria geweiht. Dahinter öffnet sich eine verzweigte kathedralengleiche *Tropfsteinhöhle,* die schon in der Antike als Kultstätte diente, wie Nischen im Fels und darin gefundene Votivgaben verraten. Auch heute ist dies ein Ort der Andacht. Man weiht hier der ›Quellgöttin‹ Maria kleine Ikonen, zündet eine Kerze an und bittet um Heilung von Krankheiten; besonders die nach den Balkankriegen am Golf von Náfplio angesiedelten Bewohner von Néa Kíos haben diesen Platz als ihre Wallfahrtsstätte auserkoren und ihn mit rührenden Gaben geschmückt.

Die antike **Pyramide** steht, weithin sichtbar auf einem beherrschenden Hügel 2 km oberhalb des Dorfes Kefalári an der Strecke nach Ellinikó. Auch wenn die Form des beeindruckenden Bauwerks von altägyptischen Pyramiden inspiriert sein mag, so hat es doch weder der Zeitstellung nach noch in seiner Funktion etwas mit diesen uralten Grabbauten zu tun. Die Pyramide von Kefalári war kein Grabmal, wie zuweilen vermutet wurde, sondern ein Wehrbau und entstand, wie ihr Polygonalmauerwerk beweist, in hellenistischer Zeit. Das auf einem niedrigen quadratischen Sockel ruhende fensterlose Bauwerk lief oben nicht spitz zu, sondern endet in seinem Steinmauerwerk in 5 m Höhe in einem waagerechten Absatz, über dem man sich ein turmartiges Obergeschoss aus senkrechten Lehmziegelwänden, wahrscheinlich mit Schießscharten, vorstellen muss. Der spitzbogige schmale Eingang führt zunächst auf einen von oben leicht zu verteidigenden engen Korridor, an dessen Ende man erst zur eigentlichen Tür gelangt.

Die ›Pyramide‹ von Kefalári – ein antiker Wehrbau um 300 v. Chr.

Árgos und seine Umgebung

Die Pyramide von Kefalári war nicht das einzige Gebäude seiner Art, sondern gehörte zu einem System von Wachposten zur Sicherung der Árgolis. Auf Reste einer ähnlichen Pyramide trifft man an der Passstraße, die von Náfplio quer über die Argolída-Halbinsel zum Saronischen Golf führt (S. 191). Auch der Übergang von der Árgolis ins korinthische Gebiet war auf solche Weise gesichert. An der Strecke Korinth-Árgos weist 3 km nördlich von *Fíchti* ein Schild zu einem ›Ancient blockhouse‹: auch dies eine im Grundriss quadratische Wehranlage aus mächtigem Polygonalmauerwerk, nun allerdings mit fast senkrechten Wänden, die sich nur ganz leicht nach oben hin verjüngen. Wieder wird der Steinbau in etwa 3 m Höhe mit einer Schicht aus flachen Quadern abgeschlossen. Darüber muss man sich, wie bei der Pyramide von Kefalári, ein Obergeschoss mit Wänden aus Lehmziegeln vorstellen. Eine leicht verbarrikadierbare Pforte an der Westseite führt ins Innere. Zwei Wasserspeier auf halber Höhe der fensterlosen Wände dienten der Entsorgung von Abwasser und verraten, dass man damit rechnete, sich auch über längere Zeit gegenüber umherziehenden Truppenverbänden verschanzen zu müssen. Der Mauertechnik zufolge wurde auch dieses Bauwerk im 3. Jh. v. Chr. errichtet.

Das Heraion von Árgos

Das berühmte Hera-Heiligtum wurde zwar von der Stadt Árgos aus verwaltet, liegt aber gut 6 km nordöstlich am gegenüberliegenden Rand der argivischen Ebene. In seiner Position nimmt es somit eine Zwischenstellung zwischen stadtgebundenen und extraurbanen Kultstätten wie etwa Olympia und Epidauros ein (s. S. 116, 192). Seit früharchaischer Zeit zählte das Heraion zu den ehrwürdigsten Heiligtümern Griechenlands. Bereits Homer lässt in seiner im 8. Jh. v. Chr. entstandenen Ilias hier den Fürsten Agamemnon von den versammelten Adeligen zum Führer des trojanischen Feldzugs wählen. Die fiktiv bis in mythische Zeit zurückreichende Liste der Herapriesterinnen galt auf der Peloponnes sogar als eine Art Kalender, mit dem historische Ereignisse zeitlich eingeordnet wurden.

Berühmt ist die Geschichte von den starken Jünglingen Kleobis und Biton, die sich, da die Zugochsen nicht rechtzeitig vom Feld zurückgekehrt waren, vor den Wagen ihrer Mutter spannten, die als Priesterin zum Heiligtum fahren wollte. 45 Stadien, d. h. gut 3,5 km, zogen die braven Söhne den Wagen, und als sie unter den Augen der Festversammlung das Heiligtum erreichten, erbat die stolze Mutter von der Göttin das höchste Menschenglück für ihre Söhne – einen ehrenvollen Tod in der Blüte des Lebens! »Als man nach dem Gebet das Opfer dargebracht und das Mahl eingenommen hatte, schliefen die Jünglinge im Tempel ein, standen nicht wieder auf, sondern beschlossen dort ihr Leben. Die Argiver aber ließen Standbilder von ihnen anfertigen und stellten sie in Delphi als Weihgeschenke auf, weil sie so vorzügliche

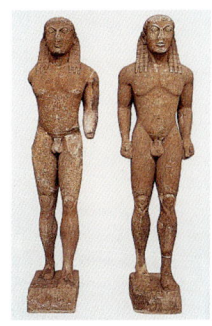

Das legendäre Brüderpaar Kleobis und Biton, monumentale Marmorstatuen im Kouros-Schema, frühes 6. Jh. v. Chr. Delphi, Museum

Die Árgolis

Menschen gewesen« (Herodot 1.31). Dort wurden die überlebensgroßen archaischen Statuen aus dem frühen 6. Jh. v. Chr. tatsächlich gefunden und sind heute im Museum in Délfi zu bewundern. Lange Prozessionen müssen beim jährlichen Fest der Hera durch die weite Ebene von der Stadt Árgos und den umliegenden Gemeinden – wie

Heraion von Árgos. Blick von der obersten Tempelterrasse (Plan Nr. 1) über die archaischen Hallenbauten (4, 5) auf die Fundamente des klassischen Tempels (2), dahinter die Argivische Ebene

berichtet wird, auch von Mykene – zum Heiligtum gezogen sein, unter Gesang und Tanz und versehen mit Proviant und Decken für das mehrtägige Fest, bei dem eine ganze Hekatombe, d. h. eine Hundertschaft von Rindern, geopfert und im gemeinsamen Mahl verzehrt wurde. Auch sportliche Wettkämpfe fanden bei den Hera-Feiern statt.

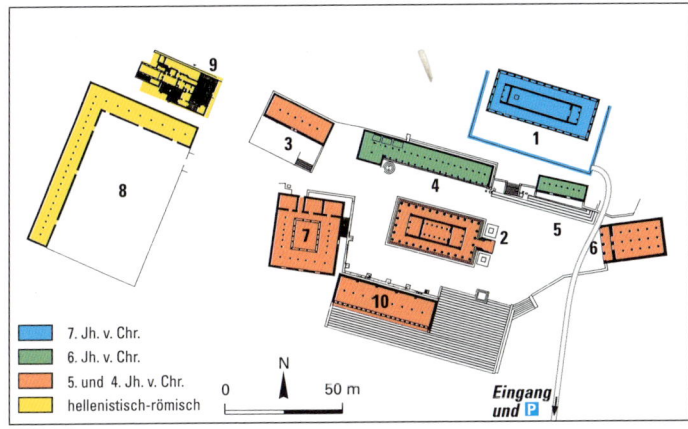

Heraion von Árgos, auf drei ansteigenden Terrassen angelegt
1 frülharchaischer Tempel
2 klassischer Tempel
3–5 Stoa
6 Versammlungshalle
7 Peristylbau
8 Gymnasion
9 Thermen
10 Stoa

Die meisten Bauwerke des Heiligtums sind bis auf die Grundmauern abgetragen (zur Verwendung der Steine für Kirchenbauten in der Umgebung). Dennoch vermittelt die in drei Terrassen am Hang gestufte Stätte noch ein beeindruckendes Bild von der architektonischen Gestalt dieses Kultortes und den rituellen Vorgängen, die sich hier abspielten. Auffällig sind breite Freitreppen, die nicht nur als Zugänge zur jeweils höheren Terrasse, sondern auch als Tribünen für die bereits versammelten Festteilnehmer dienten, wenn sie herannahende Prozessionen und die Priesterin bei ihrem feierlichen Einzug im Heiligtum erwarteten.

Auf der obersten Terrasse stand der erste **archaische Tempel (1)** des 7. Jh. v. Chr.: ein nur noch in Spuren nachweisbarer lang gestreckter Bau, der 423 v. Chr. durch die Unachtsamkeit einer Herapriesterin abbrannte (Thukydides 4.133); die Schuldige flüchtete sich in ihrer Not ins Asyl nach Tegea (S. 218). Die aus Felsbrocken errichtete *Zyklopenmauer*, die diese Terrasse zur Talseite hin abstützt, wurde von manchen Archäologen für mykenisch gehalten, von anderen in die geometrische Epoche datiert; wahrscheinlich aber wurde sie zur Schaffung des Tempelplatzes im 7. Jh. v. Chr. errichtet. Nicht an gleicher Stelle, sondern auf der nächstunteren Terrasse wurde der **Tempelneubau (2)** errichtet: ein dorischer Peripteros mit 6 × 12 Außensäulen und zwei Reihen von Innenstützen in der Cella, deren Platzierung aus den Fundamenten noch ersichtlich ist. In dieser Cella befand sich das berühmte Sitzbild der Hera aus Gold und Elfenbein

Das Heraion von Árgos wurde um 1900 von dem amerikanischen Archäologen Charles Waldstein recht unsystematisch ausgegraben und seitdem nur punktuell erforscht. Fragmente des Skulpturenschmucks vom klassischen Tempel sowie eine Anzahl von archaischen Votivgaben kamen ins Athener Nationalmuseum.

Die Árgolis

In Árgos geprägte Silbermünze mit dem Kopf der Hera, deren Kultbild im klassischen Tempel des Heraion stand, 380–343 v. Chr. London, British Museum

über einem Holzkern: ein Werk des Künstlers Polyklet, das auch als Wahrzeichen von Árgos auf den Münzen der Stadt abgebildet wurde. Schon vor dem Bau des Tempels muss hier der Kult fokussiert gewesen sein, denn die beiden östlichen der drei auf den Platz hin ausgerichteten **Säulenhallen (3, 4, 5)** zählen zu den ältesten griechischen Steinbauten dieser Art (4, 5); urtümliche dorische Säulenschäfte, die mit ihren breiten Kanelluren wie polygonale Pfeiler anmuten, und weit ausladende Kapitelle sind aussagekräftige Zeichen der frühen Entstehung dieser Versammlungsbauten. Unbekannt ist die Funktion einer **dreischiffigen Halle (6)** östlich des Tempels. Im Westen unterhalb der Tempelterrasse sieht man die Mauern eines **Peristylbaus (7)** des 4. Jh. v. Chr. mit drei Banketträumen. Ein **Gymnasion (8)** für die Athleten und eine römische **Thermenanlage (9)** im Gelände dahinter sind noch weitgehend unerforscht und im Gestrüpp nur schwer auszumachen. Aus der Zeit des Tempelneubaus stammt die unterste **Säulenhalle (10)** mit der teils auf sie zulaufenden, teils an ihr vorbeiführenden Freitreppe. Am Hügel westlich des eingezäunten Ausgrabungsgeländes wurden zahlreiche mykenische Kammergräber gefunden (S. 172).

Byzantinische Kirchenbauten in Agía Triáda, Plataníki und Néo Iréo

Jeder nachdenkliche Besucher der Ausgrabungsstätte des antiken Heraion fragt sich, was aus all den prächtigen Bauten geworden ist, die ja nicht nur im Laufe der Zeit einstürzten, sondern bis auf die Fundamente fast gänzlich verschwunden sind. Was mit den vielen dort fehlenden Steinen passierte, sieht man an den byzantinischen Kirchenbauten der Umgebung, die im Zuge einer Landreform im 12. Jh. entstanden, als die bis dahin in verstreuten Gehöften lebende Bevölkerung in Dörfer bzw. kleine Städte umgesiedelt wurde. Für diese neuen Zentren mit Märkten, Gewerbebetrieben und Schulen brauchte man auch anspruchsvolle Gemeindekirchen: geräumig genug für die gewachsene Bevölkerungszahl und in ihrer Prachtentfaltung den neuen Repräsentationsbedürfnissen entsprechend. Da waren die Ruinen des nahe gelegenen antiken Heraion nicht nur ein Steinbruch, der sich bequem und kostengünstig ausschlachten ließ, sondern man fand dort ja auch allerlei Dekoratives, das ästhetisch gewinnbringend wieder verwendet werden konnte. Die schönsten Beispiele solchen Recyclings antiker Architektur zu christlichen Kirchenbauten stehen in Agía Triáda und Néo Iréo.

Wie ein antiker Tempel erhebt sich die Friedhofskirche von **Agía Triáda**, *Panagía*, auf einem mehrstufigen Sockel aus antiken Quadern des Heraions. Auch der gesamte Unterbau und die Kantenverstärkung bis zum Dach hinauf bestehen aus wieder verwendeten Quadern. Darüber hinaus entdeckt man zahlreiche antike Reliefs und Ornamentfriese, die in die Wände integriert und durch ihre symmetrische Platzierung wirkungsvoll zur Geltung gebracht sind. Im

Árgos und seine Umgebung

Néo Iréo, Kímisis-Theotóku-Kirche, 12. Jh.

Süden ist ein römisches Weihrelief in die Wand eingelassen, das Männer in der Toga zeigt: wie die eingemeißelten Beischriften ausweisen, allegorische Darstellungen von Verdienst und ordentlicher Lebensführung; die Gegenseite im Norden ziert ein römisches Grabrelief, ebenfalls mit der Darstellung stehender Männer. In die Hauptapsis ist unter dem Mittelfenster ein Ornamentfries eingelassen, dessen weitere Fragmente man noch im Heraion auf der mittleren Terrasse zwischen Tempel und Stoa liegen sieht.

Die Árgolis

Wie die beschriebene Antikenverwendung, so wirkt auch der Bau selbst keineswegs ungekonnt zusammengestückelt, sondern zählt zu den schönsten mittelbyzantinischen Architekturen der Peloponnes. Die eingeschriebene Kreuzkuppelkirche mit ihrem hohen achteckigen Tambour und ihrer polygonalen Apsis verrät hauptstädtischen Einfluss. Ziegelornamentik und glasierte Keramikschalen schmücken den aus Cloisonné-Mauerwerk errichteten Oberbau, dessen Dachzone die Kreuzform des Grundrisses nach außen hin in Erscheinung treten lässt. Schlanke Marmorpfeiler gliedern die Fenster. Der Innenraum wurde im 16. Jh. stark verändert; aus dieser Zeit stammt auch der Glockenstuhl an der Westseite. Die Restaurierung des Baus wird aus EU-Mitteln finanziert.

Bis ins 20. Jh. hinein hieß der Ort nicht Agía Triáda, sondern *Merbeka:* nach dem mit den Franken gekommenen ersten katholischen Bischof von Korinth, Wilhelm von Moerbecke (S. 65), einem hoch gebildeten flämischen Humanisten des 13. Jh., der Schriften des Aristoteles und des Hippokrates ins Lateinische übersetzte und so der westlichen Welt zugänglich machte. Was Wilhelm von Moerbecke für die kleine Stadt in der Árgolis im Einzelnen getan hat, ist nicht bekannt. Die Kirche aber stand schon, als er hier wirkte, und man kann sich ausmalen, mit welchem Interesse dieser Mann die hier wieder verwendeten antiken Reliefs betrachtete und vielleicht auch ihrem in Ruinen liegenden Herkunftsort einmal einen Besuch abstattete. 1 km nördlich von Agía Triáda am Weg nach Néo Iréo sollte man im Dorf **Platanίti** einen Blick auf die ebenfalls im 12. Jh. erbaute *Metamórfosis-Sotírou-Kirche* werfen.

Ebenso nobel wie ihr Pendant in Agía Triáda präsentiert sich die *Kímisis-Theotókou-Kirche* (Abb. S. 183) in **Néo Iréo:** wieder eine im Oberbau aus Cloisonné-Mauerwerk bestehende Kreuzkuppelkirche des 12. Jh. auf pseudoantiker Stufenplattform. Hier wurden antike Blöcke aus dem Heraion zu großen dekorativen Kreuzen umfunktioniert und in die Wände vermauert: materielle Überbleibsel heidnischer Religionsausübung transformiert zum Symbol des Christentums. Sägezahnbänder und pseudo-kufische, d. h. wie arabische Schrift anmutende Ziegelmuster gliedern teppichartig die Außenflächen des Baus.

Multikulturelle Tradition und lebendige Gegenwart: Griechenlands erste Hauptstadt Náfplio

Nicht so sehr einzelne Bauten sind es, die Náfplio zu einer der reizvollsten Städte Griechenlands machen, sondern seine wundervolle Lage auf einer Landzunge im Argolischen Golf und das von venezi-

Griechenlands erste Hauptstadt Náfplio

Straße in Náfplio

anischer, türkischer und klassizistisch-mitteleuropäischer Tradition geprägte Flair seiner Straßen und Plätze. Viele der malerischen Hausfassaden des 19. Jh. wurden in den vergangenen Jahren sorgfältig restauriert, zudem fast der gesamte historische Stadtkern für den Autoverkehr gesperrt, sodass die von Blumen überrankten Gassen wieder wie früher zum kommunikativen Treffpunkt werden, wo man flaniert oder an einem der vielen im Freien aufgestellten Kaffeehaustische Platz nimmt. Ganze Straßenzüge werden in der Mittagszeit und abends zu einer einzigen Restaurantmeile, die die Wahl zwischen den fast ineinander übergehenden, aber natürlich konkurrierenden Tavernen und eleganteren Restaurants schwer macht (bes. Odós Staíkou Staikopoúlou).

Berühmt sind die Sonnenuntergänge an der Uferpromenade, nicht weniger reizvoll der Blick von dem vorgelagerten Inselchen *Boúrtzi* auf die Stadt und die wie eine Spinne darüber hockende Burg Palamídi, schließlich auch die grandiose Aussicht vom steilen Burgfelsen über die weite Fläche des Argolischen Golfs. Auch nachts bietet Náfplio schon von weitem eine einmalige Kulisse, wenn allein die Burg Palamídi angestrahlt wird, während der Fels darunter im Dunkel verschwindet, wobei die gigantische Festung mit ihren nach unten ausgreifenden Zungenmauern wie ein insektenartiges Ufo wirkt, das über der Stadt landet.

Über die antike und mittelalterliche Geschichte von Náfplio ist wenig zu berichten. Ihr heutiges Gesicht erhielt die Stadt, nachdem sie 1686 ein zweites Mal von den Venezianern unter ihrem General und späteren Dogen Francesco Morosini den Türken entrissen wor-

Die Árgolis

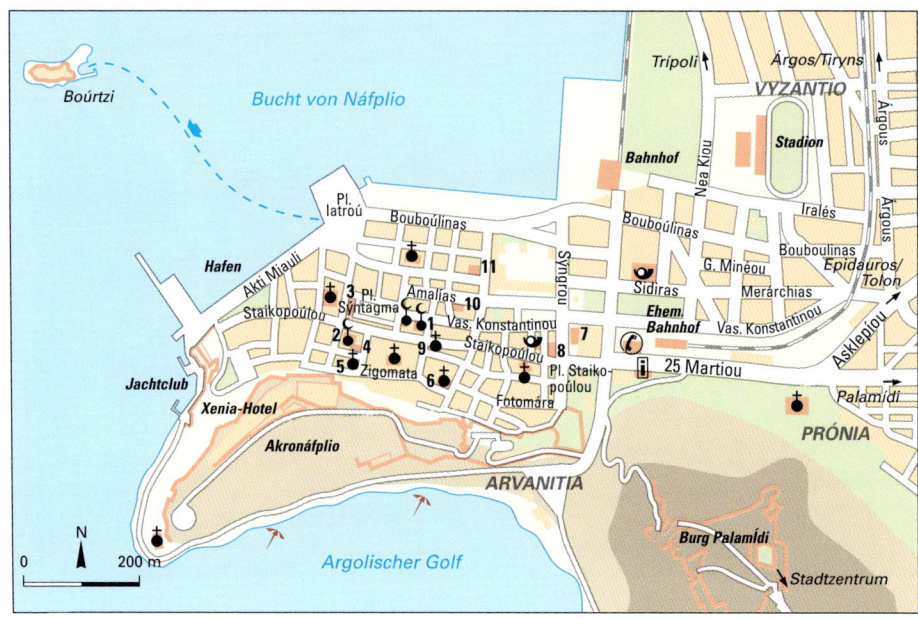

Náfplio
1 kleine Moschee
2 große Moschee
3 venezianisches Arsenal (Archäologisches Museum)
4 ehem. Medrese (Koranschule)
5 Agia Sofia
6 Frangoekklisia
7 ehem. Justizpalast
8 Haus Maurer
9 Ágios Spyridónos
10 Militärmuseum
11 Volkskundemuseum

den war, dann unter der von 1715 bis 1827 andauernden osmanischen Administration und schließlich nach 1828, als sie für sechs Jahre Hauptstadt des modernen Griechenland war, bis König Otto aus Antikentümelei und Furcht vor den speziell in Náfplio virulenten demokratischen und aufrührerischen Aktivitäten den Regierungssitz in das damalige Dorf Athen verlegte. Ihr multikulturelles Gesicht hat die Stadt nicht zuletzt der Tatsache zu verdanken, dass sie im griechischen Befreiungskrieg, anders als so viele Orte, weder von den türkisch-ägyptischen noch von den griechischen Truppen zerstört wurde.

Zentrum des alten Stadtkerns ist der *Sýntagma-Platz,* der durch seine geschlossene Umbauung und sein leichtes Gefälle zur Mitte hin wie ein weiträumiger, aber doch intimer Innenhof wirkt. Im Norden rahmen ihn noble klassizistische Hausfassaden, im Osten eine **kleine Moschee (1),** die nach dem Befreiungskrieg als erste öffentliche Schule diente und heute als Kino herhalten muss. An der Südwestecke steht, leicht zurückgesetzt, die 1550 erbaute **große Moschee (2)** von Náfplio, von 1825 bis 1828 Sitz des ersten griechischen Parlaments (daher der Name Vouleftikó) und heute, wie in Griechenland stets in diesen Fällen, aus ›Renovierungsgründen‹ verschlossen.

Das beherrschende Gebäude des Platzes ist ein ehemaliges **Flottenmagazin (3),** 1713 während der letzten venezianischen Interimsphase der Stadt errichtet. Hier ist auf zwei Etagen das **Archäologische Museum** untergebracht: Nach langen Renovierungsarbeiten hat das Haus 2009 seine Pforten wieder geöffnet und zeigt seine Schätze in neuem Licht: Funde der Region von der Prähistorie bis zum Ausgang der Antike, vor allem aus Tíryns, Midéa und Asíne/Toló, aber auch aus Náfplio selbst. Hinzu kommen Stücke aus Privatsammlungen, die dem Museum geschenkt wurden. Durch Fotos und Videopräsentationen bei den Vitrinen werden die einzelnen Objekte vorbildlich in ihren archäologisch-historischen Kontext gerückt.

Neolithische Keramik stammt aus der Fránchthi-Höhle (S. 205), *frühhelladische Keramik* vor allem aus Tíryns und seiner Umgebung: darunter ein großes doppelwandiges Kühlgefäß für Wein (2600–2200 v. Chr.). Mit höchst interessanten Exponaten vertreten ist die mykenische Epoche. Eine reiche Kollektion farbig dekorierter *mykenischer Keramik* der zweiten Hälfte des 2. Jt. v. Chr. stammt aus Gräbern der genannten Fundplätze. Zwei *Menhire* aus Midéa (S. 172) in Form abstrahierter Menschengestalten sind spätmykenische Grabsteine, um 1200 v. Chr. entstanden. Viel bestaunt wird der Kopf einer kleinen *handgeformten Terrakottafigur* des 13. Jh. v. Chr., deren ausdrucksstarke Modellierung den Vorwand für die gewiss unsinnige – spezifisch viktorianisch-englische – Bezeichnung ›Lord of Asine‹ gegeben hat, zumal es sich tatsächlich um die Darstellung einer Göttin handelt; doch wird auch jeder heutige Betrachter kaum umhin können, seine eigenen Interpretationsmuster an diese uns zeitlich so ferne Plastik heranzutragen und sie vielleicht als ekstatisch-visionär oder auch schlicht als frühen experimentellen Versuch der Darstellung menschlicher Physiognomik ansehen. In seiner Erhaltung einzigartig ist der mykenische *Bronzepanzer*. Er wurde in einem Grab bei Midéa gefunden und stammt aus dem 15. Jh. v. Chr.; der in der Ausstellung darüber gesetzte Eberzahnhelm ist nach anderswo gefundenen Exemplaren rekonstruiert.

Auch die griechische Periode vom 9. Jh. v. Chr. bis zum Hellenismus ist durch eine reiche Keramikkollektion vertreten: darunter als herausragende Exponate eine ungewöhnlich große runde *Pyxis* (Schachtel) mit geometrischem Dekor (8. Jh. v. Chr.) und eine im späten 6. Jh. v. Chr. entstandene schwarzfigurige *Tonamphore*, die als Siegestrophäe bei den panathenäischen Festspielen fungierte und auf der einen Seite die Siegerehrung beim Wettreiten, auf der anderen die Göttin Athena zwischen zwei Kampfhähnen zeigt. Aus Gräbern der antiken Hafenstadt Hermione (Ermióni, S. 203) stammen anmutige Terrakottafigürchen des 4. und 3. Jh. v. Chr. Jeden Besucher in ihren Blick bannen in Tíryns gefundene und aus dem 7. Jh. v. Chr. stammende *Raubtier- oder Gorgo-Masken aus Ton*, die zwar nicht über den Kopf gestülpt, aber von vermummten Akteuren eines Kultrituals in der Hand oder auch auf dem Kopf getragen werden konnten.

Südlich der Odós Staikopoúlou steigen Treppengassen, vorbei an einer ehemaligen **Medrese (4)** (Koranschule) und den Kirchen **Agía Sofía (5)** und **Frangoklisía (6),** den Hang hinauf bis zur *Festungs-*

Die Árgolis

ruine Akronáfplio, über deren Burgtor der geflügelte Markuslöwe prangt; leider wird das Plateau vom hässlichen Betonkasten des Xeniahotels dominiert. Auch der Stadtteil östlich des Syntagma-Platzes bewahrt interessante Denkmäler und alte Bauten wie den **Justizpalast (7)** und das **Haus** des Juristen Georg Ludwig **Maurer (8)**, der im Gefolge König Ottos nach Náfplio kam (s. S. 53), um das griechische Rechtswesen nach bayerischem Muster bürokratisch und obrigkeitsstaatlich zu kodifizieren, den Griechen aber stets verhasst blieb und mit dem Ende der Bavarokratie zehn Jahre später aus dem Staatsdienst entfernt wurde. Vor der kleinen Kirche **Ágios Spyridónos (9)** wurde 1831 das Attentat auf Griechenlands ersten Regierungschef Joannis Kapodístrias (S. 61) verübt; Spuren der Pistolenkugel werden neben der Südtür hinter Glas gezeigt. Auch zwei sehenswerte Museen liegen in diesem Stadtteil: das Militär- und das Volkskundemuseum.

Das **Militärmuseum (10)** ist im ehemaligen Gebäude der von Kapodístrias (S. 61) 1828 gegründeten ›Zentralen Kriegsakademie‹ untergebracht und versteht sich als Gedächtnis- und Kultstätte jener ersten griechischen Kadettenschule. Die nur unzureichend und unkritisch kommentierte und insofern bedingt informative Sammlung enthält Sach- und Bilddokumente zum griechischen Befreiungskrieg (insbesondere der Schlacht von Navarino, S. 52), sodann zum Ersten Weltkrieg, den Balkankriegen und dem Zweiten Weltkrieg. Doch auch ohne historischen Kommentar sind manche Bilder sprechend und werden jeden – namentlich deutschen – Besucher anrühren und bestürzen, etwa die Hissung der Hakenkreuzfahne auf der Akropolis vor der Ostfront des Parthenon, die deutschen Truppen auf dem Weg zur Peloponnes, verhungernde Kinder im von den deutschen Besatzern ausgeplünderten Griechenland, Hinrichtungen griechischer und bulgarischer Partisanen, der Einsatz von griechischen Fischerbooten (Kaikis) für Spionage- und Sabotageaktionen und schließlich der begeisterte Empfang der englischen Truppen am 5.10.1944 durch die Bevölkerung von Patras.

Das **Volkskundemuseum (11)** ist in einem renovierten noblen Patrizierhaus untergebracht, der Museumsshop ungewöhnlich gut assortiert, die Beleuchtung perfekt. Die Exponate selbst jedoch bilden eine recht beliebige Ansammlung unterschiedlicher griechischer Trachten und handwerklicher Produkte, ohne jede Information, die die Objekte in einen Lebenskontext stellt.

Von der Hauptstraße 25 Martíou Richtung Palamídi zweigt, noch in der Stadt, die kleine Straße M. Iatroú links ab. Hier ließ König Ludwig I. von Bayern ein in höchstem Maße verlogenes **Kriegerdenkmal** in den Felsen hauen: ein überdimensionaler schlafender Löwe, geschaffen von Christian Siegel in Anlehnung an ein Luzerner Denkmal des klassizistischen Bildhauers Bertel Thorvaldsen. Die bezeichnende Inschrift lautet: »Die Offiziere und Soldaten der königlichen Bayerischen Brigade, ihren Kameraden. 1833 und 1834 zur Vollendung gebracht durch Ludwig, König von Bayern.« Löwe und

◁ *Blick von der Burg Palamídi auf die Landzunge von Náfplio und den Argolischen Golf, in der Bildmitte rechts die Inselfestung Boúrtzi*

Die Árgolis

Náfplio, bayerisches Kriegerdenkmal von 1833/34

Inschrifttext suggerieren einen ›Heldentod‹ von Soldaten, tatsächlich aber starben die meisten dieser Menschen nicht für irgendein Vaterland, sondern – weil ohne Sold – herumvagabundierend an Hunger und Malaria. Einige Schritte weiter stadtauswärts liegt rechter Hand ein schöner **Friedhof** mit klassizistischen skulptierten Grabmälern verdienter Bürger von Náfplio aus den Jahrzehnten nach dem griechischen Befreiungskrieg.

Man erreicht die gut 200 m hoch gelegene **Festung Palamídi** auf einer Straße, die bis zum Eingangstor führt. 1711–14 nach Plänen französischer Militäringenieure errichtet, ist das Bauwerk ein letzter verzweifelter – und am Ende erfolgloser – Versuch, durch Festungsmauern moderner Geschütztechnik zu trotzen, ganz abgesehen davon, dass es hier oben kein Wasser gab und somit eine längere Belagerung ohnehin nicht durchzuhalten war. Tatsächlich fiel Palamídi bereits drei Jahre nach seiner Fertigstellung an die Türken, die es noch einmal ausbauten und am Schluss auch nicht halten konnten. Die Anlage ist keine traditionelle Burg, sondern ein Ensemble von militärisch eigenständig operierenden Turmforts, die lediglich durch Zwischenmauern miteinander verbunden sind.

Die Argolída-Halbinsel

Wie der Daumen einer Hand streckt sich die Argolída-Halbinsel nach Südosten in die Ägäis. Nirgendwo ist die Peloponnesküste so reich gegliedert und von so vielen Inseln umzogen wie hier: im Norden Póros und die durch einen schmalen Isthmus mit dem Land verbundene Vulkaninsel Méthana, im Osten Ýdra, Dokós und Spétses, im Argolischen Golf schließlich die unbewohnten Felseneilande Psylí, Platía und Rómvi. Seit alters leben die Menschen hier auf das Meer ausgerichtet, während das gebirgige Binnenland nur dünn besiedelt ist. Einzig das antike Asklepios-Heiligtum von Epidauros liegt landeinwärts an der Passstraße, die von Náfplio die Halbinsel querend zur Nordküste führt.

Bis in die Neuzeit hinein verkehrten die Küstenorte vor allem per Boot miteinander, und so gibt es trotz des wachsenden Badetourismus auf weite Strecken noch keine Küstenstraßen; vielmehr werden die meisten Küstenorte durch Stichstraßen vom Binnenland her erschlossen. Bereits in der Antike war die dem Saronischen Golf zugekehrte Seite der Halbinsel ganz und gar auf Athen bezogen, und nicht anders ist es heute: Hierhin entfliehen viele Athener während der heißen Sommermonate, entsprechend viele Schnellboote verkehren zwischen dem Piräus und den Häfen der Argolída. Sogar im Verlauf der Distriktsgrenzen drückt sich dies aus. Während der Westen zur Árgolis zählt, ist die Nordostküste mit Méthana und Póros ein Stück von Attika!

Von Náfplio nach Ligourió

Gleich hinter Náfplio passiert die Ausfallstraße Richtung Epídavros den kleinen Ort Ária, oberhalb dessen man in einem stillen Klostergarten eine der für die Árgolis typischen mittelbyzantinischen Kirchen findet: **Moní Arías**, 1144 errichtet. Wie in Agía Triáda und Néo Iréo (S. 183, 184) ruht der Bau auf einem Sockel aus antiken Quadern; an den Längsseiten bilden wieder verwendete Blöcke dekorative Kreuze, die in das Cloisonné-Mauerwerk integriert sind. Apsis und Tambour sind mit Ziegelbändern geschmückt. An West- und Nordseite sind baldachinartige kleine Vorhallen angebaut. Antike korinthische Kapitelle liegen im Garten herum.

Bei **Arkadikó** windet sich die Landstraße in eine Schlucht, wo ein Schild auf eine gut erhaltene **mykenische Straßenbrücke** neben der modernen Landstraße weist. Eine zweite Brücke liegt 2,5 km weiter hangaufwärts (Hinweisschild). In jener Epoche des 2. Jt. v. Chr. durchzog ein Netz sorgfältig ausgebauter und mit Quadern gepflasterter Straßen für den Wagenverkehr die Árgolis. An Brücken und sonstigen Engstellen waren die befestigten Wege allerdings so schmal, dass man Gegenverkehr ausweichen musste. Und so wird sich jeder Kenner antiker Mythen beim Anblick dieser Brücke an die Geschichte von Ödipus erinnern, der einen alten Mann auf einem entgegenkommenden Wagen, statt ihn freundlich passieren zu lassen, kurzerhand erschlug. Was er nicht wusste: Jener Mann war sein Vater und König von Theben, wo der ahnungslose Mörder nun einzieht, die Witwe des Getöteten – d. h. seine eigene Mutter – zur Frau nimmt und so die Königsherrschaft gewinnt, bis er, mit seinem Schicksal und seinen Untaten konfrontiert, sich in seiner Verzweiflung die Augen aussticht und aller Macht entsagt. Der Dichter Sophokles hat den Sagenstoff in seiner 409 v. Chr. uraufgeführten und auch heute noch gespielten Tragödie ›König Ödipus‹ verarbeitet.

Nicht nur im 2. Jt. v. Chr., auch in klassischer Zeit verlief hier der Verkehrsweg quer über die Argolída-Halbinsel, und so sieht man auf der gegenüberliegenden Bergkuppe, die den Pass kontrolliert, die noch aufragenden Mauern der hellenistischen Festung **Kasármi**. Ein kurzes Stück weiter Richtung Epídavros liegen zwischen Arkadikó und Gianouléka seitlich der Straße die Reste eines eingefallenen mykenischen Kuppelgrabes; von hier führt auch ein Fahrweg zurück zur Festung Kasarmi.

Nördlich des Städtchens **Ligourió** steht, von der Landstraße aus in der Ferne zu sehen, am Fuß eines kahlen, verkarsteten Berges das Kirchlein *Agía Marína*, ein Kreuzkuppelbau aus dem 12. Jh. mit recht gut erhaltenen Fresken; 100 m weiter westlich entdeckt man Reste einer *Pyramide*, ähnlich der von Kefalári (S. 178). Am östlichen Ortsausgang von Ligourió ist *Ágios Ioánnis Elímon* – errichtet aus zahlreichen Spolien, die vom Asklepios-Heiligtum von Epidauros stammen – zu besichtigen; weitere Kirchen in der Ortsmitte stammen ebenfalls noch aus spätbyzantinischer Zeit.

Die Árgolis

Das Asklepios-Heiligtum von Epidauros

Kaum ein Besucher, der nicht mit höchsten Erwartungen zu dieser weltberühmten Stätte käme, und in der Tat zählt das Asklepieion zu den Höhepunkten jeder Peloponnesreise. Allerdings ist es fast ausschließlich das Theater, das jährlich hunderttausende von Touristen anzieht. Die übrigen Ruinen erschließen sich, trotz intensiver und teilweise problematischer Rekonstruktionsarbeiten, nur mittels detaillierter Kenntnisse antiker Bauformen und -techniken. Das am Ende eines von Zitronenbäumen bestandenen weiten Tals gelegene Heiligtum firmiert häufig schlicht unter dem Namen Epídauros, was leicht zu Missverständnissen führt. Denn der antike Ort Epidauros und darüber das moderne Hafenstädtchen Pálea Epídavros (d. h. Alt-Epidauros) liegen nicht hier, sondern 10 km weiter nordöstlich am Saronischen Golf (S. 199). Dennoch hat die Namensbezeichnung ihre Berechtigung, insofern als das Asklepieion in der Antike von der alten Hafenstadt verwaltet wurde.

Nicht nur Asklepios, auch der seit alters hier verehrte Apollon war – als Sender und Erlöser von Pest – mit Krankheit und Heilung verbunden. Dem Mythos zufolge, war Asklepios Apollons Sohn, den ihm die sterbliche Frau Koronis gebar: ein Heros also und kein Gott. Seinen Verehrern aber wurde er bald zum unsterblichen, ja Zeus ähnlichen Gott, der auf einem Himmelswagen in sein Heiligtum einzieht. Nach antiker Auffassung beruhte das vollendete ärztliche Können, das Asklepios verkörperte, auf dem geheimen Wissen der Natur selbst: Eine Ziege zog den Gott auf und der Kentaur (Pferdemensch) Chiron unterwies ihn in der Medizin.

Antike Medizin und religiöse Heilpraxis

Das Areal hat eine alte Kulttradition aufzuweisen: Seit dem 8. Jh. v. Chr. wurde auf der für Besucher nicht zugänglichen Hügelspitze der Heros Maleatas (später Apollo Maleatas) verehrt. Der Kult- und Heilbetrieb im Zeichen des Halbgottes und Wunderheilers Asklepios und seiner Tochter Hygieia (die personifizierte Gesundheit), der zum heute sichtbaren Ausbau des Heiligtums führte, entwickelte sich jedoch erst gegen Ende des 5. Jh. v. Chr. In der damals neuen Sphäre bürgerlichen Individualismus', in welcher persönliche Anliegen des Einzelnen wie Wohlhabenheit und Gesundheit zu zentralen und vom Staat anerkannten Werten avancierten, wuchs das Bedürfnis nach kultischer und damit zugleich öffentlicher Pflege körperlichen und seelischen Wohlergehens. Nicht mehr allein asketisches Training des Sportlers und Kriegers galt jetzt als vorbildlich, sondern auch körperliche und seelische Therapie wurde zur Norm – und das nicht nur für den Mann im besten Alter, sondern auch für Frauen, Kinder und alte Leute.

Auch die Kunst reflektiert diesen Wertewandel: Neben das Bild des nackten Athleten treten nun zahllose bekleidete Ehrenstatuen von Stadthonoratioren und entsprechende Bildnisse von Frauen, zumeist in der Funktion priesterlicher Ämter; sogar die Kleinkinder dieser bürgerlichen Schicht werden nun zum darstellenswerten Sujet. Mehr als 200 Asklepieia entstanden in der griechisch-römischen Welt, darunter auch bedeutende auf der Peloponnes: etwa in Korinth (S. 75), Sikyon (S. 94), Gortys (S. 234) und Messene (S. 262); berühmt waren die Asklepios-Kulte von Athen, Kos, Pergamon und, seit 293 v. Chr., Rom. Zentrum aller Asklepios-Verehrung und mit ihr verbundener Heilpraxis aber blieb bis zum Ende der Antike das Heiligtum von Epidauros.

Die Argolída-Halbinsel: Epidauros

Weihrelief an Asklepios, 4. Jh. v. Chr. Piräus, Archäologisches Museum

Antike Medizin sah die Ursachen für Krankheiten im psychosomatischen Bereich. Therapie hatte folglich dort anzusetzen, und tatsächlich wurden im Asklepieion von Epidauros zwar auch physische Behandlungen wie Heilbäder, Trinkkuren und Operationen durchgeführt, das eigentliche Anliegen der ›Priesterdoktoren‹ aber bestand in der Stimulierung der inneren Selbstheilungskräfte der Patienten mit dem Ziel der Wiederherstellung von Harmonie zwischen Geist und Körper. Fasten, sexuelle Enthaltsamkeit und Opfer (darunter Geldabgaben an die Heiligtumskasse) dienten der Vorbereitung; die Heilung selbst beruhte auf Inkubation: dem Heilschlaf, bei dem der Gott den einzelnen Kranken erschien und ihnen die Genesung verkündete, oft verbunden mit Anweisungen für die weitere Lebensführung. Manchen Kranken begegnete der Gott bereits auf der Reise, und sie kamen schon geheilt im Hafen von Epidauros an: Der Glaube an die hohe medizinische Autorität des Heiligtums bewirkte wahre Wunder; jedermann kannte die zahllosen Nachbildungen von Beinen, Ohren, Augen und Geschlechtsteilen, die Geheilte als Votive in die Asklepiosheiligtümer gestiftet hatten, und jeder konnte sich durch Lektüre der ausführlichen Berichte auf den im Heiligtum aufgestellten Inschriften von der Wirkungsmacht des Gottes überzeugen. Auch kuriose Anekdoten über wunderliche Erfahrungen der Heilsuchenden sind in der antiken Literatur überliefert, die göttliche Autorität der Stätte wird dabei aber letztlich nirgends in Frage gestellt. Selbst der kritische Sophist Sokrates zollte dem Heil- und Erlösergott Verehrung; vom Gift des Schierlingsbechers schon halb gelähmt, soll er mit seinen letzten Worten seine Freunde um ein Opfer an Asklepios gebeten haben: »Kriton, wir sind dem Asklepios einen Hahn schuldig. Entrichtet ihm den und versäumt es ja nicht!« (Platon, Phaidon 118).

Asklepios war seinen Verehrern aber nicht nur philanthroper Wunderheiler, sondern eine Gestalt, die generell Erlösung von leidvollem irdischen Verhaftetsein versprach und deshalb im Hellenismus und

Die Árgolis

in der römischen Kaiserzeit mit anderen Erlösungsgöttern wie Ammon, Serapis und Isis in Beziehung gesetzt wurde. Die Asklepios-Religion weist Parallelen zu anderen geistigen Bewegungen der antiken Welt auf, die von einem Abgespaltensein irdischer Existenz vom ursprünglichen Geist ausgehen: etwa den Pythagoräern, die mit hinduistischen und buddhistischen Religionslehrern in Verbindung standen.

Ausgrabungsgelände und Museum

Beim Rundgang empfiehlt es sich, beim Theater zu beginnen, dann das übrige Ausgrabungsareal zu besichtigen und am Schluss dem Museum einen Besuch abzustatten. Das mit seinen Marmorsitzen fast komplett erhaltene **Theater (1)** zählt zu den großartigsten noch erlebbaren Großbauten der klassischen Antike. Um 300 v. Chr. errichtet, entstand es in einer Zeit, als es in fast allen griechischen Städten und sogar vielen Kleinstädten in Mode kam, in den Hang hineingebaute Theater nach dem Vorbild des Dionysos-Theaters in Athen zu errichten. Theaterdarbietungen waren zur etablierten Veranstaltungsform geworden. Der ursprüngliche Bau umfasste 34 Sitzreihen, die in 22 Sektoren unterteilt waren; gut 100 Jahre später wurde er nach oben hin auf 55 Sitzreihen erweitert, wofür umfangreiche Erdaufschüttungen vorgenommen werden mussten. Im ersten Bauabschnitt fasste das Theater 6500, nach dem zweiten 12 300 Zuschauer; die unterste Sitzreihe mit steinernen Rückenlehnen war der Priesterschaft und sonstigen Honoratioren vorbehalten.

Theater von Epidauros. Den für den heutigen Besucher reizvollen Blick in die Landschaft genossen einst nur Zuschauer auf den obersten Rängen. Von den besseren Plätzen aus war das Theaterrund durch ein mehrstöckiges Bühnengebäude optisch abgeschlossen.

Die Argolída-Halbinsel: Epidauros

Jedem, der auf den Stufen des Halbrunds Platz nimmt, wird – neben der phänomenalen Akustik – das Gefühl der Geborgenheit und Verbindung mit dem ganzen Auditorium unvergesslich bleiben. Ebendieser kommunikative Effekt machte den Bautypus auch in der Antike so überaus erfolgreich. Hier war das Publikum sich selbst Publikum! Was uns heute so selbstverständlich erscheint, nämlich die halbkreisförmige Fokussierung einer großen Zuschauermenge auf eine Spielfläche hin und zugleich auf sich selbst, war Ergebnis einer revolutionären Neuerung. Bis zum 2. Viertel des 4. Jh. v. Chr. hatte man die Tribünen von Theatern und anderen Versammlungsplätzen rektilinear angeordnet, was das Zusehen und Zuhören großer Besuchermengen eher erschwerte. Das erstmals halbrund erbaute Theater von Athen aber muss sofort so überzeugend gewirkt haben, dass von nun an alle Spielstätten diese Form übernahmen und allenfalls in Details noch modifizierten. Der Ursprungsbau von Epidauros war deutlich mehr als halbrund, die Flankenwände des Erweiterungsbaus wurden nach hinten versetzt, sodass die obere Schale nur wenig über die Halbkreisform hinausreicht. Die Orchestra mit dem Dionysos-Altar in der Mitte und einem Durchmesser von gut 20 m war ursprünglich die alleinige Spielstätte; später stand hier der Chor, während die Schauspieler vor dem Bühnengebäude (Skene) und in dessen Säulenportikus agierten. Von der Skene sind nur noch Rudimente zu sehen; wahrscheinlich war sie zweistöckig, wie andere zeitgenössische Bühnenbauten auch. Im Aufbau teilweise erhalten und durch den griechischen Antikendienst vollständig rekonstruiert sind dagegen die prachtvollen zweitürigen Portale zwischen Skene und Analemma-Wänden (sog. Parodos-Tore). Die jeweils größere Türe führt auf die Orchestra, die kleinere über eine Rampe auf die Plattform des Säulenportikus des Bühnengebäudes.

Vom **Heiligtum des Apollon Maleatas (2)** abgesehen, liegen alle übrigen Gebäude in der Ebene unterhalb des Theaters. Hier trifft man zunächst auf einen noch im 4. Jh. errichteten riesigen quadratischen Komplex aus vier Peristylen mit angrenzenden kleinen Räumen: das **Katagogeion (3),** ein ursprünglich zweistöckiges Hotel mit 160 Zimmern. Nur an den Steinzubern und einigen Wasserrinnen noch in ihrer Funktion erkennbar ist eine **Badeanlage (4)** aus hellenistischer Zeit, auch das weiträumige **Gymnasion (5)** mit seinem jüngst rekonstruierten Propylon im Norden und seinem in der späten römischen Kaiserzeit in die Mitte hineingebauten *Odeion* ist lediglich in seiner Grunddisposition schemenhaft erkennbar. Gleiches gilt für die nördlich anschließende **Palästra (6),** die winzigen **Tempel der Themis (7)** und **der Artemis (8)** und einen hellenistischen Saalbau, der als **Bouleuterion (9)** (Ratsherrenhalle) zu deuten ist. Auch von dem um 380 v. Chr. errichteten **Haupttempel (10)** des Heiligtums, der natürlich dem Asklepios geweiht war, ist im Gelände nur wenig zu sehen. Die Grundmauern, in Verbindung mit den gefundenen und jetzt im Museum ausgestellten Baugliedern, lassen einen dorischen Peripteros von gedrungenem Grundriss erkennen: mittels eines Einheits-

Die Árgolis

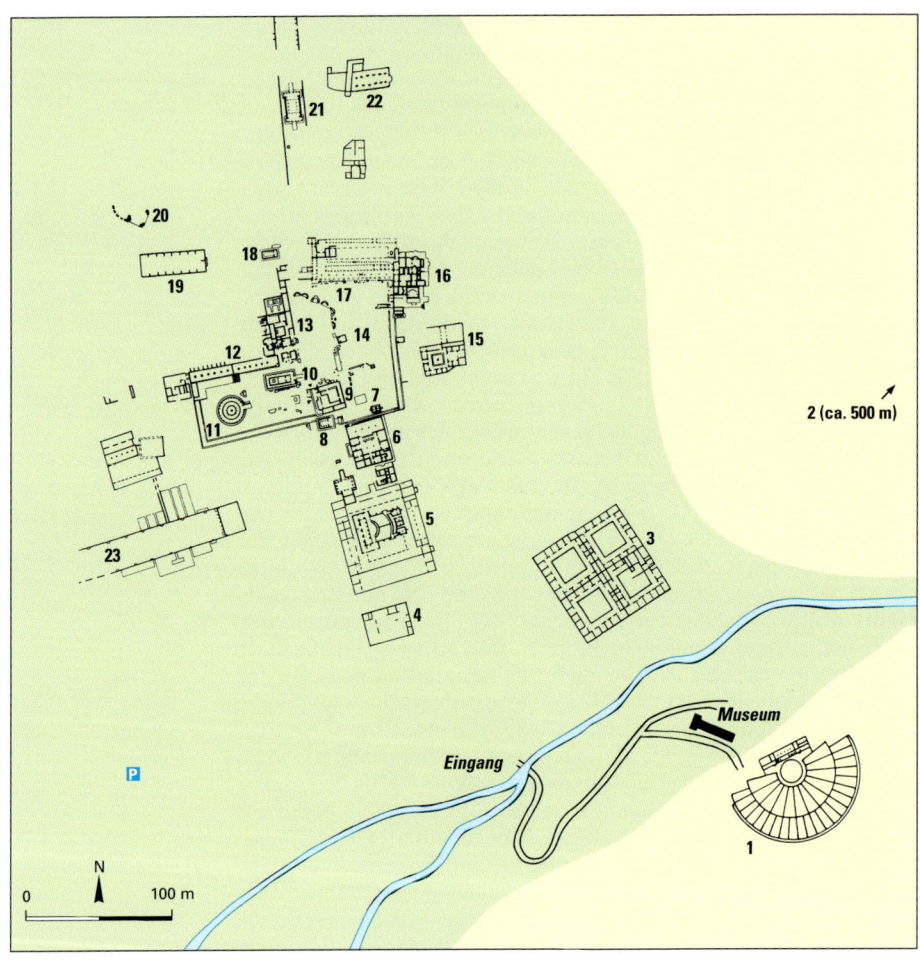

Asklepieion von Epidauros 1 Theater 2 Heiligtum des Apollon Maleatas 3 Katagogeion (Hotelanlage) 4 Bad 5 Gymnasion mit später eingebautem Odeion 6 Palaistra 7 Themis-Tempel 8 Artemis-Tempel 9 Bouleuterion 10 Asklepios-Tempel 11 Tholos (Thymele) 12 Enkoimiaterion (Liegehalle) 13 Bad 14 Festplatz 15 Peristylgebäude 16 Thermenanlage 17 Nordost-Stoa 18 Aphrodite-Tempel? 19 Zisterne 20 Isis-Heiligtum? 21 Propylon 22 christliche Basilika 23 Stadion

maßes von 2,26 m schematisch durchkonstruiert, mit einem Kranz von 6×11 Außensäulen und einer dicht an die Cellawände herangerückten Innensäulenstellung – Prototyp späterer Bauten wie der Tempel von Tegea (S. 218) und Nemea (S. 90).

Das außer dem Theater prächtigste und interessanteste Bauwerk des Asklepieion ist die **Tholos (11)** (d. h. Rundbau) bzw. Thymele, was so viel wie ›Stätte für Blutopfer‹ bedeutet. Wem hier geopfert wurde, ist nicht überliefert, wahrscheinlich aber dem Asklepios. Die Gänge zwischen den konzentrischen Kreisen der Fundamentmauern sind – bautechnisch völlig unnötig – durch Pforten miteinander verbunden. Man hat deshalb gemutmaßt, dass hier die dem Asklepios heiligen Tempelschlangen gehalten wurden, von denen man aus vielen Darstellungen und durch antike Literaturzeugnisse weiß. Überzeugender ist jedoch die Hypothese, dass es sich um ein kultisches Labyrinth handelt, in das die Pilger bei den Opferzeremonien geführt wurden und in dem sie vielleicht die symbolische Grabstätte des Asklepios sahen. Leider wird von der griechischen Antikenverwaltung ausgerechnet diese Krypta durch eine postmodern wirkende Rekonstruktion des Oberbaus verdeckt, bei der einzelne originale Bauteile über völlig neu erstellten Zonen lagern. Ein Kranz von 26 dorischen Außensäulen umzog die Rund-Cella, deren Dach innen von einer schlanken Säulenstellung mit korinthischen Kapitellen getragen wurde. Prächtig war der Marmorfußboden mit eingelegten Rhomben geschmückt (in der Mitte gab es einen Zugang zum Fundamentgeschoss), noch prächtiger die Kassettendecke mit filigran aus dem Stein herausgemeißelten Blüten, die wie aus Metall getrieben wirken (Originalbeispiele im Museum).

Mit besserem Ergebnis rekonstruiert wurde die **Liegehalle für den Heilschlaf der Kranken (12)** (Enkoimiaterion), in der Inschriften und Darstellungen wundertätiger Heilungen angebracht waren. Der weite **Festplatz (14)** ist übersät mit rechteckigen und halbrunden Statuensockeln und nischenartigen Sitzbänken. Die angrenzenden Gebäude sind nur noch in ihrem Grundriss als Bautyp auszumachen: ein **Peristylgebäude (15)**, eine römische **Thermenanlage (16)** und eine **Stoa (17)**.

Ganz im Norden lag der Haupteingang des Heiligtums mit einem im 4. Jh. v. Chr. errichteten monumentalen **Propylon (21)**, östlich davon entdeckt man die verwahrloste Ruine einer frühchristlichen **Basilika (22)** aus dem 5. Jh. mit seitlichem Baptisterium. Auf dem Rückweg zum Museum sollte man nicht versäumen, einen Blick auf das samt der Startvorrichtung recht gut erhaltene **Stadion (23)** zu werfen.

Das altmodische und dürftig beleuchtete **Archäologische Museum** unterhalb des Theaters enthält *Architekturglieder* und *Skulpturenschmuck* von den Gebäuden des Asklepieions, sodann Inschriftenstelen und ärztliches Besteck. Bemerkenswert ist die ziselierte, von bemaltem Stuck überzogene pflanzliche und figürliche Reliefdekoration der Bauten des 4. Jh. v. Chr.: etwa die Dachkrempen vom Asklepios-Tempel, dessen gesamte Gebälkzone hier aufgebaut ist, oder vom Artemis-Tempel, dessen Wasserspeier nicht wie üblich als Löwen, sondern als Hunde- und Eberköpfe gebildet sind. Vom Asklepios-Tempel sind auch Giebel- und Akroterfiguren ausgestellt, soweit sie nicht ins Athener Nationalmuseum kamen (diese hier im Abguss); die stark gelängten Figuren zeigen in ihrer eleganten, schön-

Seit etwa 400 v. Chr. fanden im Asklepieion von Epidauros Wettspiele im Vierjahresrhythmus mit Wagenrennen und weiteren Sportarten, aber auch musischen Darbietungen statt.

Die Árgolis

Epidauros, Tholos, Rekonstruktion

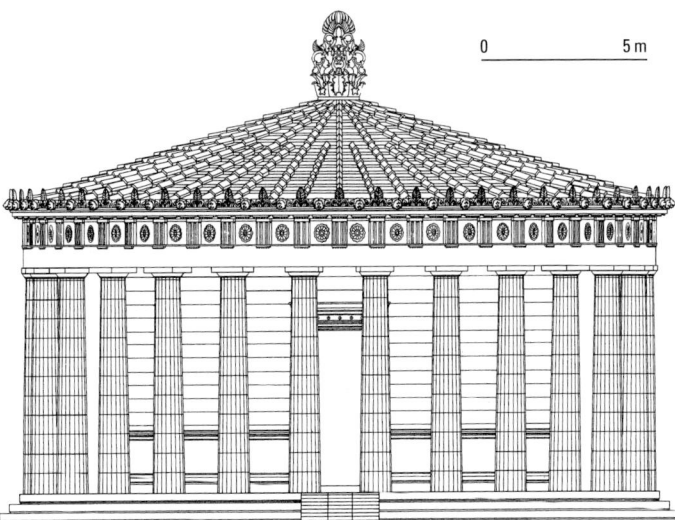

Im Asklepieion gefundene Inschriften informieren nicht nur über den Heil- und Kurbetrieb, sondern auch über Details der Baupraxis in Form von Ausschreibungen und Abrechnungen über einzelne Arbeitsschritte. Unsere modernen Kenntnisse von Aufgaben und sozialem Stand von Handwerkern in der klassischen Antike beruhen wesentlich auf diesen Zeugnissen.

linigen Bewegung und in ihren rauschenden Gewändern eine manierierte Weiterentwicklung der in Athen im späten 5. Jh. v. Chr. entwickelten Kunst (etwa der Nike-Balustrade auf der Akropolis). Wie aus Metall gestanzt und nicht aus Stein gehauen wirken die Schmuckglieder der Tholos: feinste Ornamentfriese, Metopenfelder mit Opferschalen als Dekor, die wie echte angeheftete Schalen aussehen, sowie raffinierte Ranken- und Palmetten an der Sima. Besonders die Kassettendecke der Tholos mit ihren Akanthusblättern und Lilienblüten ist ein wahres Wunderwerk an Steinmetzarbeit. Bei den korinthischen Kapitellen stieß man offenbar an die Grenzen des Machbaren: Das hier ausgestellte Kapitell ist unfertig geblieben und wurde ausgemustert, da bei der technisch zu gewagten Ausmeißelung der Voluten und Akanthusblätter am Ende doch Stücke abbrachen – offenbarer Endpunkt eines kühnen Experiments. Zahlreiche Statuen und Statuetten, vor allem aber Inschriftentafeln in der Eingangshalle bezeugen Heilungen durch die Erscheinung des wundertätigen Gottes Asklepios im Traum.

Die Nordostküste der Argolída: Moní Agnoúntos, Pálea Epídavros, Méthana, Troizen und Póros

Der Küstenabschnitt zwischen Kechriés (S. 88) und Pálea Epídavros ist von dichten Kiefernwäldern bestanden. Hier verläuft die Straße teilweise hoch über dem Meer und bietet weite Ausblicke auf den Saronischen Golf. Von der Hauptstraße ausgeschilderte spätbyzantinische Kirchen lohnen für Reisende mit genügend Zeit einen Besuch: von Norden kommend zunächst linker Hand *Kímisis Theotókou* mit

Die Argolída-Halbinsel: Die Nordostküste

komplett erhaltenem Freskenprogramm, dann nach dem Abzweig Richtung Korfós auf einer Wiese rechts das vielleicht noch auf mittelbyzantinische Zeit zurückgehende Kirchlein *Taxiárchon*. Eine etwas größere Anlage ist **Moní Agnoúntos** mit einschiffigem Katholikon mit hoher Kuppel. In die Front verbaut ist hier eine scharf gemeißelte klassisch-griechische Marmortraufleiste mit Löwenkopfwasserspeier und Blattranke, die von einem der Tempel im Asklepieion von Epidauros stammt. Der gut erhaltene, aber schematische Freskenschmuck ist durch eine Stifterinschrift ins Jahr 1759 datiert. Am südlichen Ortsausgang von *Néa Epídavros* schließlich findet man wenige Schritte unterhalb der Landstraße eine winzige Einraumkapelle, *Míchael Synádon*, mit bäuerlichen Fresken.

Pálea Epídavros, wo einst die meisten Besucher des Asklepios-Heiligtums mit dem Schiff ankamen und von wo aus die Heilstätte auch verwaltet wurde, ist heute ein netter kleiner Hafenort, touristisch erschlossen mit mehreren Hotels und einer guten Auswahl an Tavernen. Auf der Landzunge (ausgeschildert) ist ein kleines, samt seinen Ehrensitzen recht gut erhaltenes antikes *Theater* zu besichtigen. Die antike Hafensiedlung jenseits des Akropolis-Hügels liegt infolge von Küstensenkung heute unter dem Meeresspiegel; vom Ufer, oder noch besser vom Boot aus, sind die Mauerstrukturen im flachen Wasser zu erkennen (Zugang zum Ufer bei Villa Irini).

Hinter Pálea Epídavros verlässt die Straße die Küste und führt durch eine herbe, noch heute fast menschenleere Gebirgslandschaft über *Agía Eléni* zu einem 1100 m hohen *Pass*, von dem man einen herrlichen Blick auf den Saronischen Golf mit seinen Inseln und weit vorspringenden Kaps hat. Auch die weitere Fahrt an der Küste entlang durch liebliche Olivenhaine zählt zu den reizvollsten Strecken auf der Peloponnes.

Blick auf Pálea Epídavros am Saronischen Golf

Die Árgolis

Hat man die schmale Landbrücke zur Halbinsel **Méthana** passiert, gelangt man rechter Hand zum gleichnamigen Hauptort mit seinem im Sommer frequentierten Jachthafen. Schon auf der Anfahrt stinkt es mächtig, denn vor dem Ortseingang entspringen warme Schwefel- und Kohlensäurequellen, die in einen milchig grünen See neben der Straße münden: Vromolímni, d. h. Stinksee, der seinem Namen alle Ehre macht. Vom einst noblen Gebäude der Badeanstalt blättert der Putz, und der zumeist menschenleere Platz hinterlässt einen eher gespenstischen als heilenden Eindruck.

Das Gebirgsmassiv der Halbinsel erreicht eine Höhe von 740 m. Von Méthana führt eine Straße landeinwärts zu den wenigen auf der Halbinsel noch zu besichtigenden Bauresten aus der Antike. Hinter dem Dorf Dritséka passiert man einen hellenistischen Turm und gelangt über einen Sattel nach *Megalochóri*, von wo ein beschilderter Fahrweg zur *Akropolis* des antiken Methana führt. Isodomes Mauerwerk und die Ruine eines kleinen Rundturms sind hier noch sichtbar. An der Bucht darunter liegt der hübsche Fischerort *Vaty*. Von dort führt der Weg weiter nach *Keméni*, von wo man in einem zweistündigen steilen Fußmarsch den eingefallenen Krater des 420 m hoch gelegenen *Kaméno-Voulá-Vulkans* erreicht: neben Thíra/Santoríni Griechenlands einziger Vulkan, von dem noch in historischer Zeit (um 250 v. Chr.) ein Ausbruch berichtet wird.

Die archäologisch bedeutendste Stätte der östlichen Argolída-Halbinsel, **Troizen** (modern: Trizína), präsentiert sich in einem wundervollen Landschaftspanorama am Berghang zwischen Olivenbäumen mit Blick auf den Saronischen Golf bis hinüber zur attischen Küste. Nicht nur durch Sichtverbindung, auch politisch stand Troizen in enger Beziehung zu Athen. Athens Bevölkerung fand hier Zuflucht, als die Perser nach dem Fall der Thermopylenstellung 480 v. Chr. in Attika einfielen. Auch die klassische Mythenbildung verknüpft in der tragischen Geschichte von Phaidra und Hippolytos – von Euripides zweimal als Dramenstoff verarbeitet – das Schicksal beider Städte miteinander; das Grab der Phaidra wurde, wie Pausanias berichtet, in Troizen gezeigt, Hippolytos als in den Olymp versetzter Heros mit kultischen Ehren bedacht.

Von der Siedlung ist nur wenig erhalten, die einstige **Agora (1)** mit den Tempeln für die Musen und für Artemis nur noch in Spuren nachgewiesen. Orientierungspunkt in der Landschaft ist ein bis in große Höhe erhaltener und auch innen begehbarer hellenistischer **Wachturm (2)**, der in fränkischer Zeit mit kleinteiligem Mauerwerk noch erhöht wurde. Wenige Meter unterhalb sieht man die Ruine eines römischen **Grabbaus (3)** aus Ziegelmauerwerk. Von hier führt der Fahrweg hangaufwärts zu einer von Platanen und Oleander gesäumten wildromantischen Schlucht, die in schwindelnder Höhe von einer Naturbrücke überspannt wird: Diávolo Géfyro, die **Teufelsbrücke (4)** – ein schmaler Felsgrat, durch den sich der selbst im Sommer reißende Gebirgsbach im Laufe der Jahrtausende hindurchgegraben hat. Aus dem Felsen hervorsprudelnde Quellen mit Quadereinfassungen und eine in die Oberseite der Brücke eingetiefte Rinne zeigen, dass von hier der Kurbetrieb des Asklepios-Heiligtums mit Wasser versorgt wurde. Noch höher am Hang liegen die Reste eines **Tempels der Aphrodite (5)** mit dem bezeichnenden Beinamen Akraia, d. h. Gipfelgöttin.

Von dem in der Antike berühmten **Asklepios-Heiligtum (6)** von Troizen ist so viel erhalten, dass man hier ein klareres Bild von Struktur und Funktion einer solchen Kult- und Heilstätte gewinnt als im weltbekannten Asklepios-Heiligtum von Epidauros. Vor der Grenzmauer des Bezirks liegen links des Weges die Grundmauern des **Hippolytos-Tempels (7)** aus dem 4. Jh. v. Chr.: ein für jene Zeit üblicher dorischer Peripteraltempel von gedrungenem Grundriss. Das Hauptgebäude des Asklepieions ist ein weiträumiger **Peristylbau** aus dem 3. Jh. v. Chr., dessen *Innenhof (a)* von einer dorischen Säulenstellung umzogen wird; gut erhalten ist die umlaufende Steinrinne, die das Regenwasser vom Dach, aber auch Wasser von der angrenzenden Liegehalle aufnahm. Auf drei Seiten grenzen Klinenräume an das Peristyl, auf der dem Weg zugekehrten Westseite des Gebäudes eine durchgehende *Halle (b)* von 29 m Länge und fast 10 m Breite, deren Dachstuhl durch drei Innenstützen getragen wurde. Entlang der

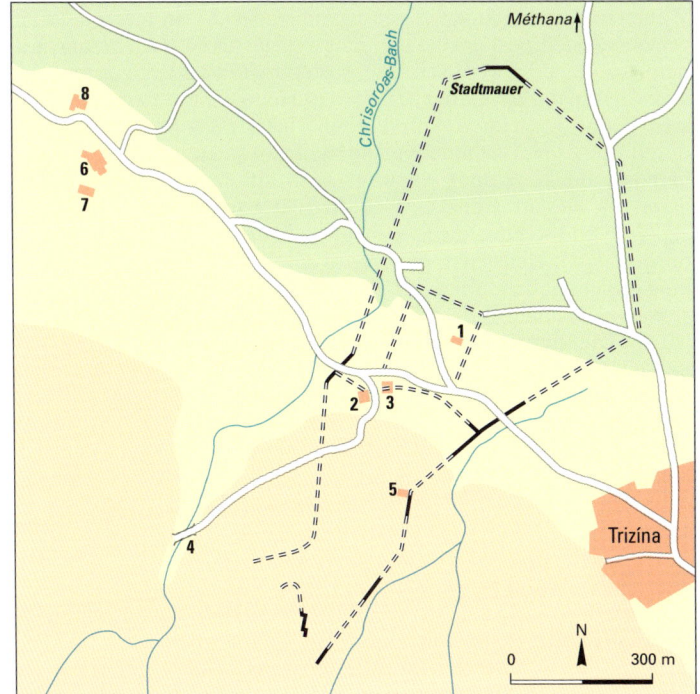

Das antike Troizen
1 Agora
2 hellenistischer Wachturm
3 römischer Grabbau
4 ›Teufelsbrücke‹
5 Aphrodite-Heiligtum
6 Asklepios-Heiligtum
7 Hippolytos-Tempel
8 Kirchenruine

Die Árgolis

Troizen, Asklepieion, Plan und Rekonstruktion
a *Innenhof (Peristyl)*
b *Halle*
c *Propylon*
d *Tempel*
e *Altar*
f *Antenbau*
g *Brunnen*
h *kleine Halle*

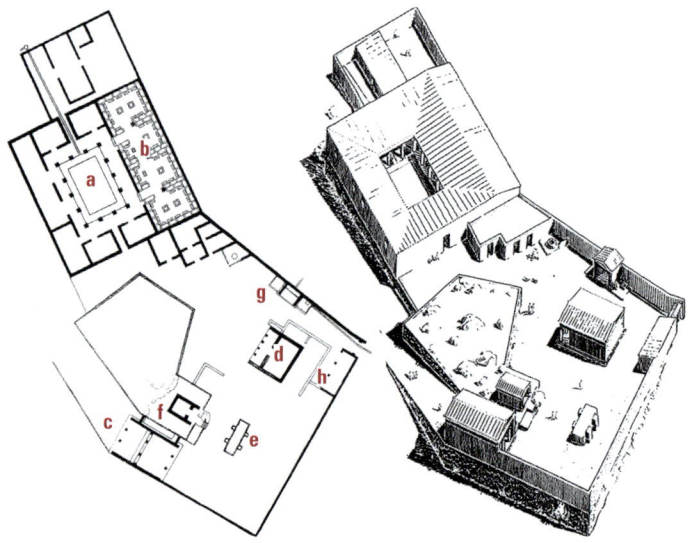

Wände und in den Raum vorspringend entdeckt man hier mit Nuten versehene Steinpostamente für nicht weniger als 61 *Ruhebetten* (Klinen), vor denen jeweils schmale Abstelltische standen, ganz so, wie man es von antiken Banketträumen in Heiligtümern und Privathäusern kennt; auch die quadratischen Herdstellen in der Mitte der durch die Klinen gebildeten Raumkompartimente lassen an Festbankette denken. Doch derartige Assoziationen sind irreführend. Denn in diesem Heil- und Kurbetrieb wurde eher gefastet als geprasst, und so muss die Liegehalle wohl dem in der antiken Literatur bezeugten Heilschlaf, der Trance sowie der physischen Behandlung gedient haben. Auf den Tischen dürften – statt Wein und Fleisch – Wasser, Salben und vielleicht chirurgisches Besteck gestanden haben. Die übrigen Gebäude des Heiligtums sind nur schemenhaft im Gelände auszumachen: ein *Propylon (c)*, *Tempel (d)* und *Altar (e)*, ein *Antenbau (f)* mit vier Säulen, ein *Brunnenhaus (g)* und eine kleine *Halle (h)*. Die dreischiffige **Kirchenruine (8)** im Norden des Asklepieions stammt aus dem 12. Jh., unter und zwischen den Trümmern erkennt man römische Spolien und frühbyzantinische Baureste; der Narthex wurde im 14. Jh. angefügt, ein Vorhof erst in türkischer Zeit.

Nur ein schmaler Sund trennt die **Insel Póros** vom Festland. Bis in den späten Abend hinein pendeln Fähren zwischen Galatás an der Festlandküste und dem gegenüberliegenden malerischen Hafenstädtchen **Póros**, das wegen seiner reizvollen Kulisse, des großen Jachthafens und der schnellen Verkehrsanbindung an den Piräus für die Athener wie für Touristen aus aller Herren Länder zum beliebten

Ausflugsziel geworden ist. Einen *Kafé*, ein Glas Wein oder auch ein Abendessen an der Uferpromenade kann man hier genießen, die überbordende Fülle von Shops, Restaurants und Diskotheken aber wirkt mittlerweile eher abschreckend. Ein kleines *archäologisches Museum* liegt etwas zurückgesetzt im Zentrum des Ortes. Schattige Kiefernwälder überziehen die Berge der Insel. Im Norden liegen (ausgeschildert) auf einer Anhöhe die Reste eines *Poseidonheiligtums*, das zur antiken Siedlung Kalaureia gehörte. Man erkennt die Fundamente eines Tempels, von Säulenhallen und weiteren Gebäuden.

Portochéli, Ermióni und die Inseln Ýdra und Spétses

Wie Póros ist auch **Portochéli** mit seinem Jachthafen von griechischen und ausländischen Touristen mittlerweile überlaufen, obwohl eine vergleichbar malerische Kulisse fehlt, statt dessen Hotelkästen sich vor den kahlen Hügeln des Hinterlandes reihen; auch Badestrände mit glasklarem Wasser sind hier nicht zu finden. Enttäuschend ist in Portochéli auch die Antike; obwohl von amerikanischen Archäologen der Universität Bloomington sorgfältig erforscht und publiziert, ist vor Ort kaum etwas zu sehen. Das antike *Halieis* lag südlich von Portochéli an der gegenüberliegenden Seite der weiten Bucht (Hinweisschild). Die auf Plänen eingezeichneten Befestigungsmauern auf dem Höhenrücken sind jedoch im Gestrüpp kaum noch auszumachen, und von der einstigen Hafensiedlung sieht man an Land nur noch dürftige Fundamentreste, während die tiefer gelegenen Areale der Stadt in Folge von Küstensenkung heute unter der Wasseroberfläche liegen und vom Ufer aus nur mit Mühe zu erkennen sind.

Im Vergleich zu Portochéli ist das Hafenstädtchen **Ermióni**, auf einer Landspitze weiter nördlich gelegen, ein angenehmer Ort. Die noch sichtbaren antiken Baureste sind aber auch hier minimal. Die befestigte antike Stadt *Hermione* lag auf der steilen nach Osten vorspringenden Landzunge, die heute teils vom modernen Ort überbaut, an der Spitze aber ein pinienbestandener öffentlicher Park ist. Von der Umfassungsmauer sind lediglich einige Quader über den Klippen ganz im Osten auszumachen, von den vielen Tempeln, die laut Pausanias auf dem Plateau standen, nur das Fundament eines Athena- oder Poseidon-Tempels.

Die besonders von griechischen Ferienurlaubern vielbesuchten Inseln **Ýdra** und **Spétses** sind beide von Ermióni, Spétses auch von Portochéli und dem noch dichter gelegenen Kósta aus leicht zu erreichen. Beide Inseln erlebten ihre Blütezeit im 18. und frühen 19. Jh. als eine Art Steuerexklave innerhalb des Osmanischen Reiches. Albanische und griechische Reeder betrieben von hier aus im ganzen Mittelmeer ihre Geschäfte und erbauten in den jeweiligen Hauptorten ihre noch heute beeindruckenden Patrizierhäuser; der Ort Ýdra

Die Árgolis

avancierte im späten 18. Jh. für kurze Zeit sogar zur größten Stadt Griechenlands. Im griechischen Befreiungskrieg setzten die Kaufleute von Ýdra und Spétses ihr enormes Vermögen für die griechische Sache ein und rüsteten ihre Handelsflotten zu Kriegsflotten um, darunter die legendäre Reederin und Schiffskommandantin Laskarina Bouboulina (S. 60). Danach aber verloren beide Inseln jegliche Bedeutung und verarmten, während der Großteil ihrer Bevölkerung auswanderte. Erst als in den 30er-Jahren des 20. Jh. Schriftsteller und Künstler den Charme des nur noch von wenigen Fischern bewohnten Ýdra wieder entdeckten und wohlhabende Athener auf Spétses ihre Feriendomizile einrichteten, kehrte wieder Leben auf beiden Inseln ein.

Auf Ýdra ist man, außer zu Fuß, nach wie vor mit Esel oder Pferd unterwegs; abgelegene Fischerorte und Badebuchten sind mit Motorbooten zu erreichen. Auch Spétses ist, von einigen Taxen und den Motorrädern und Mofas der Einheimischen abgesehen, autofrei. Hafen und Steilküste von **Ýdra** besitzen einen einzigartigen Zauber. Wie ein Amphitheater gruppieren sich die am Hang ansteigenden Häuserkuben um den kleinen, von eleganten Jachten dicht besetzten Hafen. Hier trifft sich die Athener Eleganz, aber auch Familien aller Bevölkerungsschichten zieht es an Wochenenden nach Ýdra. Entsprechend zahlreich sind, neben gepflegten Geschäften mit Schmuck und Mode, die Tavernen und Privatunterkünfte. Wer dem Rummel

Der Hafen von Ýdra

entgehen möchte, findet Spazierwege, die über der Steilküste zu verwunschenen Fischerdörfchen und einsamen Badebuchten führen; der Blick geht von den macchiabewachsenen Felsen über das tiefblau schimmernde Meer hinüber zur reich gegliederten Festlandküste und zu den vorgelagerten Inseln.

Spétses' Landschaftsrelief ist weitaus weniger pittoresk als das von Ýdra, dafür ist die Insel von dichten Kiefernwäldern bestanden und auch im Sommer ein ideales Gebiet für Wanderungen. Der gleichnamige Inselhauptort bewahrt oberhalb des Hafens noch noble Reederhäuser in klassizistischem Stil: darunter das Domizil der Freiheitskämpferin Bouboulina (S. 60), dessen Interieur – heute ein Museum – eine Vorstellung vom Leben der bürgerlichen gebildeten Oberschicht Griechenlands im frühen 19. Jh. vermittelt. Ein weiteres kleines Museum am Ostrand des Ortes enthält Streufunde von prähistorischer bis byzantinischer Zeit sowie historische Dokumente zum griechischen Befreiungskrieg.

Ungewöhnlich reich ist der Glockenturm von Ýdras Hauptkirche mit Reliefornamentik dekoriert, die, obwohl aus dem 19. Jh. stammend, byzantinische Motive zitiert. Das durch seine Größe auffallende Patrizierhaus Tombazis auf der rechten Seite des Hafenbeckens beherbergt heute eine Zweigstelle der Athener Akademie der Künste; hier können Stipendiaten eine Zeit lang wohnen und ihrer Arbeit nachgehen.

Kiláda, Fránchthi-Höhle und die Dolinen von Dídyma

Nur wenige Touristen finden in das beschauliche Hafen- und Fischerstädtchen **Kiláda** an der Südwestküste der Argolída. Wahrscheinlich wäre der Ort fast ausgestorben, hätten nicht kleine Werften als familiäre Handwerksbetriebe hier die Kunst des traditionellen *Kaiki-Baus* bewahrt. Inzwischen aber sind Kaikis – jene ganz aus Holzspanten gezimmerten bulligen und doch elegant gebauchten Fischerboote – wieder in Mode gekommen: weniger für die Fischerei als für die bei Griechen wie ausländischen Touristen beliebten Ferienfahrten auf der Ägäis. Besucher sind in den kleinen Betrieben willkommen und können zusehen, wie alte Boote restauriert oder für neue Kaikis die gebogenen Spanten geglättet, von Hand angepasst und mit Holzdübeln verbunden werden.

Schon von Kiláda aus sieht man auf der gegenüberliegenden Seite der Bucht die weite Öffnung der **Fránchthi-Höhle,** zu der im Sommer private Fischerboote übersetzen. Einfacher ist der Zugang über eine Stichstraße, die südlich von Dídyma zum Strand abzweigt, von dessen südlichem Ende ein markierter Fußpfad über die Felsen (ca. 15 Min., festes Schuhwerk!) zur kathedralenartig gewölbten und schon als Naturphänomen beeindruckenden Karsthöhle führt. Schon vor 30 000 Jahren war diese Höhle besiedelt – das haben die 1967 begonnenen Ausgrabungen der Universität von Indiana nachgewiesen. Höhlen in Meeresnähe wie diese waren die ersten Plätze, an denen sich – noch vor Einführung des Ackerbaus – der revolutionäre Wandel von einfacher Jäger- und Sammlertätigkeit zur Sesshaftigkeit vollzog: ermöglicht durch reiche Fischvorkommen und verfeinerte Fangtechniken. 12 000 Jahre alte in der Höhle entdeckte Traubenkerne zeigen, dass es Wein als Wildgewächs bereits in dieser

Die Árgolis

Dolinen von Didyma

frühen Zeit in Griechenland gegeben hat. Großschifffahrt seit dem 6. Jt. v. Chr. wird durch Obsidianfunde belegt: ein Gestein, das von der Insel Mílos importiert werden musste. Bis ins späte Neolithikum, d. h. das 3. Jt. v. Chr., war die Höhle nach Ausweis hier gefundener Keramik bewohnt. Die einzelnen Funde sind natürlich nicht mehr an Ort und Stelle, sondern kamen ins Museum von Náfplio (S. 186), zwei Opfer- und Herdplätze mit runden Steinsetzungen aber sind im Dämmerlicht der Haupthöhle noch zu erkennen.

Wie das Einschlagloch eines urzeitlichen Meteors wirkt von Ferne die riesige kreisrunde *Doline* am Berghang bei **Dídyma** (von der Hauptstrecke beschilderter Feldweg ›Spilia-Caves‹). Es war aber kein Himmelskörper, der dieses Naturphänomen verursacht hat, sondern ein in mehreren Etappen erfolgter Einbruch des durch Wasser ausgehöhlten Karstgesteins. Noch gewaltiger als die weithin sichtbare Doline am Hang ist eine zweite in der vorgelagerten Ebene. Diese Doline mit einem Durchmesser von ca. 100 m und einer Tiefe von gut 35 m ist durch einen Tunnel und Treppen bis fast zur Sohle hinunter begehbar. Zwei kleine, rührend ausgestaltete Kapellen wurden von Eremiten in Höhlungen der senkrechten und zum Teil sogar überhängenden Wände hineingebaut. Nicht nur der wasserreiche Boden des kreisrunden Kessels ist von dichtem Baumbewuchs bedeckt, selbst aus kleinsten Spalten der turmhohen orangeroten Wände wachsen Büsche und kleine Laubbäume. Fernab jeder Geräuschkulisse und nur das kuppelgleiche Rund des Himmels über sich, fühlt man sich wie in einer abgeschiedenen friedlichen Welt.

Im Süden des Argolischen Golfs

Ástros und Moní Loukoús

Die Straße von der argivischen Ebene nach Ástros verläuft hoch über der Steilküste und bietet immer wieder Ausblicke auf einsame Traumstrände und das weite Panorama des Argolischen Golfs. Kurz vor Ástros sieht man im Meer eine kreisrunde, stets glatte Wasserfläche, die von einem Kranz von Kräuselwellen umgeben wird und sich wie ein riesiges Auge ein wenig nach oben zu wölben scheint. Hier entspringt auf dem Meeresgrund unter starkem Druck eine bereits in der Antike bekannte Süßwasserquelle.

Ins Meer vorspringende Bergzüge rahmen weiträumig die Schwemmebene von **Ástros** mit ihrem kilometerlangen Sand- und Kiesstrand und einer von tausenden von Wasservögeln bewohnten Lagunenlandschaft. Am Fuß eines Felsrückens im Norden hat sich unter der Ruine eines venezianischen, später türkischen und schließlich noch einmal 1825 von den Griechen ausgebauten Forts ein hübscher, bisher nur von Individualtourismus geprägter Hafenort entwickelt: **Parália Ástros**. Schon in der Antike war der markante Platz befestigt, wie ein Mauerzug aus Quadern auf der nordwestlichen Landseite verrät. Auch die Hügelkuppe am Südende der Bucht trug eine befestigte antike Siedlung; sorgfältig gefügtes Polygonalmauerwerk sieht man rechts der Straße oberhalb des kleinen Hafens **Parália Andréou** (Abzweig in Ágios Andréas).

Der eigentliche Ort **Ástros** liegt zurückgezogen vom Meer am Rand der von Olivenbäumen bestandenen Ebene. 1823 trat hier während des griechischen Befreiungskampfs die zweite Nationalversammlung zusammen, um über das weitere Vorgehen gegen die Türken zu beraten. Mangels eines geeigneten Raums tagte man im Orangengarten eines Bauern, dessen Haus oberhalb von Platía und Schule noch heute steht und in dem ein kleines **archäologisches Museum** untergebracht ist (bei Redaktionsschluss geschl.; Zeitpunkt der Wiedereröffnung unbekannt). Es enthält *Funde aus der* nahe gelegenen *Villa des Herodes Atticus* bei Moní Loukoús (S. 209): u. a. Porträts und Götterstatuen des 2. Jh. n. Chr. Wie die Exponate zeigen, muss diese Villa in ihrer Ausstattung einen historisierend-musealen Eindruck vermittelt haben, denn neben zeitgemäßen Artefakten stehen Kopien und Umbildungen klassisch griechischer Skulpturen, darunter sogar ein originales Grabrelief des 4. Jh. v. Chr. mit einer von einer Dienerin begleiteten Frau, deren Gesicht in römischer Zeit zum zeitgenössischen Porträtkopf umgearbeitet wurde: klassische Friedhofsskulptur – nun als l'art pour l'art im Foyer oder Garten des römischen Villenbesitzers! Auch die Architektur der Villa steckte, wie Exponate des Museums belegen, voller kunsthistorischer Zitate. So erblickte der versierte Betrachter hier Kopien der berühmten Blattkapitelle vom ›Turm der Winde‹ in Athen (ein weiteres solches Kapitell aus der Villa findet man neben dem Eingang der Kirche von Moní Loukoús. Abb. des Kapitelltypus S. 311 oben rechts).

Kunsthistorische Hauptattraktion aber ist nicht Ástros und sein Museum, sondern **Moní Loukoús,** 4 km weiter westlich in den Bergen an der Strecke nach Trípoli. Der Name Loukoús leitet sich wahrscheinlich von lat. ›lucus‹, d. h. Hain, ab, was zu diesem quellenreichen Platz passen würde. Das ursprünglich der Metamórfosis, d. h. der Verklärung Christi, gewidmete orthodoxe *Kloster* war unter frän-

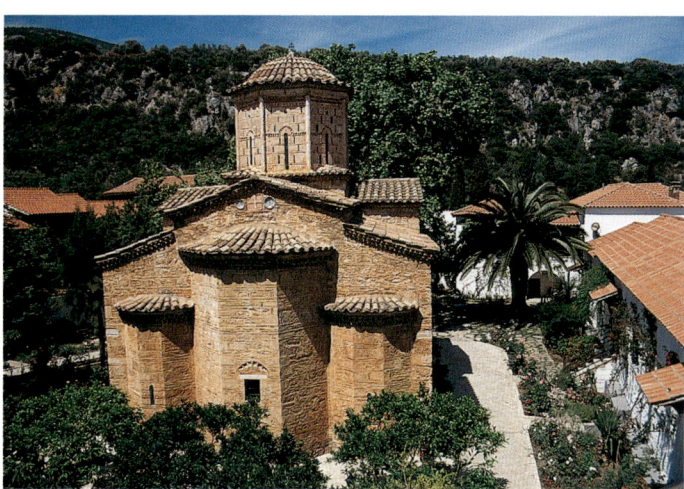

Moni Loukoús. Durch seine harmonischen Proportionen und seine dezente Gliederung gehört der aus dem 12. Jh. stammende Bau, inmitten eines zauberhaften Klostergartens, zu den schönsten Kirchen der Peloponnes.

kischer Herrschaft dem Papst unterstellt; so residierten hier zwischen 1204 und 1450 katholische Kapuzinermönche, bis unter der türkischen Administration das Kloster wieder der orthodoxen Kirche zurückgegeben wurde. Während des griechischen Befreiungskriegs spielte Moní Loukoús mit seiner Bibliothek und Schule eine wichtige Rolle beim Aufbau einer kulturellen Identität des neuen Griechenland. Heute wird die Anlage von etwa 20 Nonnen bewohnt, die Gebäude und Garten liebevoll in Stand halten, Heilkräuter anbauen, traditionelle Webarbeiten fertigen und Ikonen malen, vor allem aber sich karitativen Aufgaben widmen; einzelne Besucher werden aufs Herzlichste empfangen und zuweilen mit Kafé und Raki bewirtet. Schon in der Antike war dies eine Stätte der Heilung und Erholung, wie auf dem Klostergelände gefundene Inschriften ausweisen. »Wahrhaft ein kleines Paradies, dieser Ort«, schrieb die Äbtissin in einer Broschüre über ihr Kloster und tatsächlich fühlt man sich in diesem zauberhaften Garten, der von den schattigen Galerien der Klostergebäude gerahmt wird, zu stillem Verweilen eingeladen.

Die über den Grundmauern einer spätantiken Basilika errichtete und 1117 geweihte *Kreuzkuppelkirche* mit eckig vorspringenden Apsiden verrät in ihrem klaren Aufriss und ihren noblen Proportionen hauptstädtischen Einfluss. Alle Außenwände, besonders aber der achteckige Tambour, sind durch kunstvoll gesetzte Quader und Ziegellagen sowie Ornamentfriese aus Ziegeln gegliedert. In die Wand eingelassene rhodische Keramikteller geben an Giebeln und Tambour zusätzliche Farbakzente. In den Kirchenmauern und im Garten entdeckt man Bauglieder der spätantiken Basilika und der nahe gelegenen Villa des Herodes Atticus. Auch für den farbigen Intarsien-Fußboden im Kircheninnern wurden aus dieser Villa stammende Steinplatten wieder verwendet. Die Freskenausstattung des 17. Jh. zeigt das übliche Bildprogramm: in der Kuppel der (stark verblasste) Pantokrator, in den oberen Wandzonen rot gerahmte kleinteilige Szenen aus dem Marienleben, die dem Akathistos-Hymnos (s. S. 308) folgen, in der Sockelzone großfigurige Heiligenbilder. Die Ikonostasis mit Bildern der Mutter Gottes und Christi Verklärung stammt ebenfalls aus dem 17. Jh., wurde aber später teilweise übermalt.

Wenige Schritte unterhalb des Klosters (von der Straße ausgeschildert) wurde die **Sommerresidenz** des immens begüterten **römischen Redners und Politikers Herodes Atticus** ausgegraben. Herodes Atticus, mit Kaiser Hadrian eng befreundet und auch bei seinem Nachfolger Antoninus Pius als Prinzenerzieher gefragt, war der größte Sponsor und Bauherr Griechenlands im 2. Jh. n. Chr. Von ihm stammen u. a. das große Theater am Südhang der Akropolis ebenso wie das Stadion in Athen, ein Neubau des Stadions in Delphi und das Nymphäum in Olympia (S. 141). Besitzungen hatte dieser wie ein Gouverneur in Griechenland residierende Mann an vielen Plätzen des Mittelmeerraums, eine davon war Loukoús. Hier lud er Freunde zu Gelagen ein, traf sich mit Gelehrten und ging, wie antike Schriftquellen berichten, auf Hirsch- und Wildschweinjagd.

Aufwändiger Rekonstruktionsarbeiten wegen ist das Areal abgesperrt. Bei Redaktion dieser Auflage war die Palastanlage eine einzige Großbaustelle, was wohl noch einige Zeit so bleiben wird und bereits jetzt eine eher übertriebene Rekonstruktionsarbeit erkennen lässt.

Die imposante Anlage mit Blick auf den Golf von Árgos und die gegenüberliegende Argolída-Halbinsel hat geradezu kaiserliche Dimensionen. Ähnlich der berühmten Villa dei Papiri bei Herculaneum und ihrem neuzeitlichen Nachbau im kalifornischen Malibu, aber auch vergleichbar dem Palast des Hadrian bei Tivoli, gruppieren sich weiträumige Gebäudetrakte um einen riesigen Peristylhof, der mit Grünanlagen und Wasserbecken als eine Art Park gestaltet war. In einer Apsis endende Hallen – eine davon durch korinthische Säulenreihen in Längsrichtung dreischiffig geteilt wie spätere christliche Basiliken – zeugen vom repräsentativen Anspruch dieses Palastes. In solchen marmorverkleideten Sälen pflegten die Mächtigen des Reiches Gericht zu halten, auswärtige Delegationen zu empfangen, aber auch fürstlich zu tafeln und Gäste zu bewirten. Natürlich gehörte zu einer solchen Villa ein aufwändiger Thermentrakt mit allen erforderlichen Annehmlichkeiten. Gut zu erkennen sind die Wasserleitungen und Hypokausten-Heizungen für sämtliche wichtigen Räume des Palastes. Wie in mehreren Schichten übereinander ausgelegte Mosaikfußböden zeigen, wurde die Villa noch im 3. und 4. Jh. benutzt und in Stand gehalten.

Schmale gewundene Straßen führen von Ástros ins **Parnón-Gebirge**. Hier lohnt für Reisende mit genügend Zeit ein Ausflug zum ehemaligen **Pródromos-Kloster**. Die im 17. Jh. gegründete Anlage ist kunsthistorisch unbedeutend, aber ihrer phantastischen Lage wegen einen Umweg wert. Malerisch schmiegen sich die weißgrauen Mauern mit ihren Holzbalkonen in die Nische einer senkrechten Felswand über einer tiefen Schlucht (von Perdikóvrisi auf der gegenüberliegenden Seite zu sehen).

Leonídio und die Klöster Moní Agíou Nikoláou Sintzás und Moni Panagías Elónis

Hinter Ástros verläuft die Straße wieder über der Steilküste. Hier laden einsame kleine Badebuchten mit feinem Kiesstrand zu einem Zwischenstopp ein. **Leonídio** liegt, wie Ástros, zurückgezogen vom Meer am Rand einer Schwemmebene, die von dem aus dem Parnón-Gebirge kommenden Dafnón-Fluss gebildet wurde. Der Ort lebt vom Gemüseanbau in Treibhäusern, die mit weiß glänzenden Plastikdächern die Ebene des Talausgangs überziehen. Schon im 19. und frühen 20. Jh. muss Leonídio ein wohlhabendes Landstädtchen gewesen sein, wie die Vielzahl alter Häuser mit Arkaden und reliefverzierten Toreingängen zeigt. Die Küstenstraße endet 8 km weiter südlich in Poúlithra. Davor liegt am Südende eines langen Kiesstrandes der entzückende kleine Fischerhafen **Pláka** mit einem einzigen Hotel und einigen Tavernen; am Steilhang oberhalb der Landstraße erkennt man einige Mauern des antiken *Brasiai*.

Zwei in Rücksprünge senkrechter Felswände hineingebaute Klöster passiert man auf dem Weg von Leonídio nach Gýthio im wildro-

Im Süden des Argolischen Golfs

Kloster der Panagía
Elónis über der
Dafnóu-Schlucht

mantischen Cañon des Dafnón: zuerst **Moní Agíou Nikoláou Sintzás** (Abb. S. 152) am oberen Ende einer südlichen Seitenschlucht (Fahrweg vom jenseitigen Ufer von Leonídio aus), dann das im 16. Jh. entstandene Nonnenkloster **Moní Panagías Elónis** in 650 m Höhe, bis zu dessen Pforte auf der Rückseite eine schmale Fahrstraße heranführt. Das Kloster ist bekannt für seine wundertätige Marienikone; Votive von Gläubigen bezeugen Heilungen von diversen Krankheiten. Beide Anlagen sind von der Talseite her unersteigbar und die seitlichen Zugänge über Felspfade leicht zu blockieren: eine Platzwahl, die sich nicht gegen die türkische Besatzungsmacht richtete, sondern den Klosterbewohnern Ruhe und auch Schutz vor Räubern sicherte.

Hirtenidyllik und raue Lebenswirklichkeit – Arkadien als antike und moderne Utopie

> »Auch ich war in Arkadien geboren,
> Auch mir hat die Natur
> An meiner Wiege Freude zugeschworen ...«

Kaum treffender als in Friedrich Schillers elegischem Gedicht ›Resignation‹ könnte in kurzen Worten ausgedrückt sein, was Arkadien seit der Renaissance Generationen von Dichtern, Malern, Komponisten und natürlich auch Reisenden bedeutet hat: nicht eine geografisch wirkliche Region, sondern vielmehr die sehnsüchtige Vorstellung von ursprünglicher Natürlichkeit, einer nicht enden wollenden irdischen Glückseligkeit des Menschen in einem Land fern aller bitteren Realitäten von Ungerechtigkeit, Armut und Krieg, ja sogar fast von Tod.

Schon in der hellenistisch-griechischen Dichtung finden sich schwärmerische Lobpreisungen des einfachen Landlebens fern der Städte in einem von Nymphen, musizierenden Hirten und kraftvollen Pansgestalten bevölkerten Naturambiente. Der römische Dichter Vergil aber war es, der als erster diese poetische Traumwelt ins ferne Arkadien verlegte und damit ausgerechnet jene raue Kernlandschaft der Peloponnes zur Metapher unbeschwerten Lebens machte. Von vornherein mischte sich dabei die Imagination arkadischen Wohllebens mit der Proklamation politischer Programme: Bei Vergil war es die angebliche konkrete Verwirklichung eines goldenen Zeitalters durch den vom Dichter gepriesenen Herrscher Augustus. In der Neuzeit verkörperte ›Arkadien‹ die Utopie eines von Macht und Ungleichheit noch unberührten Urzustandes des Menschen, den es durch gesellschaftliche Reformen wiederherzustellen gelte, umgekehrt aber auch den illusionären Fluchtversuch aus einer als hart und kaum veränderbar begriffenen Gegenwart. Beide Aspekte klingen in Goethes Faust an, wo er den Titelhelden an die schöne Helena gerichtet fantasieren lässt:

> »Gelockt, auf sel'gem Grund zu wohnen,
> Du flüchtetest ins heitere Geschick!
> Zur Laube wandeln sich die Thronen,
> Arcadisch frei sei unser Glück!«
> (Faust, Zweiter Teil, 3. Akt 9570/74)

Für Scharen von Nordländern, die seit dem 16. Jh. Italien bereisten, war Italiens sonniger Süden ›Arkadien‹, so auch für Goethe, der seiner ›Italienischen Reise‹ ebenfalls das Motto ›Auch ich in Arkadien‹ voranstellte: Übersetzung einer viel zitierten lateinischen, allerdings nicht aus der Antike, sondern der Renaissance stammenden Sentenz »et in Arcadia ego«.

Besonders sehenswert:
Mantineia
Orchomenós
Trípoli
Tegea
Megalopolis
Lykosoura
Loúsios-Tal ☆
Karítena
Stemnítsa
Dimitsána
Moni Filosófu
Moni Prodrómu
Gortys
Bassai

◁ Stemnítsa im Loúsios-Tal

Arkadien

Arkadien – fast – als Paradies: Ein antikisch ›unschuldig-nacktes‹ Paar steht umschlungen vor einem Grabmonument, das Vergänglichkeit sogar in dieser üppig strotzenden Natur anzeigt. Der Stich des Romantikers Georg Wilhelm Kolbe mit dem Titel ›Auch ich in Arkadien‹ ist Beispiel aus einer schier unendlichen Reihe arkadischer Landschaftsbilder, die im frühen 17. Jh. beginnt und bis ins 20. Jh. reicht.

Ob in Malerei, Literatur oder Oper, ›Arkadien‹ wurde zum Landschaftsideal schlechthin, und zwar aus dem Blickwinkel des Städters: Landschaft als bildhafte Szenerie von Natur samt natürlichen Menschen, die man betrachtet, vielleicht sogar als Tourist kennen lernt, der man sich aber keinesfalls als zugehörig empfindet. Nicht nur die Wahrnehmung früherer Reisender war von dieser ›arkadischen Einstellung‹ geprägt, wie die rührenden Passagen aus Graf Stackelbergs Reisebericht (S. 237) anschaulich belegen. Auch in unserem heutigen touristischen Blick und in den Erwartungen, die wir speziell an ein Reiseland wie Griechenland richten, spiegeln sich ›arkadische‹ Wunschträume, wie einschlägige Erzählungen und Urlaubsfotos nur zu deutlich verraten.

In der klassischen Antike galt die vom Meer abgeschiedene und durch hohe Gebirgszüge schwer zugängliche Region als ausgesprochen urtümlich, ja, was städtische Zivilisation betrifft, rückständig: eine raue, karge Landschaft, lange Zeit fast ausschließlich bewohnt von Hirten. Deren Musik allerdings wurde gerühmt, ebenso wie die für Arkadien typischen rustikalen Kulte des Bocksgottes Pan und seines Satyrgefolges, aber auch der Artemis, Herrin der wilden, unkultivierten Natur. Tatsächlich war Arkadien nicht nur das viel beschworene Hirtenland, sondern mit seinen von Bergen umschlossenen Hochebenen auch Agrargebiet. Im 4. Jh. v. Chr. entstanden an den Rändern dieser landwirtschaftlich genutzten Ebenen auch größere Städte wie Mantíneia, Orchomenós, Tegea und Megalópolis.

Auch der Auslegung seines Namens zufolge galt Arkadien als Hirten- und Bauernland: König Arkas habe hier den Menschen die Weiterverarbeitung von Wolle zu Kleidung und von Getreide zu Brot beigebracht (Pausanias 8.4). Auf die harten Lebensbedingungen spielt ein Delphisches Orakel an, das von den »eichelessenden Männern Arkadiens« spricht (Herodot 1.66).

Neben einzelnen archäologischen Stätten ist es vor allem die großartige und auch heute einsame Landschaft, derentwegen Arkadien zu den interessantesten und schönsten Reisedestinationen Griechenlands zählt. Dichte Tannenwälder und grüne Matten bedecken die bis weit über 2000 m aufsteigenden Höhenzüge, während in den cañonartigen Schluchten noch im Sommer reißende Gebirgsbäche eine üppige Vegetation aus Laubbüschen und Blumenwiesen hervorbringen. Arkadien ist der wasserreichste und grünste Landstrich Griechenlands: ideal für Wanderungen und Fahrradtouren.

Bauernbefreiung – Arkadische Städtegründungen als Bollwerke gegen Sparta

Mantíneia und Orchomenós

Wie Stymfalos- und Feneós-Becken war die abflusslose Hochebene von **Mantíneia** seit alters begehrtes Ackerland. Nicht nur mit den Einwohnern von Tegea kam es hierüber häufig zum Streit, vor allem die Spartaner versuchten, die hier lebende Landbevölkerung in Abhängigkeit zu halten, um an den Ernteerträgen zu partizipieren. Zu dieser Politik gehörte es, die Gründung befestigter Städte nach Kräften zu verhindern. 464–59 v. Chr. jedoch gelang es einigen Dörfern, sich in einem ›Synoikismos‹ zusammenzuschließen, eine gemeinsame Stadt zu gründen und sie mit einer Lehmziegelmauer zu umgeben: Mantíneia. Bundesgenossen waren in dieser Situation erwünscht, und so wurde Mantíneia im Peloponnesischen Krieg zu einem wichtigen Vasall Athens. 418 v. Chr. allerdings siegten die Spartaner in einer Schlacht dicht bei Mantíneia und brachten das Territorium wieder unter ihre Kontrolle; eine Generation später

Postmoderne in Arkadien: Mantineas in den 1970er-Jahren errichtete Kirche im Gelände der antiken Stadt

Arkadien

wurde die Stadt nach erneuter spartanischer Belagerung sogar völlig zerstört und die Bevölkerung wieder aufs flache Land vertrieben. Erst nach der schweren militärischen Niederlage der Spartaner bei Leuktra 371 v. Chr. ergriffen die Dörfler erneut die Gelegenheit, sich städtisch zu organisieren: Mantíneia wurde wieder aufgebaut, nun mit einem gewaltigen Mauerring. Die Ruinen dieser Stadt sind es, die man heute sieht. Immer wieder war Mantíneia Ziel militärischer Angriffe, musste sogar seinen Namen gegen Antigoneia (nach dem Makedonenkönig Antigonos Doson) eintauschen, bis Kaiser Hadrian anlässlich seines Besuches dem Ort wieder seinen alten Namen zurückgab. Im Mittelalter ließ man die alten Entwässerungsgräben verfallen, die Ebene versumpfte, und Malaria machte das Gebiet weitgehend menschenleer.

Von der *antiken Stadt*, die von der modernen Landstraße durchschnitten wird, ist nur wenig erhalten bzw. ausgegraben. Der fast kreisrunde 4,5 bis 5 m starke **Mauerring** mit seinen über 100, in dichtem Abstand gesetzten Türmen ist zwar in seinem gesamten Umfang nachzuverfolgen (ein Feldweg führt im Norden von der Landstraße ein Stück an der Mauer entlang), jedoch nur in seinen untersten Schichten. Wie weit das Quadermauerwerk darüber jemals aufragte, ist unklar; jedenfalls dürfte der obere Mauerteil aus Lehmziegeln bestanden haben. Ein kurzer Fußweg führt von der Straße zum einstigen Zentrum. Die von Säulenhallen und einem Bouleuterion gerahmte **Agora** war auf ein kleines *Theater* ausgerichtet, dessen Zuschauerränge mangels eines Hangs auf einem künstlich aufgeschütteten Hügel liegen und an Rück- und Seitenwänden von Polygonalmauern abgestützt sind; die steinerne Skene wurde erst in römischer Zeit hinzugebaut. So dürfte der Bau – vergleichbar der Situation in Megalopolis (S. 222) – nicht nur Theateraufführungen, sondern auch politischen Versammlungen gedient haben, während die mit Altären und kleinen Tempeln bestückte Agora neben politischen auch kultische Funktionen hatte. Alle übrigen Gebäude der Stadt liegen noch unter der Erde. 2 km südlich weist ein Schild zu den spärlichen Resten eines *Heiligtums des Poseidon Hippios*, d. h. des Pferdegottes Poseidon.

Das sehenswerteste Denkmal Mantíneias ist indessen nicht antik, sondern modern, in gewissem Sinne sogar postmodern. Neben der Landstraße steht eine in ihrer Bizarrheit eindrucksvolle **Kirche**, ausgedacht und aus eigenen Mitteln 1970–82 errichtet von dem hier lebenden griechischen Künstler Konstantinos Papatheodorou. Wie ein baugeschichtliches Potpourri wirken die frivol miteinander verquickten archaischen Säulenschäfte, dorischen und äolischen Kapitelle, klassischen Palmettenbekrönungen, byzantinischen Ziegelkonstruktionen, nach mittelalterlicher Art verzierten Fensterlaibungen und fernöstlich geschwungenen Pagodengiebel. Sogar die so häufige Wiederverwendung antiker Werkstücke in byzantinischen Kirchenbauten wird hier als Zitat eines historischen Zitats wirkungsvoll in Szene gesetzt. Dem Betrachter muss es überlassen bleiben, ob er den

◁ *Karte Arkadien und Messenien*

kuriosen Bau als ernst gemeinte Summierung von Tradition, gar als Reklamation von Vergangenheit für nationale griechische Gegenwart lesen will oder eher als spielerische Evokation einer aus Erinnerungsfragmenten komponierten Fantasie.

Orchomenós heißt heute ein modernes Dorf am Fuß des tannengrünen *Ménalo-Gebirges*, westlich der Straße Levídi/Kandíla. Unterhalb des Ortes führt ein ausgeschilderter Weg zu einem *Kirchlein*, in dessen Frontwand reich verzierte Reliefplatten einer christlichen Basilika des 6. Jh. verbaut sind. Die Kapelle selbst ist verschlossen. Das **antike Orchomenos** liegt 1 km weiter nördlich auf einem Kegelberg am Rand einer fast rundum abgeschlossenen Hochebene, in der heute wie schon im 2. Jt. v. Chr. Getreide angebaut wird. Bereits die Mykener hatten hier ein weit gespanntes Kanal- und Wasserverteilungssystem angelegt, sodass die Ebene bei der Schneeschmelze im Frühjahr nicht überflutet wurde und anschließend nicht austrocknete (S. 95). Reste einer solchen *hydraulischen Anlage* sieht man am Nordabhang des Stadtberges scitlich der Straße nach Kandíla (ausgeschildert). Vom Befestigungsring des 4. Jh. v. Chr. und den Bauten der altgriechischen Stadt, zu der ein ausgeschilderter Fahrweg hinaufführt, sind außer Terrassenmauern nur relativ geringe Reste erhalten, die vor Jahrzehnten unvollständig ausgegraben wurden und heute teilweise wieder von Gestrüpp überwuchert sind. Der Fahrweg endet unterhalb eines kleinen hellenistischen *Theaters* mit hübsch ausgearbeiteter Prohedrie (erste Sitzreihe); davor stehen kunstvoll gemeißelte Ehrensitze für besondere Gäste. Einige Schritte oberhalb des Theaters stößt man auf die Fundamente zweier *Säulenhallen*, die die Agora säumten, weiter südlich auf eines lang gestreckten *Altar* und das Fundament eines kleinen hellenistischen *Tempels* mit ehemals vier dorischen Frontsäulen; er war der Artemis Mesopotamia, einer orientalischen Gottheit, gewidmet. Großartig ist der Blick auf die von Bergzügen umschlossene Hochebene.

Zwischen Orchomenós und Stymfalos findet man in der einsamen Abgeschiedenheit eines Hochtals, umgeben von der alpinen Kulisse des Lýrkio, Trachió und Fármakos, die Befestigungsmauern der antiken Stadt **Alea**. Sie liegen auf einem in die Ebene vorgeschobenen Kegelberg, 2 km nördlich des *Dorfes Aléa*. Zwei Mauerzüge ziehen sich bis zum Gipfel empor, wo sie sich in einem spitzen Dreieck treffen; fast in voller Höhe erhalten ist die Westmauer, die man am besten vom modernen Ort aus sieht.

Trípoli und der Athena-Tempel von Tegea

Die Distrikthauptstadt **Trípoli**, in der geografischen Mitte der Peloponnes gelegen, ist Schnittpunkt des binnenländischen Verkehrsnetzes: zum einen der Nord-Süd-Autobahn Athen/Kalamata, zum andern der Hauptstrecke zwischen Westküste und Argolis. Bei ihrer Gründung im 14. Jh. hieß die Stadt Droboglitsa, später trug sie den

Trípoli und Tegea

ebenfalls slawischen Namen Tripolitsa und wurde dann 1770 wiederum von den Türken umbenannt in Tarabolussa, als der Pascha der Morea hier seinen Sitz nahm. Damals profitierte hier ein buntes Völkergemisch aus Griechen, Slawen, Albanern, Juden und Türken von der intensiven Landwirtschaft: neben Getreide vor allem Tabak, Baumwolle und Maulbeerbäume für die Seidenraupenzucht. Von jener Blütezeit ist jedoch praktisch nichts erhalten, da im griechischen Befreiungskrieg zunächst griechische Truppen die Stadt zerstörten und ihre moslemische Bevölkerung töteten und anschließend im Gegenzug ägyptische Truppen unter Ibraim Pascha den Ort noch einmal zurückeroberten und gänzlich verwüsteten. Erst aus der Zeit danach gibt es einige klassizistische Gebäude, die bis heute stehen geblieben sind. Trípoli ist eine lebhafte, aber architektonisch gesichtslose Stadt.

Das **Archäologische Museum,** unweit der Platia etwas versteckt an der Nebenstraße Odós Spileopoúlou gelegen, bietet einen Überblick über den Fundbestand der Region von der Prähistorie bis zum Mittelalter. Zu den Exponaten zählen das Inventar einer spätmykenischen Nekropole im Distrikt Gortýni/Palékastro sowie geometrische Keramik aus Gräbern von Palékastro und Mantínea; ebenfalls aus Mantínea stammt ein farbiger Dachaufsatz (Scheibenakroter) mit Darstellung einer Medusa, ein archaischer Frauenkopf und schließlich eine Reihe hellenistischer Marmorstatuen von Priesterinnen.

Das von außen gut einsehbare Ausgrabungsareal des **Athena-Tempels von Tegea** liegt mitten im modernen Ort Tegéa südöstlich von Trípoli. Die noch aus den Trümmern aufscheinenden gewaltigen Dimensionen und die architektonische Raffinesse dieses monumen-

Stufenplattform und herumliegende Architekturglieder des Athena-Tempels von Tegea im Zentrum des gleichnamigen modernen Ortes

219

Arkadien

talen Ringhallentempels des 4. Jh. v. Chr. machen sofort deutlich: Nur eine wirtschaftlich und politisch bedeutende Stadt konnte sich einen solchen Sakralbau leisten. Tatsächlich war Tegea seit archaischer Zeit die wichtigste Polis der Zentralpeloponnes, ihr der Athena Alea geweihtes Heiligtum Ziel zahlloser Besucher aus nah und fern. Auch prominente Asylanten fanden in diesem sakrosankten Areal Schutz: so die Priesterin Chryseis, durch deren Unachtsamkeit der altehrwürdige Tempel des argivischen Hera-Heiligtums (S. 181) in Flammen aufgegangen war; ebenso zogen sich die Spartanerkönige Leotychidas (um 476 v. Chr.) und Pausanias (395 v. Chr.) hierhin zurück, als ihnen nach erfolglosen Kriegszügen wegen Bestechlichkeit in der Heimatstadt der Prozess gemacht wurde.

Tegeas archaischer Athena-Tempel brannte 395 v. Chr. ab, und es dauerte mehr als eine Generation, bis sich die Stadt zu einem Neubau entschloss. 362 v. Chr. aber war es soweit: In der Schlacht von Mantíneia hatte man als Teil einer Allianz den ständigen Rivalen und Bedroher Sparta besiegt, dabei reiche Kriegsbeute gemacht und an Selbstvertrauen und politischem Status hinzugewonnen. Die Bürgerschaft veranlasste für den Bauauftrag, wie in solchen Fällen üblich, eine Ausschreibung. Der vor allem als Bildhauer renommierte Künstler Skopas aus Paros erhielt den Zuschlag für Entwurf und Ausführung des Baus einschließlich seiner Skulpturen. Gegen 350 v. Chr. dürfte der neue Tempel vollendet gewesen sein.

Der Stufenbau und die im Gelände verstreuten riesigen Säulentrommeln und Kapitelle der Ringhalle sind heute dunkel patiniert. Tatsächlich jedoch war der Bau (Grundriss S. 37, Nr. 2), wie man an Bruchkanten sieht, aus schneeweißem Marmor errichtet, d. h. nicht wie die meisten Tempel stuckiert, sondern bis zu seiner endgültigen Oberfläche hin sorgfältig ausgemeißelt: der erste Großbau dieser Art auf der Peloponnes. In dieser Eigenschaft kopiert der Athena-Tempel von Tegea den Parthenon auf der Akropolis von Athen. Damit aber nicht genug, man sah sich auch sonst auf der Athener Akropolis genau um und nahm sogar Maß: Unterer Säulendurchmesser und Abstand zwischen den Säulen sind exakt die gleichen wie bei den Athener Propyläen, während die Ornamentfriese des Innenraums das Erechtheion zitieren. Solche Feinheiten waren nicht allein Sache des Architekten, sondern wurden – gewiss nicht ohne Stolz – auch in den Gremien der Stadt diskutiert. Die 6 × 14 Säulen waren an Front und Rückseite ungewöhnlich weiträumig um die Cella herum geführt, im Übrigen aber entsprach der Außenbau mit seiner fast unmerklichen Kurvatur, den schlanken Säulen mit ihren zu äußerster Knappheit reduzierten Kapitellen und dem flachen Gebälk völlig dem, was ein damaliger Betrachter von einem modernen dorischen Ringhallentempel erwartete; auch bei der rasterförmigen Durchplanung des Grundrisses hielt sich der Architekt an die üblichen Gepflogenheiten seiner Zeit. Um so größere Verblüffung und Bewunderung muss der Innenraum jedem Besucher abgenötigt haben: eine riesige Halle, nicht wie sonst verstellt durch Innenstützen, sondern mit umlaufenden Halb-

Bei den Steinlagen im Innern der Cella, die heute auf den ersten Blick wie das Fundament einer Innensäulenstellung aussehen, handelt es sich nicht um echte Mauern in situ, sondern um Quader des Tempels, die von den Ausgräbern hier aufgereiht deponiert wurden.

säulen an den Wänden, die die Innenflächen rhythmisch gliedern: unten in korinthischer, oben (nicht mehr erhalten) wahrscheinlich in ionischer Ordnung. Mit seinen einst kolorierten Ornamentfriesen war dieser Innenraum zugleich auch der farbigste Teil des Tempels.

Beleuchtet wurde der Raum durch die breite Tür im Osten sowie einen zusätzlichen Eingang auf der Längsseite im Norden. Halbsäulen als Wandvorlagen und eine Seitentüre waren Merkmale, die die Tegeaten vom Apollon-Tempel in Bassai (s. S. 236) kannten und wahrscheinlich als typisch peloponnesisch schätzten. So war der von Skopas entworfene Bau eine in seiner Zeit hochmoderne und zugleich Älteres beziehungsreich wieder aufnehmende Architektur. Lage und Gestalt des zum Tempel gehörigen Altars wurden durch Probegrabungen unter dem Pflaster vor der Kirche ermittelt, das umliegende Gebiet wird von norwegischen Archäologen ausschnittweise ergraben.

Fragment einer Giebelskulptur des Athena-Tempels von Tegea. Tegea, Archäologisches Museum

Das **Museum** (bei Redaktionsschluss wegen Umbauarbeiten geschlossen), im Ortszentrum von Tegea bei der Ausgrabungsstätte, enthält den originalen *Bauschmuck des Tempels*, soweit er nicht ins Nationalmuseum von Athen kam (von diesen Stücken Abgüsse im Tegea-Museum). Exzellent ausgemeißelt und mit fast akademischer Akkuratesse entworfen sind die Ornamentfriese des Gebälks über der ionischen Innensäulenstellung, während im Gegensatz hierzu die Akroterfiguren und die Fragmente der wild bewegten Figurengruppen aus den Giebeln geradezu grob hingehauen wirken: ein erstaunlicher Befund, werden sie in der antiken Literatur doch ebenfalls dem berühmten Künstler Skopas zugeschrieben, der auch am legendären Mausoleion von Halikarnass – einem der sieben Weltwunder – mitarbeitete. Die hier ausgestellten *Marmorthrone* gehörten zur Prohedrie des hellenistischen Theaters. Ganze Ensembles von *Hermenpfeilern* – teils bildlos wie Menhire, teils mit dem Kopf des Gottes Hermes – stammen aus einem Kultbezirk nahe dem Theater. Auch Asklepios hatte dort ein Heiligtum, wie späthellenistische und römisch-kaiserzeitliche Votivstatuen mit seiner Gestalt belegen.

Das antike Tegea, von dem heute fast nur noch der Athena-Tempel zeugt, muss seiner Ausdehnung nach eine regelrechte Großstadt gewesen sein. Im gut 2 km entfernten Nachbardorf **Stádio** wurden in einem Park unter und neben einer Kirche die Reste des *Theaters* von Tegea aus hellenistischer Zeit freigelegt; die *neobyzantinische Kirche* war von Ernst Ziller entworfen worden, und jener Klassizist hatte sich nicht gescheut, Wandblöcke und sogar Relieffriese des antiken Theaters in seinen Bau zu integrieren. Wie auch andernorts in Arkadien (z. B. in Mantíneia, S. 217) schloss sich an das Theater die Agora an. Weiter hinten im Park stößt man auf den Altar einer römischen *Kaiserkultstätte* und schließlich auf ein großes *römisches Mosaik*, das einen kostspieligen Schutzbau erhielt; das Mosaik selbst jedoch ließ man so verdrecken, dass buchstäblich nichts mehr zu sehen ist: eines der leider häufigen Beispiele von Verwahrlosung zunächst auf-

Arkadien

wändig ergrabener und restaurierter Antiken. Die Stadtmauer Tegeas, die all diese Areale umschloss, konnte nur noch an wenigen Stellen in Spuren nachgewiesen werden.

Auf halbem Weg zwischen Trípoli und Megalópoli sind beim Dorf **Aséa** oberhalb der Landstraße auf einem Felsen *hellenistische Befestigungsmauern* der gleichnamigen kleinen antiken Siedlung zu sehen; Reste hellenistischer Häuser fanden sich auf dem Akropolis-Plateau, außerdem Spuren einer prähistorischen Besiedlung des 3. Jt. v. Chr.

Megalopolis und Leontári

Der nach der antiken Stadt benannte **moderne Ort Megalópoli** im Zentrum einer ehemals agrarisch genutzten Hochebene lebt heute von der Braunkohle, die in riesigen Flözen dicht unter der Erdoberfläche abgebaut und direkt vor Ort in zwei Kraftwerken verarbeitet wird; Tag und Nacht hört man das Dröhnen der beiden Anlagen und riecht den nur unzureichend gefilterten Ausstoß ihrer Schornsteine. Doch ohne diese Erwerbsquelle wären die Einwohner zum Auswandern gezwungen und so wird die Umweltbelastung von den meisten als notwendiges Übel hingenommen. 1986 wurden Teile der Stadt durch ein Erdbeben zerstört. Wenige Schritte von der Platia entfernt findet man ein winziges *Archäologisches Museum,* das auf Verlangen aufgeschlossen wird. Es enthält Keramik sowie einige Architekturfragmente und Skulpturen aus der antiken Siedlung.

Wie die Stadt Messene, verdankt auch das **antike Megalopolis** seine Existenz dem Sieg der Thebaner unter ihrem Feldherrn Epameinondas über die Spartaner 371 v. Chr. bei Leuktra in Böotien. Jahrhundertelang waren die Landbewohner Arkadiens und Messeniens gezwungen gewesen, als Heloten, d. h. leibeigene Staatssklaven Spartas, ein meist erbärmliches Leben zu fristen oder aber auszuwandern; städtische Siedlungen, in denen sich die Bevölkerung hätte verschanzen können, wurden von den Spartanern nicht geduldet. Aufstände gegen dieses System waren zwar immer wieder versucht, jedoch stets von den Spartiaten blutig niedergeschlagen worden. Nun aber war der verhasste Unterdrücker von einem fremden Heer auf dem griechischen Festland geschlagen, und so muss der anschließend auf die Peloponnes einrückende Machtstratege Epameinondas tatsächlich wie ein Befreier und Volksheld gefeiert worden sein. Endlich bot sich Gelegenheit, sich politisch zu formieren, städtische Gemeinwesen zu etablieren und die Früchte der eigenen Arbeit selbst zu genießen. Schlicht ›Groß-Stadt‹ – das nämlich heißt Megalopolis – nannte man das neue militärisch orientierte Stadtprojekt, das durch die Zusammensiedlung (Synoikismos) von nicht weniger als 39 Gemeinden zustande kam.

Megalopolis war fortan Bundesstadt der Arkader; hier tagte als ›Rat der Zehntausend‹ die Versammlung des Arkadischen Bundes,

Bedeutendster Sohn der Stadt war der Historiker Polybios, der hier ca. 210 v. Chr. geboren wurde und 167 v. Chr. als Geisel nach Rom kam. Seine Universalgeschichte, die Roms Aufstieg zur Weltmacht beschreibt, umfasst die Zeit von 210 bis 146 v. Chr. (s. S. 64).

Megalopolis und Leontári

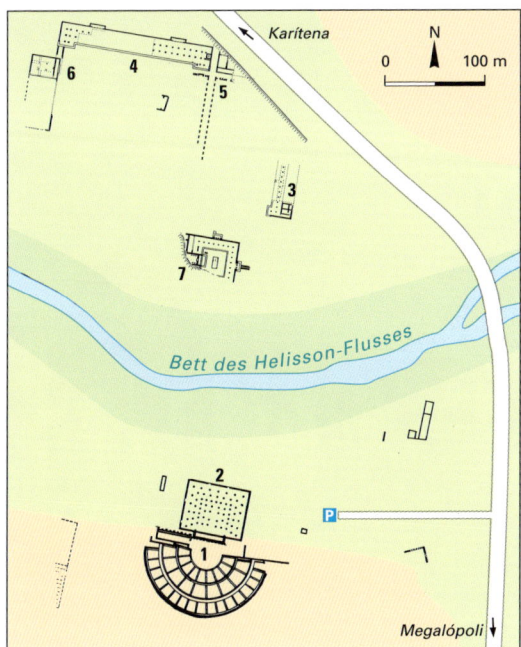

Zentrum der antiken Stadt Megalopolis
1 Theater (4. Jh. v. Chr.)
2 Thersileion (367 v. Chr.)
3 Myropolis-Stoa (270–265 v. Chr.)
4 Philipp-Stoa (nach 336 v. Chr.)
5 Archivgebäude (4./3. Jh. v. Chr.)
6 Bouleuterion (4. Jh. v. Chr.)
7 Heiligtum des Zeus Soter (ca. 340 v. Chr.)

hier war die Prägestätte der arkadischen Münze, d. h. der neuen Landeswährung, und hier wurde das 5000-köpfige Bundesheer ausgehoben. Ihrem gigantischen Anspruch konnte die Stadt wohl nur kurze Zeit gerecht werden, denn die Bedeutung von Megalopolis lag in seiner Funktion als Bollwerk gegen Sparta. Als mit dem endgültigen Niedergang Spartas diese Aufgabe entfiel, verkam die einstige Groß-Stadt zum Provinznest. Der Reiseschriftsteller Pausanias sah Megalopolis im 2. Jh. n. Chr. bereits größtenteils in Ruinen und bemerkte mit melancholischem Gleichmut (8, 33): »Ich habe mich darüber nicht gewundert, da ich weiß, dass die Gottheit immer etwas Neues schaffen will und das Schicksal alles, das Starke wie das Schwache, das Werdende und schon Vergangene, verändert und mit starker Gewalt lenkt, wie es sein Wille ist.«

Die Ruinen der *antiken Siedlung* liegen 2 km nördlich des modernen Ortes an der Strecke nach Karítena. Vom einst wichtigsten Bauwerk der Stadt, nämlich ihrer 8 km langen Befestigungsmauer, konnten nur noch Spuren an einigen Stellen nachgewiesen werden. Südlich des Elisson-Flusses führt ein ausgeschilderter Stichweg zum eingezäunten Gelände des **Theaters (1)**, dessen 50 Sitzreihen 20 000 Zuschauer fassten und das damit eine der größten Spielstätten Griechenlands war; der Erhaltungszustand des Bauwerks ist jedoch beklagenswert und der Anblick zudem durch riesige Kieshaufen verunstaltet, die von der griechischen Antikenver-

Arkadien

Vor den qualmenden Schloten des Braunkohlewerks von Megalópoli: die Philipp-Stoa aus dem 4. Jh. v. Chr. (Plan Nr. 4)

waltung aufgeschüttet wurden, um die vom Einsturz bedrohten Seitenwände abzustützen. Das im 4. Jh. v. Chr. erbaute Theater diente nicht nur dramatischen Aufführungen, sondern anfangs wohl auch den erwähnten Bundesversammlungen der Arkader. Vor dem Theater sieht man im Gras die Fundamente der radial angeordneten Innenstützen einer riesigen **Halle (2),** die ein gewisser Thersilios 367 v. Chr. als gedeckten Versammlungsraum für die Arkaderversammlungen stiftete.

Wesentlich ansehnlicher ist das frei zugängliche Ausgrabungsareal nördlich des im Sommer ausgetrockneten Helissón-Baches mit Resten der *Agora,* die in ihrer Ausdehnung sogar diejenige von Athen übertrifft. Von der in der antiken Literatur gerühmten **Myropolis-Stoa (3)** – einer Halle zum Verkauf von Myrrhe, die man aus Afrika und dem Yemen importierte und als Räucherwerk sowie zur Parfümherstellung verwendete – sind nur noch die Fundamente von Innenstützen und einer Wand im Gelände auszumachen. Weitaus besser erhalten und durch Ausgrabungen der Universität Marburg sorgfältig herauspräpariert ist die vom Makedonenkönig Philipp II. nach 336 v. Chr. gestiftete **Halle (4)** an der Nordseite des Platzes: ein 156 m langer Bau mit vorspringenden, einst von Giebeln bekrönten Risaliten an den Seiten und zwei Nischen an der Rückwand, deren westliche wohl ein Statuenensemble mit Bildnissen der Familienangehörigen Philipps beherbergte. Die äußere Säulenstellung ist dorisch, die dahinter platzierte ionisch und die hinterste korinthisch. Ein baldachinartiger Einbau des 2. Jh. v. Chr. im Westen der Halle wurde in der römischen Kaiserzeit noch einmal erneuert: wahrscheinlich der Gerichtsplatz des lokalen Statthalters. Das Gebäude östlich der Philipp-Stoa ließ sich durch die Angaben des Pausanias als **Verwaltungs- und Archivgebäude (5)** identifizieren. Die Reihe von Statuenbasen davor trug Ehrendenkmäler, darunter ein Bildnis Philipps II. Die Nordwestecke der Agora wird von einem rechteckigen Bau eingenommen, möglicherweise dem **Bouleuterion (6)**, dem Rathaus der Stadt, das wohl kurz vor der Philipp-Stoa errichtet und in der römischen Kaiserzeit mit ihr durch eine Säulenhalle verbunden wurde. Dahinter erstrecken sich Wohnareale, die derzeit freigelegt werden.

In seiner interessanten Grundrissdisposition ebenfalls gut nachvollziehbar ist das **Staatsheiligtum** von Megalopolis **für Zeus-Soter (7)** (den Rettergott Zeus) im Süden der Agora: Weißer Kies markiert hier die ursprünglich überbauten, grauer die offenen Partien des Gebäudes, das wie ein Peristyl um einen Hof herum gruppiert ist, dessen Mitte von einem monumentalen Altar eingenommen wird. Der Haupteingang liegt im Osten, ein zweiter im Norden; die Südflanke wurde vom Helissón-Bach weggeschwemmt. Von Westen her schiebt sich ein Antentempel in dieses Ensemble, sodass das Peristyl auf den eintretenden Besucher wie ein atriumartiger Vorplatz des Tempels gewirkt haben muss. Pausanias berichtet, dass in dem Tempel ein Kultbild des Zeus-Soter stand, flankiert von Artemis und der als Stadtgöttin personifizierten Megalopolis.

Fast ausgestorben wirken die Straßen des verschlafenen Dörfchens **Leontári,** 11 km südlich von Megalópoli. Nur dem aufmerksamen Blick erschließen sich die Spuren des einst pulsierenden Lebens, als der Ort in spätbyzantinischer und osmanischer Zeit zentrale Bedeutung für die Region hatte. Brüchige Holzbalkone stammen aus dem früheren 19. Jh., während die heute verschlossene und nicht mehr als Sakralraum genutzte Apostelkirche an der Platia den Wechsel von der byzantinischen zur türkischen und dann wieder orthodoxen neugriechischen Epoche spiegelt: Im 10. oder 11. Jh. begonnen und im 12. Jh. im Apsis- und Tambourbereich mit Ziegelornamentik geschmückt, erhielt der Kreuzkuppelbau im 14. Jh. einen ebenfalls überkuppelten Narthex, dessen Empore als Fürstenloge diente; die äußere Vorhalle dagegen ist türkisch, ebenfalls wie der Stumpf des später abgerissenen Minaretts, auf dem sich nun der neue Glockenstuhl erhebt. Das Ganze steht in den Trümmern eines antiken Bauwerks, von dem ein hellenistisches dorisches Kapitell als Säulenfuß der Vorhalle dienen musste. An die Vertreibung der Türken erinnern Denkmäler griechischer Freiheitskämpfer auf der Platia, darunter eine Büste von Kolokotronis (s. S. 62). Über dem Ort thront auf einem Felsvorsprung aus schwarzem Kalk die von den Türken zerstörte byzantinische Burg, von 1428 bis 1459 Residenz des Thomas Palaiologos, Fürst von Achaia.

Arkadien

Die Bergheiligtümer Lykosoura und Lykeon

Der Ausgrabungsbezirk ist zugänglich, das Museum z.Zt. geschlossen. Für eine Besichtigung des Museums muss man den Antikendienst (Ephoria) in Tripolis für eine Erlaubnis anrufen Tel. 27 10 22 52 43 und sich dann mit dem Wächter Hr. Zaovraf verabreden Tel. 27 91 02 57 80.

In der fast menschenleeren Bergregion westlich von Megalópoli liegt, versteckt zwischen Eichenwäldern, das *Mysterienheiligtum* von **Lykosoura.** Man erreicht die Stätte am leichtesten nicht von Megalópoli aus, sondern von einem ausgeschilderten Abzweig von der Strecke Megalópoli-Kalamáta (dann über Chorémis und Apíditsa); eine steile Stichstraße endet an dem kleinen **Museum,** von wo aus die beiden Ausgrabungsareale zu Fuß leicht erreichbar sind. Pausanias (8.38) nannte den Ort »von allen griechischen Städten des Festlands und der Inseln den ältesten: den, den die Sonne als ersten sah«; die erhaltenen Baureste allerdings stammen aus spätklassischer bis römischer Zeit. Westlich des Museums trifft man unterhalb der **Akropolis** auf die Ruinen eines hellenistischen Gebäudekomplexes, an dessen Ende ein dreiteiliges **Brunnenhaus** mit quer gelagerter Vorhalle erhalten ist; von hier floss das Wasser in eine quadratische **Zisterne** weiter unten am Hang.

Bei einer Eiche westlich des Museums liegen im Gestrüpp am Steilhang die dürftigen Reste eines monumentalen **Altars** mit dorischen Halbsäulen und vorspringenden Seitenrisaliten, vergleichbar dem berühmten Pergamonaltar. Weitaus besser erhalten ist der **Tempel** auf der Terrasse darunter (auf einem Fußpfad vom Museum aus zu erreichen): ein Antenbau mit sechssäuliger dorischer Front, dessen Wände über der Orthostatenzone aus Lehmziegeln bestanden (vgl. Hera-Tempel in Olympia, S. 130). Vor der mächtigen Kultbildbasis führt ein Seitenausgang auf eine neunstufige breite **Tribüne,** die den Hang nach oben hin abstützt, zugleich aber auch den Gläubigen als Zuschauer-

Lykosoura, Tempel und Treppentribüne

Die Bergheiligtümer Lykosoura und Lykeon

Kultbildgruppe von Lykosoura, 2. Jh. v. Chr. Rekonstruktion aus den im Museum von Lykosoura und im Athener Nationalmuseum aufbewahrten Fragmenten

platz bei den Ritualen gedient haben kann – möglicherweise auch bei pantomimischen Inszenierungen des Ursprungsmythos dieses Kultes. Tempelplatz und Vorhalle sind besetzt mit Statuenbasen und kleinen Rundaltären. Im Norden des Tempels befindet sich eine **Zisterne**; in der Mitte der langen Terrasse, die zur Talseite hin einst von einer Säulenhalle abgeschlossen wurde, erkennt man im Gras **Altäre** für die hier verehrten Gottheiten.

Betritt man den kleinen **Museumsraum,** fühlt man sich fast erschlagen von der monumentalen *Kultbildgruppe* aus dem Tempel: zwar nur in Fragmenten erhalten (von denen zudem ein Teil ins Athener Nationalmuseum kam und hier lediglich im Abguss zu sehen ist), aber durch das Riesenformat sowie die ausdrucksstarke Zerklüftung der Oberfläche und barocke Gestaltung der Frisuren und Gewänder geradezu überwältigend. Genau diesen Effekt muss auch die ursprüngliche Aufstellung der Gruppe – zumal in ihrer einstigen farbigen Fassung – in dem winzigen Tempel ausgeübt haben. Dargestellt sind Despoina (d. h. Herrin) und Demeter, flankiert von Artemis und einem männlichen Kultgenossen Anytos. Despoina und Demeter waren Fruchtbarkeits- und Unterweltsgöttinnen, verbunden mit dem jahreszeitlichen Zyklus der Natur und, damit zusammenhängend, Tod und Wiedergeburt. Auch Artemis dürfte hier in diesem Sinne verehrt worden sein: speziell als Herrin der wilden, nicht vom Menschen kultivierten Natur. Zu datieren ist das vom Bildhauer Damophon aus Messene geschaffene Skulpturenensemble ins 2. Jh. v. Chr.

Nur noch die unwirtliche und zugleich erhabene Landschaft sowie Kenntnisse literarisch überlieferter Kultbräuche lassen eine Ahnung von dem aufkommen, was auf dem heute kahlen 1420 m hohen

Arkadien

Lykeon-Berg einst vor sich ging, von dessen beiden windumtosten Gipfeln man über Megalopolis hinweg weit in die arkadische Bergwelt blickt. Der geile Bockgott Pan und die Nymphen wurden hier verehrt; vor allem aber der arkadische Zeus, als dessen Geburtsort der Berg in der lokalen Legende galt, wurde seit alters an diesem Ort mit Wettspielen, aber auch – und das offenbar bis in klassische Zeit hinein – mit *Menschenopfern* geehrt! Sogar ritueller Kannibalismus könnte dabei, in Anlehnung an den überlieferten Gründungsmythos, praktiziert worden sein. Als unheimlich wurde in der Antike auch der Name des Berges verstanden: Lykos heißt Wolf, und Pausanias erzählt in diesem Zusammenhang (8.2), dass einst König Lykaon hier am Altar des Zeus ein neugeborenes Kind opferte und sein Blut als Trankopfer darbrachte, er selbst dabei aber in einen Wolf verwandelt worden sei.

Makabererweise hat man die antiken Wettspiele an diesem Platz wieder beleben wollen und einen Sportplatz gebaut, dessen Betonboden nun die *antike Wettkampffläche* überdeckt; dass eine Asphaltstraße bis hierhin und ein Fahrweg sogar bis unter den Gipfel führt, ist dieser Tatsache, nicht etwa den minimalen archäologischen Relikten zu verdanken. Auf dem Weg zum Hauptgipfel, auf dem man sich bei Verzweigungen stets links halten muss, passiert man Gebäudestrukturen, die als *Gästehäuser* gedeutet werden, dann einen modernen *Brunnen* mit der Inschrift eines Pausaniaszitats und gelangt schließlich zu einem Sattel zwischen den beiden Hauptgipfeln. Hier stand der legendäre Aschenaltar des Zeus. Zu sehen ist davon nichts, wohl aber die Standplatten und eine Trommel zweier ebenfalls in der antiken Literatur beschriebener *dorischer Säulen*, auf denen jeweils goldene Adler als Wappentiere des Zeus angebracht waren. Archäologisch und kunsthistorisch bietet die Stätte also so gut wie nichts, der grandiosen Landschaft und der mit ihr verbundenen mythischen und kultischen Assoziationen wegen jedoch lohnt der Lykeon bei klarem Wetter einen Besuch.

Im Tal des Loúsios

Das wildromantische Loúsios-Tal ist seiner Natur, aber auch seiner traditionellen Hangdörfer, byzantinischen Klöster und der antiken Stadt Gortys wegen eines der interessantesten und schönsten Reiseziele auf der Peloponnes. Der im Frühjahr große Wassermassen führende **Loúsios** hat im Laufe von Jahrmillionen einen Cañon in das Karstgestein gegraben und stürzt nun als schäumender Wildbach zwischen den hohen Felswänden nach Süden, wo er bei Karítena in den Álfios mündet. Anders als im östlich angrenzenden Ménalo-Massiv (S. 235) sind hier die umgebenden Berge recht kahl. Umso üppiger ist die Vegetation an der Talsohle zuseiten des kristallklaren Bachs

Im Tal des Lousios: Karítena

mit Buchenwald zwischen Steilabstürzen und Blumenwiesen voller Schmetterlinge. Man erreicht die Schlucht auf Schotterwegen von der Landstraße aus, die oberhalb des Taleinschnitts durch die Dörfer Stemnítsa und Dimitsána führt.

Dörfliche Tradition: Die Gebirgsorte Karítena, Stemnítsa und Dimitsána

Südlich der Loúsios-Schlucht thront über der fruchtbaren Ebene von Megalópoli auf einem Doppelfelsen, der auf drei Seiten vom Álfios umflossen wird, die fränkische Burg **Karítena**. In den Sattel zwischen den beiden Kuppen schmiegt sich das aufgrund seiner traditionellen

Die Burg von Karítena über dem gleichnamigen malerischen Dorf

Arkadien

Architektur sehenswerte Dorf. Die fast unbezwingbar scheinende Burg – heute eine romantische Ruine – erbaute 1254 Hugo von Bryères, einer der zwölf Lehnsherren der Peloponnes. Mit ihrem *romanischen Palast,* von dem der Burghof und Mauern des Festsaals erhalten sind, diente sie als Residenz der fränkischen Barone und zur militärischen Kontrolle der leibeigenen einheimischen Bevölkerung, die für die fremden Herren Feldarbeit und sonstige Frondienste verrichtete. Im 13. Jh. kam die Burg in den Besitz der Familie Villehardouin, dann der Häuser Brienne und Savoyen, bis sie 1320 durch Vertrag an die Byzantiner und endlich 1460 an die Türken fiel. Noch einmal spielte die Festung im griechischen Befreiungskrieg eine Rolle, als der Sohn des Generals Kolokotronis sich hier 1826/27 gegen die osmanischen Truppen erfolgreich verteidigte.

Unterhalb der Festung weist ein Schild zur kleinen *Burgkapelle,* einer Kreuzkuppelkirche mit schweren Würfelkapitellen, die mit backförmchenartigen Rosetten und Schnurornamentik verziert sind. Am Westabhang unterhalb der Burg steht zwischen Zypressen eine weitere Kreuzkuppelkirche des 12. Jh. *(Ágios Nikólaos),* am entgegengesetzten Osthang liegt *Zoodóchos Pigí* aus dem 14. bis 15. Jh. Im Tal unter der modernen Betonbrücke, die den Álfios quert, entdeckt man Reste einer mehrbogigen mittelalterlichen Brücke.

Wie für eine pittoreske Ansicht erbaut, zieht sich das Dorf **Stemnítsa** steil den Hang empor. Die Bewohner müssen gut zu Fuß sein, denn bis zu 300 m Höhendifferenz sind so zu bewältigen, um vom unteren Ortsrand zu den höchstgelegenen Häusern zu gelangen. Gießereibetriebe, vor allem für Glocken, machten Stemnítsa schon im 17. Jh. zu einem wohlhabenden Ort. Heute geben Gold- und Silberschmiede neue Impulse, sodass die Bevölkerung hier eher als in anderen Bergdörfern Arbeit findet und nicht zum Auswandern gezwungen ist. Am Abend herrscht reges Treiben auf der Platia neben dem von einem Auslandsgriechen gestifteten und nachts bizarr beleuchteten Glockenturm. Das **Volkskundemuseum,** in einem Archontiko des 18. Jh. untergebracht, vermittelt durch originale Exponate und alte Bildwiedergaben die traditionellen Handwerkstechniken der Region: Silberschmieden, Zinn- und Bronzeguss, Kerzenmacherei und Lederverarbeitung; hinzu kommt eine Sammlung glasierter Keramik, Gläser, Textilien, Waffen und Ikonen. Besondere Beachtung verdienen aus dem 19. Jh. stammende volkstümliche Requisiten für Laienspiele politischen und christlich-religiösen Inhalts.

Unweit der Platia steht das Kirchlein *Ton Ierárchon* (Schlüssel im Laden gegenüber) aus dem 17. Jh. mit einer recht gut erhaltenen Freskenausstattung, die sich thematisch am Akathistos-Hymnos orientiert und in der Malweise spätbyzantinische und italienische Elemente vereint. Von der ebenfalls ausgemalten Friedhofskirche *María i Váfero,* die um 1500 erbaut wurde, hat man einen schönen Blick über das Dorf und auf die umliegenden Berge. Viel von ihrem traditionellen Aussehen bewahrt haben zwei kleine Gebirgsnester im Umkreis von Dimitsána: *Zátouna* und *Zygovrísti.*

Beschauliches Leben auf der Platia von Stemnitsa

Im Tal des Lousios: Karítena, Stemnítsa, Dimitsána

Dimitsána – ein für die Region typisches Hangdorf

Auch **Dimitsána** mit seinen teilweise noch aus venezianischer Zeit stammenden Häusern und seinen vielen kleinen nachbyzantinischen Kirchen ist eines der für diese Region typischen Hangdörfer. Der Ort entstand an der Stelle des antiken *Teuthis*. Im oberen Ortsteil entdeckt man mitten zwischen den Häusern mehrere Quaderlagen eines Turms der antiken *Stadtbefestigung*. Dimitsána war vor und während des griechischen Befreiungskriegs eines der Zentren des Geheimbundes ›Filiki Heteria‹. Das kleine **Museum** bewahrt die ehemalige Bibliothek der Klosterschule von Moní Filosófou (S. 232) mit kirchlichen Handschriften und frühen gedruckten Ausgaben der altgriechischen Klassiker.

Darüber hinaus bietet Dimitsána dem Reisenden eine gänzlich unerwartete Attraktion: Am südlichen Ortsrand (ausgeschilderter Fahrweg) wurde in den 1990er-Jahren ein **Freilichtmuseum für die vorindustrielle Nutzung der Wasserkraft** eingerichtet. So kann man hier die durch einen Wasserfall erzeugte Wirbelströmung in einem Bottich für das Ausspülen von Schaf- und Ziegenfellen beobachten, ebenso wie traditionelle Gerbereien sowie wassergetriebene Mahlwerke für Getreide, Oliven und Schießpulver. Die Geräte werden in Aktion vorgeführt, ergänzt durch kommentierende Texte auf Griechisch und Englisch sowie technische Zeichnungen und Bilder der Lebensvorgänge rund um diese Technologien. Videos veranschaulichen, wie in abgelegenen Gegenden der Peloponnes traditionelle Techniken noch praktiziert werden, die sonst weitgehend verdrängt sind von industriellen Verfahren. Vom Museum gelangt man auf einem Fahrweg nach 2 km zum Kloster Moní Emiálous.

Die Klöster Moní Emiálous, Filosófou und Prodrómou und die antike Stadt Gortys

Alle drei Klöster sind gewagt auf schmalen Felsvorsprüngen der fast senkrechten Flanken der Loúsios-Schlucht platziert, einst nur über Saumpfade zu erreichen. Wie Schwalbennester scheinen sie mit ihren auf Balken vorkragenden Gebäuden an der Felswand zu kleben: Orte für Eremiten, die in dieser ohnehin abgelegenen Region noch zusätzliche Einsamkeit und wohl auch Schutz vor Banden und Plünderern suchten. Dieser Abgeschiedenheit ist es zu verdanken, dass sich hier zur Zeit der türkischen Okkupation ein reger Schul- und Wissenschaftsbetrieb heranbildete, mit herausragenden Lehrern und Bibliotheken sowohl aus Handschriften als auch frühen gedruckten Ausgaben kirchlicher und weltlicher Literatur.

Moní Filosófou im Loúsios-Tal. Durch eine Mauerpforte des Neuen Philosophen-Klosters gelangt man auf einen Geröllpfad, der zum alten Philosophen-Kloster führt.

Am leichtesten zugänglich ist **Moní Emiálous.** Ein Fahrweg führt vom südlichen Ortsausgang von Dimitsána aus bis zum Kloster. Die Anlage wird von einer einzigen Nonne bewohnt, die auf Klingeln die Pforte öffnet und Besuchern die einschiffige, laut Stifterinschrift 1608 von den in Náfplio lebenden Brüdern Demetrios und Georgios Moschos erbaute und ausgemalte *Kirche* zeigt. Die in kräftigen Farben gehaltenen Fresken sind Produkte der sog. ›kretischen Schule‹, einer auf Kreta ausgebildeten und später auch auf dem Festland praktizierten Malweise, die byzantinische Traditionen mit perspektivischen Elementen und realistischen Details der italienischen Renaissancemalerei verbindet.

Ebenfalls von Dimitsána auf einer gewundenen Schotterpiste zu erreichen (8 km) ist **Moní Filosófou,** weiter flussabwärts auf der Westseite der Loúsios-Schlucht. Den Namen Philosophenkloster erhielt die der Hl. Jungfrau geweihte Anlage durch ihren Begründer Johannes Lambardopoulos, Sekretär am Hof des byzantinischen Kaisers Nikephoros Phokas (reg. 963–66), der sich – obwohl alles andere als ein Philosoph – durch seine Hofschreiber als ›Philosophos‹, d. h. Freund der Literatur und der Wissenschaften, titulieren ließ. Von jener Gründung, die im Zuge der Rückeroberung Südgriechenlands durch die byzantinische Zentralgewalt als Wehrkloster konzipiert wurde, stehen heute nur noch Ruinen. Sehenswert aber ist der *Neubau* von 1641 mit seinem inzwischen restaurierten Wohn- und Wirtschaftstrakt und seinem Katholikon: einer *Kreuzkuppelkirche* mit Vorhalle, außen geschmückt durch Ziegelornamentik und eingefügte Keramikschalen im Tambour. Die in Stil und Anordnung konventionelle nachbyzantinische Ausmalung ist relativ gut erhalten: unten ganzfigurige Heiligenbilder, darüber in roten Rahmen kleinfigurige Szenen der Heilsgeschichte, in der Kuppel der Pantokrator. Über der geschnitzten und vergoldeten Ikonostasis schwebt ein schlichtes Holzkreuz, flankiert von antikisierenden Seemonstern. In der Türkenzeit war das Kloster Schule für die Kinder der Gegend und Ausbildungsstätte für Theologen. Und so wird hier, wie an so vielen anderen Orten Griechenlands auch, eine der legendären ›Geheimschulen‹

Wie ein Schwalbennest in einer Felsnische: Moni Prodrómou über der Loúsios-Schlucht ▷

Im Tal des Lousios

(krifo scholio) gezeigt, wo man sich nachts bei Kerzenschein unbehelligt von der türkischen Administration dem Studium hingab oder auch zum Kämpfer für die griechische Freiheit ausbilden ließ. Noch heute lernen griechische Kinder ein Lied, das ihre Vorfahren – so der nationale Geschichtsmythos – auf ihrem nicht ungefährlichen Schulweg sangen:

>»*Lieber Mond, scheine mir hell,*
>*Schein' mir, dass ich laufen kann,*
>*Dass ich zur Schule gehen kann,*
>*Dass ich lesen und schreiben lerne*
>*und die Heilstaten Gottes*« *(Übers. G. Weiß).*

Gewagt hängt die noch heute von einer großen Zahl von Mönchen bewohnte vierstöckige Klosteranlage **Moní Prodrómou** (d. h. Johannes d. Täufer geweiht) in einer Felsnische hoch über dem Westufer des Loúsios, in Sichtverbindung mit dem gegenüberliegenden Philosophen-Kloster und mit der antiken Stadt Gortys weiter talabwärts. Ein ausgeschilderter Schotterweg führt von der Landstraße zwischen Dimitsána und Stemnítsa hangabwärts bis zu einem Parkplatz oberhalb des Klosters, von wo man nur noch 15 Minuten zu Fuß gehen muss. Moní Prodrómou wurde um 1600 am Platz einer noch älteren Einsiedelei erbaut. Eindrucksvoll sind die teilweise direkt auf den Fels gemalten Fresken der zur Hälfte in eine Höhle integrierten *Kirche*. Eine erstaunliche Darstellung neben dem Eingang kann als Reverenz gegenüber der klassischen Antike, zugleich aber auch als deren Überwindung durch das Christentum gelesen werden: Der Hl. Sisios steht im Gebetsgestus mit erhobenen Händen vor dem Grab Alexanders des Großen, in dem dessen Skelett zu erkennen ist – Symbol von Permanenz und von Vergänglichkeit des Altertums in einem.

Ein viertes Loúsios-Kloster – **Moní Kalamíou** mit seiner freskengeschmückten Kirche von 1705 – liegt südlich der Schlucht bei Atsícholos.

Die antike Stadt **Gortys** erreicht man von Karítena aus über Atsícholos oder von Stemnítsa über einen Fahrweg nach Moní Prodrómou, von dem eine Schotterstraße hinunter in die Loúsios-Schlucht abzweigt. Am Ausgang der Schlucht quert eine türkische Brücke den reißenden, von Buchenhainen und üppigen Wiesen gesäumten Bach. Jenseits der Brücke steht, einem Schmuckstück gleich, das winzige Kreuzkuppelkirchlein *Ágios Andréas* mit reicher Ziegeldekoration an seinen Außenwänden. Schon vom Loúsios aus erblickt man Befestigungs- und Stützmauern der *antiken Siedlung*. Auf dem Plateau darüber wurde ein *Asklepios-Heiligtum* ausgegraben. Zu ihm gehörte ein dorischer *Ringhallentempel* des 4. Jh. v. Chr., von dem sich das aus Großquadern fast überdimensioniert ausgelegte metertiefe Fundament erhalten hat (Grundrissrekonstruktion S. 37, Nr. 5). Dem Kurbetrieb des Asklepios-Kultes diente eine im Hellenismus erbaute und in römischer Zeit restaurierte *Badeanlage* mit tempelartiger Eingangshalle, einem ovalen Foyer mit Bänken und, darum herumgruppiert, einzelnen Baderäumen mit Hypokaustenheizung; in einem dieser Räume sieht man noch die kreisförmig angeordneten Tröge für Sitzbäder. Vorzüglich erhalten sind Abschnitte der in trapezoider Quadertechnik ausgeführten *Stadtbefestigung* mit runden und eckig vorspringenden Türmen; man findet sie leicht von der von Atsícholos kommenden Straße aus, von der ein Schotterweg fast bis an den westlichen Mauertrakt heranführt.

Von Vytína über Langádia nach Ákova

Die auch im Sommer frische, üppig grüne Bergwelt im Norden des Loúsios zählt zu den reizvollsten Landschaften der Peloponnes. Idealer Ausgangspunkt für Fahrradtouren und Wanderungen durch die einsamen Wälder und über die blumenbestandenen Matten des Ménalo ist das 1000 m hoch gelegene Gebirgsdorf **Vytína** mit seinen gepflegten Hotels und hübschen Läden mit Produkten der Region. Zwei gut ausgebaute Asphaltstraßen erschließen von hier die Westflanke des *Ménalo:* Die eine führt über Piána nach Trípoli, die andere, entlang eines Wiesenbaches, über Eláti nach Stemnítsa. Lohnend ist auch ein Abstecher von Vytína über Nýmfasía zum modernen **Nonnenkloster Kernítsis**, das auf einem fast senkrecht abfallenden Felsen über einer Schlucht thront. Wer sich ein komplettes orthodoxes *Freskenprogramm* im byzantinischen Stil, jedoch aus moderner Zeit (1953) ansehen will, findet dies in dieser der *Kímisis Theotókou* (d. h. der Entschlafung der Gottesgebärerin) geweihten *Kirche*. Am Sonntag wird das Kloster zum Wallfahrtsort, wenn ganze Busse von Ausflüglern hierher kommen, den Gottesdienst besuchen und einen Kafé oder Ouzo trinken.

Nach Norden führt schließlich eine weitere Nebenstrecke über Magoúliana nach **Valtseníko:** zunächst durch Mischwald, dann durch dichten Nadelwald zwischen steilen Felsformationen. Immer wieder genießt man die Sicht auf das tannengrüne Ménalo-Gebirge und in der Ferne die bis in den Mai hinein schneebedeckten Gipfel des Kyllíni. Der Weiler **Olómades** im Norden von Valtseníko besitzt eine *Grottenkirche* mit Fresken des 17. Jh.

Auch die Hauptstrecke Vytína – Pýrgos bietet grandiose Fernblicke, so besonders vom pittoresk gestaffelten Hangdorf **Langádia** aus, das seiner Lage wegen als ›Balkon Westarkadiens‹ bezeichnet wird. 13 km westlich von Langádia zweigt eine Stichstraße zur Ruine der **Burg Ákova** ab. Sie gehörte den Herren von Rozière und war im 13. Jh. die größte der zwölf fränkischen Baronien auf der Peloponnes.

Arkadien

Der Apollon-Tempel von Bassai und die antike Siedlung Figaleia

In wahrhaft arkadischer Bergeinsamkeit steht in 1300 m Höhe der aus blaugrauem Kalkstein errichtete **Apollon-Tempel von Bassai** (modern: Vásses), weitab jeder größeren Ortschaft. Dieser Lage hat der im letzten Viertel des 5. Jh. v. Chr. errichtete Bau seine weitgehende Erhaltung zu verdanken. Und doch musste ausgerechnet diese Architektur unter einer gewaltigen Zeltkonstruktion verschwinden, denn nicht nur Steinfraß, auch moderne Ausplünderung und unsachgemäße Restaurierung haben Schäden verursacht, die nur unter einem Schutzdach in jahrzehntelanger Arbeit einigermaßen behoben werden können.

Wiederentdecker des Tempels war ein französischer Architekt, der 1765 den Platz ein erstes Mal besuchte und auf einer späteren Reise dorthin verschollen ist. 1811 kam eine ganze Expedition von Archi-

Apollon-Tempel von Bassai, Rekonstruktion des Innenraums nach A. Mallwitz. Nur die mittlere rückwärtige Säule trug ein korinthisches Kapitell, die seitlichen Säulen dagegen besaßen – abweichend von der Zeichnung – wahrscheinlich durchweg ionische Kapitelle.

Der Apollon-Tempel von Bassai und die antike Siedlung Figaleia

tekten und Künstlern verschiedener Nationen nach Bassai: u. a. die Architekten Charles Robert Cockerell, John Foster und Haller von Hallerstein sowie der Cannstätter Maler Joseph Linkh und der Zeichner Otto Magnus von Stackelberg. Abenteuerlust, vor allem aber ein Hang zu romantischer Schäferidyllik prägt die Sicht der Ankommenden, deren Kontakt zur einheimischen Bevölkerung Stackelberg in schwärmerischen Worten beschrieben hat: »An die Hirten der Umgebung erging die Aufforderung, sich zu der Grabung einzustellen. Um die Ruinen des Tempels entstand rasch ein Dorf von Laubhütten, in dem sich ein arkadisches Leben entfaltete: Musik begleitete die Arbeit, Tänze beschlossen den Abend. Durch die Neugier herbeigelockt, blieben auch die Schäferinnen nicht zurück. Sie brachten Butter und Milchspeisen, die um ihrer Trefflichkeit willen mit vollem Recht berühmt waren. Die malerische Spindel in der nie ruhenden Hand, schritten sie mit bloßen Füßen und königlichem Anstand über die rauen, zackigen Felsböden. Gewöhnlich saß rittlings auf ihrer Schulter eines der Kinder und umschloss das Haupt der Mutter mit seinen Ärmchen. An einem über den Rücken gelegten Bande hing das Schafvlies, welches den Säugling schützend barg. Beim Tempel angelangt, befestigten die Weiber diese Wiegen an den Zweigen eines schattigen Baumes, wie Vögel ihre Nester und ließen den Liebling zu ungestörtem Schlaf dort schweben. Ein herzliches Vertrauen verband die Ausgräber mit dem Volk der Arbeiter« (vgl. S. 213).

Der Tempel von Bassai unter dem Zeltdach – einer leider wohl für Jahrzehnte bestimmten Konstruktion

Bei alledem ließ man die handfesten Interessen des Unternehmens keineswegs aus den Augen: Eine von den türkischen Behörden eingeholte Erlaubnis machte nicht nur Bestandsaufnahme und Grabungen möglich, sondern auch die regelrechte Ausschlachtung des Baus, dessen Reliefschmuck und verzierte Kapitelle an die Küste geschafft wurden, um sie nach London zu verfrachten. Die Friesplatten kamen auch tatsächlich dort an und hängen heute im Britischen Museum, die baugeschichtlich so bedeutenden Kapitelle aber gingen auf dem Weg verloren und sind wohl für immer verschollen. Als die Gruppe den umgegrabenen und durchwühlten Platz verließ, waren der Ruine größte Schäden zugefügt. Im 20. Jh. hat man Aufräumungsarbeiten vorgenommen und die Cellawände recht unsachgemäß wieder aufgebaut, was den Bestand weiter in Mitleidenschaft zog und zu dem Ergebnis geführt hat, dass einer der bis zur Neuzeit besterhaltenen Tempel der Antike nun nur noch in eine Zeltkonstruktion eingepackt und als dunkle Restaurierungsbaustelle zu sehen ist.

Der Tempel hat die moderne Forschung mit Problemen konfrontiert, die sie teils durch gewagte Spekulation, teils durch Harmonisierung widersprechender Befunde zu lösen versuchte. Ehrlicherweise aber ist zu konstatieren: Der Bau bleibt, ebenso wie seine Entstehungsgeschichte, bis heute ein Rätsel. Zwar behauptet der antike Schriftsteller Pausanias, der den Ort im 2. Jh. n. Chr. besuchte, dass Iktinos – Architekt des Parthenon – diesen Tempel entworfen habe und dass der Anlass die Heilung der Einwohner Figaleias von einer Pest durch Apollon gewesen sei: eben die Pest, die in Athen während des Peloponnesischen Kriegs wütete und der auch Perikles 429 v. Chr. zum Opfer fiel. Jene Pest jedoch erreichte laut Thukydides Westarkadien nie; auch weisen die vielen in Bassai gefundenen Waffenweihungen keineswegs auf einen Heilgott hin, sondern bezeugen vielmehr einen *Kriegsgott Apollon*, der hier seit alters in einem – in Spuren nachgewiesenen – Vorgängerbau verehrt wurde. So bleibt der Anlass für die Errichtung des aufwändigen Tempels an diesem abgeschiedenen Platz, nur im Einzugsbereich der provinziellen und ökonomisch schwachen Stadt Figaleia (S. 239), im Dunkeln.

Auch die verblüffende Architektur (Grundriss S. 37, Nr. 1) selbst ist voller Widersprüche. Von außen präsentiert sich der Bau als konventioneller dorischer Ringhallentempel: mit 6 × 15 Säulen zwar ungewöhnlich lang und zudem nicht nach Osten, sondern nach Süden hin ausgerichtet, doch lassen sich diese beiden Besonderheiten mit dem archaischen Vorgängerbau erklären, der ebendiese Merkmale bereits aufwies. Ganz und gar nicht altertümlich, sondern im Gegenteil auf spätere Bauten des 4. Jh. wie die Tempel in Tegea (S. 218) und Nemea (S. 89) vorausweisend, ist die an den Fußbodenplatten nachvollziehbare, auf einem Grundmodul von 1,335 m basierende Rasterplanung des gesamten Grundrisses.

In Staunen muss der Innenraum jeden zeitgenössischen Besucher versetzt haben. Eine wahrhaft revolutionäre Konzeption kontrastiert hier mit einer Detailplanung und Ausführung, die in manchem an unbeholfene Bastlerarbeit erinnert. Auf einen weiträumigen Pronaos folgt ein Cella-Hauptraum, dessen Seitenwände durch vorspringende Mauerzungen mit ionischen Halbsäulen an den Enden gegliedert werden. Sie trugen – heute verloren, aber durch alte Zeichnungen gesichert – ionische Kapitelle, die in ihrer abgeschnittenen Form eher an eine Brille als an die übliche Gestalt eines ionischen Kapitells erinnern; auch die geradezu plattfußartig ausladenden Säulenbasen wirken alles andere als klassisch-dezent proportioniert. Diese innere Säulenstellung trug den berühmten ins Britische Museum gelangten Relieffries mit Darstellungen des Amazonen- und des Kentaurenkampfes: Themen, die im 5. Jh. v. Chr. nach den Perserkriegen als barbarischer Angriff auf die griechisch-patriarchalische Hausgemeinschaft und dessen heroische Zurückschlagung verstanden wurden. Doch nicht nur dorische und ionische Ordnung treten in diesem Innenraum auf. Die rückwärtige Mittelsäule trug, wie alte Zeichnungen belegen, ein *korinthisches Kapitell* – offenbar das erste Exemplar dieser Spezies, die später zur Standardordnung römischer Architektur avancierte und in der Neuzeit seit Renaissance und Klassizismus in unzähligen Architekturen über den ganzen Globus verbreitet wurde. Die befremdliche Schrägführung der hinteren Mauerzungen geht, wie der Fußboden an dieser Stelle zeigt, auf eine Planänderung während des Bauvorgangs zurück, die eine Vergrößerung des dahinter liegenden Raumes bewirkte. Was aber spielte sich in diesem, sonderbarerweise durch eine Seitentüre betretbaren Raumkompartiment ab? Reste einer Kultbildbasis oder entsprechende Fundamentierungen wurden weder hier noch im Hauptraum der Cella gefunden. Insgesamt zeigt sich der Apollon-Tempel von Bassai als ein weit in die Zukunft weisendes Architekturexperiment, dessen Realisierung allerdings durch mancherlei Ungereimtheiten befremdet. Im Umkreis des Tempels frei gelegte Gebäudereste sind noch nicht im Einzelnen erforscht.

Die antike Stadt, von der aus das Apollon-Heiligtum mit seinem Tempel verwaltet wurde, hieß **Figaleia** (heute Figália): 7 km südwestlich des Heiligtums gelegen und von ihm durch eine Schlucht getrennt. Man erreicht das antike Siedlungsareal auf einem ausgeschilderten Fahrweg, der in Perivólia von der Straße Andrítsena-Tholó abzweigt. Schon bei der Anfahrt sieht man beiderseits des Wegs Abschnitte der noch bis zu 6 m hohen *Stadtmauer* aus dem 4. Jh. v. Chr. An einer Gabelung innerhalb des einstigen Stadtgebiets führt der linke Weg zu einer halb verfallenen freskengeschmückten *Friedhofskapelle,* die auf dem Stylobat eines antiken Tempels steht und in deren Mauern Säulentrommeln und andere Architekturglieder dieses Tempels verbaut sind. Wenige Schritte weiter entdeckt man unter einer Schatten spendenden Platane ein hellenistisches, einst von einem tempelartigen Baldachin geschmücktes *Quellhaus,* aus dessen Rückwand noch heute Wasser aus zwei Öffnungen sprudelt. Der rechte Weg endet an einer kleinen Anhöhe. Hier wurde ein noch bis in 2 m Höhe aufrecht stehender *Antentempel* ausgegraben; gut erhalten ist die sorgfältig gemeißelte Basis des Kultbildes im Innern, die von einer dorischen Säulenstellung gerahmt war. Weiter westlich zeigen Reste einer Säulenhalle den Platz der Agora an. Figaleia, durch das Tal des Néda-Baches mit der etwa 15 km entfernten Küste verbunden, war Warenumschlagplatz für Westarkadien.

Durch das Álfios-Tal an die Westküste

Im Sommer kaum mehr als ein träge dahinfließendes Rinnsal, wird der bei Trípoli entspringende und südlich von Pýrgos ins ionische Meer mündende **Álfios** während der Winter- und Frühjahrsmonate, wenn die Nebenflüsse Loúsios und Ládonas ihm große Mengen von Regen- und Schmelzwasser aus dem arkadischen Hochgebirge zuführen, zum reißenden Strom. Von Urzeiten bis heute hat der **Álfios** in seinem durch eine breite Talsohle fließenden Unterlauf immer wieder sein Bett verlassen, das fruchtbare Ackerland überschwemmt und sich neue Wege gesucht. Auf der langen Strecke zwischen Karítena und Pýrgos gibt es keine Brücke, die nicht immer wieder wegen Flutschäden für den Autoverkehr gesperrt werden müsste. Seit alters liegen deshalb die Ortschaften in gehörigem Abstand zu diesem unberechenbaren Strom auf erhöhtem Terrain. Auch die einzige moderne Straße, die die Hochebene von Megalópoli mit Pýrgos und der Westküste verbindet, ist nicht geradlinig durch das Tal gelegt, sondern windet sich hoch über dem Álfios an der Nordflanke des Mínthi-Gebirges entlang: eine der schönsten Strecken der Peloponnes, immer wieder mit Fernblicken über das Tal hinweg nach Norden auf die zentralarkadische Gebirgswelt.

Andrítsena, früher ein großes Bauern- und Hirtendorf, lebt heute von den Kurzaufenthalten der Touristen, die hier einen Kafé oder eine Mahlzeit einnehmen und vielleicht in eines der Schmuck- und Souvenirgeschäfte hereinschauen. In den stillen Seitengassen sieht man noch einige weinlaubberankte Holzbalkone der alten Herrenhäuser, die meiste traditionelle Architektur aber ist hier durch Wellblech verschandelt oder mangels Funktion zur Ruine verkommen. Ein winziges **Volkskundemuseum** liegt etwas versteckt in einem alten Haus unterhalb des Platzes hinter der Betonkirche (Schlüssel in der Taverne oder dem Laden gegenüber). Man findet sich inmitten eines rührenden Ambientes, das wie aus alter Zeit überkommen und nicht wie ein inszeniertes Museum wirkt. Die Alltagsgegenstände, die man hier auch anfassen darf, sind nicht sehr alt, sondern stammen aus dem 19. und der ersten Hälfte des 20. Jh.: Küchengerät und Werkzeug, die Einrichtung eines ›Saloni‹ ebenso wie eines Schlaf- und Kinderzimmers mit Bettwäsche und Puppen. Unmittelbar und hautnah lassen die Dinge ein Bild der harten Lebensbedingungen in einem solchen Bergdorf entstehen, zugleich aber auch von den Sehnsüchten und Hoffnungen, die in dieser abgelegenen Bergregion an die moderne, wirtschaftlich fortgeschrittenere und in Moral und Sitten freizügigere Welt geknüpft wurden: z. B. durch Fotos und Postkarten, die man von Fremden geschickt bekam oder von einem Besuch in Patras oder Athen mit nach Hause brachte und jahrzehntelang sorgfältig aufbewahrte.

Zur Stätte des **antiken Alepheira** beim heutigen Dorf **Alífira** führen von der Hauptstrecke von Osten her ein ungepflasterter Fahrweg, weiter westlich eine Asphaltstraße (beide mit Hinweisschild). Auf dem ungepflasterten Weg passiert man eine frühhellenistische Nekropole mit einem architektonisch ungewöhnlichen Grabmonument. Mit seinen rechteckigen Öffnungen zwischen Orthostatenblöcken und seinem steinernen Giebeldach mutet es eher wie ein Brunnenhaus als ein Grab an; eine Inschrift an der Fassade besagt, dass dies das *Mausoleum* eines gewissen Setheas war. Beide Zufahrtswege treffen auf halber Höhe des Hangs zusammen, von wo man noch eine halbe Stunde recht steil bergan steigen muss, um den bis in große Höhe erhaltenen *Mauerring* des 4. Jh. v. Chr. mit seinen eckig vorspringenden Türmen zu erreichen. Innerhalb der Akropolis stößt man zuerst auf die Grundmauern eines kleinen frühhellenistischen *Antentempels* mit Kultbildbasis im Innern und einem Altar vor der Front: wie aus der Reisebeschreibung des antiken Schriftstellers Pausanias zu entnehmen ist, ein Heiligtum des Asklepios. Das darüber ansteigende Gelände ist durch zwei mächtige Mauerzüge terrassiert. Auf der unteren Terrasse sieht man die Ruine eines *Peristylhauses*

Durch das Álfios-Tal an die Westküste

Fundamentmauern des Athena-Tempels von Alepheira (Alifira)

mit unkannelierten monolithen Säulen; möglicherweise war dieser Bau noch Bestandteil des Asklepios-Heiligtums und diente dem Aufenthalt und der Behandlung der Kranken.

Hinter der höchsten Kuppe, die ein grandioses Panorama über das Álfios-Tal, die Mínthi-Berge im Süden und den Ménalo im Nordosten bietet, entdeckt man dann das älteste und bedeutendste archäologische Zeugnis der Stadt: den in seinen Fundamentmauern im Grundriss noch gut nachvollziehbaren großen archaischen *Athena-Tempel* aus dem 6. Jh. v. Chr. mit seiner lang gestreckten Cella und einem weiträumig sie umziehenden Kranz von einstmals 6 × 15 Säulen. Seine dorischen Säulentrommeln, Kapitelle und Gebälkstücke liegen verstreut im Gelände. Wie der Apollon-Tempel von Bassai und andere arkadische Tempel, ist der Bau in Nord-Süd-Richtung orientiert, was seinen Grund in speziellen Kultvorschriften haben muss.

Das antike **Typaneai** liegt auf einem steilen Bergrücken oberhalb des Dorfes **Platiána**. Ein beschilderter Fahrweg führt von der Landstraße bis unterhalb des Siedlungsplateaus; von hier aus klettert man auf einem kurzen steilen Fußpfad zum eindrucksvollen, teils in isodomer, teils in trapezoider Technik errichteten und mit eckig vorspringenden Türmen versehenen *Mauerring* der kleinen Stadt. Von deren Innenbebauung sind nur noch ein kleines *Theater* mit einem steinernen Ehrensessel, Terrassenmauern, Zisternen und die Grundmauern einer in ein antikes Gebäude hineingebauten *frühchristlichen Kapelle* zu sehen. Wahrhaft überwältigend ist der Rundblick, den man von der luftigen Höhe dieser kleinen wehrhaften Stadt aus genießt.

Die hoch aufragende malerische Ruine von **Moní Ísovas,** oberhalb des Álfios zwischen Oliven-, Obstbäumen und Zypressen gelegen, sieht man, wenn man das Dorf Tripití durchfahren hat, zu dem eine

Arkadien

kurze Stichstraße bei Platiána abzweigt. Hier wurde im 13. Jh. von den fränkischen Eroberern ein römisch-katholisches *Kloster* angelegt, dessen Kirche Notre-Dame jedoch schon bald nach ihrer Erbauung niederbrannte und durch eine kleinere, ebenfalls in Ruinen heute noch sichtbare Kirche ersetzt wurde. Die elegante gotische Säulen- und Pilastergliederung des Chors von Notre-Dame, der sich im Laufe der Jahrhunderte mit Schutt auffüllte, ist inzwischen wieder bis zum ursprünglichen Bodenniveau herunter freigelegt worden.

Der Platz des antiken **Skillountía** ist von der Hauptstraße (1,5 km östlich von Krestená) ausgeschildert. Man kommt beim gleichnamigen modernen Ort an einer Straßengabelung links zu einem freigelegten Stück des *Friedhofs* dieser Siedlung aus *klassischer Zeit*. Von den jeweils eigens ummauerten erhöhten Familiengrabbezirken sind zwei gut erhalten, sogar die Metallverklammerungen der Quaderblöcke sind hier noch wie neu vorhanden; die einzelnen Toten wurden in Steinkisten-Gräbern beigesetzt. Der Weg nach rechts führt zu einem weiteren freigelegten Areal der klassischen Nekropole mit einer großen Grabterrasse aus Quadermauern für einen Familienverband. Auf dieser Grabterrasse wurden Beisetzungen unterschiedlichen Typus offensichtlich gleichzeitig nebeneinander praktiziert: in Steinkisten-Gräbern und in großen Tonpithoi. Auf der Kuppe eines ansehnlichen Hügels, auf dem der Fahrweg bis in halbe Höhe führt, liegen schließlich die Grundmauern eines dorischen *Peripteral-Tempels* des 4. Jh. v. Chr. aus dem gleichen Muschelkalkstein, aus dem auch der Zeus-Tempel in Olympia errichtet wurde. Im Gelände verstreut sieht man Säulentrommeln und Gebälkstücke, am rückwärtigen Ende der Cella die Basis für das Kultbild. Die Kuppe des Tempelhügels gewährt einen weiten Blick auf das Álfios-Tal und die es umgebende, von Pinien und Olivenbäumen bestandene Hügellandschaft. Am Fuß erkennt man Quadermauern der antiken Siedlung Skillountía.

In dem Landstädtchen **Krestená** stößt man am unteren Ortsende auf ein modernes *Kriegsdenkmal*, das durch seine abwitzige Klitterung verschiedener Stile auffällt und offenbar eine historische Summe aller möglichen Opfertode für das Vaterland, von 1453 (der türkischen Eroberung der Region) bis zum Zweiten Weltkrieg, symbolisiert; in Relief wiedergegebene Schilde auf einer Wand aus pseudoarchaischem polygonalem Mauerwerk tragen Inschriften mit den Namen verschiedener Ortschaften, die ihre ›Lebenden hergaben‹. Das Zentrum des Ensembles bildet ein martialischer antikisierender nackter, auf seinem Schild liegender Gefallener – makabre Verklärung gewaltsamen Sterbens.

Auch das Nachbardorf **Makrísia** besitzt ein *Denkmal* heldischer Taten. Hier ficht auf einer kleinen Platia im oberen Ortsteil ein imaginärer Pope, mit seinem Säbel wild gen Himmel fuchtelnd, allzeit gegen die Türken: So stellt es die Bronzestatue neben der Kirche nicht nur Reisenden, sondern vor allem griechischen Schulkindern vor Augen – gewiss nicht unbedingt ein Beitrag zu Toleranz und friedfertigem Umgang mit dem gegenwärtigen Nachbarn Türkei. Auf zwei Hügelrücken am Rande des Ortes wurden Baureste der gleichnamigen antiken Siedlung, darunter auch ein Tempel, archäologisch nachgewiesen; sie sind aber heute weitgehend wieder zugeschüttet und ohne einheimische Führung kaum zu finden.

Der Golf von Kyparissía

Das Mínthi-Gebirge mit den zuvor beschriebenen Orten oberhalb des Álfios-Tals sowie der hieran anschließende – in der Antike Triphylien genannte – Küstenabschnitt zählen streng genommen nicht mehr zu Arkadien, sondern werden seit der Antike der Landschaft Elis zugerechnet.

Von Katákolo (S. 115) bis nach Kyparissía zieht sich, von pinienbestandenen Sanddünen hinterfangen, in weitem Bogen einer der längsten und schönsten Sandstrände Griechenlands: nur durch Stichwege erschlossen und deshalb nach wie vor größtenteils einsam. Fast alle in die Küstenebene vorspringenden Hügelrücken waren hier einst von mykenischen Siedlungen und später von antiken Städten besetzt. Immer wieder zeigen archäologische Hinweisschilder solche Stätten an, doch zu sehen gibt es dort nur selten etwas, sodass die Autofahrt oder Wanderung über zum Teil steile Schotterwege nur in Ausnahmefällen lohnt.

Schon von der Küstenstraße aus sieht man, von Norden kommend, auf einem kiefernbestandenen Bergsattel die mit Türmen bewehrten Festungsmauern der Akropolis von **Samikon**. Ein steiler Schotterweg führt bis in die Nähe der vorzüglich erhaltenen *Polygonalmauer*, die in steilem Verlauf den Berggrat förmlich emporklettert und ihrer Führung wegen wahrscheinlich in hellenistische Zeit zu datieren ist. Am Fuß der fast senkrechten Südflanke des Samikó-Felsens erstreckt sich, vom Meer durch einen Dünengürtel getrennt, die *Lagune Keáfa* mit einer kleinen Insel in ihrer Mitte, die durch einen Steg mit dem Land verbunden ist. Warme *Schwefelquellen*, die hier entspringen, wurden schon in der Antike als Heilbad genutzt; eine Felsgrotte an der Ostseite des Sees war den Nymphen geweiht.

Südlich von Zacháro zweigt beim Dorf *Kakóvatos* eine Seitenstraße nach **Kalídona** ab (archäologisches Hinweisschild). Hier hatte 1909 Wilhelm Dörpfeld eine *mykenische Siedlung* und *Rundgräber* entdeckt, die er für den Sitz des Nestor hielt. Das Gelände ist heute abgesperrt, zu sehen außer der Ruine eines Kuppelgrabes praktisch nichts. Ansehnlicher sind die Ruinen des antiken **Lepreon,** etwas weiter südlich, 450 m über dem gleichnamigen modernen Ort; ein ausgeschilderter Fahrweg führt bis an die Ausgrabungsstätte. Auf

Arkadien

einer Terrasse im Süden der *Akropolis* erhob sich der *Demeter-Tempel* der Stadt. Erhalten ist sein Fundament, aus dem sich bei entsprechender Kenntnis dorischer Bauproportionen der für das 4. Jh. v. Chr. charakteristische gedrungene Grundriss mit 6 × 11 Säulen (Abb. S. 37, Nr. 8) ablesen lässt. Auf den Fundamenten aufgebaut und im Gelände darum herum sieht man Säulentrommeln und Gebälkstücke

Lepreon, Demeter-Tempel, 4. Jh. v. Chr. (Grundriss S. 37, Nr. 8)

Der Golf von Kyparissía

des aus grobem Muschelkalkstein errichteten Tempels. Im Osten vor dem Eingang liegt der *Altar*. Die den Tempelbezirk und das angrenzende höhere Gelände einschließende *Akropolismauer* mit vorspringenden Türmen stammt aus hellenistischer Zeit. Der von Oliven-, Feigen- und Mannabäumen bestandene luftige Platz mit seiner weiten Aussicht auf das Ionische Meer wird weiter genutzt: Ein Hirte hat seine Behausung in einem Turm der antiken Befestigungsmauer genommen und sie mit einem Ziegeldach gedeckt, während die ummauerte Tenne dahinter bei Dorffesten als Tanzplatz dient.

Die kleine Hafenstadt **Kyparissía** begrenzt den weiten gleichnamigen Golf im Süden. Unterhalb der malerischen Burgruine, die auf fränkische Zeit zurückgeht, wurden am Nordrand des Ortes klassische Baureste freigelegt.

Südlich des Golfes von Kyparissía und ein Stück vom Meer zurückgezogen steht an den Ausläufern des Egáleo im Dorf **Christiáni** eine der schönsten und interessantesten Kirchen der Peloponnes: *Agía Sofía*. Um 1070 errichtet, bildet der wahrscheinlich aus kaiserlichen Mitteln finanzierte anspruchsvolle Bau ein architektonisch bemerkenswertes Zwischenglied zwischen den sich aus der Hagia Sofia in Konstantinopel ableitenden älteren byzantinischen Kirchenbauten und den dann vom 12. Jh. an üblichen Kreuzkuppelkirchen, wie man sie in großer Zahl auf der Peloponnes findet.

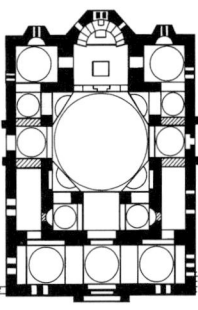

Christiáni, Agía Sofía-Kirche, 11. Jh., Grund- und Aufriss

Der außen kubische Baukörper besteht an seinen Flanken im unteren Teil aus Cloisonné-Mauerwerk, das durch eine Art Fischgrätband aus wieder verwendeten antiken Blöcken gegliedert wird, die an die eingelassenen Kreuze späterer Kirchen in der Argolis erinnern, in dieser Form aber einmalig sind; die Sockelzone der Front ist aus antiken Quadern gemauert, die in ihren untersten Lagen noch dem schrägen Geländeverlauf folgen. Fensterlaibungen und Entlastungsbögen sind mit Ziegelbändern geschmückt. Nur durch flache, fast dekorativ wirkende senkrechte Mauervorsprünge wird die Kreuzform der sich schneidenden Schiffe nach außen vermittelt; erst in der Dachzone treten die Kreuzarme deutlich in Erscheinung. 16 Fensteröffnungen gliedern den Tambour und lassen ihn filigran und leicht erscheinen. Der lichtdurchflutete Innenraum erinnert schon in seiner Weite an hauptstädtisch orientierte und natürlich stets die Hagia Sofia zitierende Architekturen wie etwa die Sofienkirche in Thessaloniki. Wie dort ruht die Kuppel auf vier Gurtbögen über den Wänden und vier Trompen in den Ecken. Die bei älteren Kirchen an dieser Stelle üblichen Pfeilermassive sind hier jedoch zu schlanken Gebilden aufgelöst, vor allem aber tritt der Kreuzgedanke des Grundrisses nun durch hohe Bogendurchgänge – an den Seiten doppelgeschossig – sinnfällig in Erscheinung. Fast alle Seitenräume sind, ebenso wie der Narthex, von kleinen, am Außenbau nicht sichtbaren Kuppeln überwölbt. Die Kirche war an ihrer Front mit einem *Bischofspalast* verbunden, dessen Ruinenreste man noch erkennt.

Messenien

Mykener an der Westküste der Peloponnes

Karte s. S.216
Kernland der mykenischen Kultur des 2. Jt. v. Chr. war – der mythischen Überlieferung ebenso wie den archäologischen Entdeckungen zufolge – die Argolis. Doch auch an der Westküste und im Binnenland Messeniens gab es seit dem 3. Jt. v. Chr. befestigte Dörfer und regelrechte kleine Städte, die z. T. eine lange Tradition bis in die mykenische und sogar klassisch-griechische Epoche aufzuweisen haben: so etwa Nichoriá am Messenischen Golf oder Málthi an der Westküste. Nach der Vielzahl von Grabanlagen zu urteilen, muss die mykenische Besiedlungsdichte hier sogar die der Ostpeloponnes übertroffen haben. Hauptort der Region war in mykenischer Zeit natürlich das sagenhafte Pylos, Sitz des in Ilias und Odyssee gerühmten Nestor. Wo aber lag dieser Ort? Schon in der klassischen Antike waren darüber widersprüchliche Theorien aufgestellt worden, und vor der Freilegung des Palastes bei Epáno Englianós in den 30er-Jahren des 20. Jh. hatte Wilhelm Dörpfeld – immerhin archäologisch und bautechnisch versierter Mitausgräber von Mykene und Tiryns – eine Anlage bei Kakóvatos (S. 243) am Golf von Kyparissía für das legendäre Pylos gehalten. Auch wenn Dörpfeld irrte und die erst später entdeckte Anlage von Epáno Englianós mit dem Nestor-Palast zu identifizieren ist, die aufwändigen Grab- und Wohnanlagen belegen die herausragende Bedeutung dieser Region in der mykenischen Epoche des 2. Jt. v. Chr.

Besonders sehenswert:
Epáno Englianó ☆
Navarino-Bucht
Methóni
Koróni ☆
Messene ☆☆

Rachés und Málthi

Seitlich der Strecke Rachés-Míro, die 4 km nördlich von Kyparissía von der Uferstraße landeinwärts abzweigt, wurde eine von einer kyklopischen Mauer umgebene *mykenische Siedlung* entdeckt. Davon zu sehen sind heute drei *Kuppelgräber* (Hinweisschilder an der Straße hinter **Rachés**) aus dem 16. Jh. v. Chr. Das eine, mit einem Durchmesser von 10,60 m und einem 5 m langen Dromos, liegt innerhalb eines Mauerrunds, das den Dromos überschneidet. Dies kann nur bedeuten, dass der Steinkreis später angelegt wurde als das Grab: wahrscheinlich als Einfassung eines heiligen Platzes für einen Heroenkult, wie ihn die Griechen seit dem 8. Jh. v. Chr. an Gräbern der in den Epen besungenen alten Helden ausübten (S. 27); aus diesem Grab stammen die Goldgefäße, die im Museum von Chóra zu sehen sind. Ein zweites kleineres Kuppelgrab liegt ebenfalls in jenem Steinkreis. Weiter oben am Hang, außerhalb des Steinkreises, trifft man auf ein monumentales drittes Kuppelgrab mit einem Innendurchmesser von 12 m und einem 28 m langen und bis zu 5 m hohen Dromos, dessen sich nach oben verjüngende Türgewände aus sorgfältig profilierten Blöcken gefügt sind. Auf einem dieser Blöcke sind

◁ *Methóni, vorgelagerter Inselturm der venezianischen Festung (S. 256)*

Messenien

Goldbecher aus Rachés-Peristéri, 16. Jh. v. Chr. Chora, Archäologisches Museum

Steinmetzzeichen (?) in minoischer Linear-A-Schrift eingeritzt (Doppelaxt und Zweig): Beweis der starken minoischen Präsenz auf der westlichen Peloponnes. Zwei riesige Steinblöcke bilden den Türsturz.

An der Straße zum Dorf **Málthi** weist ein Schild zu einem wohlerhaltenen mykenischen *Kuppelgrab*, das von einem modernen Schutzbau überdacht ist. Wenige Meter weiter zweigt ein beschilderter Weg zu einer seit dem 3. Jt. v. Chr. besiedelten und in mykenischer Zeit ummauerten *Zitadelle* ab, auf deren höchster Erhebung man Strukturen größerer Gebäude, womöglich eines Palastes, erkennt.

Der sagenhafte Nestor-Palast von Pýlos

Was auf einem Hügel bei **Epáno Engliánó** 3 km südwestlich von Chora 1939 von einem amerikanischen Archäologenteam der Universität Cincinnati unter der Leitung von C. W. Blegen entdeckt und in den folgenden Jahrzehnten ausgegraben wurde, macht im Vergleich zu den Burganlagen von Mykene und Tiryns auf den ersten Blick einen eher enttäuschenden Eindruck. Denn die dort so grandiosen Befestigungsmauern, die geradezu als ein Markenzeichen mykenischer Kultur gelten, fehlen hier: Der Palast von Engliánó war gänzlich unbefestigt! Umso besser ist hier die architektonische Struktur des Palastes selbst nachzuvollziehen – nicht zuletzt dank der exzellenten Freilegungs- und Konservierungsarbeit der amerikanischen Archäologen. Die Erbauer dieses Palastes aus dem 14. Jh. v. Chr., der in seiner Größe und Ausstattung denjenigen von Mykene und Tiryns kaum nachsteht, können nicht unkundig in Sachen Wehrtechnik gewesen sein, sondern müssen sich vor Feinden sicher gefühlt haben. Sie haben sogar die vorgefundenen Reste einer alten Ringmauer aus dem 16. Jh. abgetragen, als sie die Hügelkuppe für die Errichtung des Palastes planierten.

Mit 90 bemannten Schiffen soll Pýlos das zweitgrößte Kontingent für den Kriegszug gegen Troja beigesteuert haben (Ilias 591–602): dichterischer Hinweis auf Macht und Prestige dieses Herrschersitzes; nur Mykene samt der Korinthiaka soll mehr, nämlich 100 Kriegsschiffe, geschickt haben, Tiryns und die Argolida-Halbinsel dagegen lediglich 80.

Nicht nur Architektur- und Ausstattungsbefunde zeugen von der herausragenden Stellung dieser Anlage, auch ganze Archive von Linear-B-Täfelchen (vgl. S. 25), auf denen über große Mengen von Naturalgütern Buch geführt wurde. Sie gewähren Einblick in ein verzweigtes Netz abhängiger, über ganz Messenien verteilter Verwaltungsdependancen. Die Bedeutung dieses mykenischen Herrschersitzes wird auch durch die Homerischen Epen bestätigt. Hier soll der weise Nestor geherrscht haben. Als schon betagter Mann ließ er sich nur unwillig zur Teilnahme am Feldzug gegen Troja bewegen, kehrte aber als einer von nur wenigen unversehrt aus diesem Krieg in die Heimat zurück. Anders als Mykenes Herrscher Agamemnon fand er zu Hause keine zerrütteten Zustände vor und konnte seine alten Tage als geachteter Herrscher genießen: »von Salböl glänzend in seinen Hallen« (Odyssee 4, 210). Die im späten 8. Jh. v. Chr. verfasste Odyssee berichtet im dritten Gesang, wie Telemachos auf der Suche nach seinem Vater Odysseus im Palast des Nestor empfangen wird; Beschreibungen königlichen Prunks – wenn etwa von goldenen

Bechern und bunt schimmernden Hallen die Rede ist – mischen sich dabei mit Schilderungen eines eher bäuerlichen Ambientes; als Telemachos aus Anstand nicht im Palast, sondern auf seinem Schiff übernachten will, hält ihn Nestor zurück:

» ›*Bei mir sind Mäntel genug und prächtige Decken,*
Da wird doch dieses Mannes, Odysseus', eigener Sohn nicht
Auf des Schiffes Verdeck sich niederlegen, solang ich
Lebe; auch danach noch bleiben die Söhne daheim in den
Hallen,
Gastlich die Gäste zu pflegen, wer immer zu unserem Haus
kommt‹ ...
Und als sie dann zu des Herrschers berühmten Gemächern
gekommen,
Setzten sie sich der Reihe nach auf Sessel und Stühle;
Und den Gekommenen mischte im Mischgefäße der Alte
Alten Wein, süß mundenden, welchen die Beschließerin jetzt
Im elften Jahre öffnete, lösend die Deckelverschnürung
...
Den Telemachos aber ... bettete Nestor unterhalb des
Laut hallenden Saales in gurtdurchzogenem Bette
Neben Peisistratos, der ihm noch ledig war unter den Söhnen ...
Drinnen im Winkel des Hauses ruhte er selber;
Seine Frau, die Herrin, besorgte ihm Lager und Bettstatt«
(Odyssee 3, 346–355; 388–404. Übers. nach R. Hampe).

Die Grundmauern des Palastes bestehen aus sorgfältig geschnittenen Steinquadern, an weniger wichtigen Stellen auch aus Feldsteinen, die Wände darüber waren aus luftgetrockneten Lehmziegeln mit Fachwerk aufgeführt. Die Decken der Haupträume und repräsentativen Vorhallen waren mit kannelierten Holzsäulen abgestützt, deren Steinbasen erhalten sind. Treppenaufgänge lassen um den Zentralraum herum ein Obergeschoss erschließen. Wände und Decken waren sorgfältig verputzt und mit Freskomalerei dekoriert (S. 252), selbst Fußböden waren farbig stuckiert. Der farbenprächtige Eindruck, den die Rekonstruktionszeichnungen der Ausgräber vermitteln, ist also durchaus realistisch.

Die Anlage gliedert sich in drei Trakte, von denen jedoch nur der mittlere durch ein Schutzdach konserviert wurde und für den Besucherverkehr zugänglich ist. Der älteste Bauabschnitt – bereits mit *Megaron (1)*, *Säulenvorhalle (2)*, einer Anzahl von *Wohn-, Wirtschafts- und Lagerräumen (3)* sowie einem *Bad (4)* – liegt im Südosten. Ein *Hof (5)* verband diesen Trakt mit dem anschließend erbauten Hauptpalast.

Der *Hauptpalast* gruppiert sich um eine Längsachse, auf der sich die herrscherlichen Repräsentationsräume hintereinander staffeln. Deren Abfolge muss von den einstigen Bewohnern und Besuchern als absichtsvolle Steigerung erlebt und zeremoniell genutzt worden

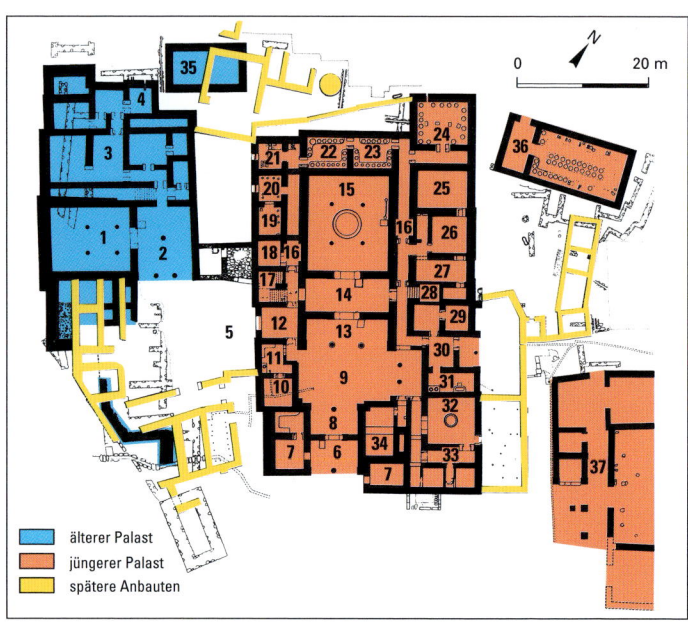

Palast von Pýlos bei Epáno Englianó, Grundriss   1 Megaron des ersten Palastes   2 Vorhalle   3 Wohn- und Wirtschaftsräume   4 Bad   5 Hof zwischen älterem und jüngerem Palast   6 äußere Vorhalle mit Mittelsäule   7 Kontrollstation für Güter   8 innere Vorhalle mit Mittelsäule   9 Zentralhof   10, 11 Räume mit Bankettgeschirr   12 Raum unbekannter Funktion   13 äußere Vorhalle des Megarons   14 innere Vorhalle   15 Megaron (Thronsaal)   16 Korridore   17 Treppe zum oberen Stockwerk   18 Raum unbekannter Funktion   19–21 Depots von Trinkgeschirr   22–24 Ölmagazine   25–29 Räume unbekannter Funktion (mit großen Mengen von rituellem Trinkgeschirr)   30 Nebenvestibül   31 Bad   32 sog. Megaron der Königin   33 Wohngemächer?   34 Turmraum für Wache?   35, 36 Weindepots   37 Handwerkerkomplex

sein: Von einer offenen **Vorhalle (6)** mit **Seitenräumen (7),** in denen Waren registriert wurden, gelangt man durch eine Tür in ein inneres säulengestütztes **Vestibül (8);** eine kleine Plattform vor dem linken Türpfosten wird als Standplatz einer Wache gedeutet. Der daran anschließende weiträumige **Hof (9)** mit seinen **Seitenräumen (10– 12)** muss das kommunikative Zentrum der Anlage gewesen sein. Von hier aus erschließen sich die flankierenden *Wohn- und Wirtschaftstrakte* mit ihren oberen Stockwerken, aber auch der bereits durch seine Dimensionen und strenge Symmetrie sofort als herrscherlich erkennbare Königstrakt mit dem *Megaron* als Abschluss. In gesteigerter Form wiederholt sich hier die Inszenierung des Eingangsbereichs: Von einer offenen – nun nicht von einer, sondern von zwei

Säulen gestützten und holzgetäfelten – **Außenhalle (13)** betrat man durch eine Tür eine breite innere **Vorhalle (14)**, deren Seitentüren eine Verbindung zu den flankierenden kleineren Räumen gewähren, während das **Megaron (15)** selbst sich gegenüber den sonstigen Räumen des Palastes abgrenzt; über diese Seitenzugänge der Vorhalle muss der gesamte Service für das kultische und profane Zeremoniell im *Thronsaal* organisiert worden sein. Besser als jede Beschreibung gibt die Rekonstruktionszeichnung (Abb. S. 24) der Ausgräber eine Vorstellung von der Pracht und Eleganz dieses Herzstücks des Palastes. Das Zentrum nimmt, wie bei mykenischen Megara üblich, nicht der Thronsitz des Herrschers, sondern eine große runde Feuerstelle ein, deren Bedeutung durch vier Säulen unterstrichen wird, die baldachinartig die Decke tragen. Der Rand des Herdrunds aus gebranntem Lehm ist mit einer Stuckschicht, überzogen mit Flammen- und Spiralmustern, bemalt. Wie in Mykene und Tiryns markiert eine Vertiefung vor der rechten Wand den Platz des Throns. Zwei durch eine Rille miteinander verbundene Mulden neben dem Thron deuten darauf hin, dass der König hier in Herrschaftspose sein Trankopfer darbrachte.

Korridore (16) entlang der Seitenwände des Megarons erschließen die umgebenden Räume. Links des Megaron liegen **Speisekammern** und **Aufbewahrungsräume für Trinkgeschirr (17–21)**; in den **Räumen 19 und 20** wurden mehr als *6000 Tongefäße* gefunden, die meisten trichterförmige Kylikes (S. 252), die bei Banketten Verwendung fanden. **22, 23 und 24** sind **Lagerräume für Öl**. Man erkennt hier noch die Reste in den Boden eingelassener riesiger *Pithoi;* auch *Tontäfelchen*, deren Beschriftung sich auf die Bevorratung des Öls bezieht, wurden hier gefunden. Unklar ist die Funktion der **Räume 25–31** auf der rechten Seite, von denen einige prachtvoll ausgeschmückt waren. Von besonderem Interesse ist hier ein **Zimmer (31)** mit einer in einen Stucksockel eingelassenen bemalten *Tonbadewanne;* aus zwei – ebenfalls eingelassenen Becken – wurde offenbar das Wasser geschöpft und der/die in der Wanne Sitzende damit begossen. Immer wieder wurde dieses Raumensemble, das auch über einen eigenen Außenzugang betretbar war, als Bereich der Königin interpretiert, doch gibt es hierfür keinen zwingenden Grund. Schließlich reduzierte sich das Leben der Frauen am Hof nicht auf Körperpflege, ebenso wie umgekehrt Baden nicht dem weiblichen Geschlecht vorbehalten war; mehrfach wird in der Odyssee geschildert, wie Penelope, aber auch Odysseus, von Dienerinnen gebadet und mit Öl gesalbt werden. So könnten sich die Räume der Gattin des Nestor ebensogut im oberen Stockwerk befunden haben, während dies ein Wohn- oder Gästetrakt war. Zwei **Weinkeller (35, 36)** liegen isoliert hinter der Rückseite des Palastes, außerdem im Südosten ein **mehrräumiges Gebäude (37)**, in dem Metall- und Lederarbeiten sowie Siegel hergestellt wurden.

Mehrere *Kuppel- und Kammergräber* wurden in unmittelbarer Nähe des Palastes entdeckt, eines davon – wenige Schritte unter-

Auch Gäste können in dem großen Zentralhof mit seinen Depoträumen für Geschirr bewirtet worden sein: vor »dem hallenden Saal«, wie es die Odyssee schildert.

Messenien

Tönernes Ritualgefäß aus Chóra-Volimídia, 13. Jh. v. Chr. Chóra, Archäologisches Museum

halb des Parkplatzes – wurde restauriert und ist für Touristen zugänglich. An der Straße nach Pýlos weist ein Schild zu einem *Tholosgrab* mit eingestürzter Decke; in noch schlechterem Zustand ist ein ebenfalls ausgeschildertes *Kuppelgrab* am südlichen Ortsausgang von Koryfásio (zu einem weiteren Grab an der Vidokília Bucht vgl. S. 254).

Das Archäologische Museum von Chóra

Die meisten Funde Westmesseniens, darunter diejenigen aus dem Palast von Epáno Englianó, sind im Archäologischen Museum von Chóra (ausgeschildert, am oberen Ortsrand) untergebracht, einem modernen und relativ gut erleuchteten Bau. Die Exponate des *ersten Saals* stammen aus mykenischen Gräbern von Chóra-Volimídia und Rachés-Peristéri (S. 247): Bronzegerät, Tongefäße, Gemmen und *goldene Prunkobjekte*. Zwei in Peristéri gefundene Becher und eine Schale sind aus dünnem Goldblech getrieben und mit Spiralornamenten verziert; die Toten in diesem Grab trugen Kleidung mit aufgenähten reliefierten Goldplättchen, von denen ganze Haufen in der gleichen Vitrine liegen: Man erkennt Bienen, Meeresschnecken, Adler und Eulen. Aus einem Kammergrab bei Chóra-Volimídia stammt ein dreibeiniges Ritualgefäß (Rhyton) aus Ton mit einem Stierkopf und zwei Hirschköpfen, jeweils mit Ausgusslöchern auf der Kopfoberseite (l. Saalwand). Hellenistische Keramik und andere kleine Objekte aus dem mykenischen Kammergrab 4 von Chóra-Volimídia belegen einen griechischen Heroenkult an dem damals schon uralten Grab.

Der *zweite Saal* ist den Funden aus dem Palast von Epáno Englianó gewidmet. Interessant sind hier die *Freskenfragmente* (ergänzt durch zeichnerische Rekonstruktionen): Greifen und Löwen, Jagd- und Kriegsdarstellungen sowie verschiedene Palastszenen. In der Mitte des Raumes stehen eine *steinerne Öllampe* und ein flaches, einst stucküberzogenes *Tonbecken:* beide als Requisiten des königlichen *Opferzeremoniells* zu deuten, da bei dem großen Herd im Thronraum gefunden. Auch von den unzähligen *Schrifttäfelchen mit Linear-B-Zeichen*, die in den Räumen 22 und 23 des Palasts entdeckt wurden, sind einige Exemplare hier ausgestellt.

Der *dritte Saal* enthält große Vorratsgefäße und Gebrauchskeramik aus dem Palast sowie Miniaturnachbildungen von Trinkgefäßen, die schon durch ihre schiere Quantität beeindrucken; diese Votive und mit ihnen gefundene Statuetten von Göttinnen belegen, wie eng alle Lebensvorgänge in einem mykenischen Palast mit religiösen Riten verbunden waren. Eine kleine *Bronzewaage* kann profan – etwa zum Wiegen von Goldplättchen oder Safran – gedeutet werden oder symbolisch als Seelenwaage, wie sie die Mykener durch ihren Kontakt zu Ägypten kannten.

Pýlos und die Bucht von Navaríno

Wie ein Theaterrund hinterfangen Bergzüge weiträumig die **Bucht von Navaríno**, die zur Meerseite hin durch das **Kap Koryfásio** und die Insel **Sfaktería** geschützt wird; der Norden dieses Beckens wurde im Laufe der Jahrhunderte durch eine Nehrung vom Meer abgetrennt und ist heute eine flache, im Sommer teilweise ausgetrocknete Brackwasserlagune. Ob von den Bergen des Festlands, vom Kap Koryfásio, von Pýlos oder auch der Insel Sfaktería aus: Überall bieten sich prachtvolle Ausblicke auf das blaugrün schimmernde Wasser der Bucht, die hellen Sandstrände und Dünen und die pittoresken Felsformationen des Kaps und der vorgelagerten Inseln Sfaktería und Pýlos. So gilt die Bucht von Navaríno zu Recht als eine der schönsten Küstenlandschaften Griechenlands. Was heutige Besucher als Naturerlebnis so sehr beeindruckt, wurde in früheren Jahrhunderten und Jahrtausenden allerdings eher praktisch-strategisch gesehen: Die Bucht war idealer Ankerplatz für Schiffe, die man in früher Zeit einfach auf den Strand zog. So war dieser Küstenabschnitt nicht nur seit Urzeiten begehrtes Siedlungsland, sondern auch Schauplatz blutiger Seeschlachten – in der Antike wie auch in der Neuzeit (S. 255).

Ganz im Norden, unweit eines Baches, der vom Nestorpalast kommend hier ins Meer mündet, findet man auf der Spitze eines Felsriffs

Bei einer Wanderung um die Osman-Aga-Lagune im Norden der Bucht von Navarino lässt sich eine artenreiche Vogelpopulation beobachten. Auch Chamäleons haben hier einen passenden Lebensraum gefunden.

Vidokilia-Strand im Norden der Bucht von Navaríno

Messenien

Bucht von Navarino
1 mykenisches Kuppelgrab
2 sog. Nestor-Höhle
3 Reste von fränkischer Burg
4 Befestigung aus klassischer Zeit
5 Denkmal für die gefallenen russischen Matrosen
6 Denkmal für den piemonteser Philhellenen Graf Santorre di Santa Rosa
7 Mallet-Denkmal
8 Denkmal für die gefallenen französischen Matrosen
9 Denkmal für die gefallenen englischen Matrosen

Vidokilia-Bucht und Kap Koryfásio sind von Norden über eine Stichstraße, die von der Strecke Chóra–Pýlos abzweigt, zu erreichen oder von Giálova aus auf einem zwischen Osman-Aga-Lagune und Navaríno-Bucht verlaufenden Weg.

über der zauberhaften **Vidokília-Bucht** ein eingestürztes mykenisches **Kuppelgrab (1)**. Dieses hielten die klassischen Griechen für das Grab des in der Odyssee erwähnten Nestorsohnes Thrasymedes; hier opferte man dem urzeitlichen Heros auf einem Altar Rinder. Mythische Assoziationen bot auch eine von hier aus sichtbare, in prähistorischer Zeit bewohnte und von den Mykenern als Kultstätte genutzte **Höhle (2)** am gegenüberliegenden Hang des *Koryfásio-Berges*. Von den späteren Griechen wurde sie als Höhle der Rinder des Nestor oder auch seines Vaters Neleus bezeichnet; nach anderer Version war dies der Ort, wo Hermes das Vieh schlachtete, das er seinem Verwandten Apoll gestohlen hatte. Dabei soll der listige Gott die Rinderherde weggetrieben haben, indem er die Tiere rückwärts gehen ließ und ihnen, ebenfalls rückwärts gehend, auf geflochtenen Schneeschuhen folgte, um die Spuren noch mehr zu verwischen. Oberhalb der Höhle erkennt man Mauerreste einer **fränkischen Festung (3)**.

Die *Insel Sfaktería* war im Peloponnesischen Krieg 425 v. Chr. Schauplatz einer erbitterten Auseinandersetzung zwischen Athenern und Spartanern (Thukydides 4, 8). Dabei gelang es den Athenern, die sich auf Kap Koryfásio festgesetzt hatten, ein spartanisches Kontingent von 420 Mann auf der Insel einzuschließen. Als die Athener nach einem Vierteljahr schließlich die Insel erstürmten, mussten sich die noch am Leben gebliebenen 292 halb verhungerten Spartaner ergeben: unter ihnen auch 120 Spartiaten, die ihrem Ruf, stets zu siegen oder aber sich im Nahkampf abschlachten zu lassen, hier keine Ehre machten. Die Nachricht vom unheldischen Überleben dieser Elitetruppe rief in Sparta blankes Entsetzen hervor und demoralisierte die spartanische Allianz für längere Zeit. Einige **Befestigungsreste (4)** im Norden der Insel stammen möglicherweise aus der Zeit dieser Auseinandersetzung.

Noch einmal, und nun in viel fürchterlicheren Dimensionen, war die Bucht von Navaríno Kriegsschauplatz: Hier wurde im Oktober 1827 eine der größten Seeschlachten der Neuzeit ausgefochten. Mit 82 Segelschiffen und 2000 Kanonen hatte sich während des griechischen Befreiungskrieges die türkisch-ägyptische Flotte unter Ibraim Pascha hier festgesetzt, war Pýlos doch Nachschubbasis für die osmanische Gegenoffensive und lukrativer Handelsplatz für den Sklavenverkauf, der zu dieser Zeit unerreichte Dimensionen angenommen und die europäische Öffentlichkeit in Empörung versetzt hatte. Doch den unterlegenen Griechen wollte man nicht durch Kriegshandlungen zu Hilfe kommen und schickte lediglich als Drohung und ohne Kampfauftrag eine Armada von 26 – allerdings hervorragend ausgerüsteten – englischen, französischen und russischen Schiffen unter dem Kommando des Engländers Edward Codrington. Wohl aus Nervosität ging ein erster Schuss los, woraufhin aus allen Rohren gefeuert wurde; bis nach Zákynthos hörte man die ganze Nacht hindurch den Geschützdonner. Am Morgen waren 55 türkische Schiffe versenkt, die Bucht mit Trümmern und Leichen übersät. Mit dieser Niederlage war die Macht des osmanischen Reiches in der Ägäis endgültig gebrochen und der Weg frei für die Bildung eines souveränen griechischen Staates. Die wenigen gefallenen Engländer, Franzosen und Russen wurden durch **Denkmäler (5, 8, 9)** auf den Inseln Sfaktería, Chelonáki und Pýlos geehrt, die 6000 türkischen und ägyptischen Soldaten aber kamen hier anonym und andenkenlos ums Leben.

Der hübsche Hafenort **Pýlos** mit seiner von Platanen beschatteten Platia, den kleinen Hotels und den freundlichen Tavernen am Hafenkai eignet sich als Standquartier für Ausflüge in die Umgebung. Im Ort selbst gibt es wenig zu sehen. Wie nicht anders zu erwarten, erinnern *Denkmäler* auf der Platia an die Schlacht von Navaríno: Bildnisse der drei Flottenkommandanten von der Heyden (Russland), de Rigny (Frankreich) und Codrington (England) sowie, als Kriegstrophäe, Kanonen vom Schiff des Kapodan-Pascha, des türkischen Oberbefehlshabers. Das kleine *Archäologische Museum* enthält Funde aus der Umgebung von mykenischer bis spätrömischer Zeit. Die Anhöhe über dem Ort wird von einer im 16. Jh. errichteten türkischen Festung eingenommen, deren Mauern auch eine Moschee umschließen, die später von den Venezianern in eine Kirche, dann von den Türken wieder in eine Moschee und schließlich nach dem

Befreiungskrieg endgültig zur Kirche (Metamórfosis Christoú) umgewandelt wurde. Im Baumschatten erinnert hier auch ein Denkmal an 44 Bürger von Pýlos, die 1944 Opfer der deutschen Besatzung wurden. In den ehemaligen Militärbaracken ist ein *historisches Museum* mit Dokumenten der Philhellenenbewegung und natürlich Erinnerungen an die Schlacht von Navaríno untergebracht. Ein bemerkenswertes, jedoch leider verfallenes und zur Müllkippe verkommenes Architekturdenkmal fällt rechts der Straße nach Methóni auf: ein auf lange Strecken erhaltener *Bogenaquädukt* aus türkischer Zeit.

Venezianische Festungen am westlichen Finger der Peloponnes: Methóni und Koróni

Methóni und Koróni erlebten ihre Blütezeit im 15. und 16. Jh. unter der Hegemonie Venedigs. Als Umschlaghäfen für Güter, die aus dem Orient nach Italien und Mitteleuropa transportiert wurden, waren sie Venedigs ›Augen‹ im östlichen Mittelmeer. Starke und für ihre Zeit moderne Befestigungen schützten beide Orte, die sich ökonomisch und gesellschaftlich derart dynamisch entwickelten, dass sie zu den ersten neuzeitlichen urbanen Zentren Griechenlands zählten. Erhalten sind aus jener glanzvollen Epoche nur die verlassenen riesigen Festungen. Doch auch in der Folgezeit unter der türkischen und später französischen Administration konnten beide Plätze ihre Stellung als Zentren des Handwerks und des Handels aufrecht erhalten. Von dieser mehr bürgerlichen Wohlhabenheit im 18. und 19. Jh. zeugen Häuser mit Loggien und hübschen Balkons, die – namentlich in Koróni – noch heute das Stadtbild prägen.

Schon in antiker und byzantinischer Zeit war die geschützte Bucht im Süden des Felskaps von **Methóni** ein wichtiger Ankerplatz, doch erst durch Venedigs Fernhandel erlangte der Ort strategische Bedeutung. Ein Kastell von der Größe einer regelrechten Stadt legten die Venezianer auf dem meerumtosten und von ständiger Brandung zerklüfteten Felsvorsprung im 13. Jh. an; und tatsächlich soll die Festung im 15. Jh. mehrere Tausend venezianische und griechische Einwohner als ›cittadini‹ beherbergt haben, während die ›villani‹ des Umlands den Militär- und Handelsstützpunkt mit Agrargütern versorgten. Im Jahre 1500 erlag Methóni trotz Verteidigung durch etwa 7000 Soldaten einer türkischen Übermacht. 1685 wurde es von den Venezianern zurückerobert, kam aber 30 Jahre später wieder in türkische Hand – bemerkenswerterweise unter tatkräftiger Mitwirkung der griechischen Bevölkerung, die damals eine türkische Besetzung der ausbeuterischen und religiös unduldsamen Herrschaft der Venezianer vorzog. Methóni mit seinem berüchtigten Sklavenmarkt war

Besonders abends bietet sich von der Spitze der Hauptfestung eine romantische Aussicht auf den vorgelagerten Burzi-Turm. Auch der Blick von der Plattform des zinnenbewehrten Inselturms auf das Fort und in der anderen Richtung über das wild bewegte Meer auf die noch heute ihre venezianischen Namen tragenden Inseln Sapienza (italien. Klugheit) und Schiza (Spritzer) ist für jeden ein unvergessliches Erlebnis (Abb. S. 246).

Venezianische Festungen: Methóni und Koróni

Stützpunkt auch für die ägyptischen Truppen unter Ibraim Pascha, die vom Osmanischen Reich 1825 zur Niederkämpfung des griechischen Aufstandes eingesetzt wurden. 1828, ein Jahr nach der Schlacht von Navaríno (S. 255), aber wurde die Festung von französischen Truppen befreit und ist seitdem – nun als Ruine – endgültig griechisch.

Auf seiner Landseite ist das **Fort** durch mächtige Außenbastionen und einen *Trockengraben* geschützt. Man betritt die Anlage über eine 1828 von den Franzosen errichtete Brücke. Rechts sieht man die nach einem venezianischen General benannte *Bembo-Bastion* aus dem 15. Jh., links die gewaltige, mit dem Markuslöwen gezierte *Loredan-Bastion* von 1714. Hinter der Pforte erstreckt sich ein korridorartiger *Zwinger*, dessen Mauern teilweise noch von einer antiken Festung herrühren. Beim Betreten des weiten inneren Festungsareals fällt rechter Hand eine antike *Monolithsäule* auf, die 1403 hier aufgestellt wurde und deren venezianisches Kapitell einst den Markuslöwen trug; 1686 versah sie der Admiral Morosini mit der Inschrift: »Aliger hic leo super proscipit alta maris« – Hier schaut der geflügelte Löwe auf die Weiten des Meeres. Von der Innenbebauung mit ihren rechtwinkligen Straßenzügen sind außer einem überkuppelten *türkischen Bad* lediglich Spuren im Gelände auszumachen; nur im Osten ragen noch Mauern eines großen *Hallenbaus* und der einstigen *Kirche* auf. Von zwei Bastionen an der äußersten Landspitze gelangt man über eine Brücke und einen Damm zu einem isolierten achteckigen *Vorturm* auf einer Klippe, der im 16. Jh. zum Schutz des Hafens errichtet wurde.

Die reizvolle Südküste dieses westlichsten Fingers der Peloponnes mit ihren kargen Felsvorsprüngen und den geschützten Buchten ist zwar mittlerweile durch einige Straßen erschlossen, jedoch nach wie vor für Liebhaber einsamer Sandstrände ein Paradies. Nur der kleine Hafenort Finikoúda bietet Übernachtungs- und Einkaufsmöglichkeiten.

Korónis Geschichte ist weitgehend die gleiche wie die von Methóni (S. 256), der heutige Eindruck jedoch ein gänzlich anderer. Besticht Methóni durch seine großartig karge Militärarchitektur auf ausgesetztem Posten, so lädt der beschauliche Hafenort Koróni mit seinen malerisch am Hang gestaffelten Häusern und den engen Treppengassen unter den Mauern des Kastro zum Verweilen ein. Schon von den Franken war die Bergspitze über dem Ort mit einem kleinen **Fort** befestigt worden. Die Mauern und Türme, die diese Anlage weiträumig umschließen, wurden erst in venezianischer Zeit errichtet, wobei man Reste eines antiken Forts in die neue Stadtbefestigung integrierte. Anders als in Methóni ist hier das Innere des Kastro bewohnt: An einzelnen Bauernhäusern vorbei wandert man durch liebliche Terrassengärten voller Orangen-, Feigen- und Olivenbäume. In die fränkische Oberburg hat sich ein *Nonnenkloster* eingenistet, dessen Pforten aber offen stehen. Man kann hier ein merkwürdiges Bauensemble besichtigen, das eine Art Schichtablagerung unterschiedlichster Epochen darstellt: In die Ruine einer dreischiffigen

Der amerikanische Architekt und Maler Charles Shoup ließ sich am Messenischen Golf bei Koróni in den 80er-Jahren des 20. Jh. eine neoklassizistische Riesenvilla errichten, deren Architektur und ausgedehnte Gartenanlagen mit Antikenfragmenten Entwürfe von Friedrich Schinkel und Theophil Hansen zitieren.

Messenien

Koróni, Nonnenkloster in der fränkischen und später venezianischen Festung

frühchristlichen Basilika mit Atrium wurde in mittelbyzantinischer Zeit eine kleine Kapelle gesetzt, diese später erweitert und mit einer Kuppel überwölbt, dann das Ganze zur Moschee umfunktioniert und mit einem Minarett versehen, dessen Stumpf man noch in den Mauern der uralten Basilika sieht; nach dem Befreiungskrieg wurde, wie nicht anders zu erwarten, das Minarett wieder abgerissen und die kleine Kirche dem orthodoxen Kult zurückgegeben. Von der Spitze der Befestigungsanlage bietet sich ein wundervoller Blick über Kloster und Burg auf das Städtchen Koróni und dahinter auf die rot leuchtenden Kliffs der sich nach Norden hinziehenden Küste, im Süden auf den weit gezogenen Bogen eines der schönsten Sandstrände der Region. Auch die Uferpromenade am Hafen mit ihren *traditionellen Häusern* und gemütlichen Tavernen sollte man ohne Hast mindestens für einige Stunden genießen.

Zwischen Koróni und Kalamáta lohnen zwei Stätten für Archäologiebegeisterte einen kurzen Zwischenstopp. 200 m landeinwärts von **Ágios Andréas** in Richtung *Longá* weist ein Schild zu einem *Heiligtum des Apollon Korythos*, dessen Ruinen man neben der Straße zwischen Olivenbäumen findet; erhalten sind das Fundament eines kleinen *Tempels*, auf das in römischer Zeit Ziegelmauerwerk gesetzt wurde, sowie zwei monolithe dorische Säulen, deren Proportionen den Bau als archaisch ausweisen.

Bei **Rizómylos**, 2,5 km östlich der Küstenstraße (Hinweisschild), ist ein *mykenisches Grabensemble* auf einem nach drei Seiten hin steil abfallenden Hügelsporn zu besichtigen. Erhalten ist hier ein Kammergrab mit einem Dromos von 9 m und einem inneren Durchmesser von ca. 6 m; nur die Spitze der Kuppel ist eingebrochen. Kleine Rundbauten umgeben das Hauptgrab. Wie in Peristéri umschließt eine große Kreismauer aus Feldsteinen das Ganze. Reste der zugehörigen mittel- und späthelladischen Siedlung sind hinter dem Grab auf dem Kamm des Hügels auszumachen.

Von Koróni oder Pýlos kommend, erreicht man kurz vor dem Flughafen von Kalamáta die Ortschaft Messíni: benannt nach dem antiken Messene, jedoch als pure Pseudoantikisierung einer ganz und gar modernen Gründung.

Von Kalamáta nach Messene

Kalamáta: Stadt und Museum

Ihren Namen hat die Stadt nicht etwa nach den Oliven, für die sie heute berühmt ist, sondern nach den Sümpfen des Schwemmlands im Mündungsgebiet des Pámisos westlich des Ortes: Kalamáta bedeutet Schilffeld. Mit 45 000 Einwohnern ist Kalamáta Griechenlands sechstgrößte Stadt. Hier werden die reichen Ernteerträge an Wein, Korinthen, Feigen und vor allem Oliven gesammelt und verschifft; weitere Erwerbszweige der expandierenden Stadt sind Tabak- und Textilindustrie. 1986 wurde Kalamáta von einem Erdbeben verwüstet, dessen Schäden immer noch allenthalben sichtbar sind. Trotz seines 4 km langen und bemerkenswert sauberen Strandes an der Navaríno-Promenade ist Kalamáta für Touristen wenig attraktiv. Wer will schon unmittelbar vor der lärmigen Hauptverkehrsader einer Stadt baden! Auch kunsthistorisch bietet der rasterförmig angelegte Ort mit seinen gesichtslosen Betonbauten kaum etwas. Die antiken und mittelalterlichen Baureste wurden bereits im griechischen Befrei-

Die Ebene von Kalamáta – ein Meer von Oliven

ungskrieg fast vollständig vernichtet. Das teilweise aus der fränkischen Epoche stammende Kastro im Norden ist eine traurige Ruine. Einige kleine nachbyzantinische Kirchen, z. T. mit älteren Bauteilen, liegen unterhalb des *Kastro: Ágios Nikólaos Efésios* und – im ehemaligen Basarviertel weiter westlich – *Ágii Apóstoli*. Ein neu eingerichtetes, aber bescheiden bestücktes *Archäologisches Museum* (neben Ágii Apóstoli) enthält einige hellenistische und römisch-kaiserzeitliche Skulpturen aus Kyparissía und Koróni, außerdem Steintröge, die als Maßeinheiten für Flüssigkeiten und Getreide dienten. Ein grob gearbeitetes Fußbodenmosaik des 3. Jh. aus Koróni evoziert die Welt der Arena und dionysisch-luxuriösen Wohllebens.

Ein unter der Türkenherrschaft 1612–41 erbautes Kloster findet man in den Taýgetos-Ausläufern östlich von Kalamáta: **Moní Dimióvis**. Die in der Linienführung manierierten Fresken des Katholikon stammen laut einer Inschrift aus dem Jahre 1663. Barocke westliche Züge trägt die fantasievoll geschnitzte Ikonostasis von 1773 mit dem von Drachen flankierten Holzkreuz darüber.

Im Tal des Pámisos

Die Strecke Kalamáta–Messene bietet kultur- und kunstgeschichtlich einige Sehenswürdigkeiten, deren Besuch allerdings etliche Zeit erfordert, denn die meisten von ihnen liegen am Westrand der vom Pámisos durchflossenen weiten Ebene – Griechenlands größtem Olivenanbaugebiet – und sind nur auf schmalen und gewundenen Straßen zu erreichen.

Leicht zu besichtigen, weil an der Hauptstrecke gelegen, ist das antike **Thouría** 2 km nördlich des gleichnamigen modernen Ortes beim Dorf *Éthea*. In Éthea führt ein ausgeschilderter Weg zu einer *mykenischen Nekropole* mit einer Reihe in den Felsen gehauener monumentaler Kuppel- und Kammergräber mit langen Dromoi und hohen, manchmal mit Reliefdekor versehenen Eingängen. Oft sind mehrere Schachtgräber in den Boden der überkuppelten Haupträume eingetieft, in anderen Fällen waren die Toten in Seitenkammern beigesetzt. Immer wieder trifft man in diesen Grabbauten auf Bänke aus Quadern, die Zeremonien gedient haben müssen: ob noch in mykenischer oder späterer griechischer Zeit, ist nicht geklärt. Ein besonders großes und durch seine profilierten Türgewände aufwändig gestaltetes Kuppelgrab liegt 200 m nördlich der zuvor beschriebenen Gruppe (nahe der Landstraße, ebenfalls ausgeschildert). Auch dieses Grab weist in den Boden eingetiefte Bestattungen auf; regelmäßige Steinsockel an der Innenwand deuten auf eine umlaufende Bank hin. Von der griechischen und später römischen Siedlung Thouria ist außer Resten ihrer isodomen Akropolismauer auf der Kante des Bergrückens und den Gewölben einer *römischen Therme* in einer Olivenplantage in der Ebene (Hinweisschild in Éthea) nichts erhalten.

Von Kalamáta nach Messene: Im Tal des Pámisos

Ellinoekklesía, Agía Samári, 12. Jh.

Beim Dorf **Androúsa** erhob sich einst ein fränkischer, später von den Despoten von Mystrá und dann von den Türken genutztes *Kastell*, das heute in Trümmern liegt; nur Abschnitte seiner Umfassungsmauer mit gotischen Spitzbogen im Innern stehen noch aufrecht. Wenige Kilometer weiter nördlich sind zwei byzantinische Kirchen aus der Zeit unmittelbar vor der fränkischen Eroberung der Peloponnes zu besichtigen: Zwischen *Kalogéraki* und **Ellinoekklisía** zweigt bei einer Miniaturkapelle eine Stichstraße in ein olivenbestandenes Tal ab zu *Agía Samári*, einer eleganten Kreuzkuppelkirche des späten 12. Jh. mit quer gelagertem hohen Narthex. Die Sockelzone besteht aus wiederverwendeten antiken Quadern, der Oberbau aus Cloisonné-Mauerwerk mit Ziegeldekor; eine Zutat fränkischer Zeit ist der Glockenturm mit seinen spätromanischen und frühgotischen Bögen. Am nördlichen Ortsausgang von *Petrálona* führt ein unbeschilderter Weg 1 km talabwärts zum verlassenen Kloster **Andriomonástiro**. Die mit ihren hohen Umfassungsmauern betont wehrhafte Anlage ist als Gesamtensemble komplett erhalten, samt Küchentrakt und Esssaal, Wirtschaftsräumen und den Mönchszellen im Oberstock. Das Katholikon ist auch hier eine Kreuzkuppelkirche mit vier Monolithsäulen und später angefügtem Exonarthex, dazu einem noch jüngeren Glockenturm.

Den Zusammenfluss zweier Bäche zwischen den Dörfern *Neochóri* und *Meligalá* quert – von Schilf umgeben und deshalb nur schwer in Augenschein zu nehmen – eine *antike Brücke*, über die noch heute die Verkehrsstraße hinwegführt. Ihr Pseudogewölbe aus immer weiter vorkragenden Quadern datiert das Bauwerk ins 4. Jh. v. Chr. und zeigt, dass von Messene ein ausgebautes Straßennetz ausging, das sich vom südlichen Golf bis zur Westküste erstreckte. In dem winzigen Weiler **Neochóri** bei Meligalá entdeckt man noch das verfallene Geburtshaus von Maria Callas (S. 60).

Messenien

Die antike Riesenstadt Messene und ihre Mauern

Die Besichtigung der Ruinen des antiken Messene beim heutigen Dorf Mavromáti zählt zu den landschaftlich und archäologisch großartigsten Eindrücken einer Peloponnesreise. Wie Megalopolis (S. 222) verdankt auch diese Stadt ihre Gründung und weitere Existenz dem Sieg des thebanischen Generals Epameinondas über die Spartaner in der Schlacht von Leuktra 371 v. Chr. Jahrhundertelang hatte die Landbevölkerung Messeniens unter der harten Herrschaft und wirtschaftlichen Ausbeutung durch die Spartaner gelitten. Aufstände und regelrechte Abwehrkriege – einer im 8., ein zweiter im 7. und ein weiterer im 5. Jh. v. Chr. – waren von den Spartanern zu ihren Gunsten entschieden worden. Viele Messenier sahen sich zur Auswanderung gezwungen und ließen sich in Nordafrika, in Süditalien und Sizilien nieder, u. a. in Messina und Reggio Calabria an der Meerenge von Sizilien; auch Náfpaktos am Korinthischen Golf hatte eine Kolonie messenischer Vertriebener.

Stammesheiligtum der Messenier und zugleich Wahrzeichen ihres Widerstands war von alters her der *Berg Ithómi* mit seinem Zeus-Heiligtum. Hier hatte man sich immer wieder verschanzt und eine Weile den Spartanern getrotzt. Für die 369 nun endlich mögliche Stadtgründung war dies also der denkbar symbolträchtigste Ort, und zweifellos wurde die an dieser Stelle ad hoc geschaffene Stadt in ganz Griechenland nicht nur als praktische Absicherung Messeniens verstanden, sondern auch als glanzvolles Symbol der endgültigen Besiegung einer der ältesten und umstrittensten Hegemonialmächte Griechenlands. Dass die aus nah und fern zusammengekommenen neuen Bewohner der Stadt den fremden Feldherrn und Politiker Epameinondas nicht nur als Schirmherr und militärisch-politischen Initiator ihres Gemeinwesens feierten, sondern ihn wie einen

Die Aufforderung zur Rückkehr von Auslandsmesseniern in ihre alte Heimat wurde auch religiös beglaubigt: Ein Priester soll geträumt haben, dass Herakles aus der Ferne von Zeus eingeladen worden sei, bei ihm auf dem Ithome-Berg zu wohnen und mit ihm zu speisen.

Noch heute führt der Verkehr mit Lastwagen und Pkw durch das Arkadische Tor von Messene. Auf der Stadtseite war der Durchgang von einem 5,73 m langen Monolithblock überspannt.

Von Kalamáta nach Messene: Die antike Riesenstadt Messene

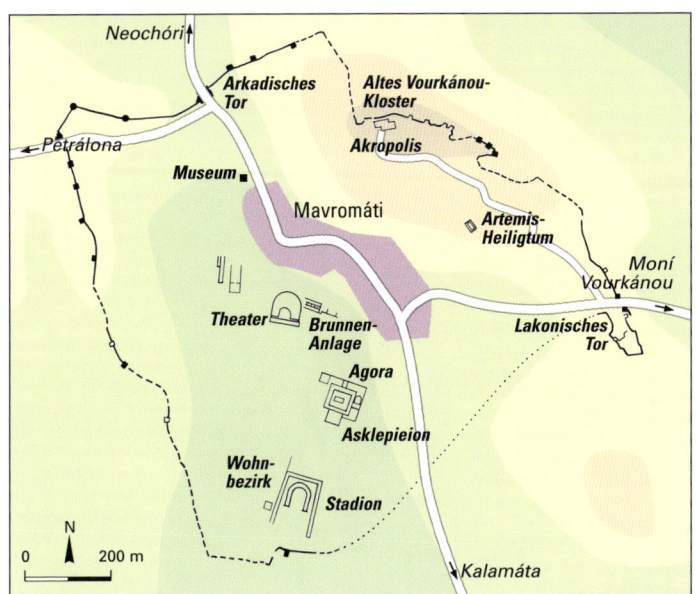

Die Ruinen des antiken Messene um das moderne Dorf Mavromáti herum

mythischen Gründungsheros verehrten, kann nach der leidvollen Geschichte der Messenier nicht verwundern.

Schon aus der Ferne erblickt man Abschnitte der **Umfassungsmauer,** die wie ein imaginäres Reptil über Berg und Tal entlangzukriechen scheint und unwillkürlich Assoziationen an die chinesische Mauer aufkommen lässt. Mit fast 9 km Umfang war Messenes Mauerring die größte Stadtbefestigung Griechenlands und darüber hinaus ein militärtechnologisches und ästhetisches Bauwerk von außerordentlicher Innovation. Anders als bis dahin üblich bestehen die Mauern hier nicht aus einem Steinsockel und Lehmziegeln, sondern sind bis zu den Zinnen aus Bossenquadern gefügt. Wandert man an den Mauern entlang, so wird die schier unfassbare Größe dieser in raffiniertesten Techniken aufgeführten Befestigungsanlage deutlich. Isodome und trapezoide Trakte wechseln einander ab, eckige und halbrunde Türme bilden strategische und optische Varianten eines einzigen und im Wesentlichen auch in einem Zuge ausgeführten Konzepts. Die sich nach oben leicht verjüngenden Türme weisen an den Kanten jeweils einen glatten senkrechten Randschlag auf; Guck- und Schießscharten – jeweils innen breiter und außen schmaler – waren über einen durch Treppen zugänglichen Wehrgang in ca. 4 m Höhe erreichbar, der auch durch die zweistöckigen Türme führt. Dem Gelände angepasst, aber auch Senken und Felsvorsprünge querend, zieht sich die Mauer von einem tiefen Bachtal über das Hangniveau der Stadt bis hinauf zur Spitze des 800 m hohen Ithómi: eine Differenz von sage und schreibe 550 m überwindend!

Messenien

Ihrer fortschrittlichen Bauweise wegen wurde die Mauer von manchen Archäologen erst ins 3. Jh. v. Chr. datiert, doch macht das historisch keinen Sinn. Vielmehr muss Messene gleich nach seiner Gründung 369 v. Chr. befestigt worden sein, mit modernster Technologie und avanciertem Design.

Der besterhaltene Abschnitt liegt im Norden, wo man auf der Landstraße 1 km hinter Mavromáti das **Arkadische Tor** erreicht: eine im 3. Jh. v. Chr. erweiterte ausgeklügelte Anlage mit einem in einen Turm integrierten runden Zwinger und zwei zur Landseite hin vorspringenden Bastionen. Die Mauerung des Zwingers folgt keineswegs allein militärischen Gesichtspunkten, sondern drückt auch ästhetisch den ganzen Stolz der Stadt aus: Über einem vorspringenden Sockel zieht sich eine Zone von Orthostaten in Spiegelquadertechnik mit glattem Randschlag und vorspringender rauer Mittelzone entlang, darauf folgt eine flache Binderschicht aus glatten Steinen und darüber schließlich grob gepicktes Quaderwerk, das vielleicht einst stuckiert war. Nischen in der Wand enthielten Statuen oder Reliefs, vielleicht auch Hermenpfeiler.

Außerhalb des Arkadischen Tors liegen rechts der Straße zwei kleine, innen mit Marmorplatten ausgekleidete **Mausoleen** aus römischer Zeit, eines davon mit kleiner Freitreppe und einem zierlichen Säulenportikus. Auf der gegenüberliegenden Seite des Wegs steht ein zerbrochener römischer Girlandensarkophag. Zu beiden Seiten der Straße schloss sich eine Nekropole an, deren vor Jahrzehnten freigelegte Gräber heute wieder überwuchert sind. Man sollte keinesfalls versäumen, die Asphaltstraße innerhalb des Stadtgeländes noch ein kleines Stück weiter zu fahren oder zu laufen, wo man stößt eben bald auf den in seiner Erhaltung grandiosen turmbewehrten **Nordwesttrakt der Mauer,** deren Plattform an dieser Stelle über ein längeres Stück begehbar ist.

Das Stadtareal wurde erst in den letzten Jahrzehnten ausgegraben. Sein Zentrum liegt unterhalb des heutigen Dorfs Mavromáti. Man stößt hier zuerst auf die Reste eines **Theaters,** dessen Cavea nur zum Teil in den Hang eingetieft, während die übrige Rückwand aus Bossenquadern aufgemauert ist. Wie in Mantíneia (S. 215) führen Treppenzugänge auch von der Rückseite zu den Zuschauerrängen. Eine antike mit Großquadern gepflasterte Straße führt vom Theater – vorbei an einer Brunnenanlage in Form einer dorischen Säulenhalle mit Seitenrisaliten – talabwärts zum **Asklepieion:** einer weiten hellenistischen Platzanlage aus der Zeit um 200 v. Chr. Möglicherweise diente der Bezirk erst in der römischen Kaiserzeit dem Asklepios-Kult, mit dem hier aber offenbar kein Heilbetrieb verbunden war, denn entsprechende Räume ebenso wie die sonst üblichen Körperteil-Votive fehlen. Überhaupt macht die Anlage mit ihren *Kult- und Amtsräumen* im Westen und dem monumentalen *Propylon* sowie einem *Odeion* und einem Aufenthaltsraum mit umlaufender Bank im Osten eher den Eindruck eines agora-ähnlichen *Staatsheiligtums*. So könnten *Tempel* und Altar, die die Mitte des Platzes ein-

Konzeptionell durchdachte Konservierung und Restaurierung vermitteln dem Besucher eine anschauliche und korrekte Vorstellung vom Aussehen dieser in ihrer Zeit modernen und eleganten Stadt. Weitere Ausgrabungen werden die Attraktion von Messene als Reiseziel in den nächsten Jahren noch erhöhen.

◁ *Messene, Trakt der Stadtmauer im Nordwesten*

Messenien

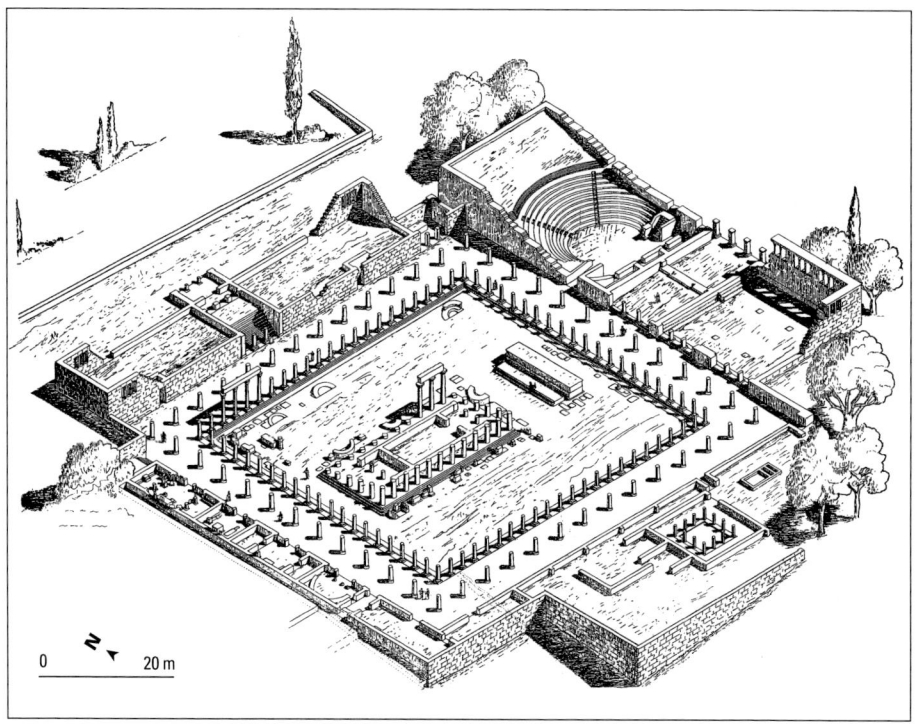

Asklepieion von Messene, Rekonstruktion

nehmen, ursprünglich vielleicht nicht Asklepios, sondern der Stadtgöttin Messene geweiht gewesen sein. Die den Platz umziehenden Säulen trugen korinthische Kapitelle mit Eros- und Nikefiguren, der ionische Fries darüber war mit Bukranien geschmückt. Nicht weniger als 140 *Sockel für Ehrenstatuen* reihen sich um den Tempel und entlang der Säulen des Peristyls sowie in den Räumen der Westseite; auch ein Bildnis des Epameinondas war in einem der Westräume aufgestellt, wie Pausanias berichtet. Treppenaufgänge führen im Norden zu einem höher gelegenen Bezirk, der als sog. **Augusteum** oder Sebasteion dem Kaiserkult diente und ebenfalls von einer Säulenhalle abgeschlossen war.

Vom Asklepieion führt der Weg weiter talabwärts. Zunächst zu einem Artemisheiligtum, das in der Spätantike zu einer Villenanlage mit Mosaikfußboden umfunktioniert wurde, dann zu einer Thermenanlage und schließlich zu einem inzwischen rekonstruierten Stadion mit steinernen Sitzen, dessen Nordseite Säulenhallen umziehen. Laut Inschriften wurde ein Stadion an dieser Stelle zwar bereits im 3. Jh. v. Chr. errichtet, die erhaltenen Säulen aber weisen durch ihre Form den heute sichtbaren Bau in römische Zeit; später wurde die Anlage verkürzt und in eine Art Arena verwandelt. Das

Stadion stand in enger räumlicher Verbindung mit einem **Gymnasion-Komplex,** dessen weitere Räume – darunter eine Palästra für das Training der Schwerathleten – man in ihren Grundmauern noch im Westen des Stadions seitlich einer gepflasterten Straße erkennt. Auf diese Straße führt ein viersäuliges dorisches **Prachttor,** das einst von einem Sportfunktionär gestiftet wurde und das sich noch komplett aus den erhaltenen Bauteilen rekonstruieren ließ. Den südlichen Abschluss des Stadions bildet ein von der Talseite aus turmartig vorspringendes Podium mit einem tempelartigen Aufbau, der aus den gefundenen Baugliedern rekonstruiert wurde. Vielleicht handelt es sich um das Familienmausoleum des reichen Messenischen Bürgers Saithas, von dem der römische Reiseschriftsteller Pausanias berichtet und das wohl im 1. Jh. n. Chr. errichtet wurde.

Ein steiler Fußpfad führt von Mavromáti auf den **Ithómi,** wo in halber Höhe ein Altar und Reste eines **Artemis-Tempels** zu sehen sind. Bequemer ist der Aufweg von der Landstraße Richtung Neues Vourkáno-Kloster. Von einem Sattel, wo das in der antiken Literatur erwähnte, jedoch nur in minimalen Resten erhaltene *Lakonische Tor* der Stadtmauer liegt, zweigt ein steiler Fahrweg zum Gipfel ab: eine gespenstische Landschaft, denn verheerende Brände haben den Baumbewuchs zu schwarzen Strünken verkohlt. Das **alte Vourkáno-Kloster** auf der Bergspitze ist gewöhnlich verschlossen; man kann aber von einem Felsvorsprung an der Rückseite über die Mauer ins Innere der auf antiken Fundamenten erbauten Anlage blicken. Deren größte Gebäude sind Speisesaal und Küche und nicht die Kirche. Die drei Mönchszellen dagegen sind so armselig, dass man nur gebückt durch niedrige Pforten in die winzigen fensterlosen Kammern gelangt.

Direkt unterhalb des Klosters begegnet man wieder der Stadtmauer, die bis in diese schwindelnde Höhe hinaufklettert: Selbst kleinste Felsvorsprünge und Lücken, die ein Feind vielleicht hätte erklimmen können, sind mit sorgfältig eingepassten Mauerkronen versehen. Von der *Kultstätte des Zeus Ithomatas,* die sich hier befunden haben muss, sind keine nennenswerten Spuren erhalten, die Aussicht vom Gipfel aber ist unvergesslich: Wie aus der Vogelperspektive blickt man auf das Gelände der einstigen Riesenstadt Messene und fühlt sich hier, wo Zeus sein Heiligtum hatte, buchstäblich dem Himmel näher.

Das **Museum** liegt unterhalb der Landstraße, die vom Dorf Mavromáti in nordwestlicher Richtung zum arkadischen Tor führt. Präsentiert werden tönerne Relieftäfelchen, die als Votive für ein Heiligtum der Demeter und der Dioskuren geweiht wurden, vor allem aber hellenistische und römische Skulpturen, die einst die Heiligtümer und Plätze der Stadt schmückten. Hervorzuheben sind vor allem im Asklepieion gefundene Werke des bedeutenden einheimischen Bildhauers Damophon (2. Jh. v. Chr.). Der gleiche Bildhauer schuf auch die monumentale Kultbildgruppe in Lykósoura (Abb. S. 227), die heute im Athener Nationalmuseum steht.

Wehrtürme und Kirchen der Máni

Landschaft und Geschichte

Wie ein Grat durchziehen die südlichen Ausläufer des *Taýgetos* den mittleren der drei nach Süden weisenden ›Finger‹ der Peloponnes: die **Máni**. Den Küstenstreifen bilden Kalkterrassen mit steilen Kliffrändern zum Meer hin. Die geografische Randlage und Schwierigkeit des Zugangs, vor allem aber Dürre und extreme Kargheit des Bodens haben die Máni im Laufe ihrer Geschichte zu einer Kulturlandschaft von archaisch-herbem Charakter werden lassen. Kleine Menschengruppen, die sich von Fischfang ernährten, siedelten hier zwar schon in der Altsteinzeit in Höhlen (S. 275), seit Einführung des Ackerbaus in der ›neolithischen Revolution‹ (S. 18f.) aber war die Máni stets das Land der Ärmsten; vor allem Vertriebene – infolge von Kriegen und Eroberungen – haben sich hier als Flüchtlinge in kleinen Dörfern angesiedelt, die Hänge terrassiert und dem mageren Boden abgewonnen, was möglich war: so in der Antike, als der Landstrich zu Lakonien gehörte, und auch im byzantinischen Mittelalter.

Piraten allerdings bot dieser abgelegene und wegen seiner Armut von der Obrigkeit vernachlässigte Südzipfel der Peloponnes mit seinen versteckten Buchten ein ideales Operationsgebiet. So bildete sich hier in spätbyzantinischer Zeit, vor allem aber unter der türkischen Herrschaft, die an der Máni nur geringes Interesse zeigte, eine von Sklavenhandel und dem Kapern von Handelsschiffen profitierende *Clan-Aristokratie:* religiös ultra-konservativ, streng patriarchalisch organisiert und in ständige Machtkämpfe untereinander verwickelt. Kaum ein Wehrgehöft oder Turm, um den sich nicht Erzählungen von erbitterten Fehden und generationenlanger Blutrache rankten. Auch gegenüber der Außenwelt wusste man sich, kriegserprobt durch jahrzehntelange Söldnertätigkeit in verschiedenen Diensten, wirksam zu verteidigen: Osmanische Steuereintreiber mit Truppenverstärkung wurden ebenso blutig zurückgeschlagen wie sogar noch bayerische Regierungssoldaten des neu gegründeten hellenischen Staates. Die Máni war quasi-rechtsfreie Zone, ›regiert‹ von einem einheimischen Clan-Oberhaupt, das von der türkischen Administration pro forma als Bey, d. h. Gouverneur, bestätigt wurde. So blieb der Landstrich lange Zeit eine urtümliche Welt für sich: feindselig eingestellt gegenüber allen Neuerungen der Moderne und mit vor-staatlichen, mittelalterlich-balkanischen Gesetzen.

Die politische Neuordnung des Ostmittelmeers in moderne Nationalstaaten jedoch machte Piraterie ein für alle Mal obsolet, womit den traditionellen Gesellschaftsstrukturen der Máni die ökonomische Grundlage entzogen war. Es gab keinen Reichtum mehr zu verteidigen, Wehrgehöfte, Türme und Kirchen verfielen, die Dörfer verwaisten. So hat am Ende doch die Außenwelt gesiegt, nicht Beharrung und Widerstandswille der Einheimischen. Viele mussten aus Armut auswandern, Jahrzehnte standen die Häuser leer, Wein- und Olivenpres-

Besonders sehenswert:
Areópoli
Pýrgos Dyroú
Váthia
Gýthio
Lágia

◁ *Steilküste der Máni zwischen Ítylo und Areópoli, im Vordergrund der Hafenort Liméni*

Wehrtürme und Kirchen der Máni

sen verrotteten. Nun kehrt wieder langsam Leben ein: durch den Tourismus. Die Máni lebt heute von Fremden. Charakteristisch: In Kardamýli (S. 273) beherrschte jahrhundertelang die venezianische Burg das kleine Dorf, heute dominiert eine Appartmentanlage in ›maniotischem Stil‹ Burgruine und Dorf zugleich. Bedingt durch die Abgeschiedenheit der Region und auch die zumeist nur schmalen Kiesstrände sind jedoch Massentourismus und Überfüllung ausgeblieben, und so kann man den rauen Charme dieser Landschaft und ihrer eigenwilligen Architektur noch ungestört in sich aufnehmen.

Turmkonkurrenz – die Architektursprache patriarchalischer Clans

Die heute oft isoliert in der Landschaft aufragenden *Türme (Pyrgi)* – architektonisches Wahrzeichen der Máni – waren früher Teil großer ummauerter Wehrgehöfte, in denen die Clan-Chefs residierten, umgeben von ihren jeweiligen Hintersassen. Außer dem – bis zu 25 m hohen – Pýrgos gruppierten sich mehrstöckige Wohngebäude sowie Wirtschaftstrakte mit Kornmühlen, Olivenpressen und Zisternen um einen zentralen Hof. Die größeren dieser Ensembles glichen mit ihren zinnenbewehrten und mit Erkern versehenen Mauern regelrechten Burgen. Isoliert auf Hügelkuppen, aber auch dicht gedrängt zu Mini-Städten wie Kíta (S. 277), Váthia (S. 278) oder Langáda (S. 274) sind sie Ausdruck der *Wehrhaftigkeit* ihrer einstigen Bewohner: Bei Fehden beschoss man sich von Turm zu Turm, wobei der niedriger Positionierte das Nachsehen hatte.

Darüber hinaus aber waren die Türme *Statuszeichen*, messbares und offensichtlich phallisches Symbol der Macht und des Ansehens der jeweiligen Clan-Oberhäupter: weithin sichtbar und umgekehrt den Blick von oben auf das beherrschte Territorium und die auf ihm lebenden Bauern gewährend. Wer eine solche Trutzburg sein Eigen nannte, musste jederzeit gewärtig sein, vom verhassten Konkurrenten überboten zu werden. So entbrannte ein Wettstreit im Errichten immer neuer Pyrgi, der schließlich die so máni-typische Architekturlandschaft hervorbrachte.

So urig sie mit ihren mörtellos gefügten Feldsteinmauern auch aussehen, sehr alt sind die meisten dieser Bauten nicht. Die erhaltenen Turmgehöfte stammen zum überwiegenden Teil aus dem 18. und 19. Jh. Türme aus besonders mächtigen Megalith-Steinen und mit nach oben verjüngten Wänden allerdings werden ins 15. und 16. Jh. datiert, und die archaisch anmutende Bautechnik selbst scheint sogar auf noch ältere Zeiten zurückzugehen: Nur noch als archäologische Ruinen in der Landschaft sichtbare Großsteinmauern

◁ *Karte Máni und Lakonien*

Wehrtürme und Kirchen der Máni

Rekonstruktion eines großen Máni-Gehöftes vom Beginn des 19. Jh.: Antonobey-Burg bei Agéranos

(S. 277) werden der byzantinischen Epoche nach der Jahrtausendwende zugeschrieben. Die rustikale Bauweise als solche scheint also eine lange Tradition auf der Máni zu besitzen. Anders die später so charakteristischen Geschlechtertürme: Ihr Bau dürfte durch norditalienische Vorbilder in Städten wie Pavia oder San Gimignano angeregt worden sein, die die maniotischen Kondottieri als Söldner kennen lernten.

Eigentlich gebührte den bezaubernden kleinen Kirchen und malerischen Turm-Ensembles der Máni ein eigener Reiseführer. Bei den hier gegebenen Informationen handelt es sich um eine kleine Auswahl von Vorschlägen zu Zwischenstopps. Sie sind als Anregung zu verstehen, auch auf eigene Faust die halb verlassenen malerischen Dörfer zu durchstreifen und byzantinischen Kapellen, die in der kahlen Landschaft oft schon von weitem auffallen, einen Besuch abzustatten.

Von Kámbos zum Kap Ténaro – die westliche Máni

Von Kalamáta kommend quert die Landstraße ein in den Messenischen Golf vorspringendes Kap. Hier beginnt die *Éxo-Máni*, die äußere Máni. Nicht mit einem Mal, sondern nur allmählich verändert sich das Landschaftsbild auf der Weiterfahrt nach Süden, und erst hinter Areópoli offenbart sich der herbe Charakter der für die Máni so typischen kahlen Berge und nackten Felsküsten in seiner ganzen Erhabenheit. Auch die charakteristischen Turmsilhouetten tauchen in diesem Nordabschnitt erst vereinzelt auf.

Erste Station ist **Kámbos** mit seiner Kreuzkuppelkirche *Ágii Theodóri* aus dem 14. Jh. Die Türgewände des hübschen kleinen **Baus** bilden wiederverwendete palmettengeschmückte byzantinische Marmorfriese; die kleinteiligen Fresken aus dem 16. Jh. sind volkstümlich derb. 500 m südlich des Ortes liegt neben der Straße bei der Ruine eines maniotischen *Pýrgos* ein eingestürztes *Kuppelgrab* aus mykenischer Zeit. Vom südlichen Nachbarort **Stavropígi,** ebenfalls mit freskengeschmückter nachbyzantinischer Kirche, sieht man auf einen Hügel die Burgruine **Zarnáta:** bereits in der Antike eine Festung, wie aus Trakten polygonalen Mauerwerks abzulesen ist, und in venezianischer und türkischer Zeit weiter benutzt und ausgebaut. Als die Burg im 18. Jh. ihre militärische Funktion verlor, siedelte sich hier der maniotische Kapitän Koumountourakis mit einem Turmgehöft an. Das Bergdorf **Kéntro,** 10 km östlich von Kámbos, ist Ausgangspunkt für Wanderungen in die wildromantische **Kámbos-Schlucht** (nur trainierten Wanderern und Kletterern empfohlen).

Im fast verlassenen oberen Ortsteil von **Kardamýli** steht im Gemäuer einer maniotischen Burg, wie aus einem Steinbaukasten aus alten Quadern und reliefierten Werkstücken zusammengesetzt, die Kirche *Ágios Spyridón* aus dem 18. Jh. mit einem fünfstöckigen, von Bogenfenstern durchbrochenen ornamentverzierten Glockenturm mit spitzem gemauerten Pyramidendach, ähnlich dem Campanile der Taxiárchen-Kirche von Areópoli (S. 275). Der kleine Hafen lädt zu einem beschaulichen Kafé, kaum aber zum längeren Verweilen ein.

Im Küstenabschnitt südlich von Kardamýli fallen die rötlich schimmernden Felsen fast senkrecht ins Meer ab und lassen nur hier und da schmale Kies-, selten auch Sandstrände frei. Einen solchen Sandstrand besitzt der idyllische Fischerhafen **Stoúpa,** wo sich auf einem Riff die trutzigen Ruinen der *fränkischen Burg Beaufort* erheben, die Guillaume II. 1250 anlegen ließ. Reizvoll ist ein kurzer Ausflug von hier zum Bergnest **Kastaniá** mit seinen steingedeckten Häusern und dem Wohnturm der Máni-Sippe Douraki.

Etwas weiter südlich liegen vier Dörfer mit sehenswerten Kirchen dicht beieinander. Leicht zu finden, da von der Chaussee aus beschildert, sind die zauberhaften Kirchlein von **Plátsa.** Nur ganze 5 m lang ist die außen mit rührend einfacher Ziegelornamentik dekorierte Stiftungskapelle *Agía Paraskeví* (13. Jh.) mit volkstümlichen Fresken in leuchtenden Farben aus dem 15. Jh. (besonders gut erhalten: Mariae Tempelgang). *Ágios Nikólaos* (Schlüssel an der Platia) – bereits im 10. Jh. als Basilika erbaut, in seiner heutigen Gestalt mit den schmalen Bogendurchgängen zwischen Haupt- und Seitenschiffen aber aus dem frühen 14. Jh. – birgt ebenfalls noch seine komplette Ausmalung. Nachbyzantinisch sind die schlichten Fresken von *Ágios Ioánnis* (Schlüssel im Kafenion gegenüber), einer Kreuzkuppelkirche des 15. Jh. mit gemauerter Ikonostasis (in der Apsis die Mutter Gottes; im Hauptgewölbe der Pantokrator, umgeben von Tierkreiszeichen und Landschaften).

Mit sieben kleinen Kirchenbauten – alles Stiftungen maniotischer Familien – wartet der winzige Weiler **Nomitsí** auf, darunter *Metamórfosis* aus dem 11. Jh. mit reliefierten Gesimsen und Kämpferkapitellen: u. a. zwei Füchse, die einen Pflug ziehen, eine Sphinx mit einem Beutetier im Maul und ein Jäger mit Hund; die schönen Fresken des 13. Jh. verdienten eine Renovierung. Am schattigen Dorfplatz des benachbarten **Thalámes**, das in der Antike ein Orakelheiligtum besaß, steht ein spitzbogiges *Brunnenhaus*, in das antike und byzantinische Spolien verbaut sind. Stolz weisen in diesem Ort Schilder auf ein privates ›*Máni-Museum*‹, das sich allerdings – trotz der Fülle der hier zusammengetragenen historischen Dokumente und Gegenstände des Alltagslebens – mangels Ordnung und Information mehr als Sammelsurium eines Trödlers denn als echtes Museum entpuppt.

Typischen Máni-Charakter zeigt **Langáda** mit seinen grauen Haus- und Turmruinen vor der kahlen Kulisse der ansteigenden Berge. In der Mitte des fast ausgestorbenen Orts steht die *Metamórfosis-Kirche* (Schlüssel beim Papas), ein größerer Feldsteinbau mit schlichter Ziegelornamentik; weiter oben beim Friedhof die Ruine der *Sofienkirche* aus dem 13. Jh. Weit reicht der Blick von hier über die olivenbaumbestandene Küstenebene mit ihren verstreuten Turmdörfern.

Der Küsteneinschnitt von **Ítylo** markiert die Grenze zwischen *Éxo*- und *Mésa-Máni,* der inneren Máni. Zur Bewachung des niedrigen Passes zur Ostküste hinüber errichteten die Türken hier im 17. Jh. die **Festung Kelefá**, die jedoch nur des herrlichen Ausblicks wegen einen Besuch lohnt. Hoch über der Bucht thront das alte Dorf **Ítylo**, am Zypressenhang darunter sieht man bereits von der Landstraße die 1765 erbaute Klosterkirche **Dekoúlou**, eine wahre Máni-Architektur: An einen mächtigen *Pýrgos* ist das Schiff einfach angehängt! Der Klosterbetrieb ist längst aufgegeben, ein Bauer öffnet Besuchern die Kirche. Volkstümliche Fresken voller Erzählfreude bedecken die Wände, darunter die in nachbyzantinischer Malerei beliebten Tierkreis-Sternbilder (Zodiakus). An der weiten Sandbucht selbst stehen nur einige Häuser, die südlichen Klippen verunziert eine Betonsiedlung ›maniotischen Stils‹ für Feriengäste.

Von Kámbos zum Kap Ténaro – die westliche Máni

Hauptstadt der inneren Máni ist **Areópoli** (›Ares-Stadt‹). Den Namen des antiken Kriegsgottes erhielt der zuvor Tsímova genannte Ort zu Ehren des legendären maniotischen Clan-Oberhauptes Petrobey Mavromichalis, den die Türken als letzten Bey der Máni einsetzten und der dann 1821 hier seine Landsleute zur Revolution gegen die osmanische Herrschaft aufrief (S. 50). Ein Denkmal auf dem Hauptplatz erinnert an den lokalen Helden. In den Gassen der Altstadt entdeckt man freskengeschmückte Kirchen des 17. und 18. Jh.: Vorzüglich erhalten sind in der Doppelkirche *Panagía und Ágios Charalámbos* die ausdrucksstarken Malereien an der gemauerten Ikonostasis (Christus als König, Johannes der Täufer, Muttergottes und Evangelist Johannes), ebenso die volkstümlichen Wandfresken von Ágios Ioánnis Pródromos aus dem Ende der Türkenzeit (Szenen aus dem Leben Jesu und Johannes' des Täufers, dem die Kirche geweiht ist; eindringlich ein Bild des nackten Asketen Onoufrios, dessen Scham nur durch seinen langen Bart bedeckt wird). Maniotisches Lokalkolorit entfaltet die große *Hauptkirche* des Ortes – *Taxiárchon* – mit rustikalem Feldsteinmauerwerk und einem sechsgeschossigen Campanile: eine Stiftung der Familie Mavromichalis von 1798. Naiv-derbe Reliefs, die kerbschnittartig aus dem Stein geschlagen sind und im Sonnenlicht markante Schlagschatten werfen, zieren die Außenwände, besonders an der von Blendarkaden gegliederten Apsis (neben Soldatenheiligen, Tierkreiszeichen, Sonnen und Blumen). Alte Häuser und Türme von Areópoli wurden inzwischen restauriert, einige davon, wie der Kapetanakis-Pýrgos, bieten Unterkunft.

Areópoli, Panagía und Ágios Charalámbos, Fresko: ›Jesus vor Pilatus‹

11 km südlich von Areópoli wurde an der Küste bei **Pýrgos Dyroú** ein Labyrinth von **Tropfsteinhöhlen** entdeckt – eines der größten Naturwunder Griechenlands. Die durch einen unterirdischen Fluss

Tropfsteinhöhle von Pýrgos Dyroú

entstandene und auch heute teilweise geflutete **Glyfáda-Höhle** ist auf einer Kahnfahrt zu besichtigen. Lautlos gleitet das von einem Führer gestakte Boot durch die angestrahlten gewundenen Gänge und kathedralenartigen Säle mit ihren bizarren Stalaktiten- und Stalagmitengebilden in changierenden Rot-, Weiß- und Grüntönen: eine fantastische unterirdische Märchenwelt, die jedem Besucher unvergesslich bleiben wird. Touristen noch nicht zugänglich ist die 200 m entfernte **Alepótrypa-Höhle** (= Fuchsloch), die zu ihrem Namen dadurch kam, dass der Hund eines Höhlenforscher-Ehepaares sich auf der Jagd nach einem Fuchs hierher verirrte und erst nach Tagen wieder auftauchte, was zur Entdeckung der Höhle führte. Diese Höhle war vom 25. bis zum 5. Jt. v. Chr., d. h. von der Alt- bis zur Jungsteinzeit bewohnt (vgl. S. 18). Die hier gefundenen Artefakte aus Stein und Knochen, später auch Keramik, sind – didaktisch übersichtlich und ergänzt durch informative Texte und Rekonstruktionszeichnungen – in einem eigenen **Prähistorischen Museum** neben dem Parkplatz ausgestellt. Das Dorf Pýrgos Dyroú besitzt eine Kirche des 12. Jh. – *Ágios Ioánnis* –, für deren Bau antike Blöcke wieder verwendet wurden.

Vámvaka, Ágii Theodóri, 11. Jh.

Von Kámbos zum Kap Ténaro – die westliche Máni

Wie eine Filmkulisse wirkt die im Sommer vor Hitze flimmernde Küstenlandschaft südlich von Areópoli mit ihren Felskaps, verschwiegenen Buchten und den dahinter ansteigenden kahlen Bergen. Fischerhäfen sind hier selten, fast alle Dörfer liegen ein Stück landeinwärts in der Küstenebene oder am Hang der Berge. Von den meisten Einwohnern verlassen, haben sie ihre traditionelle Bausubstanz bewahrt: Feldsteinhäuser mit Flachdächern und immer wieder Türme – einzelne Türme und Türme in Gruppen, Türme mit senkrechten und mit angeschrägten Wänden. Dazwischen, oft halb verfallen, mittelalterliche Kirchen mit interessanter Architektur und Malerei.

Auf dem Friedhof von **Charoúda** steht die um 1100 erbaute *Kreuzkuppelkirche Taxiárchon* mit einem fantasievoll mit Pflanzenmotiven dekorierten Türsturz und Freskenmalerei des 14. und 18. Jh. In den Olivenhainen der Umgebung fallen immer wieder Reste mykenisch anmutender Strukturen aus rohen Riesenblöcken auf; sie gehören jedoch nicht in jene Epoche, sondern zu verfallenen Máni-Gehöften, deren Entstehung im Mittelalter vermutet wird (vgl. S. 271). Bei **Tsópakas** am Weg nach Kouloúmi findet man eine Kirche mit reliefierten Chorschranken und Freskenresten des 14. Jh. Lohnender ist ein Besuch der Bergdörfer Vámvaka und Érimos. *Ágii Theodóri* in **Vámvaka** mit seiner teilweise aus Spolien zusammengesetzten und mit Ziegeldekor geschmückten Fassade wurde 1075 geweiht. Etwa ein Jahrhundert später datiert *Agía Várvara* am Ortsrand von **Érimos:** eine in Cloisonné-Mauerwerk errichtete Kreuzkuppelkirche mit hohem Tambour; das Giebelfeld über einem Fenster der Seitenwand schmücken zwei Pfauen.

An einer tiefen Bucht mit Kiesstrand liegt der stille Fischerhafen **Mézapo.** Man blickt von hier auf das weit nach Nordwesten vorspringende vegetationslose *Kap Tigáni,* ›die Bratpfanne‹, wo einige Mauerreste von der Anlage eines fränkischen Forts künden. Verstreut im Hinterland von Mézapo trifft man auf Dutzende von traditionellen Máni-Dörfern mit architektonisch interessanten Kirchen, so etwa *Ágios Geórgios* in **Káto Gardenítsa** oder *Ágios Ioánnis* in **Kéria.** Beeindruckend durch seine Turmsilhouette und seine urtümlichen Wohnbauten ist das Hangdorf **Kíta.** Hier siedelten im 13. Jh. Flüchtlinge aus der Gegend von Tegea in Arkadien (S. 219), das damals Nikli hieß. In der Folgezeit bildeten die Niklier eine Aristokratie, die mit Waffengewalt die eingesessene Landbevölkerung unterjochte und sich durch Piraterie Reichtümer erwarb. 1 km nördlich des Dorfs sieht man von der Landstraße aus am Hang (unbeschilderter Fahrweg) die klassisch proportionierte *Kreuzkuppelkirche Sérgios und Bácchos* aus dem 12. Jh.; ihr Unterbau und Teile des aufgehenden Mauerwerks bestehen aus antiken Quadern, Chor und Tambour sind mit Ziegelornamentik versehen. Archaisch auch die Bergdörfer **Óchia** und **Áno Boulárii,** letzteres mit einer der ältesten Kirchen der Máni: *Ágios Stratigós* aus dem frühen 11. Jh. mit doppelbogigem Exonarthex und Sägezahn-Bändern aus Ziegeln (außerhalb des Ortes, verschlossen).

Wehrtürme und Kirchen der Máni

Das Turmdorf Váthia vor der Kulisse der wüstenartig kahlen Höhenzüge der Máni

4 km hinter Geroliménas taucht hoch über dem Meer die Silhouette von **Váthia** auf – berühmtestes Beispiel traditioneller Máni-Architektur. Wie ein Mini-Manhattan drängen sich die Häuserkuben und Geschlechtertürme auf der Kuppe eines steilen Hügels zusammen. Vier Familien-Clans beherrschten von ihren Wohn- und Wehrtürmen aus den kleinen Ort: häufig in Fehde miteinander, die mit Waffengewalt ausgetragen wurde, letztmals 1839. Behutsame Restau-

Von Kámbos zum Kap Ténaro – die westliche Máni

rierung durch die griechische Tourismusbehörde und der Ausbau einiger Pyrgi zu Fremdenunterkünften in den 1980er-Jahren haben wieder Leben in das fast verlassene Dorf gebracht.

Wie eine Bergwüste streckt sich die **Halbinsel Matapán** nach Süden bis fast zum 36. Breitengrad: weiter als Sizilien und fast so südlich wie Gibraltar. Von der schattenlosen *Mármara-Bucht* mit ihrem kristallklaren Wasser führt die Straße über nackte Höhenrücken zur

Wehrtürme und Kirchen der Máni

Den vom legendären ›Höllenhund‹ Kerberos bewachten Eingang zur Unterwelt identifizierte man in der Antike mit einer Höhle am Osthang der Bucht von Ténaro. Herakles soll es gelungen sein, den hundsgestaltigen Wächter des Totenreiches aus der Pforte des Hades hervorzuzerren – eine der Großtaten des Helden, die am Zeus-Tempel in Olympia (s. S. 149) dargestellt waren.

letzten Siedlung *Mires*, von dort ein steiniger Fahrweg bis zu einer abgelegenen Felsenbucht von **Kap Ténaro:** ein einziges Gehöft mit Taverne, sonst nichts! Ein Ende der Welt.

Nicht anders empfanden es die alten Griechen. Sie sahen in diesem Ort, der wirklich die Grenze ihrer Welt markierte, eine Passage zur Unterwelt. Poseidon – Meeres- und Unterweltsgott zugleich – hatte hier sein *Orakelheiligtum*. Auf einer Klippe zwischen zwei Schären steht noch eine Cellawand des Tempels samt der Türe aufrecht; die heidnische Kultstätte wurde von den Christen zur Kapelle mit Apsis und Tonnengewölbe umgebaut und degenerierte schließlich zum Schafstall mit schlichten Steinplatten als waagerechter Überdachung. In den Kliffs zu beiden Seiten sieht man rechteckige, an Rück- und Seitenwänden in den Fels geschlagene Räume: Reste von Unterkünften für Heiligtumsbesucher und der einstigen Siedlung; am Südrand ein hellenistisches Bodenmosaik mit Rosette und Wellenband. Der Fußweg von hier zum Kap mit seinem *Leuchtturm* dauert eine halbe Stunde. Abends durchziehen Jäger mit ihren Hunden die kahlen Hänge auf der Suche nach Niederwild und Vögeln. Auf dem weiten Meer sieht man Frachtschiffe, denn am Kap Ténaro vorbei führt die Route zwischen der Peloponnes und Kreta zur Levante.

Schon auf der Ostseite der Máni, aber am leichtesten über eine Stichstraße von Míres zu erreichen, liegt die stille Hafenbucht von **Pórto Kágio** mit ihren zwei Fischtavernen. Seinen Namen Kágio bzw. Kálio erhielt der Ort nach den Wachtelschwärmen (italienisch: quaglie), die hier auf ihrem Flug nach Afrika Station machen und von den Einheimischen zu Tausenden in Netzen gefangen wurden (s. S. 15).

Gýthio und die östliche Máni

Die Ostküste der Máni – trotz ihrer herrlichen Badestrände touristisch noch wenig erschlossen – ist grüner und lieblicher als ihr westliches Gegenstück. Im Kontrast zur herben Schönheit dort prägen hier Olivenhaine und Zypressen das Landschaftsbild. Nur die charakteristische Architektur macht augenfällig, wie sehr auch dieser Landstrich zur Máni gehört. Ausgangspunkt für eine Besichtigung ist für die meisten Reisenden Gýthio.

Die 8000 Einwohner zählende Hafenstadt **Gýthio** staffelt sich pittoresk am Hang über einer weiten Bucht. Die im Hafen vor Anker liegenden Jachten und bunten Fischkutter, eine lebhafte Uferpromenade mit Cafés, Läden und Restaurants und die steil ansteigenden Altstadtgassen mit ihren griechisch-klassizistischen Bürgerhäusern verleihen ihr mediterranes Flair. Historische Sehenswürdigkeiten gibt es kaum: ein kleines *antikes Theater* mit zehn Sitzreihen (im modernen nordöstlichen Teil des Ortes), davor marginales Gemäuer der

Gýthio und die östliche Máni

Hafenbucht von Gýthio

antiken Siedlung Gytheio – Steinblöcke dieser Siedlung sind auch in die Hafenmauer verbaut – und schließlich, am Ortsausgang Richtung Sparta, Reste einer römischen Nekropole. Das Archäologische Museum ist bis auf weiteres geschlossen. Einen Besuch lohnt aber das liebevoll bestückte **Volkskundliche Máni-Museum** auf der durch einen Damm mit dem Festland verbundenen *Insel Marathónisi*. Die hier ausgestellten Gegenstände des Alltagslebens, alte Fotos und Dokumente geben Einblick in die Lebensumstände auf der Máni während des 19. und 20. Jh.

An der Strecke Gýthio – Areópoli ragt auf einem Bergplateau aus dem Eichenwald die zinnenbewehrte Ruine der fränkischen Burg **Passavás,** die den Zugang zur inneren Máni kontrollierte. Die Küstenstraße führt über *Kamáres* – mit großem Pýrgos und byzantinischer Kirche – durch Olivenhaine und Eichenwälder zum Fischerdorf **Kótronas**, über dem an der steilen Bergflanke die Turm-Ensembles zweier malerischer Máni-Dörfer sichtbar werden: **Flomochóri** und **Loukádika**. Auch den folgenden Küstenabschnitt säumen graue Bergnester aus Türmen und kubischen Häusern, die wie Fortsetzungen der natürlichen Bergrate auf Felsketten gesetzt sind: **Nýmfio** und **Spíra**. Hoch in den Bergen über Nýmfio (zweistündiger Fußmarsch) liegen Reste zweier kleiner späthellenistischer Tempel, südlich Kokkála (Hinweisschild) ein antiker Steinbruch.

Eine großartige Kulisse bietet **Lágia** mit seinen wuchtigen Pyrgi und Wehrgehöften. Am südlichen Ortsrand steht hangaufwärts neben der Straße eine unscheinbar aus Feldsteinen gemauerte und mit Steinplatten gedeckte Kapelle, kaum als Kirche erkennbar. Ihr Innenraum ist so klein, dass man sich kaum darin bewegen kann und doch samt gemauerter Ikonostasis komplett ausgemalt mit gut erhaltenen naiv-ausdrucksstarken Fresken.

Unverfälschte Turmarchitektur und Ruinen mittelalterlicher Wehrgehöfte bietet das malerisch gelegene Hangdorf Lágia an der Ostküste der Máni

Lakonien

Der Distrikt Lakonía umfasst die gesamte südöstliche Peloponnes. Kernland ist das fruchtbare Evrótas-Becken, das bereits im 2. Jt. v. Chr. besiedelt war. In mykenischer Zeit soll hier Menelaos (Bruder des Königs Agamemnon von Mykene) mit seiner Gattin, der schönen Helena, geherrscht haben. Die dorischen Siedler des 1. Jt. v. Chr. nannten das Gebiet Lakedaimon und bezeichneten auch ihre Hauptstadt Sparta häufig mit diesem Namen. Sich selbst nannten sie üblicherweise nicht Spartaner, sondern Lakedaimonier.
Karte s. S. 270

Besonders sehenswert:
Sparta ☆
Mystrá ☆☆
Geráki
Monemvasiá ☆☆
Kýthira

Sparta

Das heutige Spárti, Hauptstadt der Provinz Lakonía, wurde per Dekret der bayerischen Administration 1834 gegründet und in einem feierlichen Akt durch das Königshaus eingeweiht. Die auf dem Reißbrett entstandene trapezförmige Straßenführung mit dem von Palmen gesäumten breiten Leofóros Konstantínou Paleológou als Mittelachse prägt noch heute das Stadtbild. Spárti ist kein malerischer, aber ein gepflegter und relativ wohlhabender Ort.

Askese und Aggression – Spartas Kriegsideologie in Antike und Neuzeit

Der Name Sparta ist in aller Welt zum Symbol geworden: Inbegriff einer kargen, strengen und auf militärische Disziplin ausgerichteten Lebensführung, die nicht vorübergehend aus einer Not heraus auf sich genommen, sondern als Dauerzustand und persönliches wie kollektives Ideal aufgefasst wird. Spartas legendäre militärische Erfolge haben dieses Gesellschaftsmodell zum Schrecken seiner Gegner werden lassen, doch es fand auch außerhalb Spartas immer wieder Befürworter und sogar begeisterte Verfechter, erschien es doch manchen als Hort von Stabilität und als Bollwerk gegen Sittenverfall und Dekadenz. Namentlich Philosophen und Moralisten, denen Demokratie verdächtig und gar die ›Wankelmütigkeit des Pöbels‹ ein Gräuel war, haben mit dem Spartanischen Modell geliebäugelt: darunter Platon und später Plutarch. Seit der Renaissance gehörten die Schriften der genannten antiken Autoren über Sparta und seine Gesetze – besonders Platons Entwurf eines utopischen Staates (›Gesetze‹) – zum Futter staatstheoretischer Diskussionen. Als Modell wurde Sparta fast überall in Militärkreisen und in militärisch ausgerichteten Gemeinwesen gesehen, ganz besonders im Faschismus des 20. Jh. Die Idee eines konstitutionell kernigen, mental disziplinierten und straff organisierten reinen Volkes der Dorer wurde bereits in der Romantik als völkisch-rassistische Konzeption entwi-

◁ *Blick auf Mystrá, im Vordergrund ein Turm der Befestigungsmauer, am Hang links das Pantánassa-Kloster, auf dem Berggipfel die fränkische Burg*

Lakonien

Selbst beim Sprechen galt in Sparta die Devise, sich aufs Allernötigste zu beschränken. So wurde der Landschaftsname Lakonien zum Adjektiv, wenn von einem ›lakonisch‹ knappen Ausspruch die Rede ist.

Kaum zu zählen sind die antiken Aussprüche, die die militärische Disziplin der Spartiaten zum Gegenstand haben. Der Spartanerkönig Agis soll auf die Frage, welche Wissenschaft am meisten in Sparta getrieben werde, bemerkt haben: »Die Kunst zu befehlen und zu gehorchen«. Im Übrigen versicherte er, Spartaner fragten nicht, wie stark die Feinde seien, sondern wo sie seien!

ckelt. Diese wurde von den Nationalsozialisten aufgegriffen und zur Legitimation für einschlägige Sport- und Militärpropaganda, aber auch für Euthanasieverbrechen missbraucht.

Dass Sparta sein martialisches Etikett nicht zu Unrecht trägt, wird durch antike Zeugnisse bestätigt: Kollektivdisziplin war oberstes Gebot, und dieses Gebot wurde mit rigidesten Mitteln durchgesetzt, was zu einer unerhörten Aggressionsbereitschaft nach außen und barbarischen Härte nach innen, gegen die eigenen Mitglieder führte: sowohl zwischen den gesellschaftlichen Klassen als auch innerhalb der Oberschicht. Zwar führten alle griechischen Stadtstaaten immer wieder Kriege, Sparta aber verstand sich als permanenter Krieg! Als die dorischen Lakedaimonier im 10. Jh. v. Chr. in der Evrótas-Ebene siedelten, unterjochten sie die ansässige einheimische Bevölkerung und machten sie zu den sprichwörtlichen Heloten (Staatssklaven), die fortan die schwere Arbeit auf den Feldern für die nur einige Tausend zählende Kriegerkaste der Spartiaten zu verrichten hatten.

Sklaverei war bekanntlich in ganz Griechenland verbreitet, Sparta aber erklärte seinen Sklaven den permanenten Krieg! ›Helotentöten‹, mit dem Messer bewaffnet aufs Feld gehen und Landarbeiter abschlachten, galt als ertüchtigende Beschäftigung für junge Leute in ihrer Ausbildung zum Vollspartiaten, und wenn heute mit Entsetzen auf Taten und Schicksale der Kindersoldaten und ihrer Opfer in vielen Teilen der Welt geblickt wird, so hat dieses Phänomen seine erschreckenden Parallelen und Vorläufer im antiken Sparta. Auch dort wurden die Kinder bereits im Alter von sieben Jahren von ihren Familien abgesondert und in militärisch organisierten Rotten unter härtesten Lebensbedingungen aufgezogen. Ein Mantel musste für das ganze Jahr genügen, Frieren galt als Abhärtung. Die Kost war dürftig, Mundraub und regelrechtes Überlebenstraining gehörten zum Erziehungsprogramm. Kein Mittel war verpönt, um aus den Knaben Kampfmaschinen zu formen. ›Zuckerbrot und Peitsche‹ wechselten einander ab: Förderung, Lob, sexuelle Zuwendung durch Ältere sowie Kameradschaft auf der einen, Isolierung, Hunger, Prügel und geradezu sprichwörtliche verbale Demütigung auf der anderen Seite; auch die vom modernen Totalitarismus bekannten öffentlichen Selbstbezichtigungen nach Verfehlungen waren an der Tagesordnung. Dabei wurde die Gruppe zum einzigen sozialen Bezugspunkt der Jugendlichen, und ebendies befähigte sie zu dem an den Spartiaten so gerühmten todesverachtenden Kampfesmut in eng geschlossener Schlachtreihe. Singend sollen sie in die Schlacht gezogen sein, selbst wenn der Gegner weit überlegen schien, und schon mit dieser Geste den Feind völlig eingeschüchtert haben.

Viele kamen allerdings erst gar nicht in den Genuss dieser Erziehung, denn auch Euthanasie gehörte zum spartanischen Gesellschaftsmodell. In der ganzen griechischen Welt war Kindesaussetzung ein Mittel der Familien (genauer gesagt, der Väter!), sich in Notzeiten zu vieler Esser zu entledigen. In Sparta jedoch wurde jeder aus vollbürgerlichem Elternhaus geborene Säugling von einer Kommission

Sparta

auf seine körperliche Verfassung hin begutachtet und über sein Weiterleben entschieden. Männer und Frauen lebten auch in der Ehe weitgehend getrennt; von einem fremden Mann geschwängert zu werden, galt als Verdienst, wenn der Mann den Zuchtvorstellungen des Staates entsprach.

Dass ein solches Gesellschaftsmodell nur mittels einer gewissen Abschottung gegenüber der übrigen griechischen Welt verwirklicht werden konnte, versteht sich von selbst. So war Reisen, mindestens während bestimmter Perioden, untersagt. Auch der Handel wurde auf ein Minimum beschränkt, u. a. dadurch, dass Silbergeld – seit dem 6. Jh. v. Chr. in Griechenland übliches Zahlungsmittel – in Sparta verboten war. Überhaupt wurde die Bildung größeren privaten Eigentums unmöglich gemacht. Den Spartiaten galt Arbeit als verachtenswert, die Felder wurden von den Heloten bestellt, Handwerk und Handel überließ man den Perioiken, d. h. den Bewohnern des Umlandes.

Modernes Kriegerdenkmal (Leonidas) in Sparta (S. 287)

Bei aller Rigidität hatte das spartanische Gesellschaftsmodell auch seine positiven Seiten. Frauen traten hier selbstbewusster bei Festen und anderen öffentlichen Veranstaltungen auf als in anderen griechischen Stadtstaaten; ihr Urteil war gefragt, und sie wussten sich redegewandt zu artikulieren, wovon zahlreiche überlieferte Aussprüche Zeugnis ablegen. Sie betrieben Sport, bei den kultischen Wettkämpfen sogar nackt; den eigenen Körper zu zeigen, galt nicht als kokett, sondern als natürlich, was ihnen allerdings bei anderen Griechen den Spottnamen ›Schenkelzeigerinnen‹ einbrachte.

Ekstatische und sadistische Kulte

Spartas Kultrituale müssen Spiegel, zugleich aber auch Kompensation der besonderen Lebensformen und Wertvorstellungen dieser Gesellschaft gewesen sein: Zunächst einmal spielten Frauen eine prominente Rolle. Von Mädchenchören wird berichtet, die bei den Adonis-Festen in Amyklai (S. 292) wie auch im Kult der Artemis Orthia in Sparta ihre Schönheit präsentierten und mit aufreizenden Pantomimen und Gesängen die Männer herausforderten. Sex, Fruchtbarkeit und möglicherweise Wiedergeburt nach dem Tod waren Themen, die bei diesen Übergangsritualen vom adoleszenten zum Erwachsenenstatus inszeniert wurden. Burleske, aber auch dämonische Züge lassen Votive im Dionysos- und Artemis-Kult erkennen. Sadistisch geprägte Initiationsriten fanden im Artemis-Orthia-Heiligtum statt, wo bei Knabenweihen das Erleiden und Miterleben von Auspeitschungen Ekstase verursachten. Das bei diesen Geißelungen strömende Blut soll das Blut früher praktizierter Menschenopfer ersetzt haben. Doch auch beim Auspeitschen ließen manche Jungen ihr Leben: Wenn immer die Geißelnden einen Jüngling zu schonend schlugen, wurde das Artemis-Kultbild in den Armen der anwesenden Priesterin ›zu schwer‹ als Zeichen dafür, dass die Pein

Lakonien

Votivmasken von Greisen aus dem Artemis-Orthia-Heiligtum von Sparta (Zeichnung Maria Witek). Sparta, Archäologisches Museum

noch zu gering sei. Auf der einen Seite vermittelten jene Kultfeste Gemeinschaftsgefühl und gaben dem Lebensablauf eine religiös fundierte Struktur; auf der anderen Seite aber müssen sie jedem Mitglied der Gemeinschaft auch Scheu und Schrecken eingeflößt haben.

Politische und kulturelle Geschichte Spartas in Schlaglichtern

Während die geschilderten Einzelheiten spartanischer Erziehung und Lebensführung als solche in der althistorischen Forschung unbestritten sind, steht nicht mit letzter Sicherheit fest, in exakt welcher Zeitspanne diese ›spartanischen‹ Zustände herrschten. Spätere Jahrhunderte haben die fundamentalistische Gesetzgebung Spartas dem sagenhaften Staatsmann Lykourgos angedichtet und ihr damit ein hohes Alter zugeschrieben. Wahrscheinlicher ist aber, dass die angedeuteten finsteren Seiten spartanischer Lebensführung erst im 5. und 4. Jh. v. Chr. aufkamen. Denn Sparta scheint sich in seiner eigentlichen Blütezeit des 7. und 6. Jh. keineswegs vom sonstigen Griechenland isoliert zu haben. Es stand damals noch in fruchtbarem Austausch mit anderen Stadtstaaten, so auf den Gebieten der Dichtung, Musik und Bildenden Kunst.

Elfenbeinschnitzerei und Bronzeguss standen, archäologischen Funden zufolge, in hoher Blüte; für die Ausstattung von Heiligtümern holte man sich in archaischer Zeit noch namhafte Architekten und Bildhauer wie etwa Bathykles aus Magnesia in Kleinasien für das Amyklaion (S. 292). Die frühgriechischen Lyriker und Musiker Tyrtaios, Alkman und Terpandros (7. Jh. v. Chr.) lebten in Sparta und dichteten Kampfgesänge, aber auch Elegien und Chorlieder, die bei Festlichkeiten in den Heiligtümern aufgeführt wurden. Dabei handelt es sich um Dichtungen ganz neuer Art: In ihnen kommen persönliche Anliegen des Einzelnen zum Ausdruck; und sie verraten Sinn für Humor, etwa wenn in einem Gedicht die Mädchen eines Chores einander mit Zuneigung und Eifersucht necken und dies bei der Aufführung in Szene gesetzt wurde.

Über die Jahrhunderte kaum gewandelt haben sich offenbar Spartas staatliche Institutionen. Seit frühester Zeit wurde es von einem Doppelkönigtum regiert, das von gewählten Beamten, den Ephoren, kontrolliert wurde. Daneben gab es einen Ältestenrat und eine Volksversammlung, die allerdings keine nennenswerten Befugnisse besaß. Im Krieg waren die Könige Heerführer. Bereits im 8. und 7. Jh. v. Chr. dehnten die im Evrótas-Becken angesiedelten Lakedaimonier bzw. Spartaner ihr Herrschaftsgebiet auf Messenien aus, in der Folgezeit auch auf weite Teile Arkadiens, bestimmender Machtfaktor waren sie fast auf der ganzen Peloponnes. Aus dem Peloponnesischen Krieg (431–404 v. Chr.) ging Sparta als Sieger hervor und setzte für kurze Zeit auch in auswärtigen Stadtstaaten, darunter sogar Athen, sein Gesellschaftsmodell durch. Zum Problem wurde allerdings die schmale Machtbasis der Kriegerkaste der Spartiaten, die am Ende des 5. Jh. schätzungsweise nur noch 5000 Mann umfasste. Endgültig gebrochen wurde Spartas Macht durch die Siege des Thebaners Epameinondas 371 und 362 v. Chr., die für Messenien und Arkadien die Befreiung vom spartanischen Joch mit sich brachten (S. 262). Spartas Königtum endete mit Kleomenes III. 221 v. Chr.

Bis zum Hellenismus muss der Ort Sparta jeglicher Urbanität entbehrt haben; städtische Architektur wurde als Verführung abgelehnt. Verzichtet wurde auch auf eine Befestigungsmauer, denn diese ersetzten, wie man sagte, die todesmutigen jungen Leute. So bemerkt der athenische Historiker Thukydides am Ende des 5. Jh. v. Chr. mit Blick auf seine Vaterstadt Athen prophetisch: »Gesetzt den Fall, die Stadt der Lakedaimonier [Sparta] verödete und nur die Tempel und Stadtfundamente blieben bestehen, so würde, wie ich meine, in ferner Zukunft kein Mensch mehr für möglich halten, dass die Stadt so mächtig war, wie man von ihr behauptet. Und doch gehören ihr zwei Fünftel der Peloponnes, und über das Ganze sowie zahlreiche weitere Bundesgenossen gebietet sie faktisch. Aber weil sie nicht zusammengebaut ist, nicht reiche Tempel und Bauwerke hat, sondern nach der alten griechischen Art aus zerstreuten Haufen von Häusern besteht, mag sie einem ziemlich machtlos vorkommen. Bei den Athenern hingegen würde man aus dem äußeren Erscheinungsbild der Stadt schließen, sie sei noch einmal so mächtig, wie sie in Wirklichkeit ist« (1, 10).

Die spärlichen Ruinenreste eines der mächtigsten Staaten der Antike

Die Magistrale der heutigen Stadt, *Konstantínou Paleológou*, läuft auf ein martialisches modernes **Denkmal (1)** (Abb. S. 285) zu. Der roboterhaft dahinschreitende pseudoantike Bronzekrieger soll den Spartanerkönig **Leonidas** vorstellen, der als Feldherr in der Schlacht bei den Thermopylen 480 v. Chr. zusammen mit 300 Spartiaten und vielen weiteren Soldaten, nicht von der Stelle weichend, von der per-

Lakonien

Sparta
1 Leonidas-Denkmal
2 Lage der antiken Agora
3 römische Stoa und byzantinische Mauer
4 Rundbau
5 Heiligtum der Athena Chalkiois (unter modernem Wasserreservoir)
6 Nikon-Basilika
7 Theater
8 sog. Grab des Leonidas
9 Heiligtum der Artemis Orthia
10 Archäologisches Museum
11 Koumántaros-Galerie

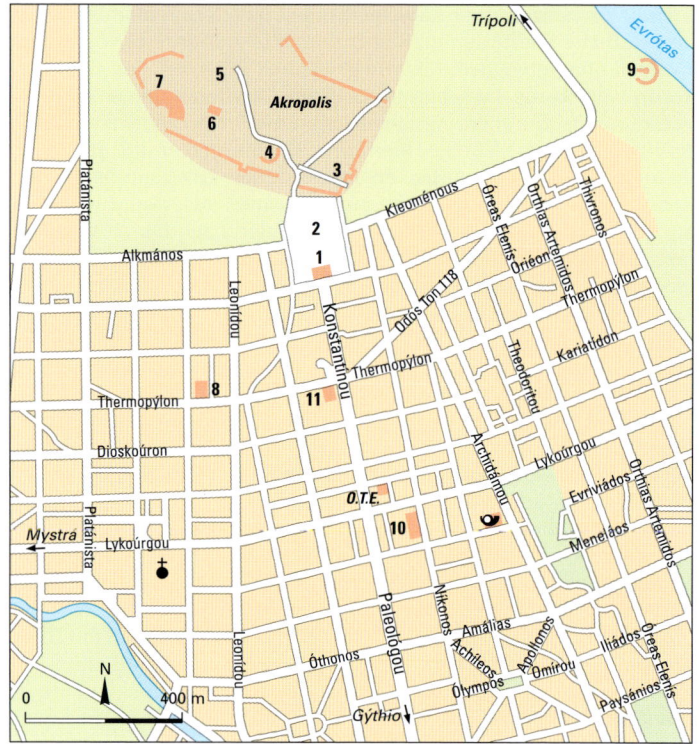

sischen Übermacht niedergemetzelt wurde. Über seinem mächtigen Helmbusch, dessen Ende im Wind zu flattern scheint, weht die griechische Flagge: Symbol gegenwärtiger nationaler Wehrhaftigkeit und Behauptung einer historisch irrigen und ideologisch fragwürdigen Antikentradition.

Im Gelände des Sportplatzes hinter dem Leonidas-Denkmal wird die antike **Agora (2)** vermutet. Von hier führt der Weg auf die flache Hügelkuppe der einstigen **Akropolis.** Man passiert eine byzantinische Mauer und herumliegende dorische und ionische Säulen, die zu einer römischen **Stoa (3)** gehört haben. Interessanter ist ein rätselhafter, möglicherweise in hellenistischer Zeit entstandener **Rundbau (4)**, etwas weiter oben am Hang. Erhalten ist nur die eine Hälfte mit drei Stufen und mächtigen Orthostatenplatten darüber. Wozu die Plattform diente, ist umstritten: Rundtempel, Altar oder schlicht ein Tanzplatz? Auch ein Kenotaph in Form eines Grabhügels für einen mythischen Heroen wäre denkbar – eine Bauform, wie sie von Anatolien, Griechenland, aber auch von Etrurien und Rom her bekannt ist. Auf der Hügelkuppe, wo sich einst das **Athena-Heiligtum (5)** der Stadt befand, trifft man auf spärliche römische und byzantinische

Gebäudereste, darunter die Grundmauern der dreischiffigen **Nikon-Basilika (6)**. Vom **Theater (7)** sind Reihen von Steinsitzen erhalten, vor allem aber Teile des einstigen Bühnengebäudes mit Einlassspuren von Schiebevorrichtungen für Bühnenbilder.

Die wieder aufgebauten Quadermauern eines kleinen **Tempels (8)** im Stadtgelände hat man zu Unrecht mit dem von Pausanias erwähnten *Grabmal des Leonidas* in Verbindung gebracht; wem der Tempel tatsächlich geweiht war, ist unbekannt. Auch das an der Ausfallstraße nach Trípoli in der Evrótas-Senke gelegene und durch seine literarisch überlieferten Kultbräuche und spektakulären Funde berühmte uralte **Heiligtum der Artemis Orthia (9)** ist heute lediglich ein unübersichtliches Trümmerfeld. Die ältesten seinerzeit gefundenen Spuren sind mittlerweile wieder zugedeckt, der mehrfach erneuerte Brandopferaltar nur in wenigen Steinsetzungen erkennbar. Das jetzt sichtbare Theaterrund stammt aus spätrömischer Zeit, als die sadistischen Kultbräuche (S. 285) zum Unterhaltungsspektakel geworden waren. Während somit kaum noch Relikte von der einstigen Bedeutung Spartas zeugen und auch von den berühmten Heiligtümern in seiner Umgebung nur noch traurige Reste in Augenschein zu nehmen sind, haben Ausgrabungen ein faszinierendes und fassettenreiches Material an Einzelfunden zu Tage gefördert, das Aufschluss über religiöse Vorstellungen und Kultpraktiken wie auch über lokale handwerkliche und künstlerische Traditionen Spartas gibt.

Archäologisches Museum und Koumántaros-Galerie

Das **Archäologische Museum (10)** liegt in einem schattigen Park neben dem Leofóros Paleológou. Der Bau, dessen Vorhalle den Nike-Tempel von der Akropolis zitiert, geht auf Pläne des dänischen klassizistischen Architekten Theophil Hansen zurück und wurde 1875/76 errichtet. An den Wänden der **Eingangshalle** ist eine Serie kurioser, mit Inschriften versehener *Votivstelen* angebracht; sie weisen Eintiefungen in der Form von Sicheln oder von Schabeisen (Strigilis) auf, wie sie von Athleten benutzt wurden, um Schmutz und Öl von der Haut abzukratzen. Von den originalen Metallklingen, die in diese Vertiefungen hineingedrückt wurden, sind noch einige Exemplare erhalten. Die im 2. Jh. n. Chr. entstandenen Stelen stammen aus dem Heiligtum der Artemis Orthia und beziehen sich, wie aus ihren Inschriften hervorgeht, auf athletische und musikalische Knabenwettkämpfe.

In den **Sälen rechts** sind *Skulpturen* aus Sparta und seiner Umgebung ausgestellt, wobei die genauen Fundplätze oft leider nicht mehr zu ermitteln sind. Ein doppelseitiges Relief von pyramidaler Form aus dem 6. Jh. v. Chr. zeigt Liebeswerben (Ägisth und Klytaimnestra?) und Liebestod (Orest bei der Tötung Klytaimnestras? Vgl. die Dar-

Lakonien

Kriegerskulptur aus Sparta, um 480 v. Chr. Sparta, Archäologisches Museum

stellung auf einem Reliefblech in Olympia, Abb. S. 156). Eine geschlossene Gruppe bilden unregelmäßig geformte Stelen mit der Darstellung eines auf einem Thron sitzenden Heroen- oder Götterpaares, zuweilen auch eines einzelnen Mannes. Hinter dem Thron ringeln sich Schlangen empor: Der Mann hält einen Kantharos, d. h. einen rituellen Weinbecher, wie er im Dionysoskult Verwendung fand; die Frau ist in einem Gestus der Entschleierung dargestellt. Dem vergöttlichten Paar nähern sich miniaturhaft kleine Adoranten mit Gaben (das größte und besterhaltene dieser Reliefs heute in den Berliner Antikensammlungen). Ob hier tatsächlich heroisierte Verstorbene und nicht Hades und Persephone oder Dionysos und Ariadne verkörpert sind, ist bis heute umstritten. Im nächsten Raum sind fein ziselierte dorisch-ionische *Konsolenkapitelle vom Amyklaion* (S. 292) ausgestellt, außerdem das Fragment einer nackten *knienden Geburtsgöttin* archaischer Zeit (Artemis, Eleithyia?), die von kleinen Begleitfiguren umgeben ist.

Blickfang des letzten Saales ist die großartige *Skulptur* eines vorstürmenden Mannes in Rüstung, in dem immer wieder der schon erwähnte spartanische König und Feldherr *Leonidas* vermutet wurde. Allerdings hat diese Vermutung wenig Wahrscheinlichkeit für sich, denn die kraftvolle, vor Energie sprühende Figur stammt zwar aus dem ersten Viertel des 5. Jh. v. Chr., dürfte aber kein Einzelbildnis gewesen sein, sondern zu einer Kampfgruppe – vielleicht in einem Giebel – gehört haben. Um 460 v. Chr. entstand die in Geráki gefundene *Grabstele* mit dem Relief eines Jünglings, der gebeugt sitzend und den Kopf in die Hand gestützt offenbar seinen eigenen Tod betrauert. Thematisch interessant ist hier ein weiteres *Relief* des 5. Jh. v. Chr., auf dem der delphische *Apoll als Leierspieler* erscheint zusammen mit seiner Schwester Artemis, die eine Trankspende darbringt; zwischen beiden steht, flankiert von den Adlern des Zeus, der Omphalos: der Nabel der Welt.

Die Exponate des **ersten Saals links** sind religionsgeschichtlich von herausragender Bedeutung und belegen das hohe Niveau kunsthandwerklicher Tradition in Sparta während des 7. und frühen 6. Jh. v. Chr. Aus noch unzureichend erforschten Gründen findet sich darunter eine Fülle höchst realistischer und bis ins Groteske gesteigerter Wiedergaben von Gesichtern und Bewegungen, die von der sonst üblichen Normierung der Menschendarstellung in jener Zeit abweichen. Vom Artemis-Orthia-Heiligtum stammen Terrakottamasken (Abb. S. 286) mit den Gesichtern greiser Frauen mit gegerbter faltiger Haut und unvollständigem Gebiss, jedoch Furcht erregenden Eckzähnen: wahre Hexenbilder; geringer ist die Zahl ebenfalls ausdrucksstarker Männer- und Satyrmasken. Diese Masken wurden nicht getragen, sondern dienten als Votive an das Heiligtum; die bei Kulttänzen benutzten Masken müssen entsprechend unheimlich gewirkt haben. *Miniaturreliefs aus Bleiblech*, die an verschiedenen Plätzen in der Umgebung Spartas gefunden wurden, verraten einen für das 6. Jh. v. Chr. bemerkenswerten Sinn fürs Ausgelassene, Derbe und Groteske; man erkennt neben heroischen Themen und Götterdarstellungen (darunter häufig Artemis mit Tieren) Tänzer mit dicken Bäuchen und Tiermasken in wilder Bewegung und burlesken Verrenkungen. Hervorragend gearbeitete Bronzefigürchen aus dem Orthia-Heiligtum und vom Menelaion folgen dagegen ganz den üblichen Konventionen des 7. und 6. Jh. v. Chr. Siegel aus Knochen und Elfenbein sowie diverser Schmuck sind, ebenso wie ein zu einem Tempelmodell gehörendes Miniaturkapitell, Weihegaben an die Heiligtümer Spartas und seiner Umgebung.

Der **linke hintere Saal** enthält *Reliefs der Dioskuren,* häufig in Verbindung mit ihrer Schwester Helena, die in Lakonien als Göttin verehrt wurde. Außerdem sind hier *römische Porträts* ausgestellt (darunter ein Bildnis des Kaisers Claudius) sowie ein beim Kap Maléas (S. 307) gefundenes *Tonmodell* einer bewaffneten *Galeere* aus der Zeit um Christi Geburt. Aus einer römischen Villa stammen die groben, aber ausdrucksstarken *Mosaiken* mit epischen Themen: u. a. Perseus und die Medusa sowie Achill, der als Mädchen verkleidet unter den Töchtern des Königs von Skyros weilt, dort jedoch von Odysseus entdeckt wird, zur Waffe greift und nun in den Trojanischen Krieg ziehen muss. Weitere Bildfelder zeigen Fantasieporträts der frühgriechischen Dichterin Sappho und des Politikers Alkibiades, der hier jugendlich verwegen, aber auch als etwas verlebter Bonvivant charakterisiert wird.

Sparta hat ein weiteres sehenswertes Museum aufzuweisen: die private **Koumántaros-Galerie (11)** in einem noblen klassizistischen Palais an der Ecke Paleológou/Thermopylon. Der aus der Gegend von Sparta stammende Reeder Giannis Koumantaros hat – eine Seltenheit in Griechenland – zu Beginn des 20. Jh. internationale Kunst gesammelt, außerdem von ihr beeinflusste zeitgenössische *griechische Malerei* sowie *Dokumente zur modernen Theatergeschichte Griechenlands.* Das Haus kann nicht alle Schätze gleichzeitig zeigen und präsentiert deshalb Schwerpunktthemen in wechselnden Ausstellungen.

Für mitteleuropäische Touristen interessanter als die eher mittelmäßig vertretene westliche Kunst ist die Kollektion griechischer Malerei des späten 19. und frühen 20. Jh., im Stil vor allem an Impressionismus und Expressionismus orientiert: Porträts und Landschaftsbilder, darunter auch Antikenansichten. In diesen Bildern wird die kulturelle Annäherung Griechenlands an die Moderne sichtbar, zu deren gesellschaftlichen Voraussetzungen das Hervortreten einer gebildeten Bourgeoisie mit Salonkultur gehörte. Wie sehr »das Bild im Auge des Betrachters liegt«, zeigt sich hier vor allem in der Farbwahl, etwa bei einem Gemälde von Maleas Konstantinos (1879–1928), dessen Kolorit eher an einen von Edvard Munch gemalten norwegischen Fjord erinnert als an eine griechische Landschaft mit ihrem so viel gerühmten »griechischen Licht«.

Theater hat intellektuell wie auch politisch im Griechenland des 20. Jh. eine doppelte Funktion gehabt: Es schuf mit der Wiederaufführung antiker Dramen eine nationale Rückbeziehung auf Alt-Hel-

Sparta besitzt ein sehenswertes Oliven-Museum (Óthonos 129 & Amalías), unterhalten von der Bank of Piraeus. Mit Karten, hervorragenden Fotos, aber auch originalen Fundstücken wie Resten versteinerter Olivenbäume, antiken Tonlampen und neuzeitlichen Olivenpressen, werden die Naturgeschichte des Olivenbaums und seine Kultivierung und Nutzung vom Neolithikum bis zur Gegenwart beleuchtet: eine faszinierende und zentrale Facette des Mittelmeerraums.

las und bot zugleich durch kühne Inszenierungen mit modernen Kostümen und Kulissen ein Medium der Auseinandersetzung mit zeitgenössischer mitteleuropäischer Theaterkultur. Namentlich Bertolt Brechts Stücke und seine dramaturgische Arbeit haben Einfluss auf das moderne griechische Theater ausgeübt. Bereits in den Jahren 1901–05 trat ›Nea Skini‹, die Neue Bühne, mit dem Regisseur Konstantinos Christomanos und der Bühnenbildnerin Thoma Ikonomou auf den Plan. Zweite wichtige Etappe sind die 1920er- und 30er-Jahre mit karg stilisierten und zugleich hoch pathetischen Inszenierungen (König Ödipus, 1919; Hekabe, 1927), häufig in antiken Theatern wie Delphi und Epidauros.

Menelaion, Amyklaion und das Kuppelgrab von Váfio

An welcher Stelle sich der legendäre Palast des Königs Menelaos von Sparta, des Gatten der Helena, befunden hat, ist bis heute umstritten. Manche Forscher halten das ›Menelaion‹ für die Stätte, doch wurde dort bislang kein Palast aus dem 2. Jt. v. Chr. entdeckt. Ausgrabungen des griechischen Archäologen Theodoros Spyropoulos legen nun nahe, dass der sagenumwobene Palast beim Dorf Pellána, 20 km nordwestlich von Sparta, lag. Immerhin konnte er dort einen großräumigen Architekturkomplex aus mykenischer Zeit nachweisen.

Von der Strecke nach Chrysafá weisen Schilder auf eine Seitenstraße und dann einen Feldweg zum **Menelaion** hin. Es liegt auf einem Höhenrücken, von dem man einen großartigen Blick über die olivenbaumbestandene Ebene auf die Stadt Sparta und dahinter das Taýgetos-Gebirge hat (s. Abb. S. 11). An dieser Stelle, wo einst eine mykenische Siedlung stand, von der ein Areal inzwischen wieder freigelegt wurde, richteten die Spartaner um 700 v. Chr. eine Gedächtnisstätte für den aus den Epen bekannten König Menelaos (Bruder des Herrschers Agamemnon von Mykene) und seine Frau Helena ein. Offenbar sah man in frühgriechischer Zeit in den mykenischen Siedlungsruinen den Wohnsitz dieses legendären lakonischen Herrscherpaares. Menelaos, Helena sowie ihre Geschwister, die Dioskuren Kastor und Polydeukes, genossen hier kultische Verehrung. Ein nachgewiesener früher Altar und ein Tempelschrein sind heute nicht mehr sichtbar, nur noch ein später um beide herumgebautes Podium.

Weitaus spektakulärer – heute allerdings nur noch in Spuren vorhanden – muss das in antiker Literatur beschriebene **Amyklaion** ausgesehen haben: eine bei der antiken Siedlung Ámyklai gelegene Kultstätte für die Vegetationsgottheit Hyakinthos und später für Apollon. In den mythischen Erzählungen ist Hyakinthos ein schöner Jüngling, in den Apollon sich verliebt, ihn aber unabsichtlich durch einen Diskuswurf tötet. Aus dem auf die Erde fließenden Blut des Hyakinthos entspringt eine Blume, die Hyazinthe. Der trauernde Apollon aber erweckt seinen Geliebten zu neuem Leben und erhebt ihn zu den Göttern: eine Geschichte von Tod und Wiedergeburt im Zyklus der Jahreszeiten. Die dreitägigen Feste zu Ehren des Gottes begannen mit Trauerriten und endeten in wilden Tänzen und ausgelassener Fröhlichkeit. Das in der antiken Literatur beschriebene Kultmonument, von dem einzelne Architekturteile im Museum von Sparta zu sehen sind, muss von Ferne einem riesigen Thron geähnelt haben, weshalb es als ›Thron von Ámyklai‹ bezeichnet wurde. Im Zentrum befand sich nicht eine Sitzstatue, sondern eine Art Säule, die als Oberkörper des bewaffneten Apollon endete. Der Riesenthron war mit unzähligen Reliefs versehen, die u. a. Szenen mit tanzenden Jünglingen darboten. Der Künstler und Ingenieur Bathykles aus dem kleinasiatischen Magnesia hat im 6. Jh. v. Chr. dieses eigenartige Ensemble geschaffen. Zu sehen ist von alledem vor Ort nur noch eine im Grundriss polygonale *Terrassierungsmauer*. Man erreicht die Stätte vom Nordrand des modernen Ortes Ámykles aus auf einer beschilderten Allee.

Ebenfalls in Ámykles zweigt ein Seitenweg nach **Váfio** ab, von wo Schilder nach 1 km zu einem mykenischen *Kuppelgrab* weisen. Hier wurde 1888 der berühmte Goldbecher entdeckt, der heute im Nationalmuseum von Athen zu bewundern ist. Die Wände des eingestürzten Grabes sind mit Brettern abgestützt, das Ganze weiträumig eingezäunt und in seinem heutigen Zustand wenig informativ.

Chrysafá

Das Dorf in den Ausläufern des Parnón-Gebirges besitzt einige freskengeschmückte spätbyzantinische Kirchen: im Ortszentrum Kímisis Theotókou, etwas höher gelegen Ágios Dimítrios und ganz am oberen Ortsrand ein winziges unscheinbares *Friedhofskirchlein*, in das man nur gebückt eintreten kann, das jedoch mit gut erhaltenen Fresken ausgemalt ist; die kleinteiligen Bilder aus dem 14. Jh. haben die Vita des Heiligen Nikolaos zum Thema. – Vom unteren Ortsende führt ein Fahrweg talabwärts nach 3 km zu einem einsam gelegenen kuriosen Kirchenbau aus fränkischer Zeit, der ursprünglich zu einem Wehrkloster gehörte: *Panagía Chrysafiótissa*. Wehrgehöft und Kirche in einem, sitzt auf dem zentralen Kuppelbereich ein klotziger Festungsturm; selbst die Hauptapsis ist aufgestockt und bildet mit dem Turm eine Einheit. Von Klöstern wie diesem wurden umfangreiche Ländereien verwaltet, die von unfreien Landarbeitern bestellt wurden. Die Wehrhaftigkeit einer solchen Kirchenanlage richtete sich also ganz offensichtlich nicht gegen äußere Feinde, sondern diente der Absicherung vor Revolten und der militärischen Kontrolle der in Leibeigenschaft gehaltenen Landbevölkerung.

Mystrá

Lage und Bedeutung

Die byzantinische Ruinenstadt Mystrá mit ihren Klosterkirchen und Kapellen am Steilhang eines isolierten Bergkegels vor der Ostflanke des Taýgetos-Massivs zählt zu den kunsthistorisch und landschaftlich größten Eindrücken eines Peloponnesaufenthaltes (Abb. S. 282). Schon der auf seinen ausgedehnten Reisen 1836 hierher gekommene

Lakonien

schlesische Fürst Hermann von Pückler-Muskau war fasziniert von der Atmosphäre dieses Orts. In seinem 1840 erschienenen Tagebuch ›Südöstlicher Bildersaal‹ schildert er die von Oliven- und Maulbeerbäumen bestandene Evrótas-Ebene mit ihrer fruchtbaren roten Erde vor der gigantischen Kulisse des Taygetos, dessen »Vorbergkette wunderlich in einzelne Kegel geformt ist, deren Zwischenräume, bis auf den Grund zerborsten, schauerliche Abgründe bilden, durch die jetzt reißende Bergwasser ihren Weg sich bahnen«.

Die Ruinen von Mystrá lässt der Reisende im Mondlicht auf sich wirken: »Die laue, transparente Nacht ward vom früh aufgehenden Monde verklärt, und ich beschloss, in seinem Dämmerlicht noch einmal die Geisterstadt zu durchstreifen. Es war eine Szene voll unaussprechlicher Erregung! Durch Schutt und Dornen auf- und abkletternd, irrte ich einsam in dem nächtlichen Ruinenlabyrinth umher, welches, in romantischer Hinsicht wenigstens, die antiken Reste Spartas weit übertrifft und überhaupt wenig seinesgleichen finden wird. Nur von längst abgeschiedenen Wesen umschwebt, ... suchte ich endlich einen Ruhepunkt unter den verlassenen Säulenhallen des alten Frauenklosters, zwischen denen das schon in Nebelschleier gehüllte Tal sich nur undeutlich einrahmte. Die morschen Türen standen offen, und der glanzvoll schimmernde Mond verbreitete Helle genug, um im Innern noch einige Figuren auf Goldgrund zu unterscheiden.« Auch wenn der Fürst es mit kunsthistorischen Details nicht so genau nahm oder das Dämmerlicht ihn täuschte – tatsächlich weisen Mystrás Fresken durchweg keinen Goldgrund auf, sondern haben einen bläulichen, von Architektur- und Landschaftselementen durchsetzten Hintergrund – und obwohl Mystrá heute museales Areal und nachts verschlossen ist, kann man doch Pücklers romantisch-atmosphärische Beschreibung sehr wohl nachempfinden.

Mystrá, Ruine des Despoten-Palastes (s. Rekonstruktion S. 296)

Dass Mystrá in Ruinen liegt und zur Geisterstadt geworden ist, beruht auf Verwüstungen im Russisch-türkischen Krieg 1770, als ein zaristisches Expeditions-Corps die Festung besetzte und anschließend albanisch-türkische Truppen Stadt und Klöster zerstörten und große Teile der Einwohnerschaft massakrierten. Zwar erholte sich der Ort nach diesem Desaster noch einmal für kurze Zeit, im Zuge des griechischen Befreiungskriegs aber wurde Mystrá von der Armee Ibraim Paschas 1824 in Brand gesetzt und die Bevölkerung vertrieben. Die bayerisch-wittelsbachische Administration schließlich hatte nach Gründung des neuen griechischen Staates keinerlei Interesse an einem Wiedererstarken klösterlicher Orthodoxie, sondern setzte ganz auf die an der Stelle des antiken Sparta neu gegründete ›hellenische‹ Stadt Spárti (S. 283, 287). Dorthin wurde die Bevölkerung samt Klerus beordert, während die historisch gewachsene Stätte Mystrá verwaiste.

Auch seine Entstehung verdankt Mystrá kriegerischen Auseinandersetzungen. Im Ringen zwischen den fränkischen Rittern und Byzanz um die Dominanz über die Peloponnes (S. 43) gelang dem Fürsten Guillaume II. de Villehardouin von Achaia (reg. 1245–78) die Eroberung Lakoniens. Diese suchte er durch Anlage von Burgen an strategisch wichtigen Punkten abzusichern: Geráki (S. 303), Monemvasiá (S. 304) und Mystrá. Doch Villehardouin blieb nicht lange Herr von Mystrá. In byzantinische Kriegsgefangenschaft geraten, musste er sich 1262 durch Herausgabe der Befestigungen freikaufen. In der Folge wird Mystrá zu einem der bedeutendsten militärischen, wirtschaftlichen und kulturellen Zentren der Byzantiner in der Ägäis. Mitglieder des Kaiserhauses von Konstantinopel residieren nun in Mystrás Palast als Gouverneure und betätigen sich als Generäle im Dauerkampf gegen Venedig und die westlichen Ritter: zunächst in einjährigem Amtswechsel, später unter den Dynastien der Kantakouzenen (1348–84) und Palaiologen (1384–1460) jeweils auf Lebenszeit als sog. Despoten. Während die Hauptstadt Konstantinopel in einen Bürgerkrieg zwischen den Anhängern der genannten Adelshäuser versinkt, der mit dem Sieg der Palaiologen endet, erlebt Mystrá eine Periode relativen Friedens und wirtschaftlicher Blüte. Grundlage seines Reichtums sind neben Woll- und Lederwaren vor allem die Seidenherstellung und seine Kontrollfunktion im Orienthandel am Landweg von Monemvasiá zur westlichen Peloponnes und von dort weiter nach Italien. Die befestigte Siedlung mit ihren Handwerker- und Händlerquartieren – darunter eine jüdische Gemeinde – wächst auf mehrere tausend Einwohner an.

Im Zuge steigender Repräsentationsansprüche der Despoten wird der Palast in der Oberstadt mehrfach um- und ausgebaut, während in der Unterstadt zwischen den Häusern Kirchen und Klöster und eine Vielzahl kleiner Stiftungskapellen emporwachsen. Einen wahren Bauboom erlebt Mystrá bereits an der Wende vom 13. zum 14. Jh. Die Mitrópolis sowie das Vrontóchion-Kloster mit den Kirchen Odigítria (Afendikó) und Ágii Theodóri entstammen dieser Periode. Mitte des

Lakonien

Tipp: Der steilen Pfade und des Lichteinfalls wegen empfiehlt sich ein Besuch der Stätte morgens oder am späteren Nachmittag. Nicht versäumen sollte man im Anschluss, die Straße Richtung Kástro ein Stück hinaufzufahren, da sich von dort ein ausgezeichneter Blick auf das Ensemble bietet.

14. Jh. entstehen Agía Sofía und Perívleptos-Kloster, nur wenig später Evangelístria und Pantánassa-Kloster.

In der ersten Hälfte des 15. Jh. entwickelt sich Mystrá zu einem Zentrum von Philosophie und Wissenschaften, an dem neben kirchlichen Schriften antike Staatstheoretiker wie Aristoteles und Platon, aber auch klassische Geografen und Naturwissenschaftler studiert werden. Hier wirkte, von Byzanz bis zu den italienischen Renaissancehöfen bekannt und geachtet, der Gelehrte Georgios Gemistos, der sich in seiner Begeisterung für die klassische Antike den Namen Plethon gab (in Anlehnung an den Philosophen Platon) und unter diesem Namen (S. 64) zu einem Wegbereiter des Humanismus wurde: rezipiert und weiter tradiert durch Geistesgrößen wie Johannes Reuchlin und Erasmus von Rotterdam.

Sieben Jahre nach Eroberung Konstantinopels durch die Türken wird 1460 auch Mystrá von den Truppen Mehmets II. eingenommen und bleibt, von einem kurzen venezianischen Intermezzo abgesehen, bis zum griechischen Befreiungskrieg unter osmanischer Administration. Zwar prägen nun Minarette das Bild des Ortes, doch sie gehören zumeist zu neuen kleinen Moscheen, während fast alle Kirchen in ihrer liturgischen Funktion unangetastet bleiben. Nur die Sophienkirche in der Oberstadt und Odigítria in der Unterstadt werden in moslemische Gotteshäuser umgewandelt. Byzanz als Staatsmacht ist erloschen, byzantinisch-griechische Orthodoxie aber blüht in Mystrá unter der türkischen Herrschaft bis ins 18. Jh.

Rundgang

Die Stätte hat zwei Eingänge, einen oben am Berg und unten. Wer die steilen Pfade zu Fuß scheut erreicht den Despotenpalast relativ leicht vom oberen Eingang und kann die tiefer gelegenen Kirchen vom unteren Eingang besichtigen. Für eine Durchwanderung des gesamten Areals empfiehlt sich der Weg von unten nach oben.

Die mächtige Ruine des **Despoten-Palastes (1)** mit seinen im Grundriss L-förmig angeordneten Baukomplexen wird aufwändig restauriert und bald auch in ihrem Innern wieder zugänglich sein. Der älteste, noch in der Frankenzeit um 1250 entstandene Trakt ist der schlichte zweistöckige Saalbau mit gotischen Fenstern ganz im Osten, d. h. an der rechten Seite des Platzes. Bereits aus der Zeit der

Mystrá, Despoten-Palast. Rekonstruktion S. Sinos. Auch der Bau selbst wird aufwändig restauriert.

Mystrá

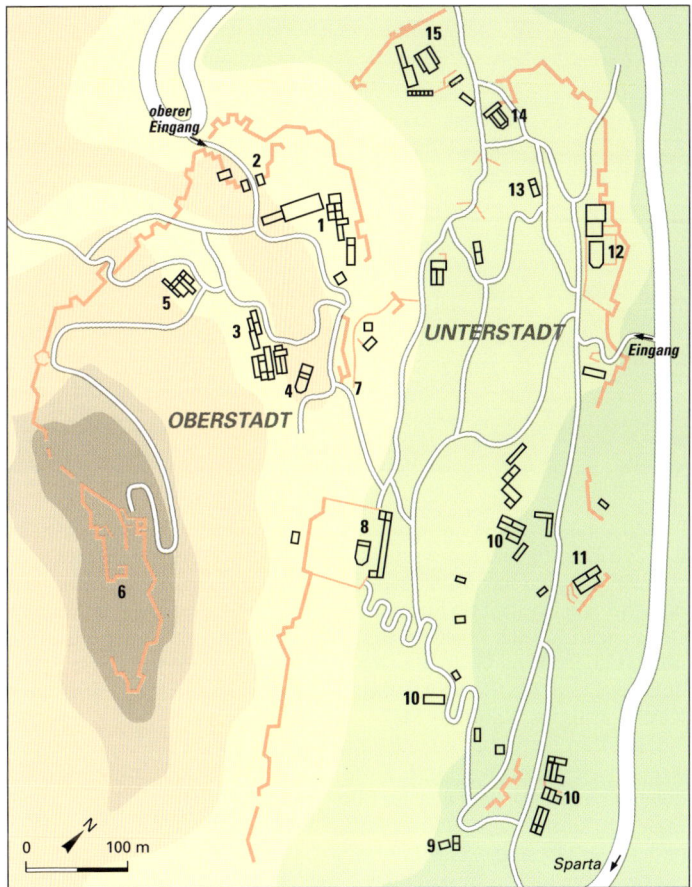

Mystrá
1 Ruine des Despoten-Palastes
2 Nauplia-Tor
3 Hausruinen der Oberstadt
4 Agios Nikólaos
5 Agía Sofía
6 Fränkische Burgruine
7 Monemvasiá-Tor
8 Pantánassa-Kloster
9 Perívleptos-Kloster
10 Hausruinen der Unterstadt
11 Mármara-Tor und -brunnen
12 Mitrópolis
13 Evangelistria
14 Ágii Theódori
15 Odigítria

byzantinischen Herrscher des 14. Jh. stammen die hieran westlich anschließenden Komplexe: erstaunlicherweise wieder mit gotischen Fensterlaibungen! Derart beeindruckt müssen die byzantinischen Despoten vom Hofleben ihrer vertriebenen Feinde gewesen sein, dass sie bei ihrer Erweiterung des Residenzbaus die westliche gotische Bauweise komplett beibehielten und sich damit vom byzantinischen Architekturstil der umgebenden Kirchenbauten bewusst absetzten. Wie beim fränkischen Palast auch, lag das ›piano nobile‹ im Obergeschoss. Anfang des 15. Jh. residierte Kaiser Manuel II. für kurze Zeit in Mystrá, um die Stellung seines noch unmündigen Sohnes Theodoros als Despoten zu festigen. Wohl diesem besonderen Umstand ist die Errichtung des prachtvollen vierstöckigen Westflügels mit Portikus zum Hof hin und einem weiten Thronsaal im Obergeschoss zu verdanken. Wenige Schritte oberhalb des Despoten-Palas-

Lakonien

*Msytrá, Agía Sofía,
›Geburt der Maria‹,
Fresko, 14. Jh.*

*Mystrá, Agía Sofía,
Grundriss*

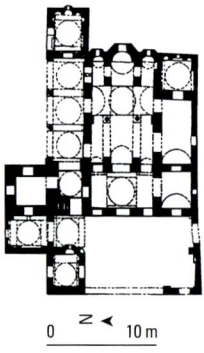

tes trifft man auf das zinnenbewehrte sogenannte **Nauplia-Tor (2)**, das den Zugang zu einer vorgelagerten Festungsbastion bildete.

Kein Ort hat so viele *Wohnhäuser aus byzantinischer Zeit* bewahrt wie Mystrá; sie liegen als Ruinen über den ganzen Hang verstreut, sind jedoch größtenteils nicht betretbar und von Gestrüpp überwuchert. Eine Gruppe solcher **Stadthäuser (3)** findet man südlich der Despoten-Residenz, daneben das in der Türkenzeit erbaute Kirchlein **Ágios Nikólaos (4)**.

Hauptkirche der Oberstadt und zugleich Palastkirche und Grablege der Despoten war **Agía Sofía (5)**: ein zweisäuliger eingeschriebener Kreuzkuppelbau aus der Mitte des 14. Jh. mit kurz darauf angefügten Seitentrakten, deren nördlicher eine Loggia zur Talseite hin bildet. Der ehemalige Narthex wurde abgerissen, die westlichen Eingänge zugemauert. Der wuchtige Glockenturm (in seinem oberen Teil ergänzt) besteht, wie die Kirche, aus Cloisonné-Mauerwerk. Die nördliche Säule des Innenraums sowie die Kämpferkapitelle beiderseits der Tür zum Narthex tragen Monogramm und Stiftungsinschrift des Bauherrn: »Manuel Kantakouzenos Palaiologos Despot Erbauer«. Gut erhalten ist der farbige Marmorfußboden, während der Freskenschmuck größtenteils abgeblättert oder stark verblasst ist (Mittelapsis: thronender Christus; Südostkapelle: Mariengeburt und Maria mit Jesuskind). – Der steile Fußpfad von hier zur **fränkischen Burgruine (6)** auf der Bergspitze lohnt vor allem wegen des Blicks auf den Taýgetos und die weite lakonische Ebene mit den Höhenzügen des Parnón im Hintergrund.

Durch das **Monemvasiá-Tor (7)** führt der Weg in die Unterstadt zum heute von wenigen Nonnen wieder bewohnten **Pantánassa-Kloster (8)**. Stifter der Anlage von 1428 war der Kanzler des Despotats, Ioannis Frangopoulos, dessen einstiges *Wohnhaus* man ein

Stück hangabwärts als Ruine erkennt. Wie bei Agía Sofía sind dem
Bau ein Glockenturm und eine zum Tal hin offene Halle angegliedert.
Zwischen unteren und oberen Apsisfenstern schmückt eine zierliche
gotische Reliefgirlande den Außenbau. Der eindrucksvolle Kirchenraum hat in seinem Untergeschoss die Form einer dreischiffigen Basilika, darüber aber öffnen sich die Emporen zu einer weiträumigen
Kreuzkirche mit zentraler Kuppel. Nicht nur durch die Architektur
wird der Blick nach oben gezogen, sondern auch durch die farbenprächtige Ausmalung, die sich oberhalb der Emporen aus der Erbauungszeit erhalten hat (die verrußten Fresken der unteren Zone Über-
malung des 17. Jh.). Kräftige Kontur- und Binnenstriche akzentuieren
die ekstatisch bewegten Figuren, wobei einzelne Partien durch Weiß-
höhung hervorzutreten scheinen. Abstrakte grüne Berglandschaften
mit feuerroten Felsen und chiffrehaften Stadtarchitekturen stehen vor
einem nachtblauen Hintergrund. Manieristisch sind Detailformen
hervorgehoben und brüsk aneinander gefügt, sodass man nur schwer
einen Überblick findet und das Auge immer wieder an winzigen – oft

Mystrá, Kirche des
Pantánassa-Klosters

Lakonien

Mystra, Kirche des Perívleptos-Klosters, Fresko: ›Geburt Christi‹

auch nebensächlichen – Einzelheiten des dargestellten Heilsgeschehens haften bleibt.

Das Bildprogramm folgt dem üblichen Kanon: in der Apsis die thronende Maria, flankiert von Erzengeln; darunter die Eltern Marias, Anna und Joachim, mit Engeln, außerdem Kirchenväter; in der zentralen Kuppel Christus als Weltenherrscher (Pantokrator), in den Pendentifs die vier Evangelisten; an den Gewölben darunter Darstellungen aus dem Leben Christi (Verkündigung, Geburt, Beschneidung im Tempel, Taufe, Verklärung, Erweckung des Lazarus, Einzug in Jerusalem, Abendmahl und Höllenfahrt); in den Seitenschiffen u. a. alttestamentliche Szenen, an der Rückwand zum Narthex der Tod Mariae.

An der südöstlichen Ecke der äußeren Befestigungsmauer erhebt sich auf steilem Terrain die teilweise in den Felsen hineingebaute Kirche des einstigen **Perívleptos-Klosters (9):** wie die Sofien-Kirche aus Cloisonné-Mauerwerk und wohl auch in der gleichen Zeit, d. h. Mitte des 14. Jh., errichtet. Die übliche Eingangsseite im Westen ist hier durch den Felsen versperrt; stattdessen ist, vom Innern der Kirche zugänglich, eine der hl. Katharina geweihte Kapelle in eine Höhle integriert. Erhalten sind vom Innenschmuck des Baus skulptierte Marmorbalken zwischen den Arkaden, vor allem aber die in ihrer Ausdrucksstärke und Differenzierung besonders qualitätvolle Ausmalung. Sie ist wahrscheinlich Handwerkern des byzantinischen Kaiserhofs zuzuschreiben und im 3. Viertel des 14. Jh. entstanden. Nuanciert setzen die Maler Perspektive sowie Licht- und Schatteneffekte ein, sicher und überzeugend wirken hier die Bewegungen der Figuren, harmonisch die Farbgebung. Mystische Verinnerlichung wollen diese Bilder beim Betrachter hervorrufen, die liturgische Ausdeutung des Heilsgeschehens ist ihr Thema. Die Darstellungen des

Altarraums sind auf die Messfeier bezogen: unter der thronenden Madonna die Bewirtung der Engel durch Abraham, sodann die Messe der Engel und Kirchenväter und die Apostelkommunion; über den Durchgängen zum Seitenschiff alttestamentliche Heilsverheißungen: die drei Jünglinge im Feuerofen und Abrahams Opfer. Im Zentralbereich der Kuppel vollzieht sich die himmlische Liturgie: Unter dem Pantokrator sieht man die Bereitung des mystischen leeren Thrones und die in den Himmel aufgenommene Maria zwischen Engeln sowie Propheten. In den Pendentif-Zwickeln erscheinen Apostel als Verkündiger der Heilsbotschaft, während Christus-Szenen Gewölbe und Wände des Querschiffs bedecken (die Themen identisch mit Agía Sofía, S. 298).

Vorbei an kleinen Kapellen, malerischen **Hausruinen (10)** und dem nach einem antiken Marmorsarkophag benannten **Mármara-Tor (11)** gelangt man zum ältesten Sakralbau Mystrás, der dem Soldatenheiligen Demetrios geweihten **Mitrópolis (12)**, d. h. Bischofskirche. *Kirche* und *ehemaliger Bischofspalast*, in dem heute ein kleines *Museum* mit Keramik, Ikonen und Freskenfragmenten untergebracht ist, liegen in einem ummauerten Bezirk. Die Wände des idyllischen Arkadenhofs zwischen Kirche und Museum zieren eingemauerte Fragmente antiker Ornamentfriese aus Sparta; auch ein römischer Reliefsarkophag des 2. Jh. mit dionysischer Thematik ist hier aufge-

Blick über Mystrá auf die Ebene von Sparta, in der Bildmitte die Mitrópolis-Kirche mit dem ehemaligen Bischofspalast

Lakonien

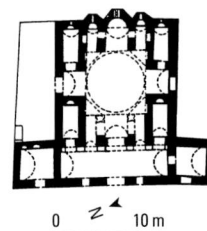

Mystrá, Ágii Theodóri, Grundriss

stellt. Der ursprünglich basilikale Kirchenbau wurde laut einer Inschrift 1291 geweiht, der heutige Oberbau – eine Kreuzkuppelkirche mit Emporen – wurde allerdings erst gegen 1449 vollendet, wahrscheinlich zum hier vollzogenen Krönungsakt des letzten byzantinischen Kaisers, Konstantin Palaiologos. Der teilweise schlecht erhaltene Freskenschmuck der Mitropolis variiert in der Ausführung beträchtlich und entstammt im Wesentlichen dem späten 13. und der ersten Hälfte des 14. Jh.; die Kuppel wurde im 18. Jh. übermalt.

Drei weitere Kirchen der Unterstadt sind von hier mit wenigen Schritten zu erreichen: Evangelístria und, ehemals zum Vrontóchion-Kloster gehörend, die größten und eindrucksvollsten Kirchenbauten Mystrás: Agii Theodóri und Panagía Odigítria. **Evangelístria (13)** ist die kleinste der Hauptkirchen Mystrás, typologisch und bautechnisch in Anlehnung an Sofía und Perívleptos wohl im späten 13. Jh. errichtet. Bemerkenswert ist der geometrische und florale Reliefschmuck an Kapitellen und Gesimsen.

Ágii Theodóri (14), zwischen 1290 und 1295 errichtet, unterscheidet sich markant von den übrigen Kirchen Mystrás: ein mächtiger überkuppelter Zentralbau mit im Oberbau nach außen vorspringenden Kreuzarmen, ähnlich den anspruchsvollen Gewölbekirchen von Ósios Loukás und Dafní auf dem Festland, Christiáni (S. 245) und Sofienkirche von Monemvasiá (S. 304) auf der Peloponnes. Kubische Formen bestimmen den Außenbau, dessen Wände durch waagerechte Zonen von Cloisonné- und Bruchsteinmauerwerk und Ziegelbänder gegliedert sind. Die nach Einsturz im 20. Jh. restaurierte Kuppel ruht auf einem von schlanken Fenstern und Blendarkaden gegliederten Tambour, dessen Kreisform durch Trompen mit dem Oktogon des Zentralraums verbunden wird. Nur ein Verkündigungsengel am linken Pfeiler zeugt noch vom einstigen Freskenschmuck.

Etwas weiter oben am Hang liegt, durch ihre Höhe und die Vielzahl der gestaffelten Kuppeln schon von weitem erkennbar, **Odigítria (15)**, auch Afendikó genannt (d. h. der Wegbegleiterin Maria bzw. Christus als Gebieter geweiht). Der Hauptbau – eine Kombination aus Basilika und Kreuzkuppelkirche – stammt vom Beginn des 14. Jh. Seitenkapellen als Grablege der Vornehmen, die offene Vorhalle zur Talseite hin sowie ein dreistöckiger Glockenturm wurden in den folgenden Jahrzehnten hinzugefügt. Der lichtdurchflutete Innenraum hat noch einen Teil seiner noblen Marmorinkrustation bewahrt. Die Fresken des Hauptraums und des Narthex sind in warmen Tönen gehalten, die Formensprache wirkt gedämpft und bewusst zurückhaltend. Gut erhalten sind Wunderszenen im Narthex und großformatige Heiligenbilder in dessen südlicher Seitenkapelle. In der Grabkapelle seitlich der Eingangsloggia zeigt ein Fresko den hier bestatteten Despoten Theodoros II. als Mönch, ein zweites den Kirchenstifter Abt Pachomios, ein Modell der Kirche der Jungfrau Maria überreichend.

Geráki

Nur besonderen Liebhabern byzantinischer Architektur und Freskenmalerei ist ein Ausflug nach Geráki zu empfehlen. Zwar besitzt der kleine Ort an der Strecke Gýthio – Leonídio außer einem *fränkischen Kastell* eine stattliche Anzahl *byzantinischer Kirchen* des 12. und 13. Jh., doch handelt es sich durchweg um sehr schlichte Bauten, großenteils roh zusammengestückelt aus Trümmern von Gebäuden der antiken Siedlung Geronthrai, von der nur noch literarische Nachrichten, einige Inschriften und ebendiese Spolien zeugen. Hinzu kommt, dass die Kirchen verschlossen sind und der Wächter nur mit ausreichend Zeit und etwas Glück aufzutreiben ist; das sonst probate Nachfragen im Kafenion am Platz hilft hier nur bedingt weiter, man sollte sich auch in der Post und in der Apotheke erkundigen. Die Kirchen, von denen die meisten am unteren Ortsrand liegen, sind dank Beschilderung leicht zu finden.

Ágios Sózon ist ein um 1200 entstandener Kreuzkuppelbau mit Ziegeldekor; zwei mit Christogrammen verzierte Kämpferkapitelle seitlich des Eingangs trugen einst Gurtbögen einer Vorhalle. Im Innenraum liegt ein fein gemeißeltes archaisch-dorisches Kapitell, das von einem Tempel stammt, dessen Triglyphen man in mehrere Kirchen von Geráki verbaut sieht. Der nur mäßig erhaltene und provinzielle Freskenschmuck stammt aus dem 13. Jh. und folgt den eher starren Konventionen der Maltradition der Komnenenzeit: in der Apsis Maria mit dem Jesuskind (Platytera), darunter die Apostelkommunion; am besten erhalten an der Südwand die Mariengeburt, an der Nordwand die Speisung Mariens durch einen Engel (apokryph, d. h. in den kanonischen Evangelien nicht erwähnt) und Marias Flucht aus Ägypten. Wenige Schritte weiter trifft man in den Wiesen auf das zweischiffige Kirchlein **Ágios Nikólaos** mit Fresken des 13. Jh.; eindrucksvoll ist hier die gebückte Gestalt der ägyptischen Asketin und Büßerin Maria an der gemauerten Chorschranke.

Baulich wie auch im Freskenschmuck schlicht ist **Ágios Athanásios** (12. Jh.) an der Straße zum Kastro, interessanter **Ágios Chrysóstomos** im Ort selbst. Inschriftenstelen mit dem auch von anderen Exemplaren her bekannten Höchstpreis-Edikt für Lebensmittel, das der spätantike Kaiser Diokletian im Jahre 301 erließ, sind hier als Türsturz und Seitengewände verbaut; die bürokratische Maßnahme, mit der die Grundversorgung der Bevölkerung sichergestellt und zugleich der Inflation vorgebeugt werden sollte, erwies sich, wie zumeist in solchen Fällen, als untauglich. Vor dem Eingang der Kirche steht ein marmorner antiker Opfertisch mit kanneliertem Schaft. Die stark verblassten Fresken aus der Zeit um 1300 sind in ihren Realismen und in der lebhaften Gestik der dargestellten Gestalten charakteristisch für die Malweise während der Palaiologen-Dynastie.

Lakonien

Engeldarstellung in einem der Pendentifs der Evangelistria-Kirche von Geráki, spätes 13. Jh.

Die älteste, um 1200 erbaute Kirche von Geráki ist **Panagía Evangelístria,** weiter oben im Dorf. Ihr knapp 100 Jahre später entstandener und von hauptstädtischen Vorbildern geprägter Freskenschmuck ist gut erhalten. In der Kuppel erscheint Christus Pantokrator wie ein höfisch geschmückter Kaiser, darunter Propheten und die Bereitung des leeren Thrones durch Engel: auch dieses Ritual ist kaiserlichem Zeremoniell entlehnt. Evangelistenbilder schmücken die Pendentifs; in der Apsis Maria und das Jesuskind mit dienenden Engeln, darunter vier Kirchenväter, im Gewölbe vor der Apsis Christi Himmelfahrt. Leuchtend sind die Farben der Szene an der Nordwand, in der Christus in die Unterwelt (Vorhölle) hinabsteigt.

Die **fränkische Festung** nordöstlich des Ortes ließ Baron Guy de Nivelet 1254 unter der Regierung Guillaumes II. Villehardouin erbauen (vgl. S. 295). Unterhalb der Burg entwickelte sich eine ansehnliche Siedlung, deren Hausruinen heute eine Geisterstadt bilden. Von der zweischiffigen, 1254 geweihten Kirche **Ágios Geórgios** im Innern der Festung wird vermutet, dass in dem einen Schiff die orthodoxe, in dem anderen die römisch-katholische Liturgie gefeiert wurde. Bemerkenswert ist hier ein Steinbaldachin des 13. Jh., dessen Ornamentik romanische Flechtbandmotive und französische Wappenzeichen zu einem teppichartigen Ensemble verbindet.

Monemvasiá

Tipp: Monemvasiá zählt zu den schönsten Eindrücken einer Peloponnesreise. Pittoresk schmiegt sich der venezianisch geprägte Ort, dessen Erscheinungsbild im Wesentlichen aus der Zeitspanne von 1690–1715 herrührt, an den Hang unterhalb einer roten Felsenwand (Abb. Umschlagklappe hinten). Die einstige Oberstadt liegt in Ruinen und ist heute gänzlich verlassen.

Der östlichste Finger der Peloponnes ist nur spärlich besiedelt. Verkarstete Berge und eine schroffe, nahezu strandlose Küste auf der Ägäisseite machten dieses Gebiet zu einer der abgeschiedensten Regionen Griechenlands. Einzig ein völlig auf das Meer ausgerichteter Ort konnte sich hier unter bestimmten Umständen zu einiger Bedeutung entwickeln: Monemvasiá ist vom Land her nicht einmal zu sehen, denn der malerische Ort schmiegt sich an den der See zugekehrten Hang eines 300 m hohen vorgelagerten mächtigen Felsklotzes, der früher nur durch eine Brücke, heute durch einen Damm mit dem Festland verbunden ist. Der Name drückt prägnant die exponierte Lage des Ortes aus: ›Mone Embasis‹ bedeutet ›einziger Zugang‹. Auch der Blick vom Ort geht ausschließlich aufs weite Meer hinaus, während das Hinterland durch Felswände und abweisende kahle Höhenzüge fast versperrt erscheint. Die früheren Bewohner müssen das nicht anders empfunden haben, wenn sie ankommende und auslaufende Handels- und Kriegsschiffe beobachteten. Monemvasiá war schwer befestigter Umschlagplatz von Gütern, die zur See hierher gebracht und von hier teilweise per Schiff um das stürmische Kap Maléas herum gen Westen weitertransportiert oder über Land auf Esel- und Maultierpfaden nach Mystrá und in die weitere Peloponnes verfrachtet wurden.

Diese besondere Funktion und damit überhaupt seine Überlebensgrundlage erhielt der Ort in der byzantinischen Epoche. Monemvasiá gehörte zu den wenigen Stützpunkten der byzantinischen Zentralmacht in Konstantinopel, der in den kriegerischen Wirren zwischen dem 7. und 12. Jh. weder von slawischen Einwanderern okkupiert noch von arabischen Flotten jemals eingenommen wurde. Nach einem kurzen Zwischenspiel fränkischer Herrschaft blieb Monemvasiá jahrhundertelang byzantinischer Handelsstützpunkt (u. a. für Getreidelieferungen aus Südrussland), bis es Ende des 14. Jh. unter venezianische Kontrolle kam und, nun als Exporthafen von süßen Südweinen, einen neuen Aufschwung nahm. Die Venezianer nannten den Ort Napoli di Malvasia und etikettierten die aus Kreta und von den ägäischen Inseln stammenden Weine als ›Malvasier‹: eine Bezeichnung, die sich für allerlei Südweine bis heute gehalten hat. An die 60000 Einwohner soll die Stadt zeitweise gehabt haben.

1715 aber verkauften die Venezianer Monemvasiá an die Türken, was dem Ort die Existenzgrundlage nahm. Die schönen Häuser verfielen, die Oberstadt auf dem Felsplateau wurde ganz verlassen, und auch in der Unterstadt waren zu Beginn des 19. Jh. nur noch wenige Häuser bewohnt. Während sich am Festlandufer das kleine Dorf *Géfyra* (d. h. Brücke) entwickelte, blieb Monemvasiá eine tote Ruinenstadt, bis in den 70er-Jahren des 20. Jh. Athener und einige Ausländer den Charme des mittelalterlich geprägten Ensembles wiederentdeckten und die alten Häuser und Gassen liebevoll wieder herzurichten begannen. Heute ist Monemvasiá mit seinen Boutiquen und Restaurants ein beliebtes und während der Sommermonate auch überfülltes Ausflugsziel.

Die Autostraße endet an einem Parkplatz vor der Stadtbefestigung. Durch einen gewinkelten Torgang kommt man auf die ›Hauptstraße‹ der **Unterstadt:** eine holperige Gasse mit kleinen Souvenirläden und Tavernen. An der winzigen Platia steht gegenüber der im Verlauf der Jahrhunderte immer wieder umgebauten *Christós Elkómenos-Kirche* ein kleiner *Moscheenbau*, der heute ein modern konzipiertes, ästhetisch und didaktisch ansprechendes *Museum* beherbergt; es enthält neben byzantinischer Keramik vor allem Stücke der reliefverzierten marmornen Innenausstattung byzantinischer Kirchen des Ortes. Drei weitere Kirchenbauten aus den Jahren 1690–1715 fallen durch ihre Kuppeln und Tonnengewölbe im Stadtbild auf: gleich oberhalb der Platia *Panagía Myrtiótissa* und, weiter östlich, *Ágios Nikólaos* und *Panagía Chrysafiótissa*. Von der Chrysafiótissa-Kirche kann man auf der *Stadtmauer* am Meer in beiden Richtungen Spaziergänge machen. Ganz im Westen, unterhalb des Stadttors, trifft man auf eines der schönsten *Patrizierhäuser* Monemvasiás: das ehemalige Domizil der Familie Stellakis.

Verschiedene Gassen führen zu dem Weg, der sich am Steilhang zur verlassenen **Oberstadt** hinaufwindet. Der Blick auf das unverfälschte venezianische Häuserensemble der Unterstadt lässt die Mühe des Aufstiegs schnell vergessen. Durch das Macchiagestrüpp,

Zu Monemvasiá schreibt Nikos Kazantzakis:
»Die Bewohner dieses Felsens waren immer stolz. Die Luft, das Meer, die Einsamkeit, die Armut hämmerten Tag und Nacht ihre Seele. Sie hatten keine Gärten, um umherzuwandeln und zu sagen: ›Süß ist das Leben, verstecken wir uns hier drinnen.‹ Sie hatten keine Erde zum Bebauen, daß sie sie liebgewinnen und sagen: ›Fruchtbar ist diese Erde, laßt uns gehorchen, es nicht mit den Tyrannen verderben, damit wir sie nicht verlieren.‹ Sie hatten nichts, nur das Meer als erbarmungslosen Freund. So stürzten sie sich darauf, wurden Fischer, Händler, Piraten.«

Berühmtester Sohn der Stadt ist der Lyriker Giannis Ritsos (S. 65), dessen Gedichte dem politisch linken und freiheitsliebenden modernen Griechenland bleibenden Ausdruck verliehen haben.

305

Lakonien

Monemvasiá, Agía Sofía. Wie eine kleine Festung thront die Kirche auf dem fast senkrecht ins Meer abfallenden Burgfelsen der Oberstadt

Monemvasiá, Agía Sofía, Innenraum

das das Felsplateau und die Hausruinen bedeckt, führen Pfade bis auf die Bergspitze und nach Westen zum ehemaligen *Sitz des Kommandanten*. Schon durch ihre Lage auf einem vorgeschobenen Felsrücken hoch über dem Meer ist die gegen 1100 errichtete **Sofienkirche** eine besondere Sehenswürdigkeit. Hinzu kommt der in Dimensionen und architektonischer Konzeption für Griechenland ungewöhnliche Anspruch dieses Baus, der an kaiserlich geförderte Anlagen wie die von Ósios Loukás in Fókis und Dáfni bei Athen erinnert. Wie dort tragen acht Pfeiler die Wand unter dem Kuppeltambour, zu dessen kreisförmigem Ansatz Trompen überleiten. Die im Innern deutlichen Kreuzarme sind außen von den aufgehenden Mauern als gleichförmiges Quadrat umschrieben. Gewölbe im Süden verbanden einst die Kirche mit den umgebenden Klosterbauten. Ein Obergeschoss im Narthex diente als Loge für den Statthalter und kaiserliche Beamte, die von hier aus dem Gottesdienst beiwohnten; die dreibogigen Fenster zur Kirche hin haben reliefverzierte Kämpferkapitelle, u. a. mit einer Darstellung der tanzenden Salome. Aus venezianischer Zeit stammt die heute weitgehend zerstörte äußere Vorhalle. Während der Türkenherrschaft wurde in die Südwand innen eine auf Mekka ausgerichtete Gebetsnische (Mirhab) eingebaut. Die wenigen erhaltenen Fresken stammen aus dem 13. Jh.

Nördlich von Monemvasiá an der Strecke nach Géraki sind noch die Befestigungsmauern zweier *antiker Hafenstädte* zu sehen: gleich hinter dem Strand von Monemvasiá **Epidauros Limera** und, zwei Buchten weiter beim abgeschiedenen kleinen Fischerhafen Liménas, Geráki, das antike **Zarax**. Beide Mauern aus dem 4./3. Jh. v. Chr. sind in isodomer Technik errichtet.

Neápoli, Kap Maléas und die Insel Kýthira

Der öde Ort **Neápoli** wird Touristen lediglich als Ausgangspunkt für Fahrten nach Kýthira dienen (täglicher Fährverkehr). Westlich von Neápoli allerdings findet man auf dem nur 1 km vom Festland getrennten Eiland **Elafónisos** traumhafte Sandstrände und einsame Dünenlandschaften (Boote vom kleinen Fährhafen Poúnta). Ein Fahrweg führt von Neápoli fast bis zur äußersten Spitze des östlichen Fingers der Peloponnes; nur das allerletzte Stück zum kahlen **Kap Maléas** muss man zu Fuß gehen; eine kleine Kapelle an der Spitze birgt Fresken des 13. Jh.

Die vorgelagerte kahle **Insel Kýthira** ist heute nur dünn besiedelt. Ihre Bewohner wanderten nach dem Zweiten Weltkrieg aus Armut nach Amerika und vor allem Australien aus, wo es 60 000 Kythirer geben soll, während auf der Insel selbst jetzt nur noch 3000 Menschen leben; einzige Einnahmequelle ist der Fremdenverkehr. Hauptort ist nicht der Fährhafen **Agía Pelagía** im Norden, sondern **Kýthira** (Chóra) am Südende. Kunsthistorisch bemerkenswert ist die Vielzahl kleiner und winzigster freskengeschmückter *byzantinischer Kirchen*, manche davon heute in Privatbesitz. *Paleóchora*, einst wie Mystrá eine ganze Kirchenstadt, wurde im 16. Jh. von algerischen Piraten verwüstet und ist heute ein Ruinenfeld. Das wichtigste und noch intakte Kloster *Myrtidiótissa* mit einer Ikonostasis des 14. Jh. liegt im Inselinnern. Östlich des Ortes Livádi findet man bei der Análipsi-Kirche ein kleines *Byzantinisches Museum* mit einem frühchristlichen Fußbodenmosaik sowie Silberarbeiten, Freskenfragmenten und Ikonen aus Kirchen der Insel. Sehenswerte Wandmalereien des 12. Jh. birgt die Höhlenkirche *Agía Sofía* an der Westküste bei *Mylopótamos*. Minoische Funde aus der Gegend von Paleópoli sind im *Archäologischen Museum von Kýthira* ausgestellt; aus der griechisch-archaischen Epoche stammt ein Marmorlöwe, ähnlich den berühmten Löwenskulpturen auf Delos.

Noch weiter südlich, schon auf halbem Weg nach Kreta, liegt das Felseneiland **Antikýthira**. Hier wurde im Meer die berühmte Bronzestatue eines jungen Mannes aus frühhellenistischer Zeit gefunden, die heute im Nationalmuseum von Athen zu sehen ist. Sie war Teil einer Schiffsladung griechischer Kunst, die nach der Eroberung Griechenlands durch die Römer nach Rom selbst oder in eine der Villen der römischen Oberschicht in Italien oder Sizilien geschafft werden sollte, jedoch bei einem der hier so häufigen Stürme versank.

Nicht in Zypern, sondern am Strand von Kýthira soll, einer Version des griechischen Mythos zufolge, die Liebesgöttin Aphrodite dem Meeresgischt entstiegen sein: aus dem Schaum des Genitals des Himmelsgottes Uranos, der von seinem Sohn Kronos mit einer Sichel entmannt worden war.

»Man trifft auf die Ruinen der ärmlichen Häuser des einfachen Volkes. Keine Türen, keine Dächer, die Wände mit Unkraut bedeckt. Und nur noch aufrecht, wie anmutige, edle byzantinische Fürstinnen, stehen zwischen den Ruinen zerstreut die sonnengebräunten byzantinischen Kirchen.«

Nikos Kazantzakis

Erläuterung der Fachbegriffe

Ádyton → Cella
Aedikula von Säulen eingefasste Nische
Agorá Marktplatz und Zentrum des öffentlichen Lebens in griechischen Städten, in der Frühzeit auch Ort von Kulthandlungen und sportlichen Veranstaltungen
Akanthus im Mittelmeergebiet heimische Pflanze mit scharf gezackten Blättern, in der griechischen Kunst häufiges Dekorationsmotiv z. B. an korinthischen Kapitellen und als Dachaufsatz
Akáthistos-Hymnos (wörtl. ›nicht-sitzend‹, d. h. stehend, gesungener Hymnus) Mariengedicht in 24 Strophen: 626 von Patriarch Sergios in Konstantinopel verfasst (?) als Dank für die Rettung vor arabischer Eroberung. Häufiges Sujet byzantinischer Wandmalerei
Akropolis (wörtl. Hochstadt) meist befestigte Siedlungsfläche oder auch Heiligtum auf einer Bergspitze
Akrotér ornamentale oder figürliche Bekrönung des Giebelfirstes und der Giebelecken an altgriechischen Gebäuden
Ante vorspringende Mauerzunge, z. B. an der Front der → Cella eines Tempels
Applike aufgesetzte Verzierung, z. B. auf Kleidung, einem Möbelstück oder Architektur
Apsis halbkreisförmige, zuweilen auch rechteckige Erweiterung eines Raumes
Architrav s. Bauordnung
Arkade auf Pfeilern oder Säulen ruhender Bogen

Atrium von Säulen umstandener Innenhof
Baptisterium Taufkirche bzw. Taufraum in einer Kirche
Basilika mehrschiffiger längsgerichteter Bau, gewöhnlich mit flachem Holzdach: in der römischen Profanarchitektur als Marktbasilika und Empfangshalle, christlich als Kirche (Abb. S. 312)
Bauordnungen s. Abb.
Béma Durch Schranken abgegrenzter und häufig erhöhter Altarbereich der byzantinischen Kirche, darf nur vom Klerus betreten werden
Bouléuterion Halle für Ratsversammlungen (boulé) in griechischen Städten und Heiligtümern
Campanile separat vom eigentlichen Kirchenbau stehender Glockenturm, in der byzantinischen Architektur unüblich und deshalb in Griechenland gewöhnlich aus venezianischer oder späterer Zeit
Cavea → Theater
Cella der Kernbau griechischer und römischer Tempel, oft unterteilt in Hauptraum, Pronaos (Vorhalle), Opisthodom (Rückhalle) und Adyton (griech. das ›Nicht-Betretbare‹, ein von außen unzugänglicher Raum der Cella)
Cloisonné-Mauerwerk Mauern, deren Quader seitlich von Tonplatten ummantelt sind (auch Schachtel-Mauerwerk genannt)

dorisches Kapitell, dorische Bauordnung → Bauordnungen

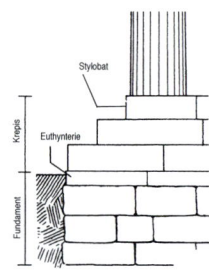

Die dorische Bauordnung: Säulenbasis

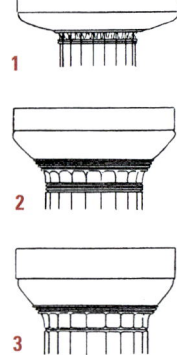

Dorische Kapitelle
1 um 540 v. Chr.
2 um 480 v. Chr.
3 um 430 v. Chr.

Erläuterung der Fachbegriffe

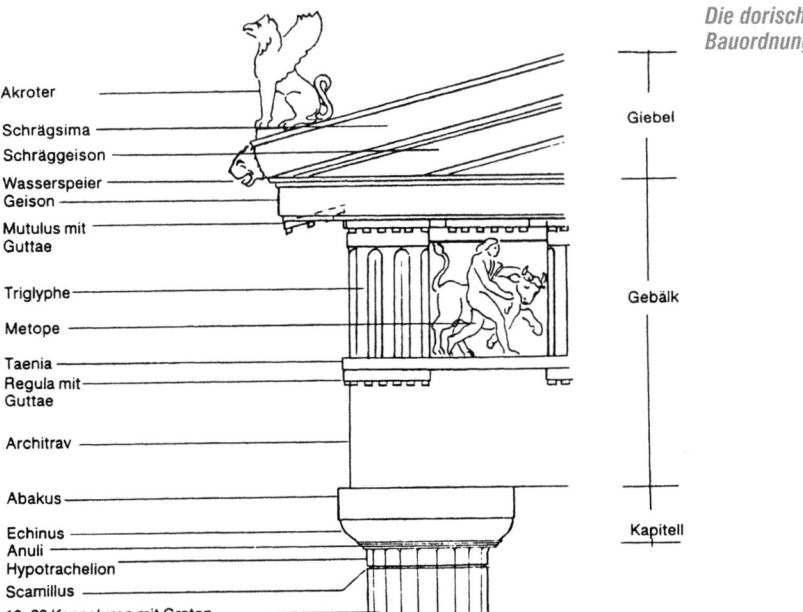

Die dorische Bauordnung

Drómos zu einer Grabkammer führender Korridor

Echinus ›Kissen‹ des dorischen Kapitels s. Bauordnungen

Eierstab Ornamentband mit abwechselnd eiförmigen und spitzblattähnlichen Elementen

Exonarthex s. Narthex

Fibel Nadel zum Zusammenhalten eines Gewandes

Forum römischer Marktplatz, Pendant zur griechischen → Agorá

Franken Im Kontext der Eroberung Griechenlands durch westliche Heere im frühen 13. Jh., Kollektivname für alle katholischen Europäer, gleich ob französisch-, italienisch-, englisch- oder deutschsprachig

Fresko direkt auf den feuchten Putz aufgetragene Wandmalerei

Geison Kranzgesims

Glyptik Steinschneidekunst

Gymnasium Gebäudeanlage für sportliches Training

Hierarchen Kirchenväter

Hippodrom Bahn für Pferde- und Wagenrennen

Hoplit schwerbewaffneter Fußkämpfer in der → Phalanx

Idol urtümlich anmutendes Götter- bzw. Kultbild

Ikone geweihtes und durch Gebet, Berührung und Kuss verehrtes Bild in der orthodoxen Kirche

Ikonografie Bildthematik sowie die Erforschung von Bildinhalten

Ikonostas(e)/Ikonóstasis (wörtl. Bilderwand) mit Bildern versehene meist hölzerne, manchmal auch steinerne

Erläuterung der Fachbegriffe

Trennwand zwischen Altar- und Laienraum in der Kirche
ionisches Kapitell, ionische Bauordnung s. Bauordnungen
isodom s. Mauertechniken

Joch/Interkolumnium Joch: Abstand zwischen zwei Säulen-

Ionische Kapitelle
4 um 600 v. Chr.
5 um 550 v. Chr.
6 um 340 v. Chr.

4

5

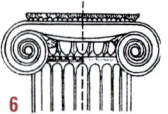
6

achsen; Interkolumnium: freier Abstand auf dem Boden zwischen den Säulen

Kannelur senkrechte Einkehlung des Säulenschaftes: dorisch mit scharfer Kante, ionisch mit abgeflachtem Steg
Kapitell s. Bauordnungen
Katholikón Hauptkirche eines byzantinisch-orthodoxen Klosters
Kentaur mythisches, aus Pferdeleib und menschlichem Oberkörper gebildetes Fabelwesen
Klassizismus Kunstphase, die die griechische Klassik als Vorbild nimmt, in Griechenland vor allem die römische Kaiserzeit und dann wieder das 19. Jh.
Klíne Liege beim Bankett, auch Bett zum Schlafen und Totenbett
korinthisches Kapitell, korinthische Bauordnung s. Bauordnungen
Koúros (griech. Junge) archäologischer Terminus für den Typus der nackten Jünglingsfigur archaischer Zeit
›**Kretische Malschule**‹ an westlichen Renaissancevorbildern orientierter kleinteiliger und narrativer Stil nachbyzantinischer Freskenmalerei des 16. Jh., von dem Kreter Theophanes über ganz Griechenland verbreitet
Kreuzkuppelkirche Kirche über dem Grundriß eines gleichschenkligen Kreuzes mit zentraler Kuppel. Das Mauerviereck unter der Kuppel wird von vier Pfeilern oder Säulen getragen. Bei der eingeschriebenen Kreuzkuppelkirche sind die Zwickel des Kreuzes durch Nebenräume der Kirche ausgefüllt, sodass der Außenbau (mindestens im Untergeschoss) quadratisch oder rechteckig erscheint und die Kreuzarme nicht nach außen hervortreten

Lateiner s. Franken

Mäander rechtwinklig geschachteltes Ornamentband, benannt nach dem gleichnamigen windungsreichen Fluss in Kleinasien
Mauertechniken
Mégaron rechteckiger Hauptraum eines Hauses, in der mykenischen Kultur zentraler Palastraum für Herrscher, mit Thron und Feuerstelle ausgestattet
Metope (wörtlich Leerfeld): annähernd quadratische, häufig durch Malerei oder Relief verzierte Platte im dorischen Tempelfries

Erläuterung der Fachbegriffe

Korinthische Kapitelle
7 um 420 v. Chr.
8 um 320 v. Chr.
9 um 100 v. Chr.

Moní griech: Kloster
Monópteros Rundtempel; oft ein baldachinartiger Säulenbau ohne → Cella

Naos Hauptraum der Kirche
Narthex Westliche Vorhalle von Kirchen, kann verdoppelt als innerer und äußerer (Exonarthex) Narthex auftreten
Nekropole (altgriech: Totenstadt) antiker Friedhof
Nymphäum antike römische Brunnenanlage, oft mit einer Schaufassade und Statuen von Quellgottheiten (Nymphen) versehen

Odéion theaterähnlicher gedeckter Bau mit halbrunden Sitzreihen für musikalische und dichterische Veranstaltungen
Odigítria s. Panagía
Oíkos, oikía (griech. Haus) auch die Hausgemeinschaft, zu der Sklaven und Tiere mitgezählt wurden
Oktogon Bauwerk oder Bauelement (wie z. B. → Tambour) mit achteckigem Grundriss
Opisthodom Halle hinter der Cella des griechischen Tempels, meist mit Gittern verschlossen zur Aufbewahrung von Weihegaben und Schätzen
Orchéstra s. Theater
Orthostat aufrecht stehende Platte, meist gereiht als waagerechte Zone im unteren Bereich einer Mauer (z. B. an einer → Cella)

Osmanen nach seinem Anführer Osman benannter Turkstamm, der vom 13. bis zum 20. Jh. das ›Osmanische Reich‹ beherrschte, das vom Balkan über Syrien, Palästina, Ägypten bis Algerien reichte. In Griechenland stets schlicht als ›Türken‹ bezeichnet.

Palästra Trainingsstätte für Ring- und Boxkampf, oft Teil des → Gymnasiums
Palmette strahlenförmiger Schmuckdekor, pflanzlichen Blättern nachgebildet
Panagía (griech.: die ganz Heilige) Gottesmutter, meist mit weiteren Beinamen: z. B. Vlachernótissa (nach dem Vlachernen-Kloster in Konstantinopel), Eleousa (die Erbarmende), Odigítria (Geleiterin) und Platýtera (Symbol der Inkarnation).
Pantokrátor Christus als Weltenherrscher, im byzantinischen Bildprogramm in Kuppel oder Apsiswölbung dargestellt.
Pendentif (Zwickel) (sphärisches Dreieck) zur Ecküberleitung vom kubischen Raum zur Kuppel
Perípteros Tempel mit allseits umgebender Ringhalle
Perístasis
Peristyl Säulenhalle um einen Innenhof mit anschließenden Räumen
Phalanx dicht geschlossene Schlachtreihe aus schwerbe-

Mauerwerk der griechischen Antike
1 Polygonalmauerwerk
2 pseudoisodomes Quadermauerwerk
3 isodomes Quadermauerwerk

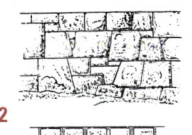

Erläuterung der Fachbegriffe

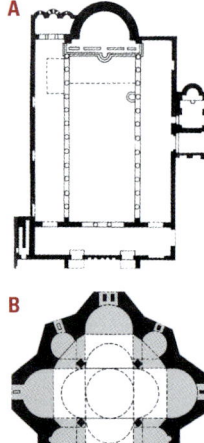

A *Frühchristlich-byzantinische Basilika*
B *Zentralbau/Kreuz-kuppelkirche*

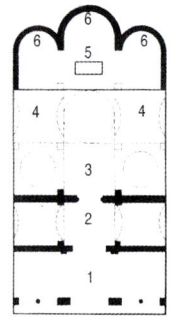

C *Strukturschema des Kirchenraums*
1 Eingangshalle (Exo-narthex)
2 Vorhalle (Narthex)
3 Mittelschiff
4 Seitenschiffe
5 Altar
6 Apsiden

waffneten Fußkämpfern bestehend
Philhellenen, Philhellenismus (wörtl. Griechenfreunde, Griechenfreundschaft) Eine in Mitteleuropa, Russland und den USA im späten 18. und 19. Jh. verbreitete schwärmerische Begeisterung für Alt-Hellas, seine Literatur und Kunst. Die in losen Zirkeln organisierten Philhellenen unterstützten die modernen Griechen in ihrem Kampf gegen die → osmanische Herrschaft
Pilaster in eine Wand eingebundener Halbpfeiler
Píthos (Mehrz. Pithoi) großes Vorratsgefäß aus Ton
Pólis, Mehrz. Póleis wirtschaftlich autarker und politisch autonomer griechischer Stadtstaat, bestehend aus Siedlung und agrarischem Umland (Chora)
polygonal vieleckig, s. auch Mauertechniken
Portikus Säulenhalle als Vorbau eines Gebäudes
Prohedrie erste Sitzreihe im Theater für Honoratioren, häufig durch Marmorsessel mit Reliefdekor gekennzeichnet
Pronaos Vorhalle vor der → Cella eines Tempels
Própylon Torbau
Próstylos Tempel mit Säulenfront
pseudoisodom s. Mauertechniken
Pýrgos griech. Turm. Häufig bei Wehrgehöften auf der Máni
Pýxis Dose bzw. Schachtel aus Metall, Ton oder anderem Material
Risalit im Grundriss eckig vorspringender Trakt eines Gebäudes

Sarkophag (griech. ›Fleischfresser‹) truhenartiger Behälter für Körperbestattungen, oft aus reliefverziertem Stein
Sfinx mythisches, menschenfressendes Mischwesen aus dem Oberkörper einer Frau und dem geflügelten Leib eines Löwen
Sima zu einer hohen Leiste oder einem Profil aufgebogener Dachrand über Giebel- oder Traufgeison aus Marmor oder Terrakotta
Skené Bühnengebäude antiker Theater
Stoá langgestreckte Säulenhalle mit geschlossener Rückwand
Stylobat oberste Stufe, auf der die Säulen einer Halle oder eines Tempels stehen
Symposion Gastmahl, Festbankett

Tambour (franz. Trommel) der zylindrische Unterbau einer Kuppel im byzantinischen und westlich mittelalterlichen Kirchenbau
Theater
Therme römische Badeanlage; in der Kaiserzeit große öffentliche Freizeiteinrichtung mit Umkleideräumen, Warm-, Kalt- und Heißwasserbassins, Massageräumen und Sportanlagen
Thólos, Thólos-Grab in der mykenischen Kultur bienenkorbförmiger Grabbau mit → Drómos, in der griechischen Architektur Rundtempel
trapezoid s. Mauertechniken
Triglyphe Dreischlitz; senkrechte Kerbkomposition, von der die → Metopen von beiden Seiten gerahmt werden
Trompe bogenförmige Ecküberleitung vom kubischen Raum zur Kuppel

Tyrannis Herrschaft eines einzelnen Adeligen mit Unterstützung breiter Bevölkerungsschichten. Die altgriechische Tyrannis ist nicht mit der modernen Vorstellung von Tyrannis gleichzusetzen, sondern bildete in vielen griechischen → Poleis den Übergang von Adelsherrschaft zu Demokratie (7.–5. Jh. v. Chr.)

Votiv Opfergabe, oft als Dank für Heilung oder Erfüllung einer Bitte: sowohl im heidnischen als auch christlichen Kult

Zahnschnitt s. Bauordnung
Zyklopen-Mauerwerk s. Mauertechniken

Literaturauswahl

Abkürzungen
AGC Ancient Greek Cities
AM Mitteilungen des Deutschen Archäologischen Instituts, Athenische Abteilung
BCH Bulletin de Correspondence Hellenique
ÖJh Jahreshefte des Österreichischen Archäologischen Instituts
* vom griech. Kultusministerium herausgegebener Führer

Allgemeines: P. C. Bol, W.-D. Niemeier, R. Strasser: Griechenland. Ein Führer zu den antiken Stätten (Stuttgart 2004). – K. Bötig: Richtig Reisen – Griechenland – Festland und Peloponnes (DuMont Reiseverlag, Ostfildern). – J. Kautzky: Griechenland. Natur (München 1993). – H. P. Siebenhaar: Peloponnes (Erlangen 1997).

Vorgeschichte und Mykenische Kultur: B. Feuer: Mycenaean Civilisation (New York/London 1996). – R. Hägg/G. C. Nordquist: Celebrations of Death and Divinity ... Symposium Athen 1988 (Stockholm 1990). – S. E. Iakovidis: Late Helladic Citadels on Mainland Greece (Leiden 1983). – S. Marinatos: Kreta, Thera und das mykenische Hellas (München 1973). – G. E. Mylonas: Mycene and the Mycenaean Age (Princeton, NJ. 1966). – E. Zangger: Die Zukunft der Vergangenheit. Archäologie im 21. Jahrhundert (München 1998).

Griechische und Römische Antike: J.-P. Adam: L'architecture militaire Grecque (Paris 1982). – S. Alcock/R. Osborne (Hg.): Placing the Gods. Sanctuaries and Sacred Space in Ancient Greece (Oxford 1994). – C. M. Antonaccio: An Archaeology of Ancestors. Tomb Cult and Hero Cult in Early Greece (London 1995). – A. Borbein: Das alte Griechenland (Rheda-Wiedenbrück 1995). – Ch. Höcker: Griechische Antike (DuMont, Köln 1999). – S. Lauffer (Hg.): Griechenland. Lexikon der historischen Stätten (München 1989). – H. Lauter: Die Architektur des Hellenismus (Darmstadt 1996). – N. Marinatos/R. Hägg: Greek Sanctuaries (London 1993). – I. Nielsen: Thermae et Balnea (Aarhus 1990). – O. Palagia/W. Coulson (Hg.): Sculpture from Arcadia and Laconia. Conference Athen 1992 (Oxford 1993). – F. de Polignac: Cults, Territory and the Origins of the Greek City State (Chicago/London 1995). – L. Schneider: Die Domäne als Weltbild der Wirkungsstrukturen der spätantiken Bildsprache (Wiesbaden 1983).

Antike Athletik und Moderne Olympia-Idee: J. de Coubertin: Textes choisis. 3 Bde. (Zürich/Hildesheim/New York 1986). – W. Coulson/H. Kyrieleis: Symposium on the Olympic Games, Athen 1988 (Athen 1992). – W. Decker: Sport in der griechischen Antike (München 1995). – U. Sinn: Sport in der Antike (Würzburg 1996). – Ch. Ulf: Die Frage nach dem Ursprung des Sports, in: Nikephoros 4 (1991) 13–30. – Olympia. Sport und Spektakel: Nikephoros 10, Sondernr. (1997).

Byzantinische, Fränkische und Venezianische Epoche: K. Andrews: Castles of the Morea (Princeton, NJ. 1953). – Im Zeichen des Markuslöwen. Die Peloponnes 1204–1715: Die Karawane 23 (1982) Heft 1/1. – C. Mango: Byzanz (Stuttgart 1986). – I. Karpodini: Kastra tis Peloponnisos (Athen 1993). – R. Lauer/P. Schreiner (Hg.), Die Kultur Griechenlands in Mittelalter und Neuzeit (Göttingen 1996) 13–30. – M. W. Weithmann: Griechenland. Vom Frühmittelalter bis zur Gegenwart (Regensburg 1994).

Türkenherrschaft, Befreiungskampf und Eingliederung in den Griechischen Staat: Das Neue Hellas. Griechen und Bayern zur Zeit Ludwigs I. Ausst. Bayerisches Nationalmuseum München (München 1999). – R. Liddell: The Morea (London 1958). – L. Schneider/Ch. Höcker: Griechisches Festland (DuMont Kunst-Reiseführer, Köln 2011) 14–69. – M. W. Weithmann: Griechenland. Vom Frühmittelalter bis zur Gegenwart (Regensburg 1994). – P. Tzermias: Neugriechische Geschichte (Tübingen/Basel 1993).

20. Jahrhundert: H. Fleischer: Im Kreuzschatten der Mächte. Griechenland 1941/44 (Frankfurt/M. 1986). – H. A. Richter: Griechenland im 20. Jh.: Megali Idea, Republik, Diktatur 1900–1940 (Köln 1990). – Ders.: Griechenland im Zweiten Weltkrieg (Mannheim 1997) – M. W. Weithmann: Griechenland. Vom Frühmittelalter bis zur Gegenwart (Regensburg 1994).

Einzelne Regionen und Orte in alphabetischer Reihenfolge:
Aidónia bei Nemea: K. Demakopoulou/N. Divari-Valakou: The Aidonia Treasure (Athen 1997).
Aigeira: Aigeira I-III, in: Klio 68 (1986). – S. Gogos: Kult und Heiligtümer der Artemis von Aigeira, in: ÖJh 57 (1986/87) 108–139. – Ders.: Das Theater von Aigeira (Wien 1992).
Aigeion s. Égion
Alífira: G. A. Pikoulas: Alifeira, in: Horos 1 (1983) 45–55.
Argolis: Th. van Andel/C. Runnels: Beyond the Acropolis. A Rural Greek Past (Stanford, CA.

1987). – A. Foley (Hg.): The Argolid 800–600 BC [Studies in Mediterranean Archaeology 80] (Goeteborg 1988). – S. E. Iakovidis: Mykene, Epidauros ... (Athen 1979). – M. H. Jameson u. a.: The Southern Argolid from Prehistory to the Present Day (Stanford, CA. 1999). – G. Roux: L'architecture de l'Argolide aux IVe et IIIe siècles (Paris 1961). – R. Tomlinson: Árgos and the Argolid (London 1972). – E. Zangger: The Geoarchaeology of the Argolid (Berlin 1993).

Árgos Stadt: G. Akerström-Hougen: The Calendar and Hunting Mosaics in the Villa of the Falconer (Stockholm 1974). – J. F. Bommelaer/J. Courtils: La salle hypostyle (Paris 1994). – R. Hägg: Zur Städtewerdung des dorischen Árgos, in: Palast und Hütte (Mainz 1982) 297–307. – P. Marchetti/K. Kolokotsas: Le nymphée de l'agora (Paris 1995). – J.-C. Moretti: Théatres d'Argos (Athen/Paris 1993). – Polydipnion Argos. Kongr. Fribourg 1987. BCH Suppl. 22 (Paris 1992). – W. Vollgraff: Le sanctuaire d'Apollon Pythéen (Paris 1956).

Árgos Heraion: C. Antonaccio: Terraces, Tombs and the Early Argive Heraion, in: Hesperia 61 (1992) 85–105. – H. Lauter: Zur frühklassischen Neuplanung des Heraion, in: AM 88 (1973) 175–187. – Ch. Waldstein: The Argive Heraeum, 2 Bde. (Cambridge 1902/05).

Arkadien: F. Felten: Arkadien. Antike Welt 18, Sondernr. (1987). – M. Jost: Sanctuaires et cultes d'Arcadie (Paris 1985). – E. Panofsky: Et in Arcadia ego – Poussin and the Elegiac Tradition, in: Meaning in the Visual Arts (New York 1955) 295–320. – B. Snell: Arkadien – die Entdeckung einer geistigen Landschaft, in: Antike und Abendland 1 (1945) 26 ff.

Aséa: E. J. Holmberg: The Swedish Excavations at Asea (Lund/Leipzig 1944).

Asíni (Toló): Asine I–III (Stockholm 1938/96). – I. und R. Hägg (Hg.): Excavations in the Barbouna Area (Uppsala 1973/80). – G. C. Nordquist: A Middle-Helladic Village. Asine in the Argolid (Uppsala 1987). – E. Zangger: The Island of Asine, in: Opuscula Atheniensia 20 (1994) 221–239.

Ástros: Y. C. Goester: The Plain of Astros, in: Pharos 1 (1993) 39–112. s. auch Moní Loukoús

Égion: A. J. Papadopoulos: Excavations at Aigion [Studies in Mediterranean Archaeology 46] (Goeteborg 1976). – L. Kolonas: Museum Aigion (Athen 2004).

Égira s. Aigeira

Elis: V. Mitsopoulou-Leon, in: ÖJh 54 (1983) 41–103. – E. Pochmarski, in: Antike Welt 11 (1980 Heft 1) 58–59.

Epáno Englianós: E. L. Bennett: The Pylos Tablets Transcribed (Rom 1973/76). – C. W. Blegen/M. Rawson: The Palace of Nestor at Pylos I–III (Princeton, NJ. 1966/73). – T. G. Palaima. The Scribes of Pylos (Rom 1988). – Pylos Comes to Life. Congr. New York 1984.

Epidauros: A. Burford: The Greek Temple Builders at Epidauros (Liverpool 1969). – N. Faraklas: Epidauros (Athen 1972). – F. Graf: Heiligtum und

Literaturauswahl

Ritual, in: Entretiens sur l'Antiquité 37 (1992) 159–199. – A. von Gerkan/W. Müller-Wiener: Das Theater von Epidauros (Stuttgart 1961). – S. Kasas: Wichtige Heilstätten der Antike (Athen 1979) 19–40. – A. Krug: Heilkunst und Heilkult. Medizin in der Antike (München 1985). – J. W. Riethmüller: Die Tholos und das Ei. Zur Deutung der Thymele von Epidauros, in: Nikephoros 9 (1996) 71–109. – R. A. Tomlinson: Epidauros (London 1983). – N. Yalouris: Die Skulpturen des Asklepiostempels [Antike Plastik 21] (München 1992).
Feneós und Stymfalos: Kalcyk u. a.: Hochwasserschutzbauten in Arkadien, in: Antike Welt 17 (1986) Sondernr. 3–14. – J. Knauss: Der Graben des Herakles im Becken von Pheneos und die Vertreibung der stymphalischen Vögel, in: AM 105 (1990) 1–52. – H. Williams: Excavations at Stymphalos, in: Echos du Monde Classique 14 (1995) 1–22.
Bassai/Figalia: F. Cooper: The Temple of Apollo Bassitas (Princeton, NJ. 1992/2002). – N. Kelly: The Archaic Temple of Apollo at Bassai, in: Hesperia 64 (1995) 228–277.
Ermióni s. Hermione
Flioús: N. Faraklas: Fleiasia. AGC 11 (Athen 1972).
Gortys: R. Ginouvès: L'ètablissement thermal de Gortys d'Arcadie (Paris 1959). – R. Martin: Les enceintes de Gortys, in: BCH 71/2 (1947/48) 81–147.
Halieis und Hermione: N. Faraklas: Ermionis-Alieis [AGC 19] (Athen 1973).
Isthmos und Isthmia: E. R. Gebhard: The Theater at Isthmia (Chicago/London 1973). – T. E. Gregory: The Roman Bath at Isthmia, in: Hesperia 64 (1995) 279–313. – Isthmia I-VIII (Princeton, NJ. 1971/99). – A. Mallwitz: Kritisches zur Architektur Griechenlands im 8. und 7. Jh., in: Archäologischer Anzeiger 1981, 632–642. Isthmia im Internet: http://humanities.uchicago.edu/isthmia.
Kalaureia: N. Faraklas: Trizina, Kalavria, Methana. [AGC 10] (Athen 1972). – G. Welter: Troizen und Kalauria (Berlin 1941).
Kefalári: R. Felsch, in: Athens Annals Archaeology 6 (1973) 13–27. – L. Lord, in: Hesperia 7 (1938) 481–572.
Kenchreai/Kechriés: Kenchreai I–V (Leiden 1978–81).
Kleonai: M. Sakellariou/N. Faraklas: Corinthia-Cleonaea. AGC 3 (Athen 1971).
Korinth und Akrokorinth: Corinth I–XX (Cambridge, MA./Princeton, NJ. 1932–2002). – D. Engels: Roman Corinth (Chicago 1990). – T. E. Gregory (Hg.): The Corinthia in the Roman Period. Journal of Roman Archaeology Suppl. 8 (1993). – S. Kasas: Wichtige Heilstätten der Antike (Athen 1979). – D. I. Pallas: Korinth, in: Reallexikon zur Byzantinischen Kunst IV (1990) 746–811. – R. M. Rothaus: Corinth (Leiden 2000). – R. Stroud/N. Bookidis: Demeter and Persephone in ancient Corinth (Princeton 1987). s. auch unter Kleonai.
Koróni: R. Economakkis/M. Lykoudis: Charles Shoup-

Home near Koroni, in: Architectural Design [AD] ›Reconstruction – Deconstruction‹ (London 1989). – K. Andrews: Castles of the Morea (Princeton, NJ. 1953) 11–23.
Kyparissía: K. Stephanos, in: Praktika 1907, 123 ff.
Lepreon: H. Knell: Der Tempel der Demeter, in: AM 98 (1983) 113–147.
Lérna: J. L. Caskey: Lerna in the Argolid (Athen 1977).
Lousoi: C. Bol, in: Kanon. Festschr. E. Berger (Basel 1988) 76–80. – F. Glaser, in: ÖJh 55 (1984) Beibl. 123–154. – V. Mitsopoulos-Leon, in: Kernos 5 (1992) 97–108. – U. Sinn: The Sacred Herd of Artemis at Lusoi, in: The Iconography of Greek Cult [Kongr. Delphi 1990] (Athen/Liège 1992) 177–187.
Lykeon-Berg: W. Burkert: Homo necans (Berlin/New York 1972) 98–108. – K. Fittschen: Lykaion, in: Antike Welt 29 (1998) 265. – U. Hübinger: On Pan's Iconography and the Cult of Pan on the Slopes of Mount Lykaion, in: The Iconography of Greek Cult. Kongr. Delphi 1990 (Athen/Liège 1992) 189–207. – D. Müller: Lykaion, in: Antike Welt 28 (1997) 353–354.
Lykosoura: E. Loucas-Durie: Amytos, le parèdre armé de Despoina à Lykosoura, in: Kernos 2 (1989) 105–114. J. Lucas u. a.: The Megaron of Lykosoura and some Prehistoric Telesteria, in: Journal of Prehistoric Religions 2 (1988) 25–43.
Máni: Y. Saitas: Mani [Melissa] (Athen 1990).
Mantíneia: G. Fougères: Mantinée et l'Arcadie orientale (Paris 1898). – S. H. Hodkinson: Mantíneia, in: Annual of the British School of Archaeology at Athens 71 (1981) 239–296.
Megalopolis: S. Hornblower: When was Megalopolis founded? In: Annual of the British School of Archaeology at Athens 85 (1990) 71–77. – T. Petersen: Megalopolis. Anspruch und Wirklichkeit, in: Chiron 2 (1972) 57 ff. – Th. Spyropoulos u. a.: Megalopolis, in: Archäologischer Anzeiger 1995 ff.
Messene: N. Kaltsas: Das antike Messene (Athen 1989).
Méthana: s. Kalaureia
Methóni: K. Andrews: Castles of the Morea (Princeton, NJ. 1953) 58–83.
Midéa: G. Walberg u. a.: Midea I (Jonsered 1998).
Moní Loukoús (Villa des Herodes Atticus): W. K. Pritchett (Hg.): Studies in Ancient Topography 6 (Berkeley, CA. 1989) 84–90.
Mykene: G. Karo: Die Schachtgräber von Mykene (München 1930). – J. Knauss: ›Agamemnoeion Phrear‹. Der Stausee der Mykener, in: Antike Welt 28 (1997) 381–395. – G. Mylona: O tafikos kyklos B ton Mykenon (Athen 1973). – Ders.: Mycene. A Guide (1977).
Mystrá: M. Chatzidakis: Mistra (Athen 1999). – Mistra, in: Reallexikon zur Byzantinischen Kunst VI (1999) 380 ff. – D. A. Zakynthos: Le Despotat grec de Morée. 2 Bde. (Paris 1932 und 1953).
Nemea: D. E. Birge u. a.: Excavations at Nemea I (Berkeley, CA. 1992). – B. H. Hill: The Temple of Zeus at Nemea (Princeton, NJ. 1966). – S. G.

Miller: Nemea (Athen 2004). – S. G. Miller: The Stadium at Nemea and the Nemean Games, in: Proceedings of an International Symposium on the Olympic Games (Athen 1992) 81–86.
Nichoriá: Excavations at Nichoria I–III (Minneapolis, MI. 1978/83).
Olympia: Bericht über die Ausgrabungen in Olympia, 10 Bde. (Berlin 1937–81). – E. Curtius/F. Adler (Hg.): Olympia. Die Ergebnisse der von dem Deutschen Reich veranstalteten Ausgrabung, 5 Bde. (Berlin 1890/97). – J. Ebert: Neues zum Hippodrom und zu den hippischen Konkurrenzen in Olympia, in: Nikephoros 2 (1989) 89–107. – H.-V. Herrmann: Olympia (München 1972). – Ders.: Die Siegerstatuen von Olympia, in: Nikephoros 1 (1988) 119–183. – J. Hiller von Gaertingen: Deutsche archäologische Unternehmungen im besetzten Griechenland 1941–1944, in: AM 110 (1995) 463–490. – Ch. Höcker/L. Schneider: Phidias (Reinbek 1993) 83–98. – T. Hölscher: Die Nike der Messenier und Naupaktier in Olympia, in: Jb. d. Dt. Arch. Inst. 89 (1974) 70–111. – N. Kaltsas: Olympia (Athen 1997) *. – H. Kyrieleis (Hg): Olympia 1875–2000. 125 Jahre deutsche Ausgrabungen (Mainz 2002). – S. L. Marchand: Down from Olympus. Archaeology and Philhellenism in Germany, 1750–1970 (Princeton, NJ. 1996) 77–91 und 341–354. – Olympische Forschungen, 27 Bde. (Berlin 1944–1996). – W. Schiering: Glas für eine Göttin [Phidias und Phidias-Werkstatt], in: Antike Welt 30 (1999) 39–48. – U. Sinn: Olympia (München 1996). – Ders.: Bericht über das Forschungsprojekt ›Olympia während der römischen Kaiserzeit und in der Spätantike‹ I–VI, in: Nikephoros 5–10 (1992/97). – Ders.: Apollon und die Kentauromachie im Westgiebel des Zeustempels, in: AM 99 (1994) 585–602. – Ch. Ulf: Die Mythen um Olympia. Politischer Gehalt und politische Intention, in: Nikephoros 10 (1997) 9–51. – Ch. Wacker: Das Gymnasion in Olympia [zum Training der Athleten] (Würzburg 1996).
Orchomenos: W. Ekschmitt: Kalpaki-Orchomenos, in: Antike Welt 28 (1997) 77–79. – H. Kalcyk: Der Damm bei Kaphyai und Orchomenos, in: Archäologischer Anzeiger 1986, 583–611.
Pallantion: Annuario della Scuola Archeologica di Atene 68/69 (1990/91) 19–403.
Platiána/Typaneai: E. Meyer: Neue Peloponnesische Wanderungen (Bern 1957).
Portochéli s. Halieis
Psofis/Tripótama: Ch. Kardara, in: Praktika 1981, 182.
Pylos s. Epáno Englianós
Sikyon: N. Faraklas: Sikyonia. AGC 8 (Athen 1971). – A. Griffin: Sikyon (Oxford 1982). – D. Salzmann: Ein wiedergewonnenes Kieselmosaik aus Sikyon, in: Archäologischer Anzeiger 1979, 290–306. – T. S. Scheer: Ein Museum griechischer Frühgeschichte im Apollontempel von Sikyon, in: Klio 78 (1996) 353–373. – Ch. H. Skalet: Ancient Sikyon (Baltimore 1928).
Sparta: Ernst Baltrusch: Sparta. Geschichte, Gesellschaft, Kultur (München 1998). – E. Buschor/

W. von Massow: Vom Amykleion, in: AM 52 (1927) 1–87. – K. Christ: Sparta (Darmstadt 1986). – A. Datsouli-Stavridi: Romaiki Portraita (Athen 1987). – M. H. Dettenhofer: Die Frauen von Sparta, in: Klio 75 (1993) S. 61–75. – R. M. Dawkins: The Sanctuary of Artemis Orthia (London 1929). – N. Fisher/H. van Wees (Hg.): Archaic Greece (Oakville, CT. 1998) 93–146. – N. Kenneth: The Gymnasium of Virtue. Education and Culture in Ancient Sparta (Chapel Hill 1995). – I. Nielsen: Cultic Theatres and Ritual Drama in Ancient Greece, in: Proceedings of the Danish Institute at Athens 3 (2000) 107–133. – S. Link: Der Kosmos Sparta (Darmstadt 1994). – C. M. Stibbe: Das andere Sparta (Mainz 1996). – M. N. Tod/A. Wace: A Catalogue of the Sparta Museum (Oxford 1906).

Stymphalos s. Feneós

Tegea: Bankel, in: Archäologischer Anzeiger 1984, 413 ff. – J. Knaus: Der Damm im Takka-See, in: AM 103 (1988) 25–36. – G. C. Nordquist, in: Opuscula Atheniensia 20 (1994) 89–141. – N. J. Norman: The Temple of Athena, in: American Journal of Archaeology 88 (1984) 169–194. – E. Oestby: The Archaic Temple of Athena Alea, in: Opuscula Atheniensia 16 (1986) 75–102. – M. E. Voyatzis: The Early Sanctuary of Athena Alea and Other Sanctuaries in Arcadia (Goeteborg 1990).

Tiryns: U. Jantzen (Hg.): Führer durch Tiryns (1975). – J. Knauss: Die Flußumleitung von Tiryns, in: AM 110 (1995), 43–81. – J. Maran: Das Megaron im Megaron, in: Archäologischer Anzeiger 2000, 1–16. – Tiryns I–XII (1912–1999). – E. Zangger: Landscape Changes around Tiryns during the Bronze Age, in: American Journal of Archaeology 98 (1994) 189–212.

Titane: s. Sikyon

Troizen/Trizína: H. Knell: Troizen, Tempel des Hippolytos? In: Archäologischer Anzeiger 1978, 397–406. – G. Welter: Troizen und Kalauria (Berlin 1941). s. auch unter Kalaureia

Typaneai: E. Meyer: Neue Peloponnesische Wanderungen (Bern 1957) 22–39.

Verzeichnis der Citypläne und Karten

Achaia und Elis	100
Akrokorinth	86
Árgos	174
Arkadien und Messenien	216
Epidauros	196
Isthmos und Korinth	72
Korinth	76
Lérna	154
Máni und Lakonien	270
Megalopolis	223
Messene	263
Mykene	162
Mystrá	297
Náfplio	186
Navaríno	254
Nemea	89
Olympia	128
Patras	107
Sparta	288
Troizen	201

Tipps und Adressen

Alle wichtigen Informationen für Ihre Reiseplanung und für unterwegs

Tipps und Adressen

Inhalt

Hinweise für die Reiseplanung
Auskunft 323
Reisedokumente 323
Zoll 324
Gesundheitsvorsorge 324
Straßenkarten 324
Anreise 324
Klima und Reisezeit 324

Informationen für unterwegs – Von Ort zu Ort
Sehenswürdigkeiten, Unterkünfte und Restaurants 325

Die griechische Küche. 335

Reiseinformationen von A bis Z
Ärztliche Versorgung 336
Behinderte 336
Camping 336
Diplomatische Vertretungen 336
Einkaufen 336
Elektrizität 336
Feiertage 336
Feste und Veranstaltungen 336
Foto- und Videoaufnahmen 337
Geld 337
Höhlen 338
Kioske 338
Notrufe 338
Öffnungszeiten 338
Sicherheit 338
Straßenverhältnisse 338
Telefonieren 339
Trinkgelder 339
Umweltverhalten 339
Unterkunft 339
Urlaubsaktivitäten 340
Verkehr 340
Zeit 340
Zeitungen 340

Kleiner Sprachführer. 341

Abbildungs- und Quellennachweis 344
Register 345

Hinweise für die Reiseplanung

Auskunft

**Griechische Zentrale
für Fremdenverkehr (EOT)
... in Deutschland**
Wittenbergplatz 3a
10789 Berlin
Tel. 030/2 17 62 62-63
Fax 2 17 79 65
www.eot.gr
Neue Mainzer Straße 22
60311 Frankfurt/M.
Tel. 069/257 82 70
Fax 25 78 27 29
Neuer Wall 18
20354 Hamburg
Tel. 040/45 44 98
Fax 45 44 04
Pacellistraße 5
80333 München
Tel. 089/22 20 35
Fax 29 70 58

... in Österreich
Opernring 8
1010 Wien
Tel. 01/512 53 17-18
Fax 513 91 89
grect@vienna.at

... in der Schweiz
Löwenstraße 25
8001 Zürich
Tel. 044/221 01 05
Fax 212 05 16
eot@bluewin.ch

**Diplomatische Vertretungen
... in Deutschland**
Griechische Botschaft
Jägerstraße 54–55
10117 Berlin
Tel. 030/20 61 29 00
Fax 20 45 09 08
www.griechische-botschaft.de

Konsularabteilung
Wittenbergplatz 3a
10789 Berlin
Tel. 030/213 70 33
Fax 218 26 63

*Griechisches
Generalkonsulat*
Grafenberger Allee 128 a
40237 Düsseldorf
Tel. 02 11/687 85 00
Fax 68 78 50 33
grgencon.ddf@mfa.gr

Konsulate
Zeppelinallee 43
60325 Frankfurt/M.
Tel. 069/979 91 20
Fax 97 99 12 33
www.griechisches-konsulat-frankfurt.de
Neue ABC-Str. 10
20354 Hamburg
Tel. 040/41 32 43 10
Fax 44 96 48
info@grkonsulathamburg.de
Gellertstr. 43
30175 Hannover
Tel. 05 11/281 91 10
Fax 282 97 07
Venloer Str. 151–153
50672 Köln
Tel. 02 21/942 03 90
Fax 94 20 39 25
grkonsulkoeln@aol.com
Möhlstr. 22
81673 München
Tel. 089/998 86 70
Fax 40 96 26
www.griechisches-konsulat-muenchen.de

Hallplatz 23–25
90402 Nürnberg
Tel. 09 11/20 46 55
Fax 24 38 73
Hauptstätterstr. 54
70182 Stuttgart
Tel. 07 11/222 98 70
Fax 22 29 87 40
www.griechisches-konsulat-stuttgart.de

... in Österreich
Griechische Botschaft
Schwindgasse 20/2/6
Argentinierstraße 14
1040 Wien
Tel. 01/505 57 91
Fax 505 62 17

... in der Schweiz
Griechische Botschaft
Laubeggstr. 18
3006 Bern
Tel. 031/356 14 11
Fax 3 68 12 72

Reisedokumente

Für Mitglieder aus EU-Staaten und Schweizer Bürger genügt ein gültiger Personalausweis oder Reisepass, Kinder unter 16 Jahren benötigen einen Personal- oder Kinderausweis.
Bei Einreise mit dem eigenen Fahrzeug müssen nationaler Führerschein und Kraftfahrzeugschein mitgeführt werden; zu empfehlen sind Vollkaskoversicherung und Auslandsschutzbrief.
Haustiere benötigen den EU-Heimtierausweis, in dem

Tipps und Adressen

ihre Kennzeichnung durch Mikrochip oder Tätowierung und eine Tollwutimpfung (mindestens 30 Tage, höchstens 12 Monate vor Einreise) eingetragen sein muss.

Zoll

Mitglieder aus EU-Staaten unterliegen praktisch keinen Zollkontrollen. Für sie ist die Ein- bzw. Ausfuhr von Waren und Gegenständen für den persönlichen Bedarf zollfrei.

Für Schweizer Staatsbürger und für alle Waren, die in Duty-free-Shops oder zollfrei an Bord von Schiffen und Flugzeugen gekauft wurden, gelten die üblichen Mengenbegrenzungen: 250 g Tabak oder 200 Zigaretten, 1 l Spirituosen und 2 l Wein sowie 1 Flasche mit höchstens 0,6 l Parfüm und 0,25 l Eau de Toilette.

Gesundheitsvorsorge

Besondere Schutzimpfungen sind nicht erforderlich.

Da zwischen Deutschland bzw. Österreich und Griechenland ein Sozialversicherungsabkommen besteht, können sich Mitglieder der gesetzlichen Krankenkassen unter Vorlage der European Health Card kostenlos bei einem Arzt (IATPÓS = Iatrós) behandeln lassen. Allerdings ist man an Vertragsärzte gebunden. Es empfiehlt sich also durchaus eine (zumeist sehr kostengünstige) private Auslandsversicherung. Man zahlt vor Ort bar und lässt sich dann daheim gegen Quittung Arzt- und Apothekenrechnung erstatten.

In staatlichen Krankenhäusern sind Notfallbehandlungen kostenlos. Apotheken (ΦAP-MAKEION) gibt es zahlreich.

Straßenkarten

Die zuverlässigste und übersichtlichste Karte (1:250 000, mit griechischem und deutschem Ortsregister) ist Road Editions: 41 Ilia Iliou, GR-11743 Athen (auch erhältlich in Deutschland).

Anreise

Die Landeshauptstadt Athen wird täglich von Deutschland, Österreich und der Schweiz aus angeflogen, Patras und Kalamata wöchentlich; im Sommerhalbjahr bestehen außerdem preiswerte Charterflugverbindungen nach Athen.

Autofähren verbinden Ancona, Bari, Brindisi und Triest ganzjährig – Venedig nur im Sommer – mit der Hafenstadt Patras im Nordwesten der Peloponnes; für die Monate April bis Oktober ist allerdings eine frühzeitige Buchung erforderlich. S. auch S. 340 ›Verkehr‹.

Klima und Reisezeit

Die klimatisch angenehmsten Reisezeiten liegen zwischen Anfang April und Juni sowie September bis Oktober. Besonders blütenreich sind die Monate März bis Mai.

Die frühen Morgenstunden und dann wieder Spätnachmittag und Abend sind die schönsten Zeiten im sommerlichen Griechenland: der Morgen für Spaziergänge und Wanderungen, aber auch für Besichtigungen von Sehenswürdigkeiten, die gewöhnlich zeitig öffnen – der Abend zum Regenerieren nach der Hitze des Tages, sei es in einsamer Natur, sei es auf der Platia eines Dorfes oder einer Stadt, wohin die Bewohner zur ›Volta‹ strömen, zum allabendlichen Flanieren vor dem Essen.

Temperaturen:	März	Apr.	Mai	Juni	Juli	Aug.	Sept.	Okt.	Nov.
Lufttemperatur:	12	16	20	24	26	27	23	19	15
Wassertemperatur:	14	16	18	22	24	25	23	22	19

Informationen für unterwegs – Von Ort zu Ort

Zur Sterne-Kategorie der Unterkünfte s. S. 339.

Andritsena

Unterkunft

Epikourias Apollon *
An der Platia in der Orstmitte
Tel. 26 26 02 28 40
Nur 5 Zimmer! Sehr angenehm und preiswert
Theoxenia **
Oberhalb der Landstraße
Tel. 26 26 02 22 19
70 Zimmer.

Áraxos/Várda
s. auch Lakóptra

Unterkunft

Kalogria Beach Hotel ***
Tel. 26 93 03-12 76, Fax -13 81
Riesige Anlage am Strand mit 700 Zimmern. Swimmingpool, Tennisplatz, Surfen etc.
Rooms to let ›Stofilia‹
Tel. 26 93 03-17 80 und -17 81
Inh. Konstantina Achagioti
8 hübsche Zimmer mit Balkon.

Areópoli (Máni)

Unterkunft

Kouris
An der Platia
Tel. 27 33 05-13 40, Fax -13 31
11 Zimmer.
Kournas *
Außerh. des Ortes am Strand

Tel. 27 33 05 15 95
10 Zimmer mit schönem Ausblick auf die Strandbucht.
Pyrgos Kapetanakou *
Tel. 27 33 05-12 33, Fax -14 01
In der Altstadt. 7 gepflegte, stilvolle Zimmer in hist. Turmgebäude mit romantischem Garten. Blick aufs Meer. Duschen und Toiletten nicht im Zimmer.

Árgos

Sehenswürdigkeiten

Antikes Theater und Thermenanlage
Di–So 8.30–15 Uhr
Archäologisches Museum
Di–So 8.30–15 Uhr
Heraion außerhalb von Árgos
Di–So 8.30–15 Uhr

Unterkunft

Palladion **
Tel. 27 51 06 78 07,
Fax 27 51 02 09 60
Im Zentrum, nicht ruhig, aber sauber. 15 Zimmer.

Ástros

Sehenswürdigkeiten

Archäologisches Museum
Mo–Fr 8–15 Uhr
Kloster Moní Loukoús
tägl. 9–18 Uhr
Herodes-Atticus-Villa
und **Museum**
derzeit geschl.

Unterkunft und Restaurants

s. Parália Ástros

Chóra

Sehenswürdigkeit

Archäologisches Museum
Am oberen Ortsrand
Di–So 8.30–15 Uhr

Diakoftó

Unterkunft

Chris-Paul **
Tel. 26 91 04-18 55, Fax -21 28
www.chrispaul-hotel.gr
500 m vom Meer entfernt, in ruhiger Lage mit Garten. 12 Zimmer.

Dimitsána

Sehenswürdigkeiten

Volkskunde-Museum
Mo–Do 8.30–14, Fr 8.30–13.30 Uhr
Wasserkraft-Mueum
Di–So 8.30–14 Uhr

Unterkunft

Dimitsana **
Außerhalb des Orts an der Strecke nach Stemnítsa
Tel. 27 95 03 15 18
www.dimitsanahotel.gr

325

Tipps und Adressen

24 Zimmer in schönem Hotel.
Xenona Kazakou***
Tel. 27 95 03 16 60
8 Zimmer, sehr gepflegt.

Égio

Sehenswürdigkeiten

Archäologisches Museum
Di–So 8.30–15 Uhr

Unterkunft

Themisto*
Od. Nikókleia
Tel. 26 91 08-18 88, Fax -19 90
www.themisto.gr
32 Zimmer. Nett und gepflegt.

Elis s. Ílis

Epáno Engllanó

Sehenswürdigkeit

Mykenischer Palast
Di–So 8.30–15 Uhr

Epídavros s. Paleá Epídavros und Epidauros

Epidauros

Sehenswürdigkeit

Asklepios-Heiligtum (mit Theater) und **Archäologisches Museum**
Di–So 8–19.30, Mo 12–18 Uhr
(im Winter kürzer)

Elafónisos

Unterkunft

Lafotel**
Tel. 27 34 06-11 38, Fax -11 83
www.elafonisos.org
elafonisos@elafonisos.org
Strandnahe, gepflegte Anlage.

Ermióni

Restaurant

Ganossis
Am Hafen
Tel. 27 34 03 17 06
Taverne mit gutem Fisch in malerischem Ambiente mit Blick auf die vor Anker liegenden Fischkutter und Segelboote.

Evróstina

Restaurants

An der Straße nach Feneós in 680 m Höhe über dem Golf von Korinth gelegen, ist der Ort ein beliebtes Ausflugsziel für griechische Familien. Die drei Tavernen in der Dorfmitte bieten ausgezeichnete Grillgerichte.

Finikoúnta

Unterkunft

Porto Finissia**
An der Uferpromenade
Tel. 27 23 07-14 57, Fax -14 58
27 Zimmer mit Balkon, alle mit Meerblick. Gepflegt, freundlicher Service.

Geroliménas

Unterkunft und Restaurant

Akroyali**
Tel. 27 33 05 42 04
Gemütliche Unterkunft am Strand. Traditionelle griechische Küche, frischer Fangfisch.

Traditional Hotel Pyrgos Theodorakis*
An der Strandbucht
Tel. 27 33 05-42 04, Fax -42 72
20 Zimmer unterschiedlicher Größe in einem renovierten Wohnturm, dazu eine Taverne.

Giálova

Unterkunft

Navarone**
Petrochori Pylias. Auf einer Anhöhe oberhalb der Straße Pýlos – Kyparissía
Tel. 27 23 04-15 71, Fax -15 75
Elegantes Bungalowhotel am Meer. Gartenanlage mit großem Pool.
Villa Marina**
Tel. 27 23 02-26 96, Fax -26 76
Kleines Familienhotel in einem Olivenhain oberhalb der Straße Pýlos – Kyparissía.

Restaurant

Ufertaverne mit einigen Zimmern, Tel. 27 23 02 20 25.

Gýthio

Sehenswürdigkeiten

Archäologisches Museum
zur Zeit geschl.

Informationen für unterwegs – Von Ort zu Ort

Volkskunde-Museum
Di–So 9–14 Uhr

Unterkunft

Aktaion**
Od. Vasíleos Pávlou 39
Tel. 27 33 02-35 00, Fax -22 94
www.aktaionhotel.gr
info@aktaion-resort.com
Gleich an der Uferpromenade im Ortszentrum gelegen. 22 Zimmer.

Gythion**
Od. Vassíleos Pávlou 33
Tel. 27 33 02-34 52, Fax -35 23
www.gythionhotel.gr
Hübsch renoviertes zweistöckiges Haus von 1864 an der Uferpromenade, sehr gepflegt, mit familiärer Atmosphäre.

Pantheon**
Od. Vassíleos Pávlou 33
Tel. 27 33 02 22 89 und -21 66, Fax -22 84
pantheon@oneway.gr
Moderner Bau direkt neben dem Gythion-Hotel. 57 Zimmer, alle mit Balkon, die meisten haben Meerblick.

Restaurant

General Store & Wine*
An der Straße Richtung Sparta
Tel. 27 33 024 11
Lokale Spezialitäten und Verkauf außer Haus.

Ílis

Sehenswürdigkeit

Archäologisches Museum
Di–So 8.30–15 Uhr

Ísthmia

Sehenswürdigkeiten

Ausgrabungsbezirk
Di–So 8.30–15 Uhr
Museum
wegen Restaurierungsarbeiten geschl.

Ítylo (Máni)

Unterkunft

Ítylo**
Am Strand
Tel. 27 33 05-92 22, Fax -92 34
Gepflegt und freundlich. Der Besitzer spricht deutsch.

Porto Ítylo
Am Strand
Tel. 27 33 05 92 10
Still und gepflegt.

Kalamáki Beach s. Korinth

Kalamáta

Sehenswürdigkeiten

Archäologisches Museum
Di–So 8.30–14 Uhr
Kastro
Mo–Fr 10–13.30 Uhr

Unterkunft

Flisvos*
Od. Navarínou 135
Tel. 27 21 08 21 77, Fax 27 21 09 00 80
46 Zimmer, an der Uferpromenade.

Grecotel Filoxenia***
Od. Navarínou, 3 km außerhalb des Ortes an der Strecke nach Sparti, oberhalb der Meeresbucht
Tel. 27 21 02-31 66, Fax -33 43
www.grecotel.gr
193 Zimmer. Aller erdenklicher Luxus, Garten, großer Pool, Tennis etc.

Haikos*
Navarínou 115
Tel. 27 21 08-89 02, Fax -38 00
www.haikos.gr
60 Zimmer, an der Uferpromenade.

Plaza*
Navarínou 117
Tel. 27 21 08 25 90, Fax 27 21 02 88 38
20 Zimmer, an der Uferpromenade. Mit freundlichem Service.

Rex**
Od. Aristoménous 26
Tel. 27 21 09 44 40, Fax 27 21 02 32 93
www.rexhotel.gr
Prachtbau von 1899, renoviert 1999. 42 Zimmer.

Valassis**
Navarínou 95
Tel. 27 21 02 38 49, Fax -20 56
66 Zimmer, an der Uferpromenade und mit Blick auf den Hafen, gepflegt.

Kalávryta und Umgebung

Sehenswürdigkeiten

Kloster Agía Lávra mit Museum
tägl. 10–13 und 16–17 Uhr
Höhle Spílea ton Limnón
tägl. 9.30–18 Uhr

Tipps und Adressen

Unterkunft

Anesis*
Kentriki Platia
Tel. 26 92 02 30 70
Inh. Nikolaos Z. Michalopoulos
Im Ortszentrum gelegen, 10 Zimmer und gutes Restaurant.
Fanaras Zimmervermietung
300 m nordöstlich vom Ortszentrum, an der Ringstraße
Tel. 26 92 02 36 65
12 Zimmer, in ruhiger Lage.
Filoxenia**
Ethnikís Antistáseos 10
Tel. 26 92 02-22 90, Fax -30 09
Im Ortszentrum, 28 Zimmer, freundlicher Service.

Kalógria s. Áraxos

Kardamyli (Máni)

Unterkunft

Anniska Apartments**
Tel./Fax 27 21 07 30 00
Das gepflegte und stilvolle Haus gewährt einen schönen Blick aufs Meer.
Kardamyli Beach Hotel**
Tel. 27 21 07-31 80, Fax -31 84
Am Strand gelegene, gepflegte Anlage mit Bungalows.

Káto Achéa

Unterkunft

Dymi
Im Ortszentrum

Tel. 27 21 02-21 02, Fax -53 11
14 Zimmer. Freundlicher Service.

Kiláda

Restaurants

Mehrere gute Fischtavernen und Ouzerien, in denen vorwiegend Einheimische verkehren, liegen nebeneinander am Hafen.

Korinth und Archea Kórinthos

Sehenswürdigkeiten

Ausgrabungsbezirk und Museum
tägl. 8.30–19, im Winter bis 17 Uhr; Museum Mo geschl.
Akrokorinth
tägl. 8.30–19, im Winter bis 17 Uhr

Unterkunft

Eine hervorragende Adresse nicht nur für Korinth, sondern auch als Ausgangsort für weitere Besichtigungen auf der nördlichen Peloponnes ist
Hotel Kalamaki Beach, Isthmia**
Tel. 27 41 03-76 53, Fax -76 52
www.kalamakibeach.gr
kalamaki@tourhotel.gr
80 Zimmer, zum Teil mit Meerblick. Direkt am Strand gelegen mit Pool und schöner Gartenanlage in der man einen antiken Turm entdeckt. Sehr gepflegt, absolut ruhig. Auch das Essen zu empfehlen.

Marinos
Am oberen Ortsrand von Archéa Kórinthos
Tel. 27 41 03-11 80, Fax -19 94
23 Zimmer, mit Klimaanlage.
Shadow*
Am unteren Ortsrand von Archéa Kórinthos
Tel. 27 41 03-12 32, Fax -14 81
Inh. Chris Marinis
8 Zimmer in sauberer Familienpension mit netten und hilfsbereiten Wirtsleuten. Griechische Fossilien und Mineralien werden zum Kauf angeboten.

Restaurant

Marinos
Am oberen Ortsrand von Archéa Kórinthos
Tel. 27 41 03 12 09
Traditionelle Taverne mit einigen Zimmern. Schmackhafte Fleischgerichte.

Koróni

Unterkunft

Hotel de la Plage**
3 km außerhalb des Orts oberhalb des Strandes
Tel. 27 91 02 24 01, Fax -25 08
40 Zimmer. Ruhige Lage, schöner Blick.
Pension
Michail Perivolaraki
Bei der Platia, Pikéfala 14
Tel. 27 91 02 25 53
5 freundliche Zimmer.

Kréstena (Achaia)

(10 km südlich von Olympia)

Informationen für unterwegs – Von Ort zu Ort

Unterkunft

Athina**
Tel. 26 25 02-31 50, Fax -29 65
www.athinahotelolympia.com
35 Zimmer. Gepflegt, mit Pool.

Kyllíni

Unterkunft

Ionion*
Am Hafen
Tel./Fax 26 23 09 23 18
22 Zimmer.

Kýthira

Unterkunft

Romantica**
Tel. 27 36 03-38 34, Fax -39 15
www.kythira.com
10 Zimmer, 4 Apartments und 4 Studios. Gepflegte Anlage mit Pool.

Lakópetra

Unterkunft

Grecotel Lakopetra Beach****
Tel. 26 93 05-17 13, Fax -10 45
www.grecotel.gr
Bungalowanlage mit 192 Zimmern an eigenem Strand (hervorragende Wasserqualität, feiner Sand), 10 km vom Flughfen Patras entfernt. Gartenanlagen, Swimmingpools, Tennisplatz, und aller erdenklicher Komfort. Exzellenter Service, gepflegtes Essen.

Leonídio s. Pláka

Liméni (Máni)

Unterkunft

Limeni Village**
Tel. 27 33 05-11 11, Fax -11 82
www.limenivillage.gr
Feriensiedlung im Wohnturmstil auf einer kahlen Klippe über dem Meer.

Restaurants

Taverna Takis
Tel. 27 33 05 13 27
Ausgezeichnetes, nicht billiges Fischlokal.
The Limeni
Tel. 27 33 05 14 58
Gute Vorspeisen und Fischgerichte.

Lykosoura

Sehenswürdigkeit

Ausgrabungsbezirk
zugänglich
Museum nur nach telefonischer Rücksprache möglich s. S. 226

Marathópoli

(zw. Kyparissía und Pýlos)

Unterkunft

Artina*
Tel. 27 63 06-14 00, Fax -14 02
In ruhiger Lage an der Felsenküste. Gepflegtes Haus mit 18 Zimmern.

Mármari (Máni)

Unterkunft
Kastro, Rooms to let*
Tel. 27 33 02 16 20
8 Zimmer in einem traditionellen Haus oberhalb der einsamen Strandbucht.

Methóni

Sehenswürdigkeit

Venezianische Festung
tägl. 9–18 Uhr

Unterkunft

Amalia**
Tel. 27 23 03-11 29, Fax -11 95
Außerhalb des Orts in Hanglage mit schönem Ausblick.
Giota
Tel. 27 23 03-12 91, Fax -12 90
In der Nähe der Burg. 20 Zimmer. Einfach, aber freundlicher Service.

Restaurant

To Meltemi
Parália Methónis, am Ufer
Tel. 27 23 03 11 87
Taverne mit guten Vorspeisen und Fischgerichten.

Monemvasiá

Sehenswürdigkeit

Historisches Museum
Di–So 9–15 Uhr

Unterkunft

Byzantino***
Tel. 27 32 03-07 32, Fax -07 32

Tipps und Adressen

25 gepflegte Zimmer, verteilt in bezaubernden alten Patrizierhäusern der Altstadt.
Malvasia**
Tel. 27 32 06-11 13, Fax -17 22
In der unteren Altstadt gelegen. Großzügig geschnittene Zimmer.
Pramataris*
Tel. 27 32 06-18 33, Fax -10 75
www.pramatarishotel.gr
18 Zimmer. Freundliche, gepflegte Anlage von 1997 in der unteren Altstadt.

Restaurant

To Kanoni
Tel. 27 32 06 13 87
Schmackhafte Vorspeisen und Fleischgerichte in der Altstadt.

Mykene

Sehenswürdigkeit

Ausgrabung und Museum
Di–So 8–19.30, Mo 12–19.30 Uhr

Mystrá

Sehenswürdigkeit

Ruinenstadt mit byzantinischen Kirchen
tägl. 8–19.30 Uhr, im Winter kürzer

Unterkunft

Byzantion*
Tel. 27 31 08 33 09, Fax -00 19
26 Zimmer, im Ortszentrum gelegen.

Náfplio

Sehenswürdigkeiten

Archäologisches Museum
2006 wegen Renovierungsarbeiten geschl.
Militär-Museum
Di–So 9–14 Uhr
Festung Palamidi
tägl. 8–19.30 Uhr
Volkskunde-Museum
Eingang Od. Vassíleos Alexándrou
Mi–Mo 9–14.30 Uhr

Unterkunft

Acropol
Vassilíssas Ólgas 9/Siókou (im Zentrum, zweite Fußgängerstraße hinter der Uferpromenade)
Tel. 27 52 09 76 76, Fax 27 52 02 77 96
14 einfache, aber tadellose und preiswerte Zimmer.
Agamemnon
Ákti Miaoúli 3, an der Uferpromenade
Tel. 27 52 02-80 21, Fax -80 22
40 Zimmer.
Akronafplia***
Tel. 27 52 02-44 81, Fax -40 76
Mobil 09 44 59 36 80
Verbund von vier stilvollen und gepflegten Pensionen. Alle befinden sich in elegant restaurierten klassizistischen Häusern in der historischen Altstadt: Od. Ágios Spyridón 6; Od. Vassíleos Konstantínou 23; Od. Efthimiopoúlou 14; Od. Ángelos Terzákis 31.
Bonne Nuit
Psáron 5, im oberen Ortsteil
Tel. 27 52 02 56 72
Stille Hotelpension mit 20 Zimmern.

Byron (Vyron)
Od. Plátonos 2, oberhalb von Ágios Spyridón
Tel. 27 52 02-23 51, Fax -63 38
18 Zimmer. Still, freundlicher Service.
Dioscuri*
Od. Víronos 6/Zygómala, im oberen Ortsteil
Tel. 27 52 02-85 50, Fax -12 02
diosco1@otenet.gr
Das Haus verfügt über 50 gepflegte und stille Zimmer, viele mit Blick über die Stadt auf die Küste. Der eigene Parkplatz ist vom östlichen Ende der Uferfront her in einer Schleife hangaufwärts zu erreichen.
Eleni
Od. Zygómala 5, im oberen Ortsteil
Tel. 27 52 02-70 36, Fax -23 01
www.pensioneleni.gr
Eine nette Familienpension, gepflegt und still. Sie bietet 8 hübsche Zimmer, die mit Kühlschrank, teilweise auch mit Kochgelegenheit ausgestattet sind.
Ilion ***
Od. Efthimiopoúlou 4/ Kapodistríou 6
Tel. 27 52 02-51 14, Fax -44 97
www.ilionhotel.gr
20 Zimmer, 5 Studios. Still und sehr gepflegt.
Leto*
Od. Zygómala 28, in der historischen Altstadt oberhalb der Platía
Tel. 27 52 02 80 93
14 stilvolle Zimmer in ruhiger Lage.
Nafplia Palace***
Auf dem Burgfelsen Akronafplia über der Stadt
Tel. 27 52 07 08 00, Fax 27 52 02 87 83

Informationen für unterwegs – Von Ort zu Ort

www.nafplionhotels.gr
Dies Haus der obersten Luxusklasse bietet neben allem Komfort einen atemberaubenden Blick auf Nafplio und den argolischen Golf. Fahrstuhl zur Unterstadt.
Nafsimedon***
Od. Sidíras Merárchias 9
Tel. 27 52 02-50 60, Fax -69 13
Mobil 69 72 03 33 32
www.nafsimedon.gr
In einem schönen Patrizierhaus in der Neustadt. 13 elegante, luxuriös ausgestattete Zimmer.
Rex*
Od. Bouboulínas 21
Tel. 27 52 02-69 07, Fax -81 06
www.rex-hotel.gr
Einfaches, aber freundliches Hotel mit 42 Zimmern.

Restaurant

In den Gassen der Altstadt reiht sich Taverne an Taverne. Von den vielen netten Restaurants empfehlen wir, besonders der Vorspeisen aber auch der Grillgerichte wegen
To Omorphó Tavernáki
(»Hübsche Taverne«)
Vassilissis Olgas 1 & Kotsonopoulos
Tel. 27 52 02 59 44

Café

Top Kafenio
Od. Bouboulínas 81
Tel. 27 52 02 74 86
Hier gibt es den besten *kafé* – vom *elliniko* bis zum italienischen Espresso – und man entspannt in angenehmer Atmosphäre gleich an der Uferpromenade.

Nemea

Sehenswürdigkeit
Ausgrabungsbezirk mit Museum
tägl. 8.30–14.30 Uhr; Museum Mo geschl.

Olympia

Sehenswürdigkeiten
Ausgrabungsstätte
tägl. 8–20 Uhr
Museum der Geschichte der Olympischen Spiele
Di–So 8–17 Uhr
Archäologisches Museum
Di–So 8–20, Mo 13.30–20 Uhr
Museum der Geschichte der Ausgrabung
Di–So 8–17 Uhr
Museum der neuzeitlichen Olympischen Spiele
An der oberen Dorfstraße
Tgl. 8–15.30 Uhr

Unterkunft

(s. auch Kréstena)
Amalia**
Am westlichen Ortsrand
Tel. 26 24 02-21 90, Fax -24 44
wwww.amaliahotels.com
159 Zimmer. Mit Gartenanlage und Pool, gepflegt.
Antonios***
Tel. 26 24 02-23 48, Fax -21 12
www.hotelantonios.gr
60 Zimmer in 2002 renoviertem, gepflegtem Haus mit Pool.
Hercules*
Von der Hauptstraße zurückgesetzt
Inh. K. Fotios
Tel. 26 24 02-26 96 und -30 35
13 freundliche Zimmer in ruhiger Lage.

Ilis*
Im Ortszentrum
Tel. 26 24 02-25 47, Fax -21 12
60 Zimmer.
New Olympia**
Tel. 26 24 02-28 10, Fax -21 12
www.gtp.gr/newolympia-hotel
31 Zimmer, gepflegt und freundlich.
Olympion Asty**
Auf einem Hügel oberhalb des Ortes (nur für motorisierte Gäste zu empfehlen)
Tel. 26 24 02-36 65, Fax -31 23
www.olympionasty.gr
39 Zimmer, sehr gepflegtes Haus mit Bungalowtrakt und Pool. Gute Küche, ausgezeichnetes Weinsortiment

Paleá Epídavros

Unterkunft

Hotel Christina*
Am Hafen
Tel. 27 53 04-14 51, Fax -16 55
www.christinahotel.gr
18 Zimmer.
Posidon*
Am Hafen
Tel. 27 53 04-12 11, Fax -17 70
12 Zimmer mit Balkon.

Parália Ástros

Unterkunft

Alexandros*
Etwas vom Hafen zurückgesetzt
Tel. 27 55 02-32 22, Fax -90 71
Mobil 69 77 69 59 52
22 Apartments mit Küche.
Dimitra
An der Uferpromenade im Süden des Ortes
Tel./Fax 27 55 05 12 35

Tipps und Adressen

Gepflegte Pension mit 16 Zimmern, die Hälfte zum Meer hin.
Vythos*
An der Uferpromenade im Süden des Ortes
Tel. 27 55 05-13 12, Fax -13 12
www.vythos.gr
Sehr empfehlenswerte Pension, 14 gepflegte Zimmer mit Balkon, die meisten zum Meer.
Remezzo
Am Hafen
Tel. 27 55 05 14 94
Der Deutsch sprechende Wirt Giannis Tetoros hat in England und der Schweiz gearbeitet und betreibt die Taverne seit über 20 Jahren. Vorspeisen und Hauptgerichte sind gleich köstlich, der Preis ausgesprochen günstig, der Blick auf Hafen und Strand unbezahlbar.

Restaurants

Avra
An der Uferstraße
Tel. 27 55 05 10 07
Inh. Apostolos Gennisariotis
Mit Terrasse zum Meer. Empfehlenswert sind Vorspeisen und Fischgerichte.
Lagoudera
An der Uferstraße im südlichen Ortsteil
Tel. 27 55 05 14 14
Kleine Taverne mit authentischen Gemüse-, Fisch- und Fleischgerichten.

Pátras

Sehenswürdigkeiten

Achaia Clauss
Führungen tägl. 9–13 u. 16–19 Uhr

Archäologisches Museum
Amerikis & National Road 38–40
Di–So 8.30–17 Uhr (vorläufig)

Unterkunft

Adonis*
Kapsáli 9/Zaimí
Tel. 26 10 22-42 13, Fax -69 71
66 Zimmer. Preiswert.
Ástir***
Od. Andréou 16
Tel. 26 10 27 75 02, Fax -16 44
www.hotelastirpatras.gr
109 Zimmer. Gartenrestaurant, Pool, Sauna und aller Komfort.
Byzantino***
Od. Rígas Feraíou 106/Asklipiou
Tel. 26 10 24 30 00,
Fax 26 10 62 21 50
www.byzantino-hotel.gr
25 Zimmer in altem, stilvoll renoviertem Haus. Sehr gepflegt und komfortabel.
Mediterranee**
Od. Agíou Nikoláou 18
Tel. 26 10 27 96 02,
Fax 26 10 22 33 27
96 Zimmer. Ordentlich und preiswert.
Tzaki**
Parália Prostíou, Uferpromenade
Tel. 26 10 45 39 60,
Fax 26 10 42 67 50
www.hoteltzaki.gr
56 Zimmer.

Pláka

Unterkunft

Dionysos**
Tel. 27 57 02 34 55
In wundervoller Lage direkt am Strand bei einem kleinen Fischerhafen. 16 Zimmer.
Ta Kamaria*
Tel. 27 57 02-23 95 u. -27 57
18 Apartments am Strand.

Pórto Kágio (Máni)

Restaurant

Taverna Porto Kágio
Tel. 27 33 05 20 33
Gleich am Ufer befindet sich eine der besten Fischkneipen der Peloponnes: Hier gibt es nichts Raffiniertes, sondern exzellent gegrillten, frischen Fisch.

Pýlos s. auch Giálova

Sehenswürdigkeiten

Archäologisches Museum
tägl. 8.30–15 Uhr
Historisches Museum
Di–So 8.30–15 Uhr

Unterkunft

Karalis Beach Hotel**
Parália
Tel. 27 23 02-30 21, Fax -29 70
Ruhige Lage, Blick über die Bucht von Navaríno. 35 Zimmer.
Miramare**
Od. Tsamádou 3
Tel. 27 23 02 27 51, Fax -22 26
www.miramarepylos.gr
Direkt am Ufer gelegen, ruhig.

Restaurant

Restaurant 1930
Am Hafen hinter der Platia
Tel. 27 23 02 20 32
Bekannt für Fisch- und Lammspezialitäten.

Informationen für unterwegs – Von Ort zu Ort

Spárti
s. auch Mystrá

Sehenswürdigkeiten

Archäologisches Museum
Agíou Nikonos 7
Di–So 8.30–15Uhr
Koumantaros-Galerie
Paleológou/Thermopýlon
Di–So 9–14.30 Uhr
Tel. 27 31 08 15 57
Olivenmuseum
Othonas & Amalias
Tel. 27 31 08 93 15
www.piop.gr
Mi–Mo 10–18, im Winter bis 17 Uhr

Unterkunft

Lida**
Od. Atrídon/Anaíou
Tel. 27 31 02-36 01, Fax -44 93
40 Zimmer.
Maniatis*
Od. Paleológou/Lykoúrgou, im Zentrum
Tel. 27 31 02 26 65, Fax -99 94
www.maniatishotel.gr
80 Zimmer mit Balkon.
Menelaion**
Od. Paleológou 91, im Zentrum
Tel. 27 31 02 21 61, Fax -63 32
www.menelaion.com
48 komfortable Zimmer in elegant renoviertem Haus von 1935. Sehr gepflegt, angenehmer Service.

Spétses

Sehenswürdigkeit

Museum
Di–So 8.30–14.30 Uhr

Unterkunft

Klimis**
Am Hafen
Tel. 22 98 07 37 25
20 Zimmer.
Nissia****
Am Ortsrand
Tel. 22 98 07-50 00 u. -50 11,
Fax -50 12
www.nissia.gr
Gleich am Meer: 14 Studios und 10 Suiten in geschlossener Anlage mit Swimmingpool und allem erdenklichen Komfort.
Soleil**
Am Hafen
Tel. 22 98 07-22 68 u. -24 88,
Fax -28 41
27 Zimmer.
Star Hotel**
Platiá Dapiá, am Hafen
Tel. 22 98 07-22 14 u. -27 28,
Fax -28 72
40 Zimmer.
Varlamis**
Tel. 22 98 07 49 83, Fax -48 25
11 Zimmer. Sehr gepflegt, freundlicher Service.

Stávri (Máni)

Unterkunft

Tzitziris-Castle***
Tel. 27 33 05 62 97
Stilvolle Hotelanlage in verlassenem Máni-Dorf.

Stemnítsa

Sehenswürdigkeit

Volkskunde-Museum
Mo–Mi und Fr–So 17–19, Sa/So auch 11–13 Uhr

Unterkunft

Country Club Trikolonion****
Tel. 27 95 02 95 00-1,
Fax 27 95 08 15 12
www.countryclub.gr
Luxus in einem Haus des 19. Jh. in der Ortsmitte. 14 Zimmer und 4 Suiten.

Tegea

Sehenswürdigkeit

Archäologisches Museum
Derzeit geschlossen. Wiedereröffnung ungewiss

Tiryns

Sehenswürdigkeit

Mykenische Burg
tägl. 8–20 Uhr

Toló

Unterkunft

Hotel John and George***
Od. Halí 8
Tel. 27 52 05-90 97, Fax -96 79
www.j-g.gr
Großzügige, 2001 renovierte Anlage mit 62 Zimmern, Pool. Etwas zurückgesetzt vom Ufer, in der ›Altstadt‹.
Solon**
Od. Bouboulínas 5
Tel. 27 52 05 92 04, Fax -91 54
www.gtp.gr/solon-tolo
Direkt am Strand gelegen, Terrasse mit Meerblick. 30 Zimmer, die meisten mit Seeblick.

Tipps und Adressen

Trípoli

Sehenswürdigkeit
Archäologisches Museum
Unweit der Platia etwas versteckt an der Nebenstraße Od. Spileopoúlou
Di–So 8.30–15 Uhr

Unterkunft
Galaxy*
Platía Agíou Vassilíou
Tel. 27 10 22-51 96, Fax -51 97
80 Zimmer mit Balkon. Freundlicher Service. Doch seit den 1970er-Jahren leider nicht mehr renoviert.

Váthia (Máni)

Unterkunft

Stilvolle Zimmer und Apartments in **Pyrgi*****
Tel. 27 33 05 52 44

Várda s. Áraxos

Vytína

Unterkunft

Menalon***
In der Ortsmitte
Tel. 27 95 02-22 17 und -22 00
45 Zimmer mit Balkon in traditionell hergerichtetem Haus. Eine Art ›Kunstgalerie‹ auf den Fluren und in den Zimmern.
Villa Valos**
Am Ortsrand
Tel. 27 95 02 22 19
Hübsches Haus mit 51 Zimmen. Still und gepflegt.

Xylókastro

Unterkunft

Apollon***
J. Ioannou 105

Tel. 27 43 02-22 39, Fax -52 40
200 m vom Meer gelegenes Haus.
Arion****
K. Karamanli 3
Tel. 27 43 02 22 30
Das Luxushotel liegt direkt am Strand und ist mit 30 Zimmern recht intim.
Villa Creoli**
Nikolopoulou 14
Tel. 27 43 02-86 09, Fax -53 60
www.villacreoli.gr
Gepflegtes und preiswertes Haus.

Zacháro

Unterkunft

Diethnes
In der Ortsmitte
Tel. 26 25 03 12 08 und -40 00
18 Zimmer, z. T. mit Blick über die Dächer der kleinen Stadt.

Die griechische Küche

Speisen

Die peloponnesische Küche ist schlicht. Viele Restaurants und Tavernen bieten überwiegend gegrilltes und geschmortes Fleisch sowie Nudelgerichte und Salat (zumeist *choriátiki*, den Bauernsalat mit Tomaten, Zwiebeln und Feta) an. Gekochte Speisen werden meist lauwarm serviert. Die beste Küche findet man in den größeren Städten, und dort erhält man auch eine reichere Auswahl an differenziert zubereiteten Gemüsen. In vielen Tavernen lässt der Wirt die Gäste für eine Auswahl in die Töpfe schauen.

Unter Griechen ist es üblich, mehrere Vorspeisen *(mezédes)* auf den Tisch stellen zu lassen. Dabei sehr zu empfehlen – besonders am frühen Abend vor dem Abendessen – sind *mezouso* oder *mezebirra*: Oliven, Gurken Käsehäppchen und viele weitere salzige Leckereien mit Weißbrot, die man zu einem Bier oder einem Schnaps zu sich nimmt.

Fisch ist knapp und darum teuer, guter Fisch wird fast immer nach Gewicht verkauft. Joghurt gibt es nicht nur in Supermärkten (am besten: Provio und Total), sondern auch in traditionellen Bäckereien, dann häufig selbst gemacht und lose oder im Steinzeugtopf angeboten.

Getränke

Der Markt der Erfrischungsgetränke und Biere wird von internationalen Konzernen beherrscht. Endlich allerdings gibt es wieder, nach vielen Jahren einer abgerissenen Tradition des legendären ›Fix‹, ein griechisches Bier: ›Mythos‹. Abgepackte Fruchtsäfte erhält man an Kiosken und in Lebensmittelläden; frisch gepresste Fruchtsäfte werden in moderneren Cafés angeboten, keinesfalls im traditionellen *kafeníon*.

Der geharzte Weißwein *Retsina*, der meist aus Attika oder von der Chalkidike stammt, wird auch auf der Peloponnes angeboten, doch sollte man hier einen der lokalen Weine trinken, die gewöhnlich nicht reziniert sind; die wichtigsten Anbaugebiete sind Nemea und das Hinterland von Patras (Achaia). Neben dem Anisschnaps *Oúzo* und dem allseits bekannten Brandy *Metaxá* wird vor allem *Rakí*, ein vielerorts gebrannter kräftiger Tresterschnaps ohne Anis, getrunken.

Stark verändert hat sich im letzten Jahrzehnt die Kaffeehaus-Kultur in Griechenland. Noch immer gibt es das weitgehend von älteren Männern frequentierte traditionelle *kafeníon*, wo fast ausschließlich griechischer Kaffee angeboten und *tavli* gespielt wird. Daneben aber findet man selbst in kleineren Städten an den Hauptplätzen ganze Ansammlungen moderner Kaffees – häufig mit Kanapees aus Rohrgeflecht im Freien –, wo sich die Jugend beiderlei Geschlechts trifft und wo auch Espresso, Capuccino, Tee und andere Getränke serviert werden. Diese neuen Kaffees sind zu einem die Ortszentren prägenden und mittlerweile für Griechenland typischen Kommunikationspunkt geworden.

Im Sommer bietet die sonst hauptsächlich aus Fleisch bestehende peloponnesische Küche auch leckere Gemüsegerichte: mit Reis gefüllte und im Ofen gebackene Tomaten und Paprika (gemistó). Außerdem Dolmades: mit Reis gefüllte Weinblattröllchen in einer Bechamelsuce mit Kapern. Schließlich ein Leckerbissen für Vegetarier und nicht nur für sie – geschmorte Artischocken oder Fenchel mit Möhren und Kartoffeln in einer milden Dillsauce mit etwas Pfeffer und Zitrone.

Tipps und Adressen

Reiseinformationen von A bis Z

Ärztliche Versorgung

Apotheke = ΦΑΡΜΑΚΕΙΟΝ: *Farmakíon*, rotes Kreuz auf weißem Grund
Arzt = ΙΑΤΡΟΣ: *Iatrós*
s. auch Gesundheitsvorsorge, S. 324

Behinderte

Behindertenfreundliche Einrichtungen sind selten; ein Verzeichnis behindertengerechter Hotels existiert nicht.

Camping

Infos: Greek Camping Association, Solonos 76, GR-10680 Athen, Tel. 21 03 62 15 60; freies Campen ist nicht erlaubt.

Diplomatische Vertretungen

... für Deutschland
Od. Károli ké Dimitríou 3, Athen, Tel. 21 07 28 51 11
... für Österreich
Leofóros Alexándras 26, Athen, Tel. 21 08 21 10 36
... für die Schweiz
Od. Gennadíou/Od. Iassíou 2, Athen, Tel. 21 07 23 03 64

Einkaufen

In fast allen touristisch belebten Orten werden Web- und Stickarbeiten sowie ›Antiquitäten‹ und Schmuck zum Kauf angeboten. Die Ausfuhr jeglicher antiker Relikte – auch Tonscherben – sowie von älteren Ikonen und liturgischem Gerät ist verboten und wird hart bestraft. Gewöhnlich handelt es sich bei den feilgebotenen Antiquitäten ohnehin um moderne Imitate, deren Erwerb und Ausfuhr rechtlich bedenkenlos ist. Handwerklich gute (moderne) Ikonen kauft man am besten direkt in einer der zahlreichen Ikonenwerkstätten, z. B. in Klöstern.

Elektrizität

Die Netzspannung beträgt 220 Volt. Deutsche Stecker passen meist.

Feiertage

Feste Feiertage:
1. Jan. (Neujahr)
6. Jan. (Epiphanias)
25. März (Nationalfeiertag: Gedenken an den Beginn des griechischen Freiheitskampfes 1821)
1. Mai (Tag der Arbeit)
15. Aug. (Mariä Himmelfahrt)
28. Okt. (Nationalfeiertag: Gedenken an das ›Große Historische Nein‹ Griechenlands zum Kapitulations-Ultimatum Mussolinis 1940)
25./26. Dez. (Weihnachten)

Bewegliche Feiertage: Karfreitag; Oster- und Pfingstsonntag. Da diese Feste nach dem in der orthodoxen Kirche gültigen Julianischen Kalender berechnet werden, liegen sie meist an anderen Terminen als in Mitteleuropa. Ostern wird besonders festlich begangen in **Trípoli** (Platía Aréos; das Bürgermeisteramt bietet Lammfleisch und Wein, dazu Musik und Tanz).

Feste und Veranstaltungen

Heiligenfeste *(panigíri)* finden an jedem Tag des Jahres irgendwo statt. Manchmal werden sie nur mit einem Gottesdienst gefeiert, meist aber auch mit einem Dorffest am Vorabend, manchmal mit einem großen regionalen Markt. Besonders eindrucksvolle Beispiele solcher wie auch weltlicher lokaler Feste und sonstiger Veranstaltungen sind:

Februar

Karneval: besonders in **Patras** und in **Náfplio** große Volksfeste mit Maskenbällen und Prozessionen in antiken und mittelalterlichen Kostümen.
Rosenmontag: Karnevalsumzüge und traditionelle Tänze in allen Städten und größeren Dörfern.
›Alkyoniden-Tage‹ in **Alt-Korinth** mit Vorträgen, Theater und Musik.

Reiseinformationen von A bis Z

April
23. Apr. Kirchweihfest des Agios Georgios in **Sofikó** und in **Geráki**.

Mai
2. Mai Patronatsfest des Agios Athanasios in **Geráki**.
3. Mai Patronatsfest des Agios Petros in **Argos**.
20.–27. Mai Gedenkfeiern in **Kalávryta** an die Widerstandskämpfer im Zweiten Weltkrieg.
29. Mai ›Paleologen-Tag‹ in **Mystrá** zum Gedenken an die byzantinische Kaiserdynastie.

Juni
3.–4. Juni, von 1996 an im Vierjahresrhythmus, athletische Wettkämpfe in **Nemea** (s. S. 92): ein fröhliches, der Toleranz und kulturellem Austausch verpflichtetes Volksfest abseits des Medien- und Geldspektakels von Olympiaden und Weltmeisterschaften.
Erster Sonntag: Kirchweihfest in **Stemnítsa** mit Tänzen.
24.–28. Juni Paulus-Fest in **Alt-Korinth** mit Gottesdiensten.
Letzter Sonntag im Juni bis erster Sonntag im Juli: ›Anthesteria Ilikia-Festival‹ in **Egio**.

Juli
Beginn der Theaterfestspiele in **Epidauros** (Tel. der Kartenzentrale in Athen: 21 07 32 23 11-9); Konzerte und Theater in **Náfplio**.
1. Juli Kirchweihfest der Anagriri (Hl. Kosmas und Damian) in **Ermióni**.
7. Juli Fest der Agía Kyriakí im Bergdorf **Dimitsána**, es gibt gekochte Ziege, dazu Musik und Tanz.
20.–21. Juli Profitis Ilias: Feste und Prozessionen bei zahlreichen Gipfelkapellen, die dem Heiligen geweiht sind, besonders festlich in **Zacháro**.
Letzte Woche: Dreitägiges Fest in **Kréstena** mit Tanz und anspruchsvoller Volks- und Pop-Musik.
Ende Juli: Im Dorf **Nymfasía** bei Vytína sehenswertes Fest arkadischer Hirten mit rustikalem Essen, Musik und Tanz.
Ende Juli–Anfang August: Interessantes internationales Ballett- und Volkstanz-Festival in **Kalamáta**.

August
Anfang August: Zehntägiges Kultur-Festival ›Nestoria‹ mit Lauf vom Nestor-Palast in **Epáno Englianós** nach **Chóra**.
Erste Augusthälfte: Sultaninen-Fest mit Volksmusik und Tanz in **Kréstena**; Ithomaia-Fest in **Mavromáti** (Alt-Messene).
15. Aug. Mariä Himmelfahrt: Feste in allen Marienkirchen, besonders feierlich in den Klöstern.
21.–23. Aug. Fest der Panagia Faneromeni in **Chiliomódi**.
22. Aug. Patronatsfest des Agios Adrianos und der Agia Natalia in **Drépano**, zu dem die Bewohner der umliegenden Dörfer kommen.
Ende August: Weinfest in **Nemea**.

September
Anfang Sept. Weinfest im Dorf **Karakasí bei Ermióni**.
Ab 14. Sept. Einwöchige Feste mit regionalem Markt in **Gýthio** und in **Kyparissía**.
23. Sept. Volksfest in **Trípoli** zum Gedenken an die Befreiung von der Türkenherrschaft.

Oktober
1. Okt. Fischerfest mit Essen, Trinken, Musik und Tanz in **Toló**.
Ende Okt. Dreitägiges Fest in **Kastánitsa**.

November
8.–9. Nov. Agios Nektarios-Fest in **Molái**.

Dezember
6. Dez. Agios Nikolaos-Tag in **Andrítsena**.
12. Dez. Agios Spyridon-Fest in **Elafónisos**.
13. Dez. Gedenktag an das Massaker 1943 in **Kalávryta** (s. S. 102).

Foto- und Videoaufnahmen

Das Fotografieren militärischer Anlagen ist verboten. In manchen Kirchen und Museen besteht generelles Fotografierverbot, oft ist aber durch Kauf einer zusätzlichen Eintrittskarte eine Erlaubnis (ohne Stativ und Blitzlicht) zu erhalten. Viele Fotogeschäfte und Internet-Cafes überspielen von Digitalkameras auf CD.

Geld

Währungseinheit ist der Euro. **Kreditkarten** (vor allem Visa und EC) werden von allen

Tipps und Adressen

Autovermietungen und Fluggesellschaften sowie von vielen Hotels und Geschäften akzeptiert. Den Verlust von Kreditkarten kann man unter folgenden **Notrufnummern** melden:
EC/Maestro:
001/31 42 75 66 90
Visa: 001/410 581 38 36 (kostenloses R-Gespräch möglich)
American Express:
0 69/75 76 10 00
Diners Club: 069/66 16 61 23.

Höhlen

Sehenswerte *Tropfsteinhöhlen* liegen im Chelmós-Gebirge (Spílea ton Limnón, S. 105) und bei Pýrgos Dyroú an der Westküste der Máni (S. 275); zwei große *Dolinen* befinden sich bei Dídyma auf der Argolída-Halbinsel (S. 205f.).

Kioske (períptero)

Die in allen Orten zahlreichen Kioske sind wahre Gemischtwarenläden: Von Zeitungen und Zeitschriften über Postkarten, Eis, Getränke, Spielzeug, Konserven bekommt man hier (fast) alles, was für den täglichen Bedarf nötig ist, und man kann problemlos ins Ausland telefonieren. Auch Telefonkarten und brauchbare Infos sind hier erhältlich.

Notrufe

Verkehrspolizei: landesweit 1 00

Rettung: landesweit 1 66. Bei einem schweren Unfall mit Personenschaden sollte man Kontakt mit der Botschaft aufnehmen (s. ›Diplomatische Vertretungen‹).
Pannenhilfe deutschsprachig (ELPA & ADAC): landesweit 1 04
Feuerwehr: landesweit 1 99

Öffnungszeiten

Archäologische Stätten: Kernöffnungszeiten der bewachten Stätten sind meist Di–So 8.30–15 Uhr (Näheres bei den einzelnen Orten unter ›Informationen für unterwegs‹). Bei verschlossenen Toren zu unbewachten Stätten sollte man keinesfalls über den Zaun klettern; wird man erwischt, führt dies zu Unannehmlichkeiten und erschwert zukünftigen Interessenten den Besuch. Umgekehrt sollte man aber auch nicht schon 20 m vor einem geschlossenen Tor kehrt machen, denn oft hängt der Schlüssel daneben oder das Tor ist nur scheinbar durch eine Kette verschlossen. In diesen Fällen ist der Zugang erlaubt, nur sollte man das Tor nach Verlassen des Platzes wieder sorgfältig verschließen.
Banken: Mo–Do 8–14 Uhr, Fr bis 13 Uhr, in den Touristenzentren zuweilen auch nachmittags. Telebanking in fast jedem Ort.
Geschäfte: Mo–Sa 8–14 Uhr, zudem drei Nachmittage in der Woche ca. 17–20 Uhr, außerhalb der Saison oft kürzer.

Kirchen und Klöster: Auch Mönche und Nonnen schätzen ihre Mittagspause. Darum sind die meisten Klöster nur 9–12 oder 13 Uhr und von 16 Uhr bis Sonnenuntergang geöffnet. Auf dem Lande sind Kirchen oft nur zu Gottesdiensten geöffnet; meist aber kann man beim Nachbarn oder im *kafeníon* nach dem Schlüssel *(klidí)* fragen (Näheres jeweils im Reiseteil).
Museen: Kernöffnungszeiten sind Di–So 9–15.30 Uhr (Näheres s. ›Informationen für unterwegs‹).
Postämter: Mo–Fr 7.30–15 Uhr (in den Touristenzentren manchmal auch länger) sowie Samstagvormittag.

Sicherheit

Kaum ein Reiseland weist geringere Kriminalität auf als Griechenland. In Großstädten und an touristisch überlaufenen Orten sollte man dennoch, wie überall, auf sein Gepäck achten.

Straßenverhältnisse

Das Straßennetz ist insgesamt gut, auch Nebenstraßen sind meist asphaltiert. Auf den gebührenpflichtigen Autobahnen muss man sich darauf einstellen, dass auch die Standspur als Fahrspur genutzt wird, und Überholer erwarten, dass man nach rechts ausweicht. Überall ist mit Schaf- oder Ziegenherden auf der Fahrbahn zu rechnen, nachts außerdem mit schlecht oder gar nicht beleuchteten Fahrzeugen. Bei Erd- oder Schotterpisten sollte man auf die Bodenfreiheit des Fahrzeugs achten und die Kamera-Ausrüstung vor Staub schützen.

Kaum irgendwo macht Motorradfahren so viel Spaß wie auf einsamen griechischen Landstraßen. Die Zahl der Unfälle ist allerdings erheblich: Die schöne Landschaft verleitet zu Unaufmerksamkeit, auch sind Kurven oft steiler als angenommen; schließlich ist auf Sand- und Schotterpisten die Rutschgefahr oft größer als erwartet. Insgesamt aber ist das Fahren angenehm und stressfrei, wenn man sich klar macht: Nicht beharren auf dem eigenen Recht ist hier die Devise, sondern »leben und leben lassen«.

Telefonieren

Am preiswertesten sind Kartentelefone. Die Telefonkarten sind bei der Telekommunikationsgesellschaft O.T.E. sowie an Kiosken und in manchen Geschäften (nicht aber bei der Post) erhältlich.

Von vielen Kiosken aus kann man ebenfalls günstig telefonieren; Reisebüros und Hotels erheben oft horrende Aufschläge. Ermäßigte Tarife gibt's Sa und So sowie werktags 22–6 Uhr.

Es gibt in Griechenland keine Ortsvorwahlnummern, man wählt also immer die komplette zehnstellige Teilnehmernummer.

Landesvorwahlen
Deutschland: 00 49
Österreich: 00 43
Schweiz: 00 41
Griechenland: 00 30

Trinkgelder

Üblich ist in Restaurants eine Aufrundung des Rechnungsbetrags um 10 %. Wird man im Restaurant oder im *kafenío* vom Mikrós, einem jugendlichen Helfer, bedient, so ist zu beachten, dass er in keinem festen Arbeitsverhältnis steht, sondern seinen Lohn aus den Trinkgeldern bestreitet. Taxifahrer, Friseure, Gepäckträger und Angestellte besserer Hotels erwarten das in Westeuropa übliche Trinkgeld.

Umweltverhalten

Dass der Zustand der Umwelt und das Tourismusaufkommen in einem unmittelbaren Kausalzusammenhang stehen, diese Erkenntnis setzt sich in Griechenland erst zögerlich durch. Man stößt auch an landschaftlich reizvollen Stellen auf achtlos den Abhang hinuntergekippte Müllberge, verschmutzte Gewässer und qualmende Feuerstellen, wo Plastikmüll seiner ›thermischen Verwertung‹ zugeführt wird. Der Müll der größeren Städte wird zwar gesammelt, doch oft eher wahllos im Umkreis deponiert. Moderne Kläranlagen sind selten.

Dennoch sollte sich jeder Reisende in seinem Umweltverhalten nicht an dem griechischen ›Vorbild‹ orientieren und vor allem den Kauf von Getränken in Plastikflaschen vermeiden. Besonders während der dürren Sommermonate besteht Brandgefahr, Picknickfeuer sind streng verboten. Zigaretten dürfen keinesfalls in die Umgebung geworfen werden.

Unterkunft

Alle Hotels werden von der Griechischen Zentrale für Fremdenverkehr (EOT) in die Kategorien Luxus sowie A–E eingestuft. Diese Zuordnung erfolgt allerdings starr nach Ausstattungsmerkmalen und sagt nichts über Erhaltungszustand, Sanitäreinrichtungen oder gar Sauberkeit und Service; auch für den Zimmerpreis gibt sie nur ansatzweise Auskunft. Die in diesem Führer gegebene Klassifizierung folgt deshalb nicht der offiziellen griechischen, sondern bemisst sich nach Preis und Leistung.

An jeder Rezeption sowie in allen Zimmern hängt eine Preisliste aus. Die dort genannten Preise sind Höchstpreise, die durchaus heruntergehandelt werden können; viele Vermieter geben außerhalb der Hochsaison ohnehin von sich aus Rabatte. Doppelzimmer kosten üblicherweise kaum mehr als Einzelzimmer. Privatzimmer und Studios oder Apartments sind oft ebenso gut wie Hotelzimmer und wesentlich preiswerter.

Tipps und Adressen

Urlaubsaktivitäten

Ausflüge/Reiserouten

Für den Besuch der wichtigsten Sehenswürdigkeiten bieten sich zwei – mindestens einwöchige – Rundreisen (natürlich auch in Kombination) an:
Von Korinth an der Küste des Korinthischen Golfs (Abstecher Kalávryta) entlang nach Patras und Olympia (Abstecher Epáno Englianós und Methóni) – über Vitýna oder Megalópoli nach Trípoli (mit Tegea) – Árgos – Náfplio – Tiryns und Mykene – Epidauros – Korinth.
Korinth – Trípoli (Tegea) – Megalópoli – Messene – Kalamáta (Abstecher Koróni) – Sparta (mit Mystrá) – Monemvasiá – Ástros – Árgos – Mykene und Tiryns – Náfplio – Epidauros – Korinth.

Baden

Badestrände sind auf den Karten in den Umschlagklappen verzeichnet, besondere Empfehlungen finden sich im Reiseteil. FKK ist außerhalb geschlossener Anlagen grundsätzlich nicht gestattet.

Wandern

Besonders die Mittel- und Hochgebirge der Peloponnes bieten hervorragende Wandermöglichkeiten, inzwischen teilweise auch auf ausgeschilderten Wegen. Die schönsten Bergregionen sind *Chelmós*, *Erýmanthos*, *Ménalo* und *Taÿgetos*. Argolída und die drei südlichen Halbinseln eignen sich wegen ihrer weitgehenden Schattenlosigkeit nur im Frühjahr und Herbst für größere Ausflüge zu Fuß. Festes Schuhzeug und Sonnenschutz sind unabdingbar, ebenso stets die Mitnahme einer Wasserflasche (zu Skorpionen u. ä. s. S. 15). Während für das Festland bereits ausgezeichnete Wanderkarten existieren, sind solche für die Peloponnes noch in Bearbeitung: 1:55 000 Sterea Ellada (nur griech.), Vlg. Anabasi, Dragoumi 34, 11528 Athen. Wanderführer s. S. 313.

Verkehr

Für eine Reise durch die Peloponnes sind Auto oder Motorrad die besten Verkehrsmittel, wenn man in begrenzter Zeit viel sehen möchte. Für Reisen ohne eigenes Auto oder Motorrad eignen sich die Busse des K.T.E.L., der auf der gesamten Peloponnes ein dichtes Verkehrsnetz unterhält; selbst entlegene Ortschaften sind in diesen Linienbussen täglich zu erreichen (Haltestellen heißen ΣΤΑΣΙ). Hauptknotenpunkte sind die Busbahnhöfe in Athen, Korinth, Árgos, Patras, Trípoli und Kalamáta. Fahrkarten kauft man nicht im Bus, sondern vor Antritt der Fahrt am Busbahnhof.

Tankstellen sind zahlreich, bleifreies Benzin *(amólivdi)* überall vorhanden. Abschleppwagen des Automobilclubs ΕΛΡΑ kann man unter der Telefonnummer 104 anfordern. Mietwagen und -motorräder werden nicht nur in größeren Städten, sondern mittlerweile an fast allen

Was die wenigsten wissen: Auch mit der Eisenbahn lässt sich die Peloponnes umrunden: ein erholsames und preiswertes Vergnügen. Nur die Máni, der Südosten mit Monemvasiá und die Argolida-Halbinsel mit Epidauros sind nicht mit dem Zug erreichbar.

touristischen Plätzen angeboten; preiswerter ist eine Buchung von Deutschland aus. Zur Anmietung nötig sind der nationale Führerschein, der mindestens ein Jahr alt sein muss, und ein Mindestalter von 23 Jahren.

Verkehrsvorschriften

Rechtsverkehr, international übliche Verkehrsschilder. Höchstgeschwindigkeit innerorts 50 km/h, auf Landstraßen 90 km/h und auf Autobahnen 110 km/h (bei Nässe 100 km/h); dort werden die Standspuren als Fahrspuren mitgenutzt.

Zeit

In Griechenland gilt die Osteuropäische Zeit (OEZ); es ist ganzjährig eine Stunde später als in Mitteleuropa.

Zeitungen

In jeder Stadt gibt es Kioske und Geschäfte, die sich auf ausländische Zeitungen und Illustrierte spezialisiert haben.

Kleiner Sprachführer

Zumeist kommt man auch ohne griechische Sprachkenntnisse gut zurecht: Dank Schulausbildung und US-amerikanischer TV-Serien verstehen und sprechen viele Griechen Englisch, durch Arbeitsaufenthalte in Deutschland vielfach auch Deutsch. Schwierigkeiten bereiten jedoch vielen westeuropäischen Reisenden Alphabet und Umschrift: Da mancherorts alt- und neugriechische Bezeichnungen für Ortsnamen koexistieren, kann man vor Ort nicht nur auf verschiedene griechische Schreibweisen, sondern auch auf unterschiedliche Umschriften ein und desselben Ortsnamens treffen. Für Land- und Autokarten gilt dies übrigens auch.

Die diesem Buch zugrunde gelegte Umschrift orientiert sich an der ortsüblichen ›dimotiki‹-Schreibweise; eine Ausnahme stellen lediglich die in Literatur und Wissenschaft eingeführten altgriechischen Bezeichnungen für archäologische Stätten und mythische Namen dar. Die nachfolgende Tabelle gibt eine Übersicht der hier gewählten (und – in Klammern gesetzt – alternativen) Umschrift.

Redewendungen

Die nachfolgenden Hinweise zu den wichtigsten Redewendungen sind strikt nach der Aussprache transkribiert; die richtige Betonung ist sehr wichtig, um verstanden zu werden. **Achtung:** Das griechische *Thíta* (Θ; th) wird wie ein englisches »th« ausgesprochen.

Begrüßungsformeln
kali méra –
Guten Tag (bis etwa 17 Uhr)
kali spéra –
Guten Abend (ab 17 Uhr)
kali níchta –
Gute Nacht (ab 22 Uhr, nur beim Abschied zu verwenden)
jássu –
Hallo, Tschüss, Prost (einem einzelnen gegenüber, Du-Form)
jássas –
Hallo, Tschüss, Prost (mehreren gegenüber, zugleich Sie-Form)
jámmas –
Prost (wörtlich: »auf unsere Gesundheit«)
chérete –
Seien Sie gegrüßt (nur auf dem Lande üblich)
ti kánis/ti kánete? –
Wie geht es Dir/Ihnen?
adío (adíosas) –
Auf Wiedersehen (etwas formell)

Höflichkeitsformeln
parakaló/efcharistó –
Bitte/Danke
nä/málista/óchi –
Ja/Jawohl/Nein
típota – Nichts, keine Ursache
singnómi – Entschuldigung
den pirási – Macht nichts
endáxi – In Ordnung, okay
kaló/kalí –
Gut (männlich/weiblich)
kakó/kakí – Schlecht
den katálawa –
Ich habe nicht verstanden

Nationalitäten
jermanós, jermanída, jermanía –
Deutscher, Deutsche, Deutschland
afstriakós, afstriakí (afstriakiá), afstría –
Österreicher, Österreicherin, Österreich
elwetós, elwetída, elwetía –
Schweizer, Schweizerin, Schweiz
ápo pú ísse –
Woher kommst du?

Reisen
limáni/karáwi –
Hafen/Schiff
stathmós/leofório –
Bahnhof (auch Busbahnhof)/Bus
stásis/térma –
Haltestelle/Endstation
aerodrómio/aeropláno –
Flughafen/Flugzeug
issitírio/ispráktoras –
Fahrkarte/Fahrkartenverkäufer
motosikléttα/podílato –
Motorrad/Fahrrad
aftokínito/fortigó –
Auto/Lastwagen
pótte tha féwji? –
Wann fährt er/sie/es ab?
pótte tha ftáni? –
Wann kommt er/sie/es an?
póssa chiljómetra sto …? –
Wie viel Kilometer sind es bis …?
pu féwji to leofório ja …? –
Wo fährt der Bus nach … ab?

Kleiner Sprachführer

pótte tha féwji to teleftéo leoforío ja ...? –
Wann fährt der letzte Bus nach ...?

ine aftós o drómos ja ...? –
Ist das der Weg nach ...?
kaló taxídi –
Gute Reise

Bank, Post, Arzt
trápesa – Bank
tachidromío/grammatóssima
– Postamt/Briefmarken

Das griechische Alphabet

Groß-buch-stabe	Klein-buch-stabe	Name	Ausspracheregeln	Umschrift-möglichkeiten
A	α	álfa	kurzes a wie in ›Land‹	a
B	β	wíta	w wie in ›Wille‹	v (w, b)
Γ	γ	ghámma	j wie in ›Jonas‹ vor i und e	g (j)
			weiches g vor den übrigen Vokalen	(gh)
Δ	δ	délta	wie stimmhaftes englisches th, z. B. in ›the‹	d (dh)
E	ε	épsilon	e wie in ›Bett‹	e
Z	ζ	síta	stimmhaftes s wie in ›Rose‹	z (s)
H	η	íta	kurzes i wie in ›Tritt‹	i
Θ	θ	thíta	wie stimmloses englisches th, wie z. B. in ›thanks‹	th
I	ι	jóta	gleiches i wie beim ›íta‹, also wie in ›Ritt‹; vor einem a wie ein j	i (j)
K	κ	káppa	k wie im deutschen ›Kappe‹	k
Λ	λ	lámbda	l wie im Deutschen	l
M	μ	mi	m wie im Deutschen	m
N	ν	ni	n wie im Deutschen	n
Ξ	ξ	kssie	ks wie in ›Haxe‹	x (ks)
O	o	ómikron	o wie in ›oft‹	o
Π	π	pi	p wie im französischen ›pomme‹	p
P	ρ	ro	Zungenspitzen-r wie im Italienischen	r
Σ	σ	sigma	stimmloses s wie in ›Tasse‹; im Auslaut stimmhaft	ss (s)
T	τ	taf	t wie im französischen ›tableau‹	t
Y	υ	ípsilon	i wie in ›Ritt‹	y (i)
			w wie in ›Wonne‹ nach ›álfa‹ und ›épsilon‹, wenn ein stimmloser Konsonant folgt	v (w)
			f wie in ›Fehler‹, wenn ein stimmhafter Konsonant folgt	f
Φ	φ	fí	f wie in ›Fehler‹	f (ph)
X	χ	chi	ch wie in ›ich‹ vor Konsonanten und dunklen Vokalen	ch
			ch wie in ›ach‹ vor hellen Konsonanten	ch
Ψ	ψ	psi	ps wie in ›Pseudonym‹	ps
Ω	ω	ómega	o wie in ›oft‹	o

Kleiner Sprachführer

thélo na tilefonísso –
Ich möchte telefonieren
jatrós/jatrío/nossokomío –
Arzt/Arztpraxis/Krankenhaus
thélo na wro énna farmakío –
Ich suche eine Apotheke

Einkaufen/Essen
períptero/magasí –
Kiosk/Laden
pandopolío/fúrnos –
Gemischtwarenhandlung/
Bäckerei
estiatório/tawérna –
Restaurant/Taverne
kafenío/sacharoplastío –
Kaffeehaus/Konditorei
kréas/psári – Fleisch/Fisch
gála/tirí/awgá –
Milch/Käse/Eier
psomí/frúta/lachaniká –
Brot/Obst/Gemüse
ti thélette? –
Was wünschen Sie?
parakaló thélo ... –
Bitte, ich möchte ...
pósso káni aftó? –
Was kostet das?
íne akriwós! – Es ist teuer!
to logarjasmó parakaló! –
Die Rechnung, bitte!

Auskünfte, Adjektive
pú íne ...? – Wo ist ...?

ti óra íne? – Wie spät ist es?
thélo na wró ena ... –
Ich suche ein/eine ...
pú íne i tualétta parakaló? –
Wo ist die Toilette, bitte?
kalós/kakós – gut/schlecht
megálos/mikrós – groß/klein
néos/paljós – neu/alt
mä/chorís – mit/ohne

Wochentage
deftéra/tríti/tetárti –
Montag/Dienstag/Mittwoch
pémpti/paraskewí –
Donnerstag/Freitag
sáwato/kiriakí –
Samstag/Sonntag

Tageszeiten
to proí/to mésimeri –
Der Vormittag/Der Mittag
to apójewma/to wrádi –
Der Nachmittag/Der Abend
i níchta – Die Nacht

Zahlen
1	*énna, mía (w.)*	
2	*dío*	
3	*tría, trís*	
4	*téssera, tésseris*	
5	*pénde*	
6	*éxi*	
7	*eftá*	
8		*októ*
9		*ennéa*
10		*dékka*
11		*éndekka*
12		*dodékka*
13		*dekkatría*
14		*dekkatéssera usw.*
20		*íkossi*
21		*íkossi énna usw.*
30		*triánda*
40		*saránda*
50		*pennínda*
60		*exínda*
70		*evdomínda*
80		*októnda*
90		*ennenínda*
100		*ekkató*
200		*diakósja*
300		*triakósja*
400		*tettrakósja*
500		*pendakósja*
600		*exakósja*
700		*eptakósja*
800		*oktakósja*
900		*ennjakósja*
1000		*chílja*
2000		*dío chíljades*
3000		*trís chíljades usw.*
1 Mio.		*énna ekkatomírrio*
2 Mio.		*dío ekkatomíria usw.*

Buchstabenkombinationen

AI	αι	e wie in ›Bett‹	ä (e)
ΓΓ	γγ	ng wie in ›lang‹	ng
EI	ει	i wie in ›Ritt‹	i
MΠ	μπ	b wie in ›Bar‹ oder ›Bier‹	b
NT	ντ	d wie in ›du‹ im Anlaut	d
		nd wie in ›landen‹ im Wortinneren	nd (nt)
OI	οι	i wie in ›Ritt‹	i (oi)
OY	ου	u wie in ›Ulrich‹	ou (u)
TZ	τζ	ds	tz (ds)

Abbildungs- und Quellennachweis

Archäologisches Institut, Hamburg S. 20, 21, 25, 31, 84u., 95, 126, 143, 150, 157, 193, 290
Archäologisches Museum, Árgos S. 155, 176
Archäologisches Museum, Chóra Seite 252
Archäologisches Museum, Náfplio S. 171
Archäologisches Museum, Olympia S. 117, 149
Archäologisches Nationalmuseum, Athen S. 157u.
Archiv für Kunst und Geschichte, Berlin S. 65
Artothek, Peissenberg/© Wittelsbacher Ausgleichsfonds, München S. 53
Bildarchiv Preußischer Kulturbesitz, Berlin (J. Laurentius) S. 74
Deutsches Archäologisches Institut, Athen S. 156
Rainer Hackenberg, Köln Umschlagklappe vorn und hinten, S. 1, 11, 12, 16, 17, 18, 64, 70, 131, 137, 139, 175, 185, 188, 194, 199, 204, 212, 219, 230, 231, 237, 246, 253, 268, 275u., 282, 298, 299, 300, 301
Johann-Bernhard Haversath, Gießen S. 13
Yannis Koulelis, Delphi S. 56
Ministry of Culture/ICOM, Athen (Jorgo Paphalis) S. 171
Museum Korinth S. 84o.
Olympic Publications, Athen S. 32
Werner Richner, Saarlouis Umschlagvorderseite
Lambert Schneider, Hamburg S. 14, 19, 43, 45, 47, 68, 71, 72, 77, 81, 82, 83, 84u., 87, 96/97, 98, 102, 103, 108, 110, 113, 132, 133, 149, 152, 158/159, 161, 166, 168, 169, 178, 179, 180, 183, 190, 206, 208, 211, 215, 221, 224, 226, 229, 232, 233, 241, 244, 248, 258, 259, 261, 262, 264, 275o., 276, 278/279, 281, 285, 294, 304, 306
Elke Walford/Hamburger Kunsthalle, Hamburg S. 214

Alle übrigen Abbildungen stammen aus dem Archiv des Verlages.

Quellennachweis
Erhart Kästner, Ölberge, Weinberge. © Insel-Verlag, Frankfurt/Main 1953 Zitat S. 16
Nikos Kazantzakis, Im Zauber der griechischen Landschaft. © F. A. Herbig Verlagsbuchhandlung, München 1962 Zitate S. 112, 305

Karten und Pläne
DuMont Reisekartografie, Fürstenfeldbruck
© DuMont Reiseverlag, Ostfildern

Register

Personen

Achäer s. Mykener
Achiawi s. Mykener
Adler, Friedrich 119
Alarich, König der Westgoten 75
Albaner 45, 49, 219
Alberti, Leon Battista 64
Alkman, Lyriker **60**, 286
Amalie von Oldenburg, Gemahlin Ottos I. 63
hl. Andreas, Apostel 106, 107f.
Anouilh, Jean 78
Antigonos Doson, König von Makedonien 217
Antoninus Pius, römischer Kaiser 209
Antonios von Nezera 105
Antonopoullos, Familie 109
Aratos von Sikyon, General 38
Aristoteles, Philosoph 296
Arkader 61
Atatürk, Kemal 55
Augustus, römischer Kaiser 39, **60**, 83
Awaren 75, 173

Bathykles, Bildhauer 286, 293
Baudissin, Wolfgang Heinrich Graf von 118
Beayzid II., Sultan 105
Bismarck, Otto von 119
Blegen, C. W. 248
Böotier 35
Bouboulina, Laskarina **60**, 204, 205
Brecht, Bertolt 292
Byron, George Gordon Noel Lord 51

Byzantiner 43, 45, 47, 87, 114, 174

Caesar, Gaius Iulius 75, 83
Callas, Maria **60**, 78, 261
Chadwick, John 21
Christen 48, 49, 88
Christomanos, Konstantinos 292
Chryseis, Priesterin 220
Churriter 20
Clauss, Gustav **61**, 109
Cockerell, Charles Robert 237
Corneille, Pierre 78
Coubertin, Pierre Baron de 32, **61**, 65, 120
Curtius, Ernst 118, 119

Damophon, Bildhauer 227, 267
Dassin, Jules 92
Decius, römischer Kaiser 88
Delacroix, Eugène 51
Demetrios Poliorketes 69, 94
Dorer **26**, 283
Dörpfeld, Wilhelm **61**, 119, 144, 167, 243, 247
Douraki, Familie 273

Eco, Umberto 92
Elytis, Odysseas 51
Epameinondas, General **61**, 222, 262, 263, 287
Euripides, Tragiker 78, 200

Fidias, Bildhauer 124, 132, 135, **136f.**
Foster, John 237
Franken 43, 45, 95, 110, 111ff., 174, 230, 235, 254, 261, 277, 281, 293, 294, 298, 303, 304

Gallio, römischer Statthalter 80
Geoffroy de Villehardouin 43, **65**, 111, 112, 113
Georg I., König von Griechenland 55
Georg II., König von Griechenland 62
Georgios Gemistos 296
Germanos, Bischof von Patras 51, 103
Goethe, Johann Wolfgang von 213
Goten 41
Grillparzer, Franz 78
Guillaume de Champlitte 43, 111
Guillaume II. Villehardouin 45, 273, 295, 304
Guy de Nivelet 304

Habsburger 47
Hadrian, römischer Kaiser 39, **61**, 75, 95, 209, 217
Hageladas, Bildhauer 173
Haller von Hallerstein, Carl Freiherr 237
Hampe, Roland 120
Hansen, Theophil 65, 257, 289
Helena, Gemahlin des Menelaos 292
Hemingway, Ernest 96
Herakles, myth. Held **121f.**, 149, 150, 280
Herodes Atticus, Redner und Konsul **61**, 82, 85, 124, 141f., 151, 209
Herodot, Geschichtsschreiber 62, 93, 180, 214
Hethiter 20, 23
Hippias, Gelehrter 124
Hölderlin, Friedrich 51

345

Register

Homer, Dichter 20, 25, 27, **61**, 100, 126, 155, 156, 157, 179, 248f.
Honorius III., Papst 114
Hugo von Bryères 230
Hugo, Victor 51
Hunnen 41

Ibykos, Dichter 71
Ibrahim Pascha 52, 53, 219, 257
Ikonomou, Thoma 292
Iktinos, Architekt 237
Innozenz III., Papst 43
Ioannis Frangopoulos 298
Ionier s. Mykener

Jahn, Friedrich Ludwig 33
Jakob I., König von England 32
Jantzen, Ulf 120
Johannes Lambardopoulos 232
Juden 48, 69, 79, 219
Justinian, Kaiser von Byzanz 41, 87

Kapodistrias, Joannis Antonios Graf 53, **61f.**, 117, 189
Karamanlis, Konstantinos 62
Kästner, Erhart 10, 16
Kazantzakis, Nikos 10, 51, 305, 307
Kelten 70
Kerberos, mythischer Wächter der Unterwelt 280
Kleften 49, 51
Kleomenes III., König von Sparta 287
Kolbe, Georg Wilhelm 214
Kolokotronis, Theodoros 51, **62**, 225
Kolotes, Bildhauer 131
Konstantin I., König von Griechenland 62
Konstantin II., König von Griechenland 62

Konstantin Palaiologos, Kaiser von Byzanz 302
Konstantinos, Maleas 291
Koumantaros, Giannis 291
Kunze, Emil 120
Kypselos, Tyrann 131

Leonidas, König von Sparta 287, 289, 290
Leonidas, Stifter 138
Leonides, Bischof von Korinth 88
Leotychidas, König der Spartaner 220
Libon, Architekt 133
Linkh, Joseph 237
Lucius Mummius s. Mummius, Lucius
Lucius Verus, römischer Kaiser 61
Ludwig I., König von Bayern 53, 63, 189
Lykourgos, König von Sparta 62
Lysippos, Bildhauer 174

Malatesta, Sigismondo 64
Máni-Clans 269ff.
Manuel II., Kaiser von Byzanz 297
Marcian, römischer Kaiser 71, 88
Marcus Aurelius, römischer Kaiser 61
Maurer, Georg Ludwig 189
Mavromichalis, Familie 53, 62, 275
- Petros (Petrus), hl. 51, 275
Medici, Cosimo de 64
Mehmet II., Sultan 52, 296
Menelaos, König von Sparta 292
Messenier 34, 61
Metaxas, Ioannis 56, **62**, 64
Metternich, Klemens Wenzel Fürst von 50
Miltiades, General 147

Minoer 21
Mitanni 20
Morosini, Francesco 185
Moschos, Demetrios und Georgios 232
Mummius, Lucius 38, 74, 124
Muslime 49
Mykener (Achäer, Achiawi, Ionier) 19, 20ff., 91, 95, 99, 126, 167, 168, 172, 182, 191, 218, 243, 252, 260, 293

Nafpaktier 34
Nero, römischer Kaiser 39, 40, 69, 106, 124, 139, 140f.
Nestor, König von Pylos 243, 247, **248f.**
Nikephoros Phokas, Kaiser von Byzanz 232

Ödipus, König von Theben 191
Oinomaos, König von Pisatis **120f.**, 148
Onassis, Aristoteles 60
Osmanen s. Türken
Ostgoten 41
Otto I., König von Griechenland 33, 53, 54, 55, 62, **63**, 186

Paionios, Bildhauer 135, 143, 144, **146**
Papandreou, Andreas 63
- George A. 63
Papatheodorou, Konstantinos 217
Pasolini, Pier Paolo 78
hl. Paulus, Apostel **63**, 75, 79f., 87, 88
Pausanias, Reiseschriftsteller **63f.**, 128, 131, 132, 136, 137, 151, 220, 223, 226, 228, 266, 267, 289
Pelops, König von Pisatis **121**, 129
Periandros, Tyrann **64**, 69

346

Personen / Orte

Perser 70, 123, 200
Philipp II., König von
 Makedonien 35, 36, **64**,
 124, 138, 224, 225
Pindar, Lyriker 77
Piraten 269
Platon, Philosoph **64**, 193,
 283, 296
Plethon, Gelehrter 64
Plutarch, Philosoph 283
Polybios, Historiker 64
Polyklet, Bildhauer 173, 182
Praxiteles, Bildhauer 108, 131,
 150f.
Pückler-Muskau, Hermann
 Fürst von 118, **294**

Regilla, Gemahlin des
 Herodes Atticus 142, 151
Ritsos, Giannis 10, 51, **64f.**,
 305
Roger II., König von Sizilien
 42
Römer 38ff., 40, 140ff., 151,
 171
Ross, Ludwig 118
Rousseau, Jean-Jacques 32

Saint-Vincent, Bory 117
Saithas, Bürger von Messene
 267
Schiller, Friedrich 32, 71,
 213
Schinkel, Karl Friedrich 257
Schleif, Hans 144
Schliemann, Heinrich **65**,
 155, 156, 160f., 163, 167
Seferis, Giorgios 51
Shoup, Charles 257
Siegel, Christian 189
Skopas, Bildhauer 220, 221
Slawen 41, 42, 75, 173, 219
Sophokles, Dichter 191
Spanier 49
Spartaner (Spartiaten) 35,
 146, 254f., 262, 284
Spyropoulos, Theodoros,
 Archäologe 292

Stackelberg, Otto Magnus
 Graf von 214, 237
Süleyman, Sultan 47
Sulla, römischer Kaiser
 124

Telesilla, Dichterin 173
Terpandros, Lyriker 286
Themistokles, General 123
Theodorakis, Mikis 51, 65,
 92
Theodoros II. von Mystrá,
 Despot 64, 297
Theodosius I., röm. Kaiser
 124
Thersilios, Stifter 224
Thomas Palaiologos, Fürst
 von Achaia 225
Thorvaldsen, Berthel 189
Thukydides 35, 181, 238
Tiberius, römischer Kaiser
 124
Trajan, römischer Kaiser
 124
Türken (Osmanen) **46ff.**, 51f.,
 54, 55, 87, 105, 106, 114,
 115, 174, 185, 219, 225,
 255, 256, 260, 261, 296
Tyrannen 28, 64, 69, 131
Tyrtaios, Lyriker 65, 286

Venesis, Elias 51
Venezianer 43f., 47, 49, 54,
 105, 106, 115, 174, 185,
 255, 256, 257, 271, 305
Venizelos Eleftherios 55, 62
Ventris, Michael 21
Villehardouin, fränkische
 Adelsfamilie 225

Wilhelm von Moerbecke,
 Gelehrter 44, **65**, 184
Winckelmann, Johann
 Joachim 118

Zappas, Evangelis 33
Ziller, Ernst, Architekt 33, **65**,
 99, 106, 116, 221

Orte

Achaia 99ff., 106
Achaia Clauss, Weinfirma
 109
Achladokámbos 210
Actium 60
Agía Lávra 101, **103f.**
Agía Pelagía 307
Agía Triáda (Merbeka) 65,
 182ff.
Agía Triás 100, **105**
Ágios Andréas 258
Ágios Vassílios 89
Agrídi 100
Aigeira 99
Ákova, Burg 235
Akrokorinth 86ff.
Alea (Aléa) 218
Alepheira (Alífira) 240f.
Álfios-Tal 239
Alífira s. Alepheira
Amyklaion (Ámyklai) 285,
 286, 290, **292f.**
Ámykles 42, 293
Andravída 45, **112**
Andriomonástiro 261
Andrítsena 240
Androúsa 261
Áno Boulárii 277
Antikýthyra 12, **307**
Antírrio 105
Áraxos, Kap 110
Áraxos, Ort 13, **111**
Areópoli 275
Argolída-Halbinsel 11, 13, 17,
 18, **190ff.**
Árgolis 10, 13, 19, 25, 112,
 153ff.
Árgos 13, 17, 35, 39, 45, 85,
 123, 153, **173ff.**
- Agora 175f.
- Archäolog. Museum 176f.
- Deiras 177
- Heraion 179ff.
- Lárisa, Burg 177
- Odeion 175
- Theater 174f.

347

Register

- Thermenanlage 175
Arkadien 13, 35, 49, 64, 97, **213ff.**, 287
Arkadikó 191
Árla 110
Árta 55
Aséa 222
Asíni 153, **172f.**, 187
Ástros 15, 52, **207f.**
Athen 25, 28, 33, 34, 35, 40, 52, 54, 61, 63, 65, 160, 167, 172, 174, 185, 200

Bassai (Vásses) 37, 49, 90, 221, **236ff.**
Böotien 25
Byzanz 45, 50

Chaironeia 35, 64, 124, 138
Chalandrítsa 109f.
Charoúda 277
Chelmós-Gebirge 11, 100, 102, **104f.**
Chíos 51, 55
Chlemoútsi 44, 45, **113ff.**
Chóra 252
Christiáni 245
Chrysafá 293

Dafní 302
Dekoúlou 274
Dervéni 99
Diakoftó 101
Dídyma 207
Dimitsána 231
Diolkos 69f.
Dýme 111

Edoniá 91
Égina 155
Égio 42, **99**
Égira 99
Elafónisos 307
Elis, Ort **115**, 116, 124, 133
Elis, Region 99ff., 115, 131
Ellinoekklisía 261
Epáno Englianó 225, 170, 172, 247, **248ff.**, 252

Ephesos 63
Epidauros (Epídavros) 17, 28, 29, 36, 37, 38, 52, 85, 190, **192ff.**
- Archäolog. Museum 197f.
- Asklepios-Tempel **195f.**, 199
- Theater 194f.
- Tholos 196f.
Epidauros Limera 307
Érimos 277
Ermióni 203
Erýmanthos 11
Éthea 260
Evrótas-Ebene 11, 13, 15, 294

Feneós 14, **96f.**
Fíchti 179
Figaleia (Figália) 239
Finikoúda 257
Flious 92f.
Flomochóri 281
Fránchthi-Höhle 18, 153, 186, **205f.**

Gastoúni 112
Geráki (Geronthrai) 295, **303f.**
Gla 25
Glarentza s. Kyllíni
Görlitz 32
Gortys 37, 38, **234f.**
Gýthio 280f.

Hattusa 21
Heraion 29, **179ff.**
Hissarlik s. Troja
Hysiai 210

Iólkos 25
Ísthmia 71f., 88, 146
Ithómi, Berg 267
Ítylo 274

Kakóvatos 247
Kalamáta 13, 15, 16, **259f.**
Kalávryta 102f.

Kalógria 15, **110f.**
Kamáres 281
Kámbos 273
Kardamýli 271, **273**
Karítena 229f.
Kasármi 191
Kastaniá 273
Kástro Rúmilis (Antírrio) 105
Kástro tis Moréas (Río) 105
Katákolo **115**, 116
Káto Gardenítsa 277
Káto Moní 105
Keáfa, Lagune 243
Kefalári 153, **178f.**, 191
Kefaloniá 106, 112
Kelefá, Festung 274
Kenchreai (Kechriés) 72, **88**
Kéntro 273
Kéria 277
Kérkyra 69, 106
Kiláda 205
Kímisis Theotókou 198f.
Kíta 271, **277**
Kleitor (Klitoría) 105
Kleonai 89
Klöster
- Agía Triás 100, **105**
- Agía Lávra 101, **103f.**
- Andriomonástiro 261
- Mega Spíleo 45, **101**
- Moní Agíou Nikoláou Sintzás 45, **211**
- Moní Agnoúntos 199
- Moní Arías 191
- Moní Dimióvis 260
- Moní Emiálous 45, **232**
- Moní Filosófou 45, 231, **232ff.**
- Moní Ísovas 45, **241f.**
- Moní Kalamíou 234
- Moní Kernítsis 235
- Moní Lokoús 82, **208ff.**
- Moní Marítza 110
- Moní Panagías Elónis 45, **211**
- Moní Prodrómou 45, 210, **234**

348

Orte

- Moní Vourkáno 267
Konstantinopel 40, 41, 42, 43, 50, 64, 112
Korinth 10, 13, 17, 35, 38, 39, 40, 41, 61, 63, 64, **73ff.**, 123, 131, 146, 153, 173
- Akrokorinth 86ff.
- Alt-Korinth (Paleá bzw. Archéa Kórinthos) 73
- Ausgrabungsbezirk 75ff.
- Apollon-Heiligtum, Peirene-Brunnen 82
- Apollon-Tempel 29, 75, **77f.** (Umschlagvorderseite)
- Asklepieion 83, **85**
- Basilica Iulia 80, 83
- Glauke-Quelle 76ff.
- Hera-Tempel 77
- Latrine 82
- Nordmarkt 75f.
- Octavia-Tempel 79, 83
- Odeion 82, **85**
- Orakelheiligtum 78
- Peirene-Brunnen 81f.
- Podiumtempel 79
- Rednertribüne 79f.
- Griechisches Theater 85
- Lechaion 40, **88**
- Lerna-Quelle 85
- Museum 83ff.
- Neu-Korinth (Kórinthos) 73
- Villa von Anaploga 85f.
Korinth, Isthmos von 69ff.
Korinthischer Golf 17
Koróni 10, 43, 45, **257f.**
Koryfásio, Kap 253
Kótronas 281
Krestená 242
Kreta 55, 155
Kykladen 155
Kyllíni-Gebirge 11, **95ff.**
Kyllíni, Ort 13, 43, 44, 45, 111, **112f.**
Kyparissía, Golf von 243ff.
Kyparissía, Ort 245
Kýthira 12, **307**

Lágia 281
Lakonien 13, **283ff.**
Lámbia 105
Langáda 271, **274**
Langádia 235
Lechaion s. Korinth
Lefkas 61
Leonídio 45, **210**
Leontári 225
Leontion 105
Lepreon 37, 38, **243ff.**
Lérna 19, **153ff.**, 176
Lésvos 55
Leuktra 61, 262
Ligourió 191
Liménas 307
Livádi 307
Loukádika 281
Loukoús 142
Loúsios-Tal 45, **228f.**
Lousoi 37, 90, **104f.**
Loutrá Kyllínis 115
Lýkeon, Berg 228
Lykósoura 17, **226f.**, 267

Makrísia 242f.
Maléas, Kap 291, **307**
Málthi 247, **248**
Máni 11, 17, 19, 42, 45, 49, 50, **269ff.**
Manoláda 111f.
Mantíneia 42, 61, 214, **215ff.**, 219, 220, 221
Marathónisi 281
Matapán, Halbinsel 278
Mavromáti 262, 265, 267
Megalopolis (Megalópoli) 15, 42, 214, 217, **222ff.**
Megara 69, 123, 146
Méga Spíleo 45, **101**
Megara Hyblaia 69
Meligalá 60, 261
Menelaion 292
Merbeka s. Agía Triáda
Mesorroúgi 100
Messene 17, 61, **262ff.**
Messenien 10, 11, 19, 25, 35, 38, 61, 146, **247ff.**, 287

Messíni 259
Méthana 200
Methóni 45, **256f.**
Mézapo 277
Midéa 25, 153, **172**, 186, 187
Mirés 280
Missolóngi 52
Monemvasiá 17, 42, 45, 64, 65, 113, 295, **304ff.** (Umschlagklappe hinten)
Moní Agíou Nikoláou Sintzás 45, 211
Moní Agnoúntos 199
Moní Arías 191
Moní Dimióvis 260
Moní Emiálous 45, **232**
Moní Filosófou 45, 231, **232ff.**
Moní Ísovas 45, **241f.**
Moní Kalamíou 234
Moní Kernítsis 235
Moní Loukoús 82, **208ff.**
Moní Marítza 110
Moní Panagías Elónis 45, 211
Moní Prodrómou 45, 210, **234**
Moní Vourkáno 267
Mykene 17, 21ff., 65, 153, **155ff.**, 170, 172, 181, 187, 248
- Aighistos-Grab 166
- Atreus-Grab 22, **166f.**
- Klytaimnestra-Grab 160, **166**
- Löwentor 160, **161ff.**
- Megaron 164f.
- Palast 159, **164**
- Schachtgräberrund A 158, 159, **163f.**
- Schachtgräberrund B 165ff.
Myli 153
Mystrá 45, 64, **293ff.**
- Agía Sofía **298**, 299, 301
- Ágii Theodóri 302
- Despoten-Palast 296f.

349

Register

- Evangelístria 302
- Mitrópolis 295, **301f.**
- Odigítria (Afendikó) 295, 302
- Pantánassa-Kloster 298ff.
- Perívleptos-Kloster 300ff.

Náfpaktos 146
Náfplio 43, 45, 47, 49, 53, 54, 55, 60, 61, 62, 167, 172, 174, **184ff.**, 206
- Archäolog. Museum (Flottenmagazin) 186ff.
- Haus Maurer 189
- Kriegerdenkmal 189f.
- Militärmuseum 189
- Moscheen 186
- Palamídi-Festung 190
- Volkskundemuseum 189
Navaríno, Bucht von 45, 53, 117, **253ff.**
Néa Kíos 178
Neápoli 307
Nemea 17, 29, 37, 38, **89ff.**, 238
Néo Iréo 184
Neochóri 60, 261
Nichoriá 247
Nomitsí 274
Nýmfio 281

Óchia 277
Olómades 235
Olympia 10, 17, 19, 28, 29, 36, 37, 61, 65, **116ff.**
- Apsidenhäuser 122, **129**
- Archäolog. Museum 34, **144ff.**
- Echo-Halle 138
- Fidias-Werkstatt 124, **136f.**
- Gymnasion 140
- Hera-Tempel **130ff.**, 145, 151
- Heroon 139
- Leonidaion **138f.**, 150
- Museum der Geschichte des olympischen Sports 143f.
- Nero-Villa 141

350

- Nymphäum des Herodes Atticus 82, **141f.**
- Palästra 139f.
- Pelopeion 129
- Philippeion 138
- Schatzhäuser 132
- Stadion 142f.
- Theokoleion 139
- Zeus-Altar 128f.
- Zeus-Tempel 117, **132ff.**, 242
Orchomenós 25, 65, 214, **218**
Ósios Loukás 302
Osman-Aga, Lagune 253

Pálea Epídavros 192, **199**
Palékastro 219
Pámisos-Tal 260f.
Panachaikós 11
Panagía Vlachérna 112f.
Parália Ástros 207
Parália Andréou 207
Parnón-Gebirge 11, 17, 42, 210, 293
Passavás 281
Patras (Pátra) 15, 38, 40, 55, 65, **106ff.**-
Pellána 292
Pellene (Pellíni) 95
Perachóra 29
Peristéri 258
Petrálona 261
Philippi 40, 60, 63
Pisatis 120, 121
Pláka 210
Planitéro 105
Plataníti 184
Platanóvrisi 109
Platiána 241
Plátsa 274
Póros 202f.
Pórto Kágio 280
Portochéli 203
Posidonía 70
Psofis 105
Pydna 38
Pýlos, Nestor-Palast von s. Epáno Englianó

Pýlos, Ort 255f.
Pýrgos 13, **115f.**, 118
Pýrgos Dyroú 19, **275f.**

Rachés 247
Río 56, 105
Rizómylos 258
Rom 74, 81

Samikon 243
Sámos 55
Selinunt 69
Sfaktería 34, 146, 253, **254f.**
Sikyon 38, **93f.**, 123
Skillountía 242
Skillous 131
Sparta (Spárti) 17, 29, 34, 35, 38, 55, 60, 61, 65, 123, 153, 173, 220, 255, **283ff.**, 295, 301
- Archäolog. Museum 289ff.
- Artemis-Orthia-Heiligtum 285, **289**, 290
- Koumántaros-Galerie 291
- Leonidas-Denkmal 287f.
Spétses 48, 52, 55, 60, 203, **205**
Spíleo ton limón 287f.
Spíra 281
Stádio 221f.
Stavropígi 273
Stemnítsa 230
Stoúpa 273
Stýmfalos 14, 75, **95f.**
Syrakus 35, 69

Tanagra 147
Taxiárchon-Kirche bei Moní Agnoúntos 199
Taýgetos 11 (Umschlagklappe vorn)
Tegea (Tegéa) 36, 37, 38, 61, 90, 214, **219ff.**, 238
Ténaro, Kap 280
Thalámes 274
Theben 25, 35, 36
Thessalien 55, 63
Thessaloníki 40, 41, 54

Orte

Theutis s. Dimitsána
Thouria 260
Thrakien 55
Tiryns 25, 61, 65, 153, 160, 165, **167ff.**, 172, 187, 248
Titane 93
Toló 153, **172**
Tours 44
Tripití 241
Trípoli 218f.
Troizen (Trizína) 61, **200ff.**
Troja 22, 25, 61, 65

Tsópakas 277
Tympaneia s. Platiána
Tzáilo 110

Váfio 293
Valtseníko 235
Vámvaka 277
Vásses s. Bassai
Vassilikó 94
Váthia 271, **278f.**
Venedig 43f., 47
Vidokília-Bucht 254

Vlasía 105
Vouraikó-Schlucht 101
Vytína 235

Wörlitz 32

Ýdra 48, 52, 55, 203, **204f.**

Zákynthos 106, 112
Zarax s. Geráki
Zarnáta 273
Zaroúchla 100

Das Klima im Blick

atmosfair

Reisen bereichert und verbindet Menschen und Kulturen. Wer reist, erzeugt auch CO_2. Der Flugverkehr trägt mit einem Anteil von bis zu 10 % zur globalen Erwärmung bei. Wer das Klima schützen will, sollte sich für eine schonendere Reiseform (z. B. die Bahn) entscheiden – oder die Projekte von *atmosfair* unterstützen. *Atmosfair* ist eine gemeinnützige Klimaschutzorganisation. Die Idee: Flugpassagiere spenden einen kilometerabhängigen Beitrag für die von ihnen verursachten Emissionen und finanzieren damit Projekte in Entwicklungsländern, die dort den Ausstoß von Klimagasen verringern helfen. Dazu berechnet man mit dem Emissionsrechner auf *www.atmosfair.de*, wie viel CO_2 der Flug produziert und was es kostet, eine vergleichbare Menge Klimagase einzusparen (z. B. Berlin – London – Berlin 13 €). *Atmosfair* garantiert die sorgfältige Verwendung Ihres Beitrags. Klar – auch der DuMont Reiseverlag fliegt mit *atmosfair!*

Bitte schreiben Sie uns, wenn sich etwas geändert hat!
Alle in diesem Buch enthaltenen Angaben wurden vom Autor nach bestem Wissen erstellt und von ihm und dem Verlag mit größtmöglicher Sorgfalt überprüft. Gleichwohl sind – wie wir im Sinne des Produkthaftungsrechts betonen müssen – inhaltliche Fehler nicht vollständig auszuschließen. Daher erfolgen die Angaben ohne jegliche Verpflichtung oder Garantie des Verlages oder des Autors. Beide übernehmen keinerlei Verantwortung und Haftung für etwaige inhaltliche Unstimmigkeiten. Wir bitten dafür um Verständnis und werden Korrekturhinweise gerne aufgreifen:

DuMont Reiseverlag, Postfach 3151, 73751 Ostfildern
E-Mail: info@dumontreise.de

Impressum

Umschlagvorderseite: Korinth, Apollon-Tempel
Umschlagklappe vorn: Zusammentreffen mediterraner und alpiner Landschaft – ein besonderer Reiz der Peloponnes: Evrótas-Ebene und Taýgetos-Massiv
Umschlagklappe hinten: Übers Libysche Meer nach Afrika und zum Orient hin ausgerichtet: der venezianische Handelshafen Monemvasiá
Umschlagrückseite: Lagekarte;
Árgos, Theater;
Lérna, Plan;
›Die Seeschlacht von Navarino am 20. Oktober 1827‹ (Detail)
Abb. S. 1: Römisches Mosaik, Korinth, Archäologisches Museum

Lambert Schneider studierte Klassische Archäologie, Alte Geschichte und Byzantinistk. Promotion 1968, Habilitation 1981, seit 1983 Professor für Klassische Archäologie an der Universität Hamburg, Scholar am Paul Getty Research Institute for the Humanities in Santa Monica, CA, 1996. Neben fachwissenschaftlichen Veröffentlichungen publizierte er u. a. die DuMont Kunst-Reiseführer ›Griechisches Festland‹ (mit Christoph Höcker) und ›Kreta‹.

Danksagung
Vielen Personen und Institutionen danke ich herzlich für Rat und Unterstützung. Hervorheben möchte ich davon in Griechenland das Deutsche Archäologische Institut in Athen sowie meine Freunde Lore und Stamatis Lymperopoulos; in Deutschland Alexandra Bode, Alexander Busenbender, meine Frau Monika und meinen Sohn Lambert, die mich auf Reisen begleiteten, sodann Margit Felsch-Jacob, Ruth Günther, Volker Grieb, Christoph Höcker, Anastasios Kotsopoulos, Torsten Mattern, Friedrich F. zur Nieden, Inge Nielsen, Wolf-Dieter Niemeier, Rita Saager und Ulrich Sinn.

3., aktualisierte Auflage 2011
© DuMont Reiseverlag, Ostfildern
Alle Rechte vorbehalten
Grafisches Konzept: Groschwitz, Hamburg
Printed in Poland